Intellectuals and Reform :
A New Interpretation of
the American Progressive Movement

◎天津大学社会科学文库

知识分子与改革：
美国进步主义运动新论

李颜伟◎著

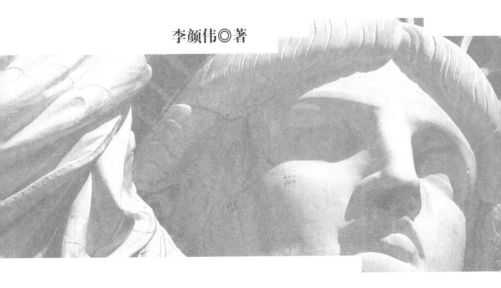

中国社会科学出版社

图书在版编目（CIP）数据

知识分子与改革：美国进步主义运动新论/李颜伟著．—北京：中国社会科学出版社，2010.12

ISBN 978 - 7 - 5004 - 9623 - 6

Ⅰ．①知…　Ⅱ．①李…　Ⅲ．①知识分子—社会影响—研究—美国—近代　Ⅳ．①D771.29

中国版本图书馆 CIP 数据核字（2011）第 045729 号

责任编辑　郭　鹏
责任校对　刘　娟
封面设计　李尘工作室
技术编辑　戴　宽

出版发行　**中国社会科学出版社**

社　　址	北京鼓楼西大街甲 158 号	邮　编	100720
电　　话	010—84029450（邮购）		
网　　址	http://www.csspw.cn		
经　　销	新华书店		
印　　刷	新魏印刷厂	装　订	广增装订厂
版　　次	2010 年 12 月第 1 版	印　次	2010 年 12 月第 1 次印刷
开　　本	880×1230　1/32		
印　　张	17	插　页	2
字　　数	442 千字		
定　　价	52.00 元		

目　录

导　言

一　写作缘起

本书是在前人研究成果的基础上进一步解读美国进步主义运动的一次尝试；是对进步主义时代美国知识分子与改革运动的关系的探究。19世纪末20世纪初，随着美国社会的转型、经济的腾飞、高等教育的发展以及以专业技术人员为主要成分的城市新中产阶级的兴起，一批年轻的知识分子脱颖而出。他们崇尚科学、讲究理性、关心社会时事，在美国内战结束后的半个世纪里逐渐成长为推动美国社会历史进程的一支生力军。本书便是以1865—1914年间活跃于美国城市历史舞台上的这些新中产阶级知识分子为研究对象，从考察他们在社会改革中的作为入手，来探讨知识分子在进步主义运动中扮演的角色，以期能更深入地理解进步主义运动的性质。之所以选择这一课题与视角，主要基于如下几点考虑。

第一，在美国史学界，对丁进步主义运动的性质在认识上尚存在一定的分歧，有进一步探讨的余地。

无论是在中国国内还是国外的史学界，进步主义运动都可谓为一个富有魅力的历史课题。从1914年美国年轻的历史学家本杰明·德威特出版其《进步主义运动》一书至今,这场运动始终是国内外众多学者关注的焦点之一,相关著述十分可观,研究成果颇为丰硕。然而,诚如李剑鸣教授所言:"一般来说,对某一问题研究得越充分,分歧与争议也就越多。关于进步主义运动,其定义、性质、起讫、根源、成败得失、历史地位、领导力量等等一系列问题,在美国史学界迄无定论。"① 情况确实如此,单就进步主义运动的性质而论,史学界便存在着以理查德·霍夫斯塔特为代表的"旧中产阶级争夺权势说"②、以罗伯特·威比为代表的"企业主利益冲突说"③ 以及以李剑鸣教授为代表的"文化重建说"④ 等几种不同观点。

20 世纪 50 年代,美国著名的历史学家理查德·霍夫斯塔特曾经从研究旧中产阶级处境的角度出发,用"地位革命论"来解释进步主义运动的缘起。他认为,19 世纪末 20 世纪初大垄断阶层的崛起及其权势扩张所造成的旧中产阶级社会地位边缘化乃是进步主义运动产生的主要原因,换言之,进步主义运动乃是一场由旧中产阶级向大垄断者展开的重新争夺权势的斗争。霍氏声称:"虽然可以说没有对社会的不满情绪为动力,进步主义运动就不会产生,但这次运动并非是所有的社会阶层或群体的斗争。"⑤ 他指出,到 1870 年为止,美国还是一个财富、地位和权

---

① 李剑鸣:《大转折的年代——美国进步主义运动研究》,天津教育出版社1992 年版,第 2 页。

② Richard Hofstadter. *The Age of Reform*:*From Bryan to F. D. R.*,New York:Knopf,1989,pp. 5—137.

③ Robert Wiebe. *Businessmen and Reform*:*a Study of the Progressive Movement*,Cambridge,Massachusetts:Harvard University Press,1962,pp. 15—19.

④ 参见李剑鸣:《大转折的年代——美国进步主义运动研究》,天津教育出版社1992 年版,第 4 页。

⑤ Richard Hofstadter. *The Age of Reform*:*From Bryan to F. D. R.*,New York:Knopf,1989,p. 5.

力分配极为分散的国家。那些比较富裕的人，在许多小社团中，能够得到极大尊敬并施加影响。在那个时代，地方威信是很重要的。小商人或小工厂主，有名的律师、编辑或牧师，都是在地方上有威信的人。由于权力和威望能遍及全国的人寥寥无几，地方社团的支柱就是社团本身认为十分重要的人物。然而，自美国内战以后，所有这一切都改变了：大城市的迅速发展、大工厂的建成、铁路的建造、作为企业主要形式的公司的出现，改造了旧有的社会，打破了权力和威望的分配格局，从而使那些不顾道德的暴发户和一些大公司的老板们在财富和地位上远远超过了美国家族中的老绅士们、小商人与工厂主、有影响的专职人员和早期的民众领袖。虽然"从严格的经济意义上来说，这些人作为一个阶层并没有变穷，但他们的财富和权力同暴发户的财富和权力相比较，简直就是小巫见大巫。他们自己也很明白：今非昔比了"。① 总之，霍氏认为进步主义运动所体现的乃是旧中产阶级对社会和经济改革的热情，是"有学问的农村绅士"与工业阶级的冲突，② 是那些"在工业文化中没有立足之地的"农场主和绅士们因"希望夺回被那些成了暴发户的制造商、铁路老板和神通广大的银行家抢走的，本应属于他们的权利和地位……最后真正在政治上联合了起来"。③ "总的来说，进步主义运动是由这样一些人领导的，他们由于时代的变迁受到了损害，他们感到痛苦，但并不是由于财富的减少，而是由于地位和权力分配方式发生了改变。"④

---

　　① 　Richard Hofstadter. *The Age of Reform*：*From Bryan to F. D. R.*，New York：Knopf，1989，p. 137.

　　② 　Ibid.，p. 25.

　　③ 　Ibid.，p. 93.

　　④ 　Ibid.，p. 135.

　　到 20 世纪 60 年代初期，美国历史学家罗伯特·威比抛开了"中产阶级地位危机"说，从企业界和城市新中产阶级的角度入手研究进步主义运动的缘起以及运动参与者们的组成成分。

　　1962 年，威比出版了《企业家与改革》一书，用"企业界利益冲突说"重新解读了进步主义改革运动的成因。按照他的观点，企业主之间的相互矛盾和敌意是推动进步主义运动产生和发展的主要动力之一。他认为，乡村企业主与城市企业主、中小企业主与大垄断企业主、不同行业的企业主之间存在着种种难以调和的利益冲突，进步主义运动之所以产生正是因为"在 20 世纪初期不满者遇到了不满者"。① 出口商对保护国内制造商的高关税政策的不满，农场主、城市中小制造商和无力承担低运价的货运商对铁路托拉斯的运价折扣政策的反对等都直接导致了进步主义运动。这些不满情绪促使利益受到损失的企业主们组织起来要求政府调整关税，改革金融体制，对铁路、石油、食品等各类托拉斯的不法行为实行监督管理。用威比的话说，这些企业主的组织就是"进行进步之战的军团"，② 而美国国内改革就是这些企业主们"秉持自身"的方式，③ 总之是"一种复杂多样和竞争对抗的背景情况使这些企业主们为进步主义时代的改革作好了准备。作为大城市经济与东部经济的局外人，屈居于日益成熟与昌盛的大企业主之下，他们中产生了挑战强势企业的先锋人物。这些新人满怀进攻与对抗心理，他们为自己察觉了大机遇的敏锐而不无得意。他们一只眼睛盯着敌人，另一只眼睛则看着自己的资

---

① 　Robert Wiebe. *Businessmen and Reform：a Study of the Progressive Movement*，Cambridge，Massachusetts：Harvard University Press，1962，p. 16.

② 　Ibid.，p. 17.

③ 　Ibid.，p. 19.

产负债单，以一种战斗的情绪步入了这个世纪"。①

　　1967 年，威比又出版了《寻求秩序》一书，继续对进步主
义运动加以研究。该书中的观点既延续和发展了他在《企业家与
改革》中的"冲突论"，又与其 5 年前的看法有所不同。在《寻
求秩序》中，威比用"新中产阶级"的概念来定义进步主义运动
中的主要参加者。他认为当时积极倡导和进行社会改革的人士主
要出自一个城市新中产阶级。这些人包括医疗、司法等行业的专
业人士，公司白领以及工业、农业和商业领域里的专家。② 威比
在这一书中将进步主义运动视为是新中产阶级试图用新价值观念
取代传统的个人主义和自由放任主义思想的运动。他认为新中产
阶级"以行政手段"寻求社会秩序的愿望乃是"进步主义运动的
核心内容"。③ 虽然威比在这部著作中仍然认为 19 世纪末期的美
国社会充满了冲突，但是与他前一部著作不同，此时，他不再将
视野仅仅局限于企业界，而是考察了美国工业化时期的种种社会
矛盾，其中包括种族间、城乡间、阶层间以及各种不同社会群体
和利益集团间的各种分歧。威比指出，这些分歧将工业化时期的
美国变成了一个"没有核心的社会"。在这一形势下，美国新中
产阶级"使自己投入了一项事业之中"。④ 他们强调政府对社会
事务的调控职能以及各种社会工作的重要性。他们呼吁并带头进
行行政改革和社会服务运动，希望借此实现社会的和谐和稳定。

　　20 世纪 90 年代初期，李剑鸣教授在中国的美国史研究领域

---

　　① 　Robert Wiebe. *Businessmen and Reform*: *a Study of the Progressive Move-
ment*, Cambridge, Massachusetts: Harvard University Press, 1962, p. 15.

　　② 　Robert Wiebe. *The Search for Order 1877 − 1920*, New York: Hill and
Wang, 1967, p. 112.

　　③ 　Ibid. , p. 166.

　　④ 　Ibid. , pp. 12, 66.

里提出了他的"文化重建说"。他认为,美国进步主义运动实质上乃是"一场资本主义条件下的文化重建运动"。[①] 他指出,尽管可以将进步主义运动视为对工业化的反应,但从更深的层面上看,造成美国全社会都不满的现状和寻求变动的原因,却是在于资本主义制度之中。由于工业文明赖以兴盛的资本主义精神从一开始就存在着深刻的矛盾,对物质进步的关注和对金钱财富的追求,使人沦为经济动物和利益迷狂者,致使人类价值体系为单一的物质成功所主宰;又由于经济的活动主要是个人行为,因此,资本主义便将个人置于社会之上,个人主义成为一切价值观念的核心,这就使得资本主义从一开始就陷入物质与精神的断裂、个人与社会的失谐之中。到了工业时代,这种矛盾的恶果更为有害,引起社会贫富两极化加剧、阶级对抗激烈、社会动荡不宁,这就迫使美国社会不得不加以调和和缓解,否则资本主义制度就会从内部被摧毁。所以进步主义运动实际上是资本主义内在矛盾的产物,是一场以中等阶层为主、由社会各阶级广泛参与的资本主义改革运动,其目的便是在资本主义已取得的巨大物质进步的基础上,推动社会的全面改善,创造出与物质繁荣相应的精神文化条件,重建遭到工业文明摧毁和破坏的社会价值体系,从而推动资本主义的顺利发展。[②]

　　除此之外,也曾有一些历史学家从其他方面对进步主义运动的起因做出过解释。例如:戴维·塞伦的"个体消费者不满说"、罗伯特·克兰顿的"牧师改革说"和斯蒂芬·迪纳的"妇女领导说"等等。塞伦认为,19世纪90年代经济大萧条时

---

　　① 李剑鸣:《大转折的年代——美国进步主义运动研究》,天津教育出版社1992年版,第3页。
　　② 同上书,第4页。

期工商业领域的混乱与道德失范给消费者利益造成的损害，以及由此在个体市民心中所引发的不满与不平等的感受使得他们团结起来谋求社会改革；[①] 克兰顿强调进步主义运动的宗教背景，将运动的起因归结为社会转型期部分新教教徒试图改革公共生活领域弊端的决心；[②] 迪纳则认为妇女的崛起及其为社会改革所提供的支持与领导作用乃是进步主义运动得以兴盛起来的重要原因。[③]

　　21 世纪初，耶鲁大学历史学教授格兰达·吉尔默以《谁是进步主义者?》为题将包括理查德·霍夫斯塔特、罗伯特·威比及其本人在内的 6 位历史学家的相关研究成果集结成书，并指出，虽然自 20 世纪中期起，历史学界就一直在试图"为美国人于 20 世纪初所发动的那些改变寻找一个统一的解释"，但是却"未能在任何一个单一的人群、种族、性别或者阶层中为'谁是进步主义者?'的问题找到一个唯一的答案"。他认为，尽管理查德·霍夫斯塔特和罗伯特·威比等人确实曾经提出过一些颇具影响力的观点，但是，他们同样"未能将进步主义运动归于一个统一的模式之下"。吉尔默教授提醒自己的读者："当你们阅读书中所编辑的文章时会发现，这些作者会在谁是进步主义者，什么是进步主义者们所发现的问题以及进步主义者们如何看待改革方面存在着争议。假如你以为你能从这些文章中为'谁是进步主义者?'的问题找到答案的话，那你会深感沮丧。要记住，你正在

[①]　David P. Thelen. *The New Citizenship*: *Origins of Progressivism in Wisconsin 1885－1900*, Columbia, Missouri: University of Missouri Press, 1972.

[②]　Robert M. Crunden. *Ministers of Reform*: *the Progressives' Achievement in American Civilization 1889－1920*, Chicago: University of Illinois Press, 1982.

[③]　Steven J. Dinner. *A Very Different Age*: *Americans of the Progressive Era*, New York: Hill and Wang, 1998.

研究的乃是一个历史学家们无法取得一致意见的问题"。① 而这些文章的意义则是"预示着在未来的数十年里我们可能一直会对'谁是进步主义者？'的问题争论不休"。②

可见，关于进步主义运动的性质问题，史学界仍然充满分歧，正是这些分歧赋予了该课题强大的魅力和深入研究的意义。

第二，就中国国内外学术界对进步主义运动的研究而言，关于美国知识分子与进步主义运动间的关系的研究还是一个亟待深入与扩展的课题。

尽管史学界对进步主义运动的解释不无分歧，但他们却有一个共同点值得注意，那就是，当上述学者在论述其观点时都或多或少地提到了一个群体，那就是知识分子。李剑鸣教授既是将该运动解释为一场由中产阶层领导的资本主义文化重建运动，那就不可避免地在其专著中述及众多中产阶级知识分子们的活动，特别是着重提到了新闻界的那场轰轰烈烈的黑幕揭发运动。尽管威比一再声称，由企业主们建立的各种改革组织才是"进步主义运动的中流砥柱"，③ 但是他在阐述观点时却也无法绕开知识分子在将运动从地方推向全国过程中的作用。他承认：新闻记者林肯·史蒂芬斯曾经从城市到州政府再到华盛顿一路追寻美国社会政治腐败的源头；作家弗雷德理克·豪则用他的《城市：民主之希望》（*The City：The Hope of Democracy*）一书为将美国人传统的服务社区思想扩展为有计划的城市民主理想提供了理论基础与前景展望；社会工作者简·亚当斯通过社会服务处的工作证

---

① Glenda Elizabeth Gilmore. *Who Were the Progressives?*，Boston：Bedford，2002，p. 18.

② Ibid.，p. 20.

③ Robert Wiebe. *Businessmen and Reform：a Study of the Progressive Movement*，Cambridge，Massachusetts：Harvard University Press，1962，p. 16.

明了建立代议制政府的必要;① 而参议员罗伯特·拉福莱特则使威斯康星的改革模式走向了全国。② 霍夫斯塔特在其《改革时代：从布莱恩到富兰克林·D. 罗斯福》一书中甚至用了专门的章节来讨论当时专职人员的异化以及新闻界的革命。他虽然认为知识分子"通常与他们同情的政治和社会运动保持一定的距离"，但是也看到"一个颇有讽刺意味的问题是"这些知识分子为保卫或恢复其崇尚的个人主义价值而采取的行动却使他们"更接近了"进步主义运动。③

显然，在进步主义运动中知识分子曾经扮演过相当重要的角色。然而，耐人寻味的是，关于这一问题，至今却尚未引起很多关注，多数学者都如上述研究者一样，仅仅涉及某个局部的问题。单这一点就足以激发起后来者的兴趣，同时也说明，关于美国知识分子与进步主义运动间的关系的确是一个亟待深入与扩展的研究课题。正如霍夫斯塔特所言，他的发现不应被视为关于进步主义运动的"最后定论"，而应被当作"一个引子"，借以激发更多人的更大研究兴趣。④

本书对资料的积累和分析证明：从某种程度上说，19 世纪末 20 世纪初的美国进步主义运动堪称是一场"知识分子的运动"。因为在美国社会转型时期，在思想领域、新闻领域、宗教领域、政治领域和妇女界的知识分子与社会改革的各个环节之间的确存在着一一对应的关系：思想界阐释了社会，对当时的社会

---

① Robert Wiebe. *Businessmen and Reform: a Study of the Progressive Movement*, Cambridge, Massachusetts: Harvard University Press, 1962, p. 8.

② Ibid., p. 68.

③ Richard Hofstadter. *The Age of Reform: From Bryan to F. D. R.*, New York: Knopf, 1989, p. 6.

④ Ibid., p. 22.

问题作了学理上和意识形态上的解释,从理论上提供解决问题的总体方案,为各界人士实施改造社会的行动提供方向与指导;向公众揭露社会弊病的任务是由新闻界的"笔杆子"们完成的,因为他们占据着大众传媒这块舆论阵地,是揭露社会黑幕的一个得天独厚的条件;改革社会的力量来自知识分子内外,但其中受过高等教育的开明教士们起到了模范的带头作用,他们在劳工问题、贫困、犯罪等城市问题、市政腐败问题等方面都进行了积极的努力,尤其是由他们所发起和倡导的社会服务处运动具有广泛的社会影响和积极的社会效果;至于妇女界的知识分子们,她们不仅打破了禁锢广大美国妇女数百年的维多利亚"真女性"的樊篱,更主要的是她们为促进社会平等和社会民主起到了积极的推动作用;知识分子型的政治家也是本书不可忽略的一部分,因为,归根结底领导改革的使命是由他们来完成的。一言以蔽之,进步主义思潮的兴起、新闻界的"黑幕揭发运动"、宗教界的"社会福音运动"、妇女界的女权运动和选举权运动的兴起以及联邦政府大力度的政治改革举措的实施等等都说明,各个领域的知识分子们都忠实地履行了他们的社会职责,他们追求正义、改造社会的思想与行动无疑都是进步主义运动的重要组成部分。其中新闻记者们为进步主义运动的展开所做的贡献尤其值得一提,可以说是他们揭露社会黑幕的行为为进步主义运动拉开了序幕,提供了舆论先导。因此有理由相信,对于上述各界美国知识分子的思想与行动的分析既有助于进一步认识他们在社会转型的特殊历史时期的特殊作用,又有助于准确理解发生于19、20世纪之交的那场轰轰烈烈的美国进步主义运动。

第三,关于进步主义运动与美国知识女性之间的关系还有待进一步的明确和梳理。

虽然美国工业化时期妇女的崛起业已成为中国国内外不少

学者的研究课题，但是大家关注的主要是妇女运动问题，而关于进步主义运动的兴起与美国妇女，特别是受过教育的妇女之间的关系，抑或说是美国知识女性对进步主义运动的贡献问题并未引起学界重视。从可获得的资料看，到目前为止，中国国内外关于美国工业化时期妇女问题的研究主要集中于对该时期美国各界妇女争取人权与妇女权益方面的研究，①虽然对其社会活动有所涉及，但从研究视角上看，也都是将这些活动作为妇女运动的一个组成部分来处理的，是从研究女性问题的角度出发而涉及的女性话题，而很少从进步主义运动的大视野上来看待妇女活动的社会意义。而且，还应该一提的是，尽管在各家的研究成果中，他们都看到了当时活跃在美国妇女运动中的女性大都受过良好的教育，但是却很少有人将知识女性作为一个单独的群体来专门关注，更很少有人提及她们在进步主义运动中的作用问题。

　　第四，考察美国进步主义时期知识分子的社会改革思想与行为，对于认识 19 世纪末 20 世纪初美国社会的转型以及转型期的美国社会都具有一定的学术意义。

---

　　① 有关美国工业化时期妇女问题的研究专著很多，例如：佩琦·史密斯的《希望之乡的女儿们》(Page Smith. *Daughters of the Promised Land*)，波士顿：1970 年版；玛利·莱恩的《美国妇女：从殖民地时期至今》(Mary P. Ryan. *Womanhood in America：from Colonical Times to the Present*)，纽约，1975 年版；埃利诺·弗莱克斯纳的《一个世纪的奋斗：美国的女权运动》（修订版）(Eleanor Flexner. *Century of Struggle：the Woman's Rights Movement in the United States*)，马萨诸塞州坎布里奇，1980 年版；吉理佛·麦克布莱德的《关于威斯康星妇女：从社会服务处到选举权为其权利而奋斗》(Guenevere G. Mcbride. *On Wisconsin Women：Working for their Rights from Settlement to Suffrage*)，威斯康星州麦迪逊，1993 年版；约瑟夫·多诺万的《女权主义的知识分子传统》，江苏人民出版社 2003 年版；王恩铭的《20 世纪美国妇女研究》，上海外语教育出版社 2002 年版；王政的《女性的崛起——当代美国的女权运动》，当代中国出版社 1995 年版等。

　　对于某一特定历史时期的社会状况的研究,其中一条可行的途径就是考察该时期最具影响力的社会个体和群体的社会思想与行动,而对于进步主义时期的美国而言,知识分子无疑是一个值得关注的社会群体。

　　较之其他社会阶层,知识分子具有更强的观念思维能力和更多的知识与信息,所以,他们更易于对公共事务进行理性判断,同时也只有他们才有条件利用专业知识并超越专业范围去思考全社会所面临的普遍问题,对社会现实给予特别的关注。在某一社会里,当知识分子们为数众多地成长起来时,他们作为一个群体便会发挥出有别于其他社会阶层的特别社会功能,成为推动社会进步的主要动力群体,尤其是在社会转型的动荡时期,知识分子常常会成为社会变革的催化剂;他们会自觉地走出书斋,探索社会问题,阐释社会矛盾的根源,揭露社会弊端,捍卫社会正义,领导社会走向进步,19世纪末20世纪初美国社会转型期,知识分子们的反应与作为便是一个典型的史例。

　　19世纪末20世纪初(从美国内战结束到第一次世界大战爆发)是美国历史上不平凡的年代,也是美国知识分子大有作为的年代。在这50多年里,美国走向了工业化;同时,美国高等教育规模的扩大及教育理念的更新,也为美国培养造就了一个由知识分子组成的新兴社会群体。而美国社会的转型,工业化及城市化的实现则为这一新群体的社会化搭建了一个施展抱负的广阔平台。

　　每个时代都有自己的时代特征,都会在生活于那一时代的人们身上铸造出相应的社会性格。19世纪末20世纪初的这批美国知识分子生于美国内战前后奴隶制风雨飘摇之际,长于自由资本主义迅速发展、自然进化论与社会进化论滥觞之时,成熟于美西战争带来的欣喜与垄断肆虐造成的恐慌之下，正是美国的工业化、城市化的时代大背景使得知识分子崇尚科学、讲求理性、关心时事、勇于变革的鲜明个性得以突出表现出来。他们既渴求自我实现又不失人间关怀，既为自身利益奋争又不忘以天下为己任，这些在社会中最具先进思想和现代意识的知识分子，在当年曾经活跃于美国社会的各个领域，不倦地倡导社会变革，成为在美国内战后的半个世纪里推动历史进程的一支最活跃、最富实力的生力军。研究美国社会的发展历史当然不能忽略这个时代，更不能忽略这个时代中的这个群体。

当然，在美国，该时期崛起的社会力量并不止这一个知识群体。劳工、农场主、资本家以及其他中产阶层的社会成员也都是当时影响美国社会格局和走向的主要因子。但其中知识分子较之他人更值得关注。因为，知识分子作为知识、思想、价值观念、意识形态等的构造者、阐释者与传播者，乃是一个极为特殊的社会群体，他们更长于思考、也更富于理想色彩，对社会现实常持批判态度，而对社会未来又常怀理想主义情怀，在社会功能上与其他社会阶层具有明显的区别，并因此往往成为社会变革思想的源头和社会变革行动的催化剂，在社会发展进程中起着导向与先锋的作用。历史证明，从美国内战结束到第一次世界大战爆发，在这长达半个世纪之久的岁月里，美国的知识群体确实充当了美国社会历程的主要推进者，尤其是在 20 世纪初的美国进步主义运动中表现非凡。他们作为"美国历史上最富创造力、最乐观和最具奉献精神的一代民主思想家与积极分子"，[①] 其所作所为确实值得一书。

---

① 　Bob Pepperman Taylor. *Citizenship and Democratic Doubt*: *the Legacy of Progressive Thought*，Kansas：University of Kansas，2004，p. 2.

　　总之,从美国内战结束到第一次世界大战爆发的半个世纪是美国历史上的重要时期之一,而这一时期的知识群体又是推动当时历史进程,影响历史前进方向的重要角色之一。对这一"重中之重"的所作所为、所感所想进行分析研究,对于解析该时期的诸多历史现象,客观正确地了解该时期的美国社会史自然大有裨益。更何况,今人还可以通过评判过往而嘉惠于未来。美国工业化的进程正是从20世纪之交起步的,今日美国之根就扎在第一次世界大战之前的时代里。厘清在美国走向经济腾飞的关键时期知识分子所发挥的历史作用,于后人当有一定的借鉴意义。

二　两个概念的界定

　　本书既是对美国知识分子与进步主义运动的关系的研究,在正文展开之前,就有必要先对书中即将涉及的两个核心概念加以界定,其中一个是"知识分子",另一个便是"进步主义"。

(一)"知识分子"的概念及本书研究对象的界定

　　要研究知识分子群体先要弄清谁是"知识分子"。目前学术界虽对"知识分子"话题十分关注却并无共识,研究者出于其选题研究的便利,给知识分子做出了一个个权宜性的定义,众说纷纭,莫衷一是,致使"知识分子的概念在实际研究中变得暧昧而多变",或曰"知识分子"是一切受过大学教育的人,或曰是一切创造、传播和应用文化的人,或曰是为理念而生的人……①总之，"现代用语中很少有像'知识分子'这样不精确的称呼。只要一提到它，往往就会引起涉及含义和评论的争论"。②

鉴于本书也以知识分子为特定研究对象，这里不得不先对知识分子的含义略加辨析。虽然"知识分子"作为对某一社会群体的指谓，其含义自然具有一定的历史性和文化性，不同时空条件下的"知识分子"具有不同的个性特征，然而知识分子作为与社会中其他类属的人有着根本不同的人，其称谓在内涵上无疑还存在着跨越时空的普遍性特征，对于知识分子的研究当是以掌握知识分子的共同特征为前提的。

在中国，《辞海》是一本权威性的工具书，据它的定义，知识分子是指"有一定科学文化知识的脑力劳动者"。对于本书的研究而言，这一定义失之过宽，因为它将脑力工作者"一网打尽"，却又将体力劳动者统统拒之门外。每个社会都有自己的知识分子，知识分子当然是"有一定科学文化知识的"人，至于究竟具有何种程度的科学文化知识才可算是知识分子还需要放到历史与文化相度中去考察，需要参照时空因素加以判断，但是有一点却是肯定的，那就是，人们研究知识分子就是因为他们具有研究价值，而这一价值则源于他们对其社会角色的履行。易言之，知识分子之所以区别于社会的其他类属和群体，必然是因为他们具有人无他有的特质，而这种特质则恰恰在于他们的知识性，以及知识所带给他们的理性思考与判断能力。

实际上，知识分子原本就是一个来自西方的现代概念，要研

---

① 刘易斯·科塞：《理念人——一项社会学的考察》，中央编译出版社2001年版，前言第2页。
② 同上书，前言第1页。

究西方历史上的知识分子，还是应该尊重西方的概念。

在英语中知识分子有"intellectual"和"intelligentsia"两种说法，前者是个体名词，后者为集合名词，两者系同根同源词汇，同法语和德语中的"知识分子"一词一样，其母体词均为俄语中的"知识分子"一词。从构词法上看，上述同源词共有一个拉丁词根 intelligere，意为 understand（理解）、discern（分辨）、choose between（从中选择），这说明西语中的"知识分子"一词在内涵上包含有"理智"、"智力"、"分辨"之意。可见上述西语词虽在汉语中被译为"知识分子"，但绝非仅包含"有知识之人"这一层含义，绝非单纯等同于"拥有较多科学文化知识的人"的概念，而是指"理解力强的人"和"能够做出理性选择的人"。以目前西语中流行最为广泛的英语为例，英语中的 intellectual 在颇具权威的《当代朗文英语词典》中作名词时被解释为"an intelligent, well-educated person who spends time thinking about complicated ideas and discussing them"。可见，从字面上看，西语中的"知识分子"一词在含义上显然与高级精神活动相关，意指不仅受过良好的教育，而且理性思考能力强的人。引申来看，只有思辨能力强的人才会不受情感制约，超越个人与阶级私利，坚持真理与正义，从而具有社会敏感性与社会参与精神。

再从"知识分子"一词在西方的历史发展脉络看，该词从来就不曾被用来指称单纯的"观念人"——即单纯从事抽象文化符号研究的人，而是被用来称谓那些既是"观念人"又是"社会人"的人——即那些从事文化象征的建构、修饰、诠释与批判的人，那些富于哲学思考和特殊认知能力并以此来诠释制度的人。目前学术界公认，具有真正现代意思的西方"知识分子"一词源自俄国法国两国。一般认为此词首先见诸于俄文，乃是起于

1860 年小说家博博雷金的小说创作，他用该词来指称 19 世纪 30—40 年代把德国观念论哲学的论点引进俄国的少数人物。随后另一小说作家屠格涅夫写出《父与子》，将俄国知识分子分为父与子两代人。父一代的知识分子出自于 19 世纪初沙皇时代的地主或贵族阶层，留学西欧后带回西欧的社会思想与生活方式，他们满怀乌托邦理想，崇尚西欧文化，与当时俄国的落后现状格格不入。至其子一代则从父辈的经验中体认到不能只谈理想、不问现实，他们转而从事实际的社会改革运动。就法国而言，"知识分子"一词首度出现于 19 世纪 90 年代的德雷福斯事件中。1894 年底，法国军事法庭在证据尚不充分的情况下即将犹太裔军官德雷福斯革除军籍，并以间谍罪和叛国罪判处无期徒刑。在对犹太人强烈的种族观念支配下，当时法国军、政两界及不少平民均认定此人罪当其罚，然而以左拉、克里蒙梭等为代表的一批文人学者则站在公正的立场上为德雷福斯辩白。1898 年 1 月克里蒙梭在他所写的一篇文章中使用"知识分子"一词来描述因"德案"而对政府有所批判的文人，该词由此而广为人知。

　　综观西语中的"知识分子"一词在俄法两源头的历史发展脉络，可以认定，此词自在西方社会广为流行之日起便被赋予了两个基本含义：第一，知识分子是受过良好教育的社会成员或曰读书人；第二，知识分子是具有社会敏感性而不失人间关怀，崇尚并致力于推动社会进步的社会成员。此两点与上述西语的字面意思相互统一，这当是"知识分子"概念应该兼具的两个基本内涵，也是身为"知识分子"者的两个基本特征。

　　由此可见，知识分子并非脑力劳动者的同义语。仅以知识技能作为谋生手段者只能叫专业人员，而局限于某一专业的人只能叫学者，他们都不是真正意义上的知识分子。真正的知识分子应该是指那些既拥有知识与学理又能以之为运思工具来思考和应对社会问题，兼具思想性和社会敏感性的人。一方面，他们具有较强的思辨能力，能对所遇到的问题在理性层面上做出整体性的概括与解释；另一方面，他们忠于自己的思想与信仰，能够超越自身利益与角色，深切关注社会命运，在形势需要时能够运用自己的知识与思想去为社会谋求出路。这样的知识分子有别于那些虽然受过高等教育，但仅仅以知识技能作为兴趣所在或者谋生手段的人们。被称为"俄国第一知识分子"的拉吉舍夫有句名言，"我的心由于人类的痛苦而受伤"，[①] 这句话是对知识分子心态的一个写照。每个民族、每个时代总不乏这样一批知识分子，他们深切地感受到自己所处的社会所面临的困境与问题，总觉得这些困境与问题需要他予以关注、思考和解决，不这样做他就会觉得于心不安。本书所要研究的正是这样一批人。

本书是对19世纪末20世纪初的美国知识分子群体展开的专题研究，基于上述理由，在筛选和界定研究对象时，并未将该时期所有受过高等教育或通过各种途径获得了知识，从而较之社会其他成员具有更高科技文化水平的人统统纳入研究视野，而是选择了其中与社会关系紧密的个体与群体，任何只具有知识性却不具有思想性和社会参与意识的人均不在本书的研究范围，这一界定能够保证研究工作的意义及研究结论的准确度。19世纪末20世纪初是美国科技文化与教育的大发展时期，大学毕业生及专业技术人员在数量上空前增加，产生了一批大学生、医生、律师、记者、政客、公司管理人员、科技人员、高校教师等学者与专业技术人员，他们中并列着许多在人格、气质、兴趣和价值观上迥

---

① 萧功秦：《知识分子与观念人》，天津人民出版社2002年版，第127页。

异甚至相反的人，有人激进，有人保守；有人在市场上追名逐
利，有人于书斋中孤芳自赏；有人沉湎于小家庭的温馨，也有人
关注社会大众的苦难。若不对"知识分子"概念的内涵加以界
定，本书的研究工作根本无法展开，因为研究中得出的任一结论
恐怕都将被反例所驳倒。在宽泛的"知识分子"定义下，至少人
们不敢说19、20世纪之交所有美国知识分子的地位都被边缘化
了，也不敢说他们都具有道德情怀。接受过高等教育的人中也不
乏与垄断阶层合作互利者，一些专业技术人员就通过依傍于垄断
阶层，提供技术服务或法律服务而被待为上宾并财源广进；还有
一些律师在为垄断巨头的利益奔波的同时，自己也捞到了巨额的
好处，两者形成了鱼水关系，而他们在面对底层平民受到剥削的
问题上则不禁变得漠然。

　　因此本书规定，只有那些既拥有知识又不失人间关怀的人才
能成为本书研究的对象。基于上述缘由，本书选定以下五方面的
历史人物为研究主体。第一，19、20世纪之交关注美国现实的
思想家。他们挑战了社会进化论、个人主义、自由主义等19世
纪以来一直主导美国社会的传统观念，以理性的新思想去解释社
会，为20世纪初美国进步主义运动的广泛开展奠定了思想基础。
第二，19、20世纪之交活跃于美国文坛的批判现实主义作家与
记者。他们以专业特长来倾诉对社会的不满，揭露社会黑幕，为
社会变革高潮的最终到来做好了舆论上的准备。第三，19、20
世纪之交掀起了社会福音运动的新教界进步人士。他们倡导的社
会福音带动了一批有志青年充当起社会工作者，活跃于美国各大
中城市，为实现社会正义、革除社会弊端做出了种种努力并取得
了显著成果。第四，19、20世纪之交接受了高等教育的美国知
识女性。她们以前所未有的胆略与勇气挑战男性主导的社会制
度，追求妇女的合法权益，特别是为参政争取权利而奔走呼吁，

成为推动社会前进的一个新兴动力群体。第五，20 世纪初期美国的三位学者型政治家，即：威斯康星州州长罗伯特·拉福莱特以及两位著名的美国总统西奥多·罗斯福和伍德罗·威尔逊。他们作为知识分子在各级政府中的最高代言人，充分行使了手中的权杖，革故鼎新，扮演了进步主义改革领导人和"托拉斯克星"的社会角色，树立起一个个强势政治家的形象，在美国工业化时期的社会历史进程中添上了厚重的一笔。本书所关注的将是上述知识分子与社会间的关系，尤其关注在社会转型期，当世俗功利价值成为社会主流价值时，这些知识分子是如何创新思想、解释社会的；关注他们是如何运用其知识与学问去思考人类的命运与前途，如何为社会求索出路，又是如何运用其道德原则与思想价值去变革社会，追求心目中的理想境界的。

（二）关于"进步主义运动"

美国历史学家本杰明·德威特曾经在其《进步主义运动》一书中提出：由于"'进步主义'一词被广泛运用，广为讨论，歧见甚大，因此，要充分阐明其意义与原则，就必须首先做出仔细的界说"。① 本书作为研究进步主义运动的一次尝试，当然也应该由此展开。

"进步主义运动"原文为"Progressive Movement"，是对 19 世纪末 20 世纪初发生在美国的政治、经济、文化等诸多领域的各项改革运动的总称，而并非是一场统一的社会运动，其得名反映着工业化时期美国人面对诸多社会弊病时所持的乐观心态。尽

---

① Benjamin Parke De Witt. *The Progressive Movement*，Seattle：University of Washington Press，1968，p. 3.

管随着从农业社会向工业社会的转型，美国已经出现了经济混乱、政治腐败、道德失范、贫富分化和劳资冲突等严重的"工业文明综合征"，但是多数美国人仍然乐观地相信，人的主观努力可以克服这些问题，推动社会进步。

究竟"进步主义"之称何时出现现在已难以稽考，所能追溯的是，1905年时曾有改革者自称"进步派"。1912年，西奥多·罗斯福在参加总统大选时也将他组建的第三党冠以"进步"之名；到1916年大选后，"自由主义"和"自由派"的称谓成为美国社会和政治生活中新的时尚，各种轰轰烈烈的进步主义改革运动告一段落，"进步派"一词也日渐为人淡忘。

导致进步主义运动兴起的原因众多，运动参与者的成分复杂，其后果更是不止一个。鉴于史学界在对进步主义运动的研究中还存在着一定的分歧，本书为研究方便起见，在正文展开之前首先对所涉及的历史时段做出界定。虽然在相关著作中有一些人把从19世纪90年代中期起的近20年视为进步主义时代，[①] 也有一些人将20世纪初期的十几年称作进步主义时代，[②] 但本书还是将研究的时间段加以扩展，使研究的时间跨度包括了从美国内战结束到第一次世界大战爆发前的大约50年左右的时间，即从1865年到1914年。因为，历史的长河是连续不断的。作为进步主义运动前锋的黑幕揭发运动以及其他全国性的社会改革运动都是在19世纪中期左右开始形成规模，并引起广泛关注与兴趣的，进步主义运动的起因在很大程度上与该时期美国工业化和城市化

[①]　Lewis L. Gould. *America in the Progressive Era 1890－1914*, London: Person Education Limited, 2001; Glenda Elizabeth Gilmore. *Who Were the Progressives?*, Boston: Bedford, 2002. etc.

[②]　William L. O'Neill. *The Progressive Years*, New York: Dodd, Mead & Company, 1975.

的兴起有着密切的关系。进步主义运动乃是美国社会转型条件下的特殊产物，没有社会形态迅速转变带来的经济垄断、政治腐败、贫富分化、道德失范、社会秩序混乱等一系列"工业文明综合征"，也就无须揭露社会黑幕和进行社会治理，当然也就无所谓进步主义运动。而且，各个领域形成改革之风也经历了一个相当长的渐进过程，要认识进步主义运动也必须清楚地了解这一过程。总之，要研究进步主义运动的性质和历程，还是应该在时间上追溯得再远一些。

三　学术史回顾以及本书的　　研究思路与方法

目前我国国内外对19世纪中晚期直至20世纪初期美国进步主义运动以及相关问题的研究已具有相当的规模，专著较多、视角各异、涉及内容广泛，几乎面面俱到，其中既有共识也不乏分歧，这些研究成果既为人们正确认识该时期的美国社会状况提供了宝贵的资料也为今后的研究工作留下了余地。

关于进步主义时期知识分子问题的研究依其内容大致可分为以下三类。第一，对这一时期知识分子个体的研究专著，如对杰出的政治家、思想家、史学家、经济学家、军事家等的生活经历、学术思想、社会活动等方面的研究，例如：艾伦·F. 戴维斯的《美国的女豪杰：简·亚当斯的生活传奇》①、理查德·霍夫斯塔特的《进步主义历史学家特纳、比尔德、帕

---

① Allen F. Davis. *American Heroine*, London：Oxford University Press，1973.

灵顿》①、H. W. 布朗兹的《伍德罗·威尔逊》②、瑞克·蒂尔曼
的《索斯汀·范布伦及其评论者，1891—1963》③、李剑鸣教授
的《伟大的历险——西奥多·罗斯福传》④、张澜博士的《伍德
罗·威尔逊社会思想研究》⑤、邓蜀生先生的《伍德罗·威尔
逊》⑥ 等。第二，对这一时期知识分子群体情况的研究，如对中
产阶级或中产阶级专业技术人员的社会地位、学术成就、主流思
想、政治立场、组织机构、社会角色等的研究，例如：亚利山
大·奥利森及约翰·沃斯编辑的《当代美国学术机构，1860—
1920 年》⑦、布尔顿·L. 布莱斯汀的《专业化教育：中产阶级与
美国高等教育的发展》⑧、路易斯·菲勒的《耙粪者，美国自由
主义斗士》⑨、埃莉诺·斯泰伯纳的《赫尔会所的妇女们》⑩、露

---

①　Richard Hofstadter. *The Progressive Historians*-Turner, Beard, Parrington, New York: Knopf, 1968.

②　H. W. Brands. *Woodrow Wilson*, New York: Henry Holt and Company, 2003.

③　Rick Tilman. *Thorstein Veblen and His Critics 1891 — 1963*, New Jersey: Princeton University Press, 1992.

④　李剑鸣：《伟大的历险—西奥多·罗斯福传》，世界知识出版社 1994 年版。

⑤　张澜：《伍德罗·威尔逊社会思想研究》，复旦大学博士论文，2004 年。

⑥　邓蜀生：《伍德罗·威尔逊》，上海人民出版社 1982 年版。

⑦　Alexandra Oleson and John Voss. *The Organization of Knowledge in Modern America 1860 — 1920*, Baltimore and London: the Johns Hopkins University Press, 1979.

⑧　Burton L. Bledstein. *The Culture of Professionalism*: *The Middle Class and the Development of Higher Education in America*, New York: W. W. Norton & Company, 1978.

⑨　Louis Filler. *The Muckrakers*, *Crusaders for American Liberalism*, University Park: Pennsylvania State University Press, 1976.

⑩　Eleanor J. Stebner. *The Women of Hull House*, New York: State University of New York, 1997.

丝·H. 克罗克的《社会工作与社会秩序》① 等。第三，并非以知识分子为研究主体，但在美国政治、经济、军事、外交、文化、社会史、妇女史的研究中却对知识分子问题有所涉及的，如理查德·霍夫斯塔特的《改革时代：从布莱恩到富兰克林·D.罗斯福》、恩斯特·A. 布瑞赛的《美国进步主义历史：一次现代化的尝试》②、罗伯特·哈里森的《20 世纪的美国政府与社会》③、威廉·L. 奥尼尔的《进步主义年代》④、埃莉诺·福莱克斯纳的《一个世纪的奋斗：美国的女权运动》⑤、塞缪尔·海斯的《对工业主义的反应：1885—1914 年》⑥ 等。

这些著作从各个视角阐述了各自的见解，其中不乏真知灼见。例如：霍夫斯塔特从比较中产阶层与大企业主阶层的处境与社会地位入手，提出了"地位革命"的观点；塞缪尔·哈伯看到了中产阶级专业技术人员为追求权威与荣誉所进行的组织化活动⑦；路易斯·菲勒通过对黑幕揭发记者的专门研究指出，他们

---

① Ruth Hutchinson Crocker. *Social Work and Social Order*: *The Settlement Movement in Two Industrial Cities 1889 — 1930*, Urbana and Chicago: University of Illinois Press, 1992.

② Ernst A. Breisach. *American Progressive History*: *an Experiment in Modernization*, Chicago: the University of Chicago Press, 1993.

③ Robert Harrison. *State and Society in Twentieth-Century America*, New York: Addison Wesley Longman Inc., 1997.

④ William L. O'Neill. *The Progressive Years*, New York: Dodd, Mead & Company, 1975.

⑤ See Eleanor Flexner. *Century of Struggle*: *the Woman's Rights Movement in the United States*, Cambridge, Massachusetts: the Belknap Press of Harvard University Press, 1980.

⑥ Samuel P. Hays. *The Response to Industrialism*: *1885—1914*, Chicago, the University of Chicago Press, 1957.

⑦ Samuel Harber. *The Quest for Authority and Honor in the American Professions 1750 — 1900*, Chicago: the University Of Chicago Press, 1991.

既非保守也非激进；塞缪尔·海斯认为"平民党运动—进步主义运动时期"的美国社会改革体现了人们渴望回归平静、简单的前工业社会的"怀旧情绪"。这些观点均存在一定的合理性，令人深受启发，为我们进一步的研究奠定了基础。但同时其中也存在一些可质疑之处，例如，霍氏提到的"地位危机"问题未必就是促使进步主义者投身改革的唯一驱动力，作为一个现代文明社会中的高素质群体，他们的行为除为自身利益打算外，未必不存在利他性动机；再如，尽管如哈伯所看到的那样，在当时的中产阶级知识群体中出现了专业化和组织化的趋势，但是他们的选择也不一定完全出于追求权威与荣誉的高层次心理欲望，在其深感社会地位下降、经济状况不稳定的心态下，很难说其行为动机中不包含保全自身、秉持自我的基本生存目的；另外，虽然工业化时期的社会弊端深令各个阶层不满，并引起了波澜壮阔的社会改革运动，但是改革者的初衷却未必全如海斯所言，是为了重温农业社会里田园牧歌式的旧梦，否则又如何能称之为"进步主义运动"？

　　前面已经提到，就对进步主义运动的认识而言，历史学家们迄今并未完全走到一起。虽然当时美国的社会转型、贫富分化、劳资冲突、政治腐败、信仰危机等已成学术界的共识及学术研究的共同基础，但在这同一基础上不同学者的研究却常常走向不同的方向、得出了不尽相同的结论。霍夫斯塔特的《改革时代：从布莱恩到富兰克林·D. 罗斯福》一书，从中产阶级知识分子的社会心理状态入手，在专职人员的异化及其职业处境中找到了进步主义运动的动力源头。他用"地位革命"的观点解释了中产阶级知识分子投身社会改革运动的热情与作为，倾向于将这种行为视作对"地位革命"的被动应对，将进步主义者视为以寻求自我保护为目的的温和的改良主义者。霍夫斯塔特甚至认为进步主义运动中最重要的组成部分——黑幕揭露运动是由偶然因素促成的,那些新闻记者和编辑似乎是于不经意间触发了这场运动。他认为,尽管这些记者对美国社会的批判在最高潮时确实异常尖锐与激进,但他们本身原本却是温和派,根本就不曾提出任何激进的救治社会之道。再来看威廉·L.奥尼尔的《进步主义年代》,该书几乎从同样的地位危机观点出发,却在更大程度上否定了进步主义运动及中产阶级的改良性质。奥尼尔特别强调地位下降及失败的感觉,从而促使他们采取行动在社会上为自己寻找替罪羊及解救良方。他因此认定,所谓改革是根本不存在的,进步主义者的行为所引起的社会改良也并非他们的初衷,因为导致这一后果的不光是原来的计划,同样还有运气及偶然因素在起作用。至于“进步主义”,不过是这些既不保守也不激进的中产阶级在为自己的行为贴政治标签,归根结底,与其说进步主义时代是一个改革时代,倒不如说是一个现代化的时代。这样一来,霍夫斯塔特给这一时期贴上的“改革时代”的标签就在奥尼尔手中被彻底撕掉了。比较而言,倒是罗伯特·H.威比赋予了进步主义运动及进步主义者更多主动与理性的成分。威比虽然不认为进步主义者的行为是出于廉洁政府、改造社会的激进目的,但也不愿用单纯的挽救个人地位的一己私念来解释进步主义者的行为动机。在他看来,进步主义者是一个诞生于社会转型过程中的生机勃勃、积极乐观的新中产阶级,进步主义运动就是这个新中产阶级在致力于以本阶级的一套全新的价值观念体系去取代过时的传统观念的事业。上述共识与分歧的存在使得对进步主义问题的进一步研究,尤其是对中产阶级知识分子投身于这场运动的行为动机的进一步探讨获得了丰富的资料并具有了相当的必要性。

目前的研究成果尽管注意到了"镀金时代"①与进步主义时期社会思潮间的连续性，却大多忽视了这两个时期之间历史人物成长过程的完整性，这一说法不难从书后的参考书目中得到印证。具体而言，虽然其中少数作品，如《当代美国学术机构》等，所涉及的时间跨越了这两个时代，其着眼点却在事不在人。再如，《进步主义历史学家特纳、比尔德、帕灵顿》也同样将重点放在了对三位史学家的思想内涵的阐释上，这样的研究既不具备历时性也没有顾及该时期知识分子作为的整体性。从美国内战结束到第一次世界大战结束，活跃于美国历史舞台上的知识分子始终是同一批人，他们出生于美国内战前后，活跃于"镀金时代"及进步主义时期，至第一次世界大战后暮年退隐，政治生命随之画上句号。尽管这些人并不完全同龄，有些甚至相差悬殊，但在政治生命上他们其实属于同代人，对他们的成长过程也因此需要一个统一、完整的认识，这正是目前的研究中所缺少的，也是本书所要做的。

上述研究成果对于本书的研究具有宝贵的价值，本书在借鉴他人成果的基础上，结合课题内容以及作者自身的知识结构与研究能力，在研究内容、视角、方法等方面做了一些尝试，论文在传统的史料分析的基础上，适当引入了文本阐释和心理分析等研究方法作为补充。

本书采取以问题为中心的研究方法，以19世纪末20世纪初的美国社会转型为大背景，以美国工业化、城市化过程中所遇到的诸种社会矛盾为研究出发点，跳出以往的视界，以知识

---

①　19世纪末，当马克·吐温和查尔斯·沃纳在创作小说《镀金时代》的时候，两位艺术家一针见血地指出，这个高楼林立、马达轰鸣、火车飞奔、满目繁华的社会，实质上却是金玉其外，败絮其中。在当时美国社会熠熠发光的金色镀层之下，隐藏着成堆的社会问题。

分子在转型期的社会表现为视角,来对进步主义运动的性质进行历史的考察和理性的思考,从而有可能通过对旧史料的新分析来重新理解和解释进步主义运动的性质,尽量接近运动的本来面目。

首先,知识分子的一大特点就在于其思想性,其社会价值的最重要的标志之一就是他们的著作和文章。这些作品作为精神层面的存在物是对物质存在物的能动反应,思想家和作家们的作品就是他们心灵的独白和思想的体现,其中也包含着他们对于其所处的社会环境的认识与看法。人作为社会文化的存在,在塑造文化的同时也接受文化的塑造。哲学家和作家在创作文化作品的过程中其实也在间接地创造着自我。在他们用文字堆砌起来的理性世界里永远晃动着现实的影子,因此,研究这样的知识分子就不能绕开他们的作品,这既是对这些历史人物负责,也是避免资料上的浪费。鉴于本书涉及对19世纪末20世纪初的美国进步主义理论家和神学家的研究,所以也在相关章节中对其作品中的言论进行了关注和分析。

不过本书的研究对象中还有相当大的一部分人,其社会贡献主要在于参与社会实践而非阐释社会理论,因此对他们的研究不仅要看其思想方面,更要看其行动,例如书中对知识女性的研究即是如此。对于她们的研究主要是靠对所收集到的历史资料和数据加以分析继而得出结论的方法。对于美国社会转型期的社会状况和阶层分化的研究,本书也是采用了社会史的研究方法,依靠所掌握的历史背景材料和数据加以研究。

对于政治家的研究大致有三种主要方法:第一,专门研究其政策思想;第二,专门研究其生平传记;第三,上述两者的结合。虽然三者各有所长,但也不免顾此失彼,难以兼顾时间顺序和思想或行为逻辑,在情节的连续性和政绩政策的连续性上难以两全。针对这一情况本书在写作有关两位学者总统的一章时，尝试这样的叙述结构，即：在同一主题下分步骤采取不同的方法对不同的部分分别进行陈述和研究，首先采用历时性的方法概述两位总统其人其事，随后则根据其政策的各个方面来对其社会思想行为逐步加以论述，这样做既使他们的政策政绩得到了集中而系统的阐释，又不至于使这种阐述脱离社会生活背景。

再者，由于本书以人为研究对象，因此在局部借鉴了心理学的理论和方法，用人本主义心理学的需求层次理论，结合对美国社会历史背景的参考，从人的内在动机结构和外在社会、文化驱动力中去寻找 19、20 世纪之交美国知识分子崛起的主要动因。

简言之，由于本书以历史人物为研究对象，因此要全面顾及他们的活动时空、社会背景、心理状态、经济状况、社会地位、学术思想等各个方面，以期从对上述因素的综合分析考证中还原出历史人物的真实形象。全书力求从社会结构、知识分子心态和政治与社会改革状况三个层面来展开研究，对各个领域的知识分子分别予以考察，客观再现他们的社会思想与改革作为，进而研究该时期美国社会的转型与各界知识分子的崛起及其社会批判行为间的关系。本书非常关注内原外因的配合作用，也就是特别注意促令知识分子崛起的客观条件和内在动因的交互作用问题，因为这两个方面条件的结合使该时期的美国知识分子不仅成为新思想的载体，也充当了它们的实践者，社会转型在考验知识分子的社会良知并给其社会地位带来冲击的同时，也为他们搭建了一个施展才华、实现抱负的宽广平台。

鉴于本书以知识分子的社会批判与改革为中心议题，因此在全篇布局安排上便以知识分子的社会功能为主脉，以不同领域的知识分子在阐释社会、揭露社会、改革社会、参与社会、领导社会方面所发挥的不同社会作用为次标题来构架全文。

第一章主要从考察美国社会转型的角度切入，对19世纪末20世纪初美国社会形态转变的原因与后果予以追溯，特别是对社会转型所带来的阶级结构的改变以及所引发的社会问题予以考察，为下列各章的研究做好铺垫。第二、三、四、五、六章主要涉及美国社会转型过程中知识分子的专业类型与社会作用，分别对各个领域的知识分子的心理反应与社会贡献加以论述和分析。通过以上各章的分析探讨，本书得出了一个基本结论：兴起于19世纪末20世纪初的美国进步主义运动，主要是由知识分子发起和领导的社会改革运动。

关于美国进步主义运动的性质问题素来便是颇令研究者们深感兴趣的课题，如前所述，多数学者倾向于将其解释为由中产阶级发起和领导的运动，也有人认为改革的大部分支持者是来自社会的上层，而并非中等阶层。其实，抛开进步派的阶层属性，换一个角度来看，实际上进步主义运动乃是以知识分子为领导主体的改革运动。

作为一种并非具有统一领导、统一组织的，在全国范围里兴起的特殊社会运动，人们当然不可能逐一列出全部参与者的姓名和情况，但是，一些美国历史学家对当时某些地区或某些组织的进步派所进行的局部分析对研究这一课题仍然具有一定的意义。

1949年，乔治·莫里曾经在其《加利福尼亚进步派及其原则：对中等阶层政治的研究》一文中对加利福尼亚州进步党人的特点作过如下的概述：该州的进步派多为具有北欧血统、年龄不到40岁的年轻人，其中四分之三的人接受过高等教育，部分人还曾经留学欧洲。在所调查的47人中，有17人为司法人员、14人为新闻界人士、11人为企业主或实产经营者、3人为医生、

3 人为银行家。① 另据小艾尔弗雷德·钱德勒针对 1912 年进步党的 260 名全国及州委员会成员的职业构成所进行的一项统计，其中除了 95 人为企业主外，主要都是律师（75 人）、编辑（36 人）以及其他各种专业技术人员（55 人）。从地区分布看，在新英格兰的 42 人中，包括律师 10 人、编辑 3 人、其他专业技术人员 11 人；在中大西洋沿岸各州的 77 人中，从事上述三种职业的成员分别为 21 人、18 人、9 人和 29 人；在老西部的 43 人中分别为 12 人、6 人和 10 人；在密西西比河以西地区的 41 人中，分别为 17 人、8 人和 3 人；在太平洋沿岸地区的 19 人中，分别为 7 人、6 人和 2 人，除了在南部的 39 人中仅有 14 人外，律师、编辑以及其他专业技术人员在各地区的总人数中所占的比例均大大超过半数。② 这些数据表明，至少在上述地区，接受过高等教育或有一定的专业技能和知识素养的人构成了当时进步派的中坚力量。

　　出现这种情况并不奇怪，如前所述，知识群体不仅在知识方面优于其他社会群体，而且还具备比较强烈的社会敏感性与社会参与意识，有着探索社会问题，阐释社会矛盾根源，揭露社会弊端，领导社会走向进步的功能与觉悟。所以他们也常常会构成推动社会进步的主要动力，特别是在一个社会面临转型之时，他们往往会充当推动社会变革的积极分子。19 世纪末 20 世纪初美国社会转型期的知识群体正是一个典型的历史事例。他们为使美国社会解脱困境，自觉地在各个领域展开了轰轰烈烈的改革运动。

---

　　① Arthur Mann. *The Progressive Era*：*Major Issues of Interpretation*，Hinsdale, Illinois：Dryden Press，1975，p. 14.

　　② Elting Morrison. *The Letters of Theodore Roosevelt*，Cambridge, Massachusetts：Harvard University Press，1951—1954，附录。

第一章

社会转型:呼唤改革的时代

19世纪末20世纪初,随着新旧世纪的更替,美国社会也迈入了一个从农业社会到工业时代的转型时期。这种转型对于美国的政治、经济、文化等各个方面都产生了深远的影响,导致了一系列的相应变化,特别是造成了社会结构的严重失衡,引发了社会各阶层强烈的不满反应,从而使改革成为一种共同的时代呼声。从这一点上说,美国社会的这次转型实则标志着一个改革时代的开始。

第一节　"进步"的代价

从农业社会跨入工业社会,无疑是美国历史上的一大进步。但是,它却为这一进步付出了沉重的代价。

一　工业社会的形成

美国历史学家塞缪尔·海斯曾经说过:现代美国的历史首先

是一个工业主义影响人类生活每一方面的故事。① 所以，本书的研究也从美国工业时代的来临开始。

1876 年，在美国人为庆祝美国独立一百周年所举办的费城博览会上，机器展厅成为参观者云集的地方。好奇的人们排起了长龙等待着一睹电灯、电话、打字机、电梯、火车汽闸、大马力电机等新发明的神奇之处。事实上，当这些人为眼前的一切而惊叹不已的时候，他们的国家正在经历着翻天覆地的变迁，以电力技术为标志的第二次产业技术革命正在把美国引入一个崭新的工业化时代。

美国的工业化进程起源于产业特征的社会技术形态转变。它始于生产技术的变革，并以完整和独立的工业体系的建立为最终实现的标志，产业革命由此成为在追溯美国工业化进程时一个绕不开的话题。因为，说到底，工业化的本质内容就是将科技成果应用于人类的生产实践。

美国内战后，美国人在和平统一的有利环境下，利用国内的资源优势，又吸收了欧洲已有的科技成果，广泛开展了应用科学的研究和工业技术的发展更新，快步迈入了一个"科技时代"和"发明时代"。其间，科学成果不断被迅速转化为生产力，给美国带来了令人震惊的划时代巨变，对美国工业生产的跳跃式发展发挥了决定性的作用，同时也革命性地改变了美国人的生产与生活方式。电力、汽车、钢铁、石油等新兴工业部门在美国迅速崛起，成为美国工业生产中的基础性和支柱性产业。食品、纺织、成衣、印刷、木材加工等传统产业也先后完成了技术改造与更新，逐步摆脱了手工制造程序，其机械化水平已居世界前列。至

---

① Samuel P. Hays. *The Response to Industrialism*，*1885—1914*，Chicago: the University of Chicago Press，1957，p. 1.

此美国已经拥有了较为完整和独立的工业体系,具有了独立的能源供应和机械制造能力,能够生产出本国所需的主要工业品,并有能力对外出口。到 1899 年,美国制造业生产总值从 1849 年的 10 亿美元增长到了 130 亿美元。① 在 19 世纪的后 40 年里美国的工业更是以惊人的速度向前发展,其增长率始终高达 4％以上,② 在当时的世界资本主义强国中首屈一指。正如美国史学家西格蒙德·戴尔蒙德所言,美国的工业家们"打败了所有的竞争对手",其单位成本所创造的价值远远超过了世界上其他任何国家。他们在木材、钢铁、原油冶炼、肉类加工、矿产开采等众多行业里都"远远超过了所有的竞争者",与世界其他国家相比,美国还拥有更多的电灯、电话和更长的电报线路与铁路。美国的煤产量在 1860 年到 1914 年间从 14610042 吨增长到了 513525477 吨;发电量从 1870 年的 2346142 马力增长到了 1900 年的 11300081 马力;铁路总长度从 1870 年的 30000 公里增长到了 1900 年的 193000 公里;钢产量在 1873 年到 1886 年间从 140000 吨增长到了 2500 万吨,到 20 世纪末,仅卡内基钢铁公司一家的产量便相当于整个英国钢铁业总产量的五分之四。③ 美国内战结束之前,美国基本上还是一个农业国,在经济上还不得不依附于欧洲。在内战时期,其工业尚不占主导地位。然而以第二次产业技术革命为开端,美国工业却迅速发展,并最终带来了美国经济的结构性

---

① David A. Shannon. *The Progressive Era*, Chicago: Rand McNally College Publishing Company, 1974, p. 3.

② Douglass C. North, Terry L. Anderson, Peter J. Hill. *Growth and Welfare in the American Past*, *a New Economic History*, Englewood, New Jersey: Prentice-Hall, 1983, p. 123.

③ Sigmund Diamond. "The Impact of Industrialization on American Society" Howard H. Quint, Dean Albertson, Milton Cantor, ed., *Main Problems in American History*, vol. 2, Homewood, Illinois: the Dorsey Press, 1968, pp. 35—37.

变化。1884 年，美国工业比重在国民经济中首次超过了农业。这一变化标志着美国已经基本实现了工业化，开始由农业国向工业国过渡。到 19 世纪 90 年代，美国的工业产值已跃居世界首位。1900 年前后，美国农业产值在国民生产总值中所占比重从 19 世纪 60 年代的大约 56％下降到了 33％左右；与此同时，制造业产值则上升到了 58％左右。随着这一根本性变化的发生，美国也在 20 世纪的曙光中跨入了工业社会的门槛。①

二 "工业文明综合征"

不过，工业化给美国人带来的却并非完全是福音，转型过程中各种社会要素的错动，致使该时期美国的社会结构严重失去平衡。虽然从总体上讲，工业化的实现代表了社会进步的趋势，但是，社会转型却是一个引起社会结构从平衡走向不平衡的历史过程。在社会转型过程中，社会结构的重大调整不可能一帆风顺地进行，其间必然充斥着种种矛盾冲突和利益摩擦。在内战前的百余年里，美国社会内部的各种政治、经济、文化要素已经在多次的分化与重组之后呈现出相对的协调与平衡。具体说，以农村中产阶层为主体的阶层关系已然明晰，以白人中产阶级新教文化为主流的价值观念体系已经确立，以家庭为单位的农业和手工业生产格局业已成型。然而工业化却打破了这种常态，引发了社会要素的再次分化与重组。在这一过程中，政策管理的滞后、利益分配的过分偏差、新旧观念的并存与相互牵制等造成了转型期美国

---

① Thomas C. Cochran and William Miller. *The Age of Enterprise, a Social History of Industrial America*, New York: Harper &Row Publishers, 1961, p. 136.

社会现象的复杂性。许多社会问题集中出现，社会矛盾空前尖锐。面对社会结构如此急剧地变革与失衡，人们也往往一时难以适应和辨别，并不免产生心理困惑和摇摆。种种社会弊病的形成表明，美国在进入工业社会之初，也如英国、法国、德国等走过比较典型的工业化道路的老牌资本主义国家一样，未能摆脱所谓的"工业文明综合征"，"城市与工业的发展威胁到了国家的利益及其未来，制造出了与人类敌对的环境并强化了潜在的邪恶力量"，① 简言之，工业化仿佛是一把"双刃剑"，它既"斩断了阻挡人类物质进步道路上的丛丛荆棘，但同时又使人类与自然都付出了沉重的代价"。②

社会转型的全面性造成了社会问题的多样性。在美国工业化过程中，政治、经济、文化领域内纷纷呈现出了贫富分化严重、社会治安混乱、政府部门腐败、环境恶化加剧以及自然资源遭到垄断与浪费等一系列严重问题，由于本书以研究知识分子的社会改革为主题，所以这里仅简单陈述本书以后的章节中需要涉及的一些社会现象和问题。

对于19世纪末20世纪初的美国而言，城市化乃是其社会发展的一大主要特征。诚如美国历史学家阿瑟·施莱辛格所言，在工业化时期的美国，"城市乃是新工业主义的最高成就"。③ 这一时期，随着劳动人口从美国农村和欧洲的涌入，美国迅速发展成了"一个城市国家"，城市人口在全国人口中所占的比例从1860

---

① Elzbieta O'sbea, "The Whale and 'The Jungle'", Dieter Herms. *Upton Sinclair: Literature and Social Reform*, Frankfurtam Main; Bern; New York; Paris: Peter Lang, 1990, p. 141.

② 李剑鸣：《大转折的年代——美国进步主义运动研究》，天津教育出版社1992年版，第3页。

③ Arthur Meier Schlesinger. *The Rise of the City 1878—1898*, New York: the Macmillan Company, 1933, p. 79.

年的 19％增长到了 1920 年的 51％。[1] 在同一时期,"每有一个城市居民迁居农村就有二十个农民迁入城市"。[2]在 1860 年到 1900 年间,美国农村人口增长了两倍,而城市人口则翻了四番。[3] 到第一次世界大战爆发前夕,绝大多数的美国人都住到了城市里。而且由于工业化对非技术工人需求量的增长和经济发展对东南欧地区劳动者吸引力的加强,又有大量外国人移居美国。从 1870 年到 1920 年,共有 26277565 名移民进入美国,这一数量几乎是此前 50 年里美国所接受的移民总数的 4 倍,其中大多数都是来自东南欧地区的穷人,进入美国后大多滞留城市充当了靠出卖劳力为生的产业工人,[4] 他们"在大城市的人口中占据了异常大的比例"。[5] 从城市的规模上看,在 19 世纪 70 年代后的 30 年间,人口在 2 万 5 千人以上的城市从 52 座增长到了 160 座,其居民总数增长了 338％。[6] 人口在 19 万人以上的城市达到了 14 座,大约有 1400 万人居住其中。[7] 由于工业发展的需要,美国中西部兴起了匹茨堡、底特律、克里夫兰、芝加哥等大批新工业城

---

[1] Robert Kelley. *The Shaping of the American Past 1865 to Present*, New Jersey: Prentice Hall, 1990, p. 413.

[2] Harvie M. Conn. *The American City and the Evangelical Church*, Grand Rapids, MI: Baker Books, 1994, p. 49.

[3] John S. Bowes. *eenues to America's Past*, Morristown, New Jersey: Silver Burdett Company, 1969, p. 286.

[4] Harvie M. Conn. *The American City and the Evangelical Church*, Grand Rapids, MI: Baker Books, 1994, p. 49.

[5] Walter Nugent. *Structures of American Social History*, Bloomington: Indiana University Press, 1981, p. 95; Arthur Meier Schlesinger. *The Rise of the City 1878－1898*, New York: the Macmillan Company, 1933, p. 76.

[6] Walter Nugent. *Structures of American Social History*, Bloomington: Indiana University Press, 1981, p. 105.

[7] David A. Shannon. *The Progressive Era*, Chicago: Rand McNally College Publishing Company, 1974, p. 4.

市。在1860年到1890年的30年中,底特律和堪萨斯城的人口增长了4倍,孟菲斯和圣弗朗西斯科增长了5倍,克里夫兰增长了6倍,洛杉矶增长了20倍,奥马哈甚至增长了50倍之多,而其中绝对人口数字增长最大的当属芝加哥:从1860年后的半个世纪里,芝加哥人口增长了20倍,仅1880年到1890年的10年间,就增长了50万人,到1910年时该市人口居民总数已经超过了200万,发展为美国第二大城市和西部机器制造业、交通运输业的中心。城市化并不仅是一种西部现象,东部老城也在以惊人的速度扩张。纽约、费城、巴尔的摩的人口增长都在2倍以上,东部商业港口得到了长足的发展。① 举例而言,在1880年到1900年间,纽约人口从200多万增长了到350万。② 总之,从美国内战到第一次世界大战期间的半个世纪里,城市得到了异常迅速的发展,它们"仿若在一夜之间涌现、成长壮大,并展露辉煌"。③

然而城市人口数量增长仅仅是城市扩张的一个表象和衡量标准,更重要的是城市相应的成为了"国家生活中的一个控制因素"④ 以及美国政治、经济和文化的中心。特别不容忽视的是,

---

① Stanley Lebergott. *The Americans : an Economic Record*, New York: WW Norton and Company, 1984, p. 137; Arthur Meier Schlesinger. *The Rise of the City 1878－1898*, New York: the Macmillan Company, 1933, p. 64; Winthrop S. Hudson. *The Religion in America, an Historical Account of the Development of American Religious Life*, third edition, New York: Scribners, 1981, p. 295.

② James Leonard Bates, *The United States, 1898－1928, Progressivism and a Society in Transition*, New York: McGraw-Hill, Inc. , 1976, p. 18.

③ Winthrop S. Hudson. *The Religion in America, an Historical Account of the Development of American Religious Life*, third edition, New York: Scribners, 1981, p. 294.

④ Arthur Meier Schlesinger. *The Rise of the City 1878－1898*, New York: the Macmillan Company, 1933, p. 79.

如果如此大规模的城市化的进程不能得到妥善的管理和规范,城市就不可避免地走向混乱和无序,国家社会生活的中心就将变成社会问题的中心,在美国历史上的这一时段所发生的情况恰恰说明了这一问题,美国的"麻烦"就是"在几年之中迅速出现了大城市"①,而这些大城市又成了"罪恶的渊薮"②和"各种毒瘤生长的温床"。③ 19 世纪末 20 世纪初,随着美国城市人口的增加和城市规模的扩大,出现了贫民窟的扩展、犯罪的频仍、卫生状况的污秽、疫病的流行、市政管理的滞后、城市老板的腐败等诸多弊病,这些"城市病"逐渐将美国城市社会变成了一个十足的"问题社会"。

经济秩序混乱是当时美国社会所面临的最大问题之一。

垄断是当时美国社会所面临的一大公害。可以说,工业化时期,美国政治、经济、文化领域所出现的种种弊端几乎皆与垄断企业的某些行为有关,特别是它给社会经济造成了极端恶劣的影响。

美国内战后,随着工业企业的技术改造与更新,美国的自由资本主义竞争发展到了极点,垄断组织开始萌芽,特别是 1873 年的经济萧条过后,生产与资本的集中更是大大加快,垄断组织得到日益广泛的发展。从 19 世纪七八十年代的托拉斯发展到 19 世纪 90 年代及 20 世纪初的控股公司,垄断组织日益侵入了美国国民经济的大多数部门,电力、石油、汽车、化学、钢铁等新技

---

① Richard Hofstadter. *The Age of Reform*: *From Bryan to F. D. R.* , New York: Knopf, 1989, p.174.

② G. E. Mowry, "The Progressive Profile", Alexander De Conde. *Patterns in American History*, Belmont, California: Wadsworth Publishing Company, Inc. , 1965, p.298.

③ Aaron Ignatius Abell. *The Urban Impact on American Protestantism*, *1865 − 1900*, Hamden: Archon, 1962, p.3.

术革命中崛起的新兴产业首当其冲地充当了孕育大垄断企业的温床。这些部门不仅具有先进的生产能力和强大的竞争力，而且具有大生产的特点和生产一体化的要求。大规模的重工业产品的生产任务非大生产而不能承担，因此巨型企业便随新产业的诞生而应运而生，成为垄断组织产生的物质基础。美国最早的垄断企业就是出现于石油产业，1882 年约翰·洛克菲勒组建的"美孚石油公司"便是美国企业史上的第一个托拉斯，而美国钢铁公司则是当时最大的一家托拉斯，它总共吞并了 158 家同行业的中小企业，[①] 合并资本超过了 14 亿美元。[②] 到 20 世纪初期，进步主义运动进入巅峰时，美国的大托拉斯企业已经发展到三百多家，全国 4% 的大企业生产了工业总产量的 37%，[③] 垄断触角延伸到石油、钢铁、铜产品、铁路等基础工业部门以及烟草、糖、酒等消费品生产行业，致使仅占 1% 的垄断企业控制了全美制造业的 33% 以上。[④] 除工业企业外，银行资本与工业资本的相互渗透还为美国社会造就了更具财力和势力的金融寡头。摩根家族就是金融业的一大巨头，到 1912 年时，他们已经在美国 112 家公司中拥有了 341 个董事席位，资本总额超过了 200 亿美元。[⑤] 总之，到 20 世纪初，垄断已经成为美国全部经济生活中的基础，垄断组织遍布了美国的各个厂矿、油田、铁路以及各类交通、通讯、

[①]　Samuel P. Hays. *The Response to Industrialism*, *1885—1914*, Chicago: the University of Chicago Press, 1957, p. 72.

[②]　Harold U. Faulkner. *The Decline of Laissez Faire*, *1897—1917*, New York: M. E. Sharpe, Inc., 1951, p. 167.

[③]　Gabriel Kolko. *The Triumph of Conservatism*: *A Reinterpretation of American History 1900—1916*, London: Free Press of Glencoe, 1963, p. 18.

[④]　Frank Freidel & Alan Brinkley. *America in the Twentieth Century*, New York: McGraw-Hill, Inc., 1982, p. 8.

[⑤]　Richard Hofstadter. *The Age of Reform*: *from Bryan to F. D. R.*, New York: Knopf, 1989, p. 232.

公用事业部门,并最终形成了摩根、洛克菲勒、梅隆、杜邦、库恩—罗比、芝加哥、克利夫兰、波士顿等赫赫有名的八大财团,垄断了全美的轻重工业和金融业,掌控了整个国家的经济命脉,同时也给美国社会带来了诸多的弊端。

　　美国工业化时期经济生活的混乱便是垄断所造成的一大祸患。自安德鲁·杰克逊时代以来,"自由放任"原则始终主导着美国的经济生活,各级政府对企业并不进行统一的管理,主要由市场对各种生产经营活动充当调节器。这一原则形成于美国前工业化时期,与当时不发达的经济状况相统一,所以并没有引起严重的问题。但是自从进入工业化时代后,随着垄断企业的诞生,经济领域的无政府状态却使经济运行的健康环境遭到严重破坏。当时垄断公司"全力求钱而全然不顾道德与人道",致使"在紧随内战之后的年代里,没有哪种罪恶比经济舞弊更加显然和令人震惊",[①]"现代商业运转的巨大复杂性致使公正与违纪之间的界限变得异常模糊"。[②]大公司凭借雄厚的经济实力独霸市场、垄断原料来源,并通过种种不正当手段排挤竞争对手,不仅使得"自由放任"原则所原本倡导的在经济生活中的机会均等、公平竞争的宗旨成为空谈,而且还使这一原则被少数经济巨头所利用,成为他们主宰经济生活的杀手锏。在"自由放任"旗帜的掩护下,他们往往为牟取暴利而胡作非为;或为生产便利而肆意挥霍自然资源;或勾结运输业主,对中小企业实行运价歧视;或与同业中的大户订立价格协议,控制销售市场,使中小企业成为他

---

　　① Aaron Ignatius Abell. *The Urban Impact on American Protestantism*, *1865－1900*, Hamden: Archon, 1962, p. 9.

　　② 原载于"The Church as a Reformatory Agent", *Nation*, June16, 1870, p. 379, 转引自 Aaron Ignatius Abell. *The Urban Impact on American Protestantism*, *1865－1900*, Hamden: Archon, 1962, p. 9.

们不法竞争手段下的牺牲品,其结果是在美国出现了一个极其富有的垄断阶层,他们占有了与其人口比例极不相称的社会财富。到 19 世纪末,美国 9% 的富有家庭已占据了全国 71% 的巨额财富,[1] 到 20 世纪初,其中 1% 的首富攫取了国民财富的近 88%;安德鲁·卡内基仅 1900 年单从其钢铁公司一处即获利 2300 万美元,而约翰·洛克菲勒的个人财产甚至一度超过 10 亿美元,19世纪 90 年代美国的百万富翁人数已愈 4000 名。[2] 这些垄断资本家及其财团又通过贿买等各种手段控制国家及州的各级各类权力机构,成了社会的当权派和实权阶级,从而将钞票变成了选票,将金钱变成了权力。1893 年当联邦黄金储备降至 1 亿美元的历史最低点时,即使身居要职的克利夫兰总统也不得不对金融霸主摩根俯首帖耳,就因为后者"所能操纵的不仅是证券交易,更是美国政府本身的贷款信用"。[3] 垄断者们还常与大小官员通同作弊,致使政界丑闻迭出,暴力讹诈充斥于世,其程度之甚仅从西奥多·罗斯福的被"踢上楼去"及麦金莱的横死任上便不难窥其一斑。及至西奥多·罗斯福当政时,甚至连国会也被富豪代表把持,参议院共有 20 多个席位被他们所占据,变成了"百万富翁俱乐部"。[4] "对于一个社会而言,最大的危险莫过于为富者滥用其财"。[5] 这些身拥巨富者的特权专断、为富不仁,终使自己成为

---

[1] Richard Hofstadter. *The Age of Reform*:*From Bryan to F. D. R.*, New York:Knopf, 1989, p.136.

[2] Frank Freidel & Alan Brinkley. *America in the Twentieth Century*, New York:McGraw-Hill, Inc., 1982, p. 9.

[3] John M. Dobson. *A History of American Enterprise*, Englewood Cliffs, N. J.:Prentice Hall, 1988, p.187.

[4] Robert H. Bremner. *From the Depths*:*The Discovery of Poverty in the United States*, New York:New York University Press, 1956, p. 22.

[5] Ibid.

全社会的众矢之的,引发了激烈的社会冲突,特别是劳资对抗愈演愈烈,自19世纪80年代起(尤以1886年工人争取8小时工作制罢工为标志),有组织的工人运动此起彼伏,并随20世纪的到来而步入高潮。总之,美国工业化时期,垄断组织严重扰乱了正常的政治、经济秩序,使国家的政治和经济生活陷于一片混乱。

同时,政治生活的腐败亦是美国"工业文明综合征"中的又一恶疾。虽然美国政治的腐败先前也有,但是到19世纪末20世纪初期却变得空前严重,以至于出现了一个"缺少政治家而下流政客飞扬跋扈的时代"。① 在美国从乡村社会走向城市社会的过程中,由于政府管理手段和措施明显滞后于人口增长的速度和经济发展的步伐,致使各级政府在行政管理和建设中出现了许多新问题。再加上政府官员常为利益所驱使,多与企业界的不法之徒有染,私下进行权钱交易,使政治受到了金钱的控制,又人为地加重了美国政治结构的危机。其结果则是从上至下,美国各级政府里黑暗一片,美国民主制度遭遇到了前所未有的严峻考验。

19世纪末20世纪初美国城市的发展导致了"政治老板"的崛起和"政党机器"的发达。这一时期,美国城市规模的急剧膨胀及城市事物的日益复杂,客观上要求要有一个高效的行政机构来为城市服务。然而旧有的市政机构和管理体制却未能跟上时代的发展,各城市行政部门普遍表现得软弱、低效而无能,缺乏必要的管理经验,不能随着形势的发展而适时做出调整,致使贫困、犯罪、疾病、环境污染等种种问题日积月累、日益突出并日趋严重。政府机构设置得不完备和权限不清给一些职业政客提供了可乘之机,他们拉帮结伙,建立起俗称"政党机器"的政党核

---

① 李剑鸣:《大转折的年代——美国进步主义运动研究》,天津教育出版社1992年版,第36页。

心集团。这些"政党机器"通过操纵竞选、贿买官员、在政府要害部门中安插亲信等手段形成了一种"无形政府",^①其头号人物则得以把持市政实权,成为市政事务的真正主宰者,被时人称为"城市老板"。难怪后来的英国学者、美国社会事务研究专家布赖斯勋爵在考察了美国的市政状况后会说,"大城市是培养政治老板的最好土壤"。^②

"城市老板"的出现是 19 世纪末 20 世纪初美国城市政治中的一大灾难,在他们的把持下,美国城市代议制政府几乎全面崩溃,公正选举程序不过徒具虚名,一切均在老板们的掌控之中。19 世纪末 20 世纪初,美国市政依然沿袭着自杰克逊时代的责任分担、相互制衡的传统权力分配模式,这一模式严重阻碍了责任制政府的形成。由于责任和权力分散在市长、两院制议会和各种独立的部门和委员会手中,致使民主代议制在城市中根本无法推行,政党小集团则有机可乘,大多数城市都并非由公正选举而产生的代表治理,而是被控制在这些政党核心小集团的手中。在长期的政治实践中,这种小集团积聚了足够的内聚力和市政权力,作为职业政客,他们善施手腕,笼络人心。这些人常常利用自己是移民或移民后裔的先天优势,接近移民,再以小恩小惠赚得移民的好感,达到骗取移民选票的目的。所以在每座城市里,城市老板都把根据地设在比较贫穷、陈旧和简陋的地区,^③ 按照他们

---

① David A. Shannon. *The Progressive Era*, Chicago: Rand McNally College Publishing Company, 1974, p. 9.

② James Bryce, "Setting the Stereotype", Bruce M. Stave & Sondra A. Stave. *Urban Bosses, Machines, and Progressive Reformers*, Malabar, Florida: Robert E. Krieger, 1984, p. 4.

③ William V. Shannon, "The Age of the bosses", John A. Garraty. *Historical Viewpoints: Notable Articles from American Heritage*, New York: Harper & Row, Publishers, 1975, p. 98.

自己的说法,"城市老板最重要的任务就是定期向选举人兜售他们自己的各市政部门候选人。这是他们成功的关键"[①]。当移民初入美国,感到人生地疏之时,他们会派人在码头接待移民并协助移民安置住所、寻找工作;在各选区他们还经常开展慈善工作,向移民赠送礼物、免费供餐、慰孤问寡。这些举措致使不少移民知恩图报,感恩戴德,在市政选举中支持"城市老板",却不去理会施恩者的政治意图。"在一个潦倒者几乎得不到任何政府援助的年代里,一个政客可以靠一袋煤或者一篮食品作礼物换来投票人的忠诚",[②]"正是这些最贫穷、最无保障的人总在为政治老板提供其政治力量的根基"。[③] 移民的做法似乎是在情理之中,然而,在客观上,却给"城市老板"们帮了大忙,借助移民们的选票,"城市老板"们便可以将其亲信送进市府的要害部门,进而结党营私,把持市府大权,致使本已软弱松散的市政机构更近于瘫痪,市政管理陷入混乱。

混乱的市政管理助长了政治上的腐败之风。"城市老板"集政党势力、市政权力和大企业利益于一身,与不法经济利益集团串通,大企业和其他经济集团也趁机与"城市老板"相互利用、非法牟利。前者贿买到他们想要的各种庇护权、特许权、工程承包合同,从而可以逃避纳税、垄断合同事业、投机地产甚至开设酒馆、妓院、赌场,从事各种非法勾当,聚敛钱财,横行不法而

①　Thomas C. Cochran and William Miller. *The Age of Enterprise*, *a Social History of Industrial America*, New York: Harper & Row Publishers, 1961, p. 267.

②　David A. Shannon. *The Progressive Era*, Chicago: Rand McNally College Publishing Company, 1974, p. 9.

③　William V. Shannon, "The Age of the bosses", John A. Garraty. *Historical Viewpoints: Notable Articles from American Heritage*, New York: Harper & Row, Publishers, 1975, p. 99.

又不用担心受法律追究；而后者则可赚取到大笔的政治赞助、巨额贿赂和各种"保护费"，双方"互利互惠"、"皆大欢喜"，但却坑害了人民，牺牲了公众的根本利益。"'坏政治'与'坏企业'的联姻"① 将"城市政治变成了唯利是图的典型"。②

　　问题的严重性还在于，"城市老板"把持市政并非个别现象，实际情况是在 19、20 世纪之交，大大小小的"城市老板"已经控制了大大小小的美国城市。费城的詹姆斯·麦克梅内斯、波士顿的马丁·洛马斯内、阿尔巴尼的奥尔康内四兄弟、辛辛那提的乔治·考克斯、旧金山的阿比鲁夫、华盛顿的亚历山大·谢泼德、芝加哥的罗杰·沙利文、匹兹堡的克里斯·马吉等都曾雄霸一方，是各市市府显赫一时的"太上皇"，圣路易斯、明尼阿波利斯等市也各有各的"城市老板"，芝加哥还一度出现几个老板各霸一方的局面。当然，当时最典型、最有实力的、也是最"臭名昭著的"美国"城市老板"还属纽约市的威廉·M. 特威德。③

　　特威德本人并未出任市府要职，但却曾经通过其手下亲信长期把持了对纽约市政府的绝对控制权。在特威德的指使下，其帮派弟兄通过不法手段操纵选举，严重扰乱了市政府的工作秩序。在其权力的巅峰时期，纽约市市长及三个最重要的市法官职位均被"特威德"帮成员所垄断，其他公选产生的市政官职中也有不少被他们所窃取。他们结党营私，敲诈勒索，贪污市政资金，干出了许多令人发指的勾当，而他本人则由此非法得利近 1 亿美

① Bruce M. Stave & Sondra A. Stave. *Urban Bosses, Machines, and Progressive Reformers*, Malabar, Florida: Robert E. Krieger, 1984, p. 77.

② John S. Bowes. *Avenues to America's Past*, Morristown, New Jersey: Silver Burdett Company, 1969, p. 278.

③ E. J. Edwards, "The Rise and Overthrow of the Tweed Ring", *McClure's Magazine*, vol. V, June, 1895 to November, 1895, New York and London: S. S. McClure, Limited, 1895, p. 138.

元。他曾要求每位出任公职者虚报账目，还向企业出卖市政工程承包合同并从中索取回扣，对于违法受控企业，只要奉上"免予起诉款"，他便即刻受其钱财与之消灾。他曾操纵纽约市法院给予铁路大王杰伊·古尔德伊利以铁路控制权，以此为自己换得古尔德公司内一个月薪 103 美元的美差。据另外的记载，他还曾使纽约市为建设一座成本为 300 万美元的法庭付出了 1100 万美元的代价，特威德及其帮派的胡作非为最终导致了纽约市市政的债台高筑。① 特威德帮派的所作所为"当然是犯罪"，但是对于其中的每位掌权者而言，那却不过是些"惯常的做法"。②

需要指出的是，特威德虽然是当时美国城市老板中最肆无忌惮的一个，但却不是唯一的一个，"纽约臭名昭著的特威德帮派所体现的恶疾也同样困扰着费城、芝加哥、圣路易斯、明尼阿波利斯和圣弗朗西斯科"。③ 除特威德之外，芝加哥的罗杰·沙利文、费城的麦克梅内斯和匹兹堡的克里斯·马吉等其他大大小小"城市老板"的肆意暴敛同样令人咋舌，其劣迹在这里难以一一尽数。虽然他们对于特威德不过是小巫见大巫，但他们对于整个美国社会却依然具有相当的危害性。正是由于他们在各城市的市政府中上下其手，才致使各城市的行政、司法、立法等部门的工作职能陷于异常状态，使城市政府实际上成为腐败与无能的代名词；行贿受贿、假公济私、贪污腐化在那里已是司空见惯，其结果必然加重市政管理混乱和市政建设的无序。《城市之羞》的作

① David A. Shannon. *The Progressive Era*，Chicago：Rand McNally College Publishing Company，1974，p. 10.

② E. J. Edwards，"Richard Croker as Boss of Tammany"，*McClure's Magazine*，vol. V，June，1895 to November，1895，New York and London：S. S. McClure，Limited，1895，p. 550.

③ John S. Bowes. *Avenues to America's Past*，Morristown，New Jersey：Silver Burdett Company，1969，p. 278.

者林肯·斯蒂芬斯曾经写道:"圣路易代表着贿赂,印第安纳波利斯意味着靠政策保护取到的不义之财,匹茨堡暴露了一个政治和工业的核心小集团,费城显示了文化制度的彻底腐败,芝加哥是改革的假象,而纽约则是好政府的幻梦。"① 美国历史学家安德鲁·怀特曾经尖锐地指出:"美国的城市政府乃是基督教世界中最糟糕的政府——最奢侈、最腐败、最无能";② 英国学者、美国生活和制度观察家布赖斯勋爵也一语中的,他说道:"城市政府乃是美国一个最显著的失败"。③ 总之,"管理系统的不发达和城市的蓬勃发展,促成了迅速而短命的临时凑合办法,助长了不顾规律的盲目行动——这种情形正合城市政治老板的口味并且促使了非正规政府的发展,由此引起的后果确实不堪设想"。④ "城市老板"们的行为造成了对民主政治的严重破坏,导致了市政的极端腐败与城市秩序的混乱不堪。

实际上,城市里的政治腐败乃是整个国家政治状况的缩影,同市政状况一样,这一时期各州以及联邦政府基本也都落入了政党机器的掌控之中。纽约州的托马斯·普拉特、俄亥俄州的马克·汉纳、宾夕法尼亚州的马修·奎伊等都是赫赫有名的党魁,他们对各州内的选举、立法、行政等政治事务具有决定性的影响。在联邦政府中,参众两院也都在党魁们的把持之下。参议院

---

① Lincoln Steffens. *The Shame of the Cities*, New York: Hill and Wang, 1957, p. 195.

② Richard Hofstadter. *The Age of Reform: From Bryan to F. D. R.*, New York: Knopf, 1989, p. 176.

③ James Bryce, "The menace of great cities", Lyle w. Dorsett. *Problems in American Civilization: the Challenge of the City*, Lexington: D. C. Heath and Company, 1968, p. 1.

④ Lincoln Steffens. *The Shame of the Cities*, New York: Hill and Wang, 1957, p. 195.

的奥尔德里奇、奥维尔·普拉特、约翰·斯普纳、威廉·阿利森,众议院的约瑟夫·坎农,都曾是主宰大局的实权人物,他们在自身利益的驱动下,肆意践踏民主制度,充当大资本家的代言人,把政府变成了名副其实的"百万富翁俱乐部"。按照1905年法国人为美国45个州所绘制的一幅政治地图,其中25个州的政治都已完全腐败堕落,另有13个州也已部分陷入腐败之中,而能够做到政治清明的州就只剩下了6个。[①] 可见政治腐败乃是美国"工业文明综合征"的一个最主要的症候,是工业化、城市化美国的最大问题之一。

在任何社会中,因政治腐败而遭殃的首先就是平民,这一点在工业化时期的美国也无例外。当时市政管理的低效无能导致了贫困现象和贫民窟问题的日益严重,致使贫困、犯罪、疾病等发展为工业化时期美国"城市病"的一大重症。

美国内战后,城市经济的繁荣引来了大批东南欧地区的移民。他们多是没有受过教育、没有技能、一贫如洗的农民,来到美国后既无购置土地的资金,又无任何专业技能。移民后他们大多便直接涌向工业城市,在那里"安营扎寨",靠低廉的工资餬口,逐步形成了各自不同的移民聚居区。随着移民高潮的到来,美国城市中也相应的形成了一个为数众多的贫民阶层。由于收入菲薄,居住条件简陋,卫生状况极为糟糕,移民聚居区往往成为美国各个城市中的贫民区,移民也就构成了美国城市贫民阶层的主体,亦即当时上、中产阶层美国人士眼中的"另一半人"。

---

① George E. Mowry. *The Era of Theodore Roosevelt and the Birth of Modern America 1901—1912*,New York and Evanston:Harper and Row Publishers,1958,p. 68.

新闻记者雅各布·里斯曾对这些"另一半人"的生活作过翔实而真切的描述,他们的饥馑、病痛、劳作的繁重以及脱困的无望尽在其中。根据里斯的调查,从 1869 年到 1900 年,单纽约一市贫民窟中的廉租屋就从 14872 处增长到了 37316 处,全市 400 万人口中有 125 万人就居住其中。他判断,当时纽约有 20%—30%的人口都处于赤贫境况。[①] 他写的《另一半人怎样生活》正是对当时美国城市贫民阶层艰苦处境的真实写照。

美国城市贫民作为一个阶层,其人数之多、处境之糟令人瞠目,在当时的美国社会中他们有着最长的工时、最少的收入、最贫穷的生活和最低的社会地位,其中一些人一直挣扎于贫困线上。19 世纪末 20 世纪初,虽然美国在多数时间里年景丰润,经济蒸蒸日上,大企业家们得以坐拥百亿资财,但贫民阶层却总是生活在贫困之中。一个肉类加工厂的工人辛苦 1 周通常只能换来 7 美元左右的收入,铁路搬道工 1 天只能挣到 40 几美分的工钱,一个制造业工人 1 年的工资也仅有四五百美元。[②] 数百万妇女与儿童也不得不为餬口而工作,而工资却仅能达到男性工人工资的三分之一到二分之一。[③] 对著名的"三角衬衫厂大火"的情况调查显示,制衣厂女工 1 周工作 70 到 80 个小时,所得工资却仅为

---

① Jacob A. Riis. *How the Other Half Lives*, Boston, New York: Bedford/St. Martin's, 1996, pp. 240—241.

② Otis L. Graham. *The Great Campaigns: Reform and War in American*, *1900—1928*, New Jersey: Prentice-Hall, Inc. , 1971, p. 6; Paul H. Douglas. *Real Wages in the United States 1890—1926*, Boston and New York: Houghton Mifflin Company, 1930, pp. 219—220.

③ Robert H. Bremner. *From the Depths: The Discovery of Poverty in the United States*, New York: New York University Press, 1956, p. 155.

4 到 6 美元左右;①。1912 年,芝加哥市社会工作者路易斯·蒙哥莫利也作过女工收入调查,在他所走访的 258 名女工中,90%的人每周收入都在 4 美元以下,此前 1 年,芝加哥大学社会服务处的工作者还作过一项更全面的调查,他们发现,芝加哥市屠宰场成年男性工人的平均收入为每周 9.67 美元,那里每个家庭的人口平均为 5.33 人。同时他们还根据当地物价水平作了一项测算,结论是:在那里,要养活一个五口之家所需的费用最低为 15.40 美元。受生活所迫,妇女儿童也不得不加入到劳工的行列之中,成为家庭的重要经济来源,即便如此,在这些社会工作者所调查过的 184 户家庭中,仍然还有 30%的家庭存在着"财政赤字",入不敷出。② 如此菲薄的收入造成了贫民长期处于饥馑和病痛的折磨之中,儿童的不幸更加令人同情。据 1900 年的普查结果表明,美国当年共有约 2000000 名儿童正受雇于各种行业之中以赚取微薄的工资,正是这一数字最终导致了"全国童工委员会"的诞生。③ 19 世纪 90 年代,社会服务处工作者佛罗伦斯·凯利在对美国童工状况进行实际调查后揭露,"在对生命和健康威胁最大的劳动环境中所发现的儿童数量最多",④ 在煤矿、

---

①　The Kheel Center, Cornell University ILR School. "The Triangle Fire", http://www.ilr.cornell.edu/trianglefire; David Von Drehle. *Triangle: the Fire that Changed America*, New York: Grove Press, 2003, pp. 41 – 42; Otis L. Graham. *The Great Campaigns: Reform and War in American, 1900 – 1928*, New Jersey: Prentice-Hall, Inc., 1971, p. 6.

②　James R. Barrett. *Work and Community in the Jungle: Chicago's Packing-house Workers 1894 – 1922*, Urbana and Chicago: University of Illinois Press, 1987, pp. 93 – 94.

③　Edwin Markham. *Children in Bondage*, New York: Hearst's International Library Co., 1914, p. 9.

④　Robert H. Bremner. *From the Depths: The Discovery of Poverty in the United States*, New York: New York University Press, 1956, p. 79.

棉纺厂和铸造厂等危险行业中都有童工的身影。有数据显示,在
19 世纪 90 年代到第一次世界大战前夕的二十多年间,穷人儿童
的死亡率是中产阶级儿童死亡率的 3 倍还多,[①] 一些贫困家庭的
儿童连基本的生活都难有保障,常常处于半饥半饱和营养不良的
状况,就更谈不上入学识字了。

　　以下几条资料取自当时美国社会工作者对贫民窟的调查报
告,它们也许能够帮助今天的人们对那时美国贫民的贫困程度获
得更加具体的了解:

　　　　关于 1890 年纽约市的低工资状况:这一家庭共有 9 人,
　　包括丈夫、妻子、老祖母和 6 个孩子;是老实勤奋的德国
　　人,非常整洁但却很穷。全家 9 口住在两室之中,一间大约
　　10 平方英尺,既作为门厅、卧室又是餐厅,另一间小房当
　　作厨房。每月租金为 7.5 美元,那位身为人夫和人父者的一
　　周工资是不够的,而他却是家里唯一的生活来源。那一天,
　　做母亲的从窗口跳了下去,被人从街上抬起时已经死亡了。
　　住在同一廉租公寓里的另一位妇女说,她是因为"绝
　　望"了。

　　　　关于 1890 年的女工问题:这里是一位受雇于一家百老
　　汇影院生产部的妇女的情况……她一周工资为 3 美元。花一
　　半付房租;她早餐喝一杯咖啡;午饭则吃不起。一天一顿饭
　　是她所能承担的极限。这位妇女很年轻,她很漂亮。她"还
　　有未来"。

　　　　关于 1905 年廉租公寓中的血泪:这些工人们,这些

---

　　① 　David I. Macleod. *The Age of the Child*:*Children in American 1890－1920*,
New York:Twayne, 1998, pp. 3－5.

贫穷、无助而又没有文化的外国人,在污秽中不停地工作,常常处于难以表述的肮脏环境中,面临着各种传染病和其他疾病的威胁,住在只在正午才能见到一缕阳光或者根本就终年无光的公寓中。就在这样的公寓中,我访问了一位患肺结核的妇女,衣衫褴褛……在这个公寓里的三年生活要了她的命……一旦小孩子长到稍微能做一点帮手时,他就必须做一份苦力去增添家庭的进项……前几天一个8岁的女孩刚因为严重的白喉症进过医院,她虽然连在房子里走动的力气还没有,就几乎立刻开始了做女服衣领的劳动。①

上述报道足以让人触目惊心,虽然这里所涉及的仅仅是19世纪到20世纪这一世纪之交美国社会贫困人口中的三个个案,但是透过这冰山一角,当时的社会工作者们揭示了该时期以移民工人为主体的下层贫民普遍的恶劣境遇。

贫民阶层的人口不在少数。1904年,社会工作者罗伯特·亨特在对美国城市劳工状况进行研究之后,曾经以十分有把握的语气在其《贫穷》一书中写道:"我毫不怀疑,美国正有一千万人口处于这种贫困状态之中,但是我却非常怀疑,贫困人口可能已经多达一千五百万甚至两千万。"② 据1878年社会工作者公布的一项调查结果显示,当年仅马萨诸塞一州的失业人口就达300000之多。1892年里斯根据相关资料做出判断,当时纽约州

---

① James T. Patterson. *America's Struggle against Poverty*, *1900 − 1985*, Cambridge, Massachusetts: Harvard University Press, 1981, pp. 3—4.

② Robert Hunter. *Poverty*: *Social Conscience in the Progressive Era*, New York, Evanston and London: Harper & Row Poblishers, 1965, p. 11.

有 20%—30% 的人都处于赤贫状态。① 20 世纪初,社会工作者
约翰·莱恩发现,若以家庭年收入 700 美元为界线,当时美国
40% 的人都生活在贫困线以下,贫困人口在 300 万—500 万之
间。② 这一连串的数字清楚地表明了一个事实:在 19 世纪末 20
世纪初的社会转型过程中,美国确实已经形成了一个人口基数庞
大的贫困阶层。

　　19 世纪末 20 世纪初的世纪之交,当摩天大楼在美国的座座
城市中拔地而起时,贫民窟也同样在与日俱增。19 世纪 70 年代
单纽约市就有 100000 人居住在贫民窟里,其中 20000 人甚至住
在地下室里,③ 到 1900 年时,纽约市 80000 套廉租屋中正挤住
着数百万城市贫民。④ 这一时期,大批国内外移民涌入城市务工
导致了市区内住房严重缺乏,但企业主们一味牟利,无心加以改
善,对工人们的生活环境漠然置之,1894 年普尔曼城工人大罢
工的起因便直接与居住条件的恶化有关。而另一方面,房地产商
人却在趁机大肆进行投机活动,从改建、新建简陋租屋中大捞油
水,特别是他们将原有的独户住宅改建成十余个小单位出租的做
法,为其带来了惊人的利润,结果造成贫民区内人口过度拥挤、
房屋简陋、公用设施缺乏,至于采光、通风、取暖、安全及卫生
设施等更无从谈起。新闻记者雅各布·里斯曾经用他的镜头摄下
了纽约市贫民窟的状况,在每平方英里的面积上竟然居住着近

---

　　① Robert H. Bremner. *From the Depths*: *The Discovery of Poverty in the U-nited States*, New York: New York University Press, 1956, pp. 73, 83.

　　② James T. Patterson. *America's Struggle against Poverty*, *1900 — 1985*, Cambridge, Massachusetts: Harvard University Press, 1981, p. 11.

　　③ Robert Kelley. *The Shaping of the American Past 1865 to Present*, New Jersey: Prentice Hall, 1990, p. 408.

　　④ Raymond A. Mohl. *The New City*: *Urban America in the Industrial Age 1860 — 1920*, Arlington Heights, Illinois: Harlan Davidson, 1985, p. 51.

30万人;下东区的人口密度更是高达50多万人/平方英里。[①] 社会改革者劳伦斯·维勒则通过社区模型来完成里斯用他的照相机所做的工作。1900年他在纽约举办的经济公寓房屋展览会上,一个39座经济公寓的展览模型分外抢眼,维勒说,那里的605个单元中居住着2781个居民,但只有264个抽水马桶,根本没有浴室。不难理解,贫民窟里恶劣的住房状况和卫生条件带来的是疫病的滋生和治安的混乱,生长在这种环境里的移民和劳工的后代由于既找不到游乐场地玩耍又得不到良好的学校教育和家长照管,成了极易走向青少年犯罪的高危人群。[②]

　　贫民窟恶劣的环境使得那里成为多种疫病的源头,构成了对美国社会的一大威胁。由于缺少排水系统及污物处理设施,垃圾遍堆于狭窄的陋巷,污水倾倒在露天的阴沟,致使贫民窟里终年弥散着腐臭的气味,而且更为严重的是,污水肆意流淌,难免与水井中的饮用水汇合,造成水源污染。恶劣的卫生状况使贫民窟成为各种传染病的滋生地,伤寒、霍乱、白喉等疫病肆虐,并迅速扩散,贫民窟不少男女老幼罹病甚至丧命,严重威胁着城市其他阶层的健康与生存,特别是成为了儿童身心健康的主要杀手。1870年纽约婴儿死亡率比60年前增长了65%,而较之伯明翰、新奥尔良和孟菲斯等其他城市,"纽约市在疾病方面的情况还要好得多","残病儿童为城市敲响了丧钟"。[③]19世纪80年代,因迪安娜波利斯拥有75000多人口,但是装有抽水马桶的住宅还

---

　　① Jacob A. Riis. *How the Other Half Lives*, Boston, New York: Bedford/St. Martin's, 1996, p. 65.

　　② Harvie M. Conn. *The American City and the Evangelical Church*, Grand Rapids, MI: Baker Books, 1994, p. 52.

　　③ Thomas C. Cochran and William Miller. *The Age of Enterprise*, a Social History of Industrial America, New York: Harper & Row Publishers, 1961, p. 262.

不足该市房屋总数的10％,家家户户的粪便都被倾倒进了怀特河中。巴尔迪摩的人口达到了33万以上,那里却根本没有下水管道系统,所有的城市污物都只能进入化粪池中,全市8万多个化粪池对饮用水井构成了严重的威胁。根据当时官方对该市35口水井和泉水的抽样化验,其中有23口水井受到了污染,除1口水井外,其余井中的水质也都存在着问题。在特拉华河两岸,费城和卡姆登每天将大量的生活污水、粪便和工业废水排入河中,但同时又不得不将该河作为城市饮用水的重要水源。①

　　经济贫困及文化生活匮乏,也使贫民窟成为孕育犯罪特别是青少年犯罪的温床。当时美国著名的"黑幕揭发"记者雅各布·里斯曾经报道过发生在某贫民窟里的一个真实案例:一个名叫哈里·奎尔的15岁男孩在酗酒后与邻家的另一男童发生冲突,双方在他们租住处的楼顶上扭打到了一起。在相互攻击的过程中,奎尔被推入楼里的通风井中摔死。两个月后,其尸体才被人发现。在《另一半人怎样生活》中,里斯讲述了又一个因贫困而引发的凶杀案件:一个饥寒交迫的男子在纽约市第14和15大街的拐角处向过往的路人疯狂地挥舞屠刀,乱杀乱砍。原因是他已无力养家饷口,但家中的妻儿却正在等他拿钱回家买米下锅,想到家中嗷嗷待哺的幼子,再比照眼前那些衣着光鲜、一掷千金的富人,看着他们在一个小时的购物过程中随意地花去相当于他一家人一年口粮的钱,这位走投无路的父亲不由得怒从心中起,向社会举起了复仇的利刃。②《纽约论坛

---

　　① Carl N. Degler. *Out of Our Past*: *the Forces that Shaped Modern America*, New York: Harper & Row Publishers, Inc, 1984, pp. 310—311.

　　② Jacob A. Riis. *How the Other Half Lives*, Boston, New York: Bedford/St. Martin's, 1996, p. 233.

报》的记者贺瑞斯·格瑞利也在相关报道中将贫民窟称为"盗贼和妓女云集与滋生"之地。① 这一时期，不少社会工作者的社会调查结果也揭示了在贫民中青少年犯罪现象的存在与成因。1872 年，儿童救助协会的创始人，新教教士查尔斯·L. 布赖斯撰文讲述了纽约贫民窟青少年犯罪对其他社会群体所构成的威胁。据他观察，那些来自被其称为"危险的阶级"的男孩儿和女孩儿们既"无管束"，也"没有爱心和善意温暖心田"，"他们随时会进行任何的违法与犯罪活动，无论那有多么堕落或血腥"。② 1908 年，全国童工委员会秘书 E. N. 克拉博通过对辛辛那提市兜售报纸、水果和其他物品的儿童所进行的调查研究，指出了这些"街道生计"对儿童成长的恶劣影响。为生活所迫，贫困家庭的儿童放弃学业成为小贩，长期流浪在街道上，逐渐学会了欺骗、斗殴，沾染上了种种不良习惯，"被城市生活的罪恶特征所吞噬"，成为城市中的不稳定因素，③ 其"通常的结果"便是各种青少年犯罪的发生。④ 1911 年，来自芝加哥恶行调查委员会对妓女问题的研究结果显示，这些"白奴"大多也是不健康生活环境的牺牲品。她们基本都来自家庭不幸的贫困阶层，以年龄在 16 岁以下者居多，由于她们"在人生的早年就

---

①　Robert H. Bremner. *From the Depths: the Discovery of Poverty in the United States*, New York: New York University Press, 1956, pp. 68, 6.

②　Charles Loring Brace, "The Dangerous Class of New York, and Twenty yesrs' Work among Them", James Marten. *Childhood and Child Welfare in the Progressive Era, a Brief History with Documents*, Boston, New York: Bedford/St. Martin's, 2005, pp. 31—32.

③　E. N. Clopper, "Children on the Streets of Cincinnati", James Marten. *Childhood and Child Welfare in the Progressive Era, a Brief History with Documents*, Boston, New York: Bedford/St. Martin's, 2005, pp. 64—66.

④　Edward N. Clopper. *Child Labor in City Streets*, New York: the Macmillan Company, 1912, p. 159.

身心皆病，于是在成长过程中堕入一种犯罪和贪欲的生涯之中"。①

总之，从19世纪末到20世纪初，城市贫民窟问题已经上升为城市病中最首要的问题，令社会各阶层深感头痛。格瑞利曾经预言，倘若听任贫民窟的状况发展下去，"终究会有一天贫民窟将向社会发起可怕的报复"。②

与此同时，城市的自然环境也发出了危险的信号。工业发展引起了自然资源和生态平衡的破坏，特别是新兴工业城市的出现使得自然资源遭到了掠夺式的开发和利用，致使绿地面积被大量吞噬，整座城市被包围在工厂排出的黑烟和废气之中。曾有一位观察者说，1880年代巴尔的摩地区的水闻着"仿若是十万只臭鼬"，克里夫兰的库亚霍嘎河就是"一条贯穿市中心的露天阴沟"。1884年一位到过匹茨堡的游客则这样评论这座钢铁之城，"一缕毫无生气的昏黄的光线悬挂在城市的上空，而正午还在燃着的汽灯则在黑雾中闪着呆滞而微红的光亮。至于太阳，当你看得见它的时候，透过煤烟的黑的雾霭，看起来就像是铜制的一样"。③一句话，工业的发展已使人类的生存环境受到了严重的威胁，至于制假贩假、巧取豪夺等工商业垄断与欺诈行为在当时的城市生活中更是俯拾皆是。

总之，19世纪末20世纪初，美国社会无疑已经进入了一个

---

① Vice Commission of the City of Chicago: "The Social Evil in Chicago: Study of Existing Conditions with Recommedations", James Marten. *Childhood and Child Welfare in the Progressive Era, a Brief History with Documents*, Boston, New York: Bedford/St. Martin's, 2005, pp. 43—45.

② Robert H. Bremner. *From the Depths: The Discovery of Poverty in the United States*, New York: New York University Press, 1956, p. 7.

③ Harvie M. Conn. *The American City and the Evangelical Church*, Grand Rapids, MI: Baker Books, 1994, pp. 52—53.

"社会问题的时代"①，而经济生活的混乱、政治管理的腐败和大量贫困人口的存在则是其中最大、最棘手的社会问题。它们广泛触及到社会各阶层之间的利害关系，引起了社会中、下层人民的普遍不满，各阶层都从自身的利益出发，对时局做出了即时反应。城市工人的罢工以及乡村中小农场主的抗议运动此起彼伏，大垄断者则抛出了"自由放任"、"财富福音"等各种新、旧学说作为自己的护身符，而倡导进步主义改革则是该时期美国知识分子们面对工业社会的挑战所采取的应对行动。

第二节　社会各阶层的反应

美国工业化时期成堆的社会问题导致了两种不同声音的出现，一种是发自中下层的不满和抗议，另一种便是来自上层的自我辩解。前者指责发迹者的不仁不义，后者则高高举起"自由放任"和"财富福音"的大旗。虽然进步主义运动主要是由知识分子所倡导的，但是19世纪末20世纪初，推动美国社会改革运动者却不单是知识分子。在美国的这场由工业文明引发的重症中，受害最深的毕竟是社会的底层，因此也正是从他们中间最早发出了要求进行改革的呼声。这一时期，工人、农民的抗议与斗争都对进步主义运动的纵深发展起到了巨大的推动作用。

---

① Donald K. Gorrell. *The Age of Social Responsibility: the Social Gospel in the Progressive Era*, *1900 − 1920*, Macon, Ga.: Mercer University Press, 1988, p. 23.

一　劳工的斗争

美国工业化时期，劳工作为与机械化大生产联系最紧密的阶层，受垄断之害最深，他们要求进行社会改革的呼声也就最强烈。这一时期，美国的产业工人为反对垄断企业的剥削，争取自身的福利和经济权益曾经组织起来，掀起了波澜壮阔的罢工运动。

生活贫困和工作环境恶劣是引发罢工运动的直接原因。概括而言，美国工业化时期的劳工处境具有工时长、工资低、劳动环境恶劣，失业风险大等四大特点。

无可否认，工业化大生产的确使当时美国的国家财富处于迅速增长的趋势，但是这些财富始终集中在少数暴富者手中，却并未眷顾那些财富的真正创造者。不公平的美国社会财富分配格局在给资本家们带来滚滚财源的同时，也造成了国家越富、劳工越穷的不正常社会现象。数据显示，1900年时美国2％的富有者正在占据着全国财富的60％。[①] 我们将钢铁大王卡内基及其工人的收入状况进行一下对比：1900年，卡内基本人的年收入超过了2300万美元，可是同年其工人的人均年工资额则只有400美元到500美元左右。这一时期的美国贫富差异之大由此可见一斑。[②] 从19世纪90年代到第一次世界大战爆发，在这段时间里，美国人均财富增长了60％，然而工人的同期购买

---

① Otis L. Graham. *The Great Campaigns：Reform and War in American*，*1900－1928*，New Jersey：Prentice-Hall, Inc., 1971, p. 9.

② David A. Shannon. *The Progressive Era*，Chicago：Rand McNally College Publishing Company，1974，p. 7.

能力却反而下降了5%。[1] 还应该提到的是,富人的发迹源于他们对穷人的剥削。在19世纪80年代出版的一部美国小说中,曾有一个人物道出了暴富者的致富秘诀:"他们要在5年内发财,除了靠剥削外还能有什么高招?"[2] 在1900年以前,大多数的工资劳动者每周工作6天,每天工作10个小时,日工资约为1.25—1.50美元,女工和童工会更少。[3] 钢铁行业工人的处境则更糟,他们每天工作时间长达12小时。[4] 根据一项估算,美国工人1890年的人均工资为486美元,1900年为490美元,[5] 10年间只增长了4美元。即使是工资增长最快的制造业,其每年的人均工资增长率也仅为1.1%。[6] 这样的增长速度不免被物价的迅速上涨所抵消或压过,众多劳工家庭入不敷出,经济危机的频繁发生更是雪上加霜,造成工人生活的极度贫困。按照1900年前后的物价,生活在中等以上城市的一个五口之家年均基本生活费用至少需要600美元。然而根据估算,这些城市里60%以上的工人其年收入根本无法达到这一水平。[7] 到1914年,普通美

① Thomas C. Cochran and William Miller. *The Age of Enterprise*, *a Social History of Industrial America*, New York: Harper &.Row Publishers, 1961, p. 263.

② Robert H. Bremner. *From the Depths*: *The Discovery of Poverty in the United States*, New York: New York University Press, 1956, p. 11.

③ Thomas C. Cochran and William Miller. *The Age of Enterprise*, *a Social History of Industrial America*, New York: Harper &.Row Publishers, 1961, p. 234.

④ David A. Shannon. *The Progressive Era*, Chicago: Rand McNally College Publishing Company, 1974, p. 7.

⑤ Harold Faulkner. *Politics*, *Reform*, *and Expansion 1890 − 1968*, New York: Harper, 1959, p. 92.

⑥ Douglass C. North, Terry L. Anderson, Peter J. Hill. *Growth and Welfare in the American Past*, *a New Economic History*, Englewood, New Jersey: Prentice-Hall, 1983, p. 140.

⑦ Robert H. Bremner. *From the Depths*: *The Discovery of Poverty in the United States*, New York: New York University Press, 1956, pp. 153−154.

国工人购买力同 1899 年相比下降了 5％—6％。

　　同样令工人们难以忍受的，还有恶劣的工作环境。很多工厂的厂房根本不具备任何通风设施，即使少数工厂中有一些配备了此类设施，但往往也都条件很差。车间里污浊的空气严重侵害了工人的健康，使很多工人患上了各种慢性病，成为粉尘、化工原料及其他各种有毒物质的受害者。此外，由于工厂中缺乏基本的安全保障设施而造成工伤事故频繁发生，也是当时司空见惯的现象。1913 年美国工业事故致残 1000000 人，致死 25000 人。铁路业的伤亡情况尤为严重，1901 年，在美国铁路工人中，每 26 人中便有 1 人遭遇工伤事故，每 399 人中便有 1 人因工死亡。[①] 而且，"没有一家公司肯为普通工人的老年和伤病时期负责"，[②] 他们都将责任推归到受雇者个人。一位管理者曾辩称其工厂内绝大多数的工伤事故都是由于受伤者本人的"粗心大意"所致，但却只字不提他们安全生产的保障设施问题。[③] 在这样的劳动条件下，工人无异于流水线上的机器，另有一位管理者就曾直言不讳地说过，"我看待我的工人如同看待我的机器。我出钱让他们干活，只要他们能给我干活，我就留用他们，从他们那里取得我能取得的一切。"[④] 即使是这样的工作，工人们也不是总能找得到。每当经济危机到来，劳工便会成为直接受害者。以 1873 年的经

　　[①]　Robert Hunter. *Poverty*, *Social Conscience in the Progressive Era*, New York: Harper Torchbooks, 1965, p. 36; Robert A. Divine, T. H. Breen, George M. Fredrickson. *America*, *Past and Present*, vol. 2, Glenview, Illinois: Scott, Foresman and Company, 1986, p. 300.

　　[②]　Thomas C. Cochran and William Miller. *The Age of Enterprise*, *a Social History of Industrial America*, New York: Harper & Row Publishers, 1961, p. 232.

　　[③]　Daniel Nelson. *Managers and workers*, *Origins of the Factory System in the United States 1880－1920*, Madison, Wisconsin: the University of Wisconsin, 1975, p. 30.

　　[④]　Robert H. Bremner. *From the Depths*: *The Discovery of Poverty in the United States*, New York: New York University Press, 1956, p. 11.

济危机为发端,美国先后数次陷入经济萧条,其中尤其以 1884 年、1893 年、1902 年的危机最为严重。为了渡过难关,工厂便会大量裁员,并大幅削减在职工人的工资,劳工家庭的生活也相应变得越发艰难。

经济危机的日益严重不可避免地成为引发社会危机的导火索。为了生存,劳工们日益组织起来为所受到的不公平待遇进行抗议和罢工。劳工处境的艰难以及雇佣者们的冷酷无情造成劳资关系日趋紧张,罢工日益频繁,流血冲突日益增多,其程度之甚曾令美国举国震惊。从 1873 年的经济危机开始,"历时三年半的经济大萧条将一系列的地方冲突激化为一场全国性的战火",①到 1877 年,全国铁路工人大罢工犹如揭开了美国产业工人愤怒的火山口,自此之后,罢工运动风起云涌。即使是在经济状况相对较好的 1881 年,美国仍然发生了 500 多起罢工事件,罢工者超过了 13 万人;1886 年 60 多万工人发起了 1500 多次罢工事件;在此后的十余年里,美国每年爆发的罢工运动都不少于 1000 次。到 19 世纪 90 年代,随着美国经济萧条的日益严重,罢工运动也进入了一个高潮时期,当劳工失业达到了惊人的程度时,成千上万的失业者便被迫进军华盛顿,他们声言只是想靠自己的劳动活下去,"一种文化的冲突以及阶级间的经济斗争仿佛正在把这个国家撕裂开来"。②从 19 世纪末到 20 世纪初,美国各业工人在全国劳工同盟、劳动骑士团、全国劳工联合会等劳工组织以及各个工会的领导下,先后举行了 1884 年的纺织女工和制帽女工联合罢工、1885 年的纽约制衣工人罢工、1886 年的全

---

① Jeremy Brecher. *Strike*!, San Francisco, Straight Arrow Books, 1972, p. 5.

② Robert Kelley. *The Shaping of the American Past 1865 to Present*, New Jersey: Prentice Hall, 1990, p. 410.

国"五一"大罢工、1892 年的卡内基钢铁公司工人罢工、1894
年的普尔曼铁路工人大罢工、1902 年的无烟煤矿工人罢工、
1912 年马萨诸塞州的劳伦斯纺织工人大罢工等影响深远的罢工
运动，纽约、费城、芝加哥、匹兹堡等大工业城市都成了劳工运
动的风暴中心，当雇主利用政府权力强制执行其规定或当走投无
路的失业工人被迫充当破坏罢工的"工贼"时，罢工便演变成了
暴力冲突。

　　劳工运动的风起云涌致使劳工问题"成为举国关注的重大社
会问题"，[1] 也令知识分子感到无比震惊和忧虑，"当工人们为了
争取糊口的工资而罢工时，他们在社会其他人眼里就变得非常惹
眼"。[2] 1879 年亨利·乔治（Henry George）发表了他的《进步
与贫困》一书，指出富者愈富、穷者愈穷的现象将使整个社会陷
入危机。

　　与众不同的是，知识分子们不仅从中认识到了问题的严重
性，也由此觉悟到了改革的必要性。换言之，19 世纪末 20 世纪
初的美国劳工运动乃是推动知识分子掀起进步主义改革运动的重
要驱动力之一。在汹涌的罢工怒潮推动下，一些知识分子开始关
注劳工们恶劣的生存环境，并指出人是环境的产物，"那么所要
做的就是去改变生活环境"，[3] "环境的改变实际上能够使人变
好"。[4] 贫困才是万恶之源，罢工"是贫困的生活与工作条件所

　　[1]　李剑鸣：《大转折的年代——美国进步主义运动研究》，天津教育出版社
1992 年版，第 35 页。

　　[2]　Charles Howard Hopkins. *The Rise of the Social Gospel in American Protes-
tantism 1865－1915*，New Haven：Yale University Press，1967，pp. 27－70.

　　[3]　Frederic Cople Jaher. *Doubters and Dissenters*，Glencoe：the Free Press，
1964，p. 71.

　　[4]　James T. Patterson. *America's Struggle against Poverty*，1900－1985，
Cambridge，Massachusetts：Harvard University Press，1981，p. 23.

致,它体现了贫困者改善其命运的健康欲望。故而,阻止工业冲突的办法不在于迫害工会而在于祛除引发工人斗争的危险环境"。在他们看来,政府与其花钱建监狱还不如用来办福利。正是这样的想法促使当时美国的知识群体明智地选择了改革的道路。众多的黑幕揭发记者、内政改革者、社会服务处运动者及社会福音传播者都展开了对劳工问题的调查和研究,并努力推进劳工立法,改进劳工的工作和生活状况,从而使解决劳资关系问题成为进步主义运动中的一项重要内容。

二　农场主的抗议

当一个社会从农业型向工业型转变时,受到影响最深、生活改变最大的首推农民。虽然他们可以享受到工业文明带来的成果——例如机械化的生产工具、发达的铁路运输、统一的国内市场等,然而他们又不得不面对农业文明的日趋没落,城市成为新工业社会的核心,农村则失去了在国家政治、经济、文化生活中的主导位置,这是一个非常残酷的现实,不仅可能造成农民实际利益的损失,而且足以引起他们在心理上的失衡。如果政府对此缺乏充分认识,不能及时采取有效措施,势必会使国家又多添一个对现实不满的社会群体,而这种不满往往又会转化为一种对社会改革的需求和实施改革的内驱力。

19世纪末20世纪初,美国工业化向前推进的过程,也是农场主时代走向终结的过程。随着工业在国民经济中的主导地位的确立,农业的发展日益被工业资本所左右。垄断资本仿若一只经济巨手,操纵了农场主的生产和经营活动,使他们在货币金融、铁路运输、市场价格和土地资源等方面受到各种难以忍受的限制和盘剥,再加上某些天灾和政府政策重工轻农的倾向性,导致农场主处境不断恶化，农业生产几近于无利可图。为了摆脱破产的厄运，他们最先向社会发出了要求社会改革的呼声，相继展开了"格兰其运动"、"绿背纸币运动"、农民联盟运动和平民主义运动等一系列的斗争，并且逐渐从经济运动发展到政治斗争。在客观上，农场主的改革行动也为知识分子倡导的全国性进步主义运动奏响了先声。

19 世纪末期，美国农场主阶层的不满主要源于四个方面：

第一，也是主要的一点便是不正当竞争造成的工农业产品售价的悬殊。美国工业化时期，随着农业机械化和商品化程度的日益加深，农场主们的经济生活与美国国内外市场的联系日益紧密。然而无论在国内还是国外市场上，他们却都面临着极为不利的条件：在美国国内，由于大企业直接或间接地控制着对农业生产资料和生活资料的供应以及农产品的销售和加工，使得以个体形式分散地从事农业生产和经营活动的农场主们无力与强大的垄断组织竞争，不能有效地自主控制、调节生产和产品销售价格，有时甚至被迫以低于生产成本的价格抛售农产品。在美国国外，他们又面对着来自俄国、澳大利亚、加拿大、阿根廷、印度和南非等其他粮棉出口大国的强有力的竞争，其农产品的价格也会随着国际市场气候的改变而波动。从 19 世纪 80 年代和 90 年代起，上述国家的小麦、谷物和棉花在国际市场上的大量倾销不可避免地殃及美国农产品的销售，迫使其价格一再跌落。在国内外市场的双重打击下，从 19 世纪 80 年代到 90 年代，美国小麦和棉花的价格一路下滑：从 1870 年到 1894 年，美国小麦每蒲式耳的售价从 1.05 美元下跌到 49 美分。① 更为糟糕的是，美国的农场主

---

① Thomas C. Cochran and William Miller. *The Age of Enterprise*, *a Social History of Industrial America*, New York: Harper & Row Publishers, 1961, p. 219.

们不仅要在不受保护的市场上出售自己生产的农产品,而且要在受保护的市场上购买别人生产的工业品。因为一方面,农场主们是原料和初级产品的生产者;另一方面,他们也是工业品的消费者。为增加产量,取得经济收益,农场主们必须不断地添置新型的农机具等生产资料,同时也需要购买日常生活所需的各种消费用品。然而,在联邦政府的高关税政策保护下,这一时期美国工业产品的国内售价得以居高不下,农场主作为农产品的销售者和工业品的消费者在这一出一入之间被迫受到盘剥。

第二,铁路公司和谷仓老板对农产品运输和存栈的限制和盘剥。美国的农场主要分布在西部,而市场却主要位于东部和欧洲大陆,由于东西部之间缺少天然的通道,铁路便成为农产品运输的主要途径,这就使得农场主的经营活动对铁路具有相当的依赖性,因此铁路的垄断也使农场主受害至深。自19世纪70年代起,铁路建设的不断发展为铁路运费的大幅下降创造了条件,然而,铁路公司的运价歧视规定却使农场主难以享受到现代化交通的实惠和便利。铁路公司为在行业竞争获胜,普遍对大企业实行优惠运价,而由此造成的收入损失则被转嫁给了分散经营的农场主,对于这些运送小宗货物的主顾,铁路公司故意抬高运价,并实行长短途歧视运价。例如,当数家铁路公司为争夺从奥马哈到芝加哥的大宗货物运主时,单个农场主所要承担的运费就会扶摇直上,铁路公司要以此来弥补竞争中遭受的损失。以明尼阿波利斯为目的地的小宗货主被迫缴纳直到五大湖区的全程运费,从达科塔运往本国芝加哥的运费有时会比运到英国的利物浦还要贵。[①] 不仅如此,铁路公司还勾结沿线的谷仓老板,对

---

① Robert Kelley. *The Shaping of the American Past 1865 to Present*, New Jersey: Prentice Hall, 1990, p. 414.

农场主再次进行重利盘剥,并借此控制农产品的收购价格。在收获季节,他们趁机抬高储存费用,同时压低收购价格,使农场主在别无选择的情况下蒙受巨大的经济损失。据估计,由西部和中西部运往东部市场的畜牧产品销售收入的50%、谷物销售收入的60%以及小麦销售收入的83%都落入了这些中介商之手。[①]

第三,政府货币政策向工商业的倾斜。美国内战后,金融货币制度严重紊乱,市场上泛滥着大量的绿背纸币。战争期间,联邦政府为应一时之需曾经发行了价值四亿三千万美元的此类货币,它们虽然没有任何担保品,但是却可以与其他货币同时在市场上流通。工业资本家和银行家呼吁政府建立稳定的金本位制度,以保障他们在国际市场上的投资,扩大工业生产和加速国外贸易的流通;而农场主们则主张铸造银币,希望维持低币值货币,以利于自己偿还在美国内战期间为购地和生产所借的债务。自19世纪70年代起,联邦政府开始采取有利于工商业的紧缩通货的政策,停发纸币,限制银币。1875年,联邦政府出台政策规定以金币收兑纸币,将流通的纸币缩减到3亿美元,着手推行金本位制度。这些措施虽然可以稳定信用市场,有利于投资及国际支付,但却使农场主成为"保护贸易"的牺牲品。紧缩通货造成了货币供应的严重不足,迫使西部农场主不得不以升值的美元偿还通货膨胀时所欠的债务,在经济上蒙受巨大损失。

第四,农场主阶层整体地位下跌所引起的心理失衡。随着工

---

① Thomas C. Cochran and William Miller. *The Age of Enterprise, a Social History of Industrial America*, New York: Harper & Row Publishers, 1961, p. 221.

业在国民经济中的主导地位的确立，农场主阶层变成了美国社会中的一个少数群体。自从美国独立以来，美国的农场主一直是农业社会的主体，在国家的政治和经济生活中享有优越的地位。然而，当工业社会来临后，他们却发现自己已今不如昔，国会中不再有人代表他们的心声，无论是各州还是华盛顿的政治领导者都在唯工业垄断者、铁路所有者和银行家的马首是瞻，完全忽视了农场主们的利益。他们指责各级政府遗忘了农场主，只为工业企业提供关税保护和各种来自国有银行的贷款和津贴。这些曾经被视为共和国的骄傲的农场主们，如今却因为一个新的工业垄断阶级的兴起而失去了经济上的独立和政治上的权力。这样的处境难免会令他们感到愤愤不平。

极端的愤愤不平最终势必导致不满者的抗议。在美国内战结束后的30余年里，美国农场主们反对垄断资本限制与盘剥的斗争始终不曾间断过，1867年兴起的"格兰其运动"成为内战后美国农场主运动的第一次高峰。是年11月，曾任美国农业部官员的明尼苏达州农场主奥列夫·凯利在首都华盛顿创立名为"格兰其"的农民协进会，旨在通过宣传教育、互助合作和社会改革来帮助农场主摆脱困境。协进会的活动不仅使独立经营的农场主开始走上了经济合作的道路，而且还在地方政治中积极展开活动，成功地推动了伊利诺伊、威斯康星、明尼苏达、艾奥瓦、堪萨斯、加利福尼亚等州的议会先后通过了保护农场主利益的"格兰其法"，主要是对铁路实行管制，规定铁路运输的最高限价、收费率、长短途以及小额货运的差价。"格兰其法"奠定了农场主以反垄断为中心的社会改革纲领的雏形。

当"格兰其运动"尚未退出历史舞台时，又有一些农场主掀起了第二次运动高峰，这就是兴起于1874年的"绿背纸币运动"。这一运动以政治斗争为主，1875年正式成立了"独立党"，亦称"绿背纸币党"。该党不仅曾经推选纽约慈善家彼德·库珀为总统候选人参加大选，还于1878年参加国会选举，选出了15名国会参议员。针对美国内战后联邦政府混乱的金融货币制度，"绿背纸币运动"进一步发展了"格兰其运动"的纲领，它将斗争的焦点从铁路管制转变为货币体制的改革，独立党明确要求联邦政府废除1875年通过的恢复金本位的条例，通过通货膨胀提高农产品的价格，在美国工业化时期最早提出了金融改革的要求。

从19世纪80年代到90年代，农民联盟和人民党的相继兴起使美国社会转型期农场主运动走向了巅峰。19世纪80年代，依旧不满现状的农场主们在60年代和70年代反垄断运动的基础上相继建立起南方农场主联盟、北方农场主联盟和全国农场主联盟组织，在全国范围内掀起了大规模的合作运动，建立谷仓，经营铁路、银行、船运等业务，同时也提出了明确的政治要求，呼吁政府管制铁路并建立合理的税收制度。联盟还为此力争将自己的代表选入政府，以便参与立法，采纳其改革主张。农场主联盟的政治、经济活动为第三党的形成提供了基础，1892年，在农场主联盟的基础上正式组建了平民党，并在奥马哈召开了第一次代表大会，提名了自己的总统候选人，还通过了党的纲领。在经济方面，要求自由铸造银币，使人均货币流通量不少于15美元，银币对金币的比值为16∶1；实现铁路、电报、电话等事业国有化；实行累进所得税制度；设立邮政储蓄银行；没收铁路公司和其他垄断公司的多余土地。在政治上，要求加强政治民主，直接选举联邦参议员，实行无记名投票选举制度，总统任期只限一届等。值得一提的是，该党党纲还涉及了劳工问题，提出了缩短工时，承认工会存在的合法性,并使工会合法化等多项主张。① 这说明,该党已经摆脱了农场主狭隘的集团与地区偏见,从全局出发,在争取本阶层权益的同时,也兼而顾及了社会其他群体的利益。这一党派虽然在1896年大选中被民主党所吞并,但是作为当时美国农场主运动的最高峰和美国历史上规模最大的一次第三党运动,它不仅在一定程度上制约了美国垄断时期的两大政党,极大地影响了该时期的两党政治活动,而且还直接推动了此后美国社会的改革运动。它所提出的反对垄断、管制铁路、改革税制、保护自然资源、承认工会权利以及实行直接民主选举等一系列纲领,日后均被进步主义运动所吸收,为一些重大改革措施的提出提供了蓝本,被公认为是进步主义运动的先声。用进步主义者自己的话说,他们是趁平民党人下河游泳之时,偷走了他们全部的衣服,只留下了自由铸造银币"那条破旧不堪的短裤"。② 正如李剑鸣教授所言,"进步派接过平民党人的主张,也许不是有意为之",③ 但是在客观上,进步主义还是在相当大的程度上继承了平民主义的衣钵。总之,"尽管平民主义作为一个第三党的运动以失败告终,但是它却使千万人意识到了改革的必要,"④ 这"千万人"中当然也不乏知识分子。

① Robert Kelley. *The Shaping of the American Past 1865 to Present*,New Jersey:Prentice Hall,1990,p. 422.

② Glenda Elizabeth Gilmore. *Who Were the Progressives?*,Boston:Bedford,2002,p. 30.

③ 李剑鸣:《大转折的年代——美国进步主义运动研究》,天津教育出版社1992年版,第88页。

④ Stephen B. Oates. *Portrait of America:from Reconstruction to the Past*,fourth edition,vol. 2,Boston,Massachusetts:Houghton Mifflin Company,1987,p. 114.

三　大垄断者的自我辩护

19世纪末20世纪初，在美国内战后近半个世纪的社会转型过程中，大垄断者属于极少数未对社会表示不满的人，因为他们是战后工业化的最大、最直接受益者，时人调侃其为美国内战的"真正赢家"。① 不过，赢家也有赢家的烦恼。此起彼伏的抗议运动的确令这些新兴的有产者们深感头疼，他们发觉自己"作为一个阶级被恨之入骨"，这一"无情的现实"使得他们中有人不禁感言"舆论无情"，哀叹"美国人已经学会了仇视富豪"。② 迫于劳工和农场主斗争的压力，大垄断者不得不为维持现状寻找依据，当其垄断行为已成众矢之的的时候，他们为自己撑起了一把"财富福音"的保护伞。

"财富福音"尽力为工业巨头的领导地位及其攫取社会财富的行为寻找道德和社会的根据，它将金钱视为衡量成功与否的重要依据，将贫富两极化解释为一种合理的社会现象。它辨称，成功以及财富的获得是勤俭节约和才智的正当回报，"财富只垂青有道德的人"，上帝也只会"与富有者在一起"，而贫困则是由于懒惰和弱智造成的，有罪者最终的下场就只能是受穷。③ 石油大王约翰·洛克菲勒就曾理直气壮地宣称："我的钱乃是上帝的赐予"，而垄断则是"一种必须"，他的美孚

①　Jeremy Brecher. *Strike*！，San Francisco，Straight Arrow Books，1972，p. xiii.

②　Michael McGerr. *A Fierce Discontent，the Rise and Fall of the Progressive Movement in America 1870—1920*，New York：the Free Press，2003，p. 99.

③　William Lawrence，"The Gospel of Wealth"，Document 19.3，Howard H. Quint，Dean Albertson，Milton Cantor. *Main Problems in American History*，vol. 2，Homewood，Illinois：the Dorsey Press，1968，p. 78.

石油公司已经向劳工"支付了最好的工资"。[1] 在财富福音者们看来，政府存在的意义仅仅在于维护社会秩序以及保护私有财产与个人权利。至于那些在自由竞争中取胜的人，他们则对社会负有大量义务，因为他们是国民财富的保护者。他们还在这一理论中为反对工会和八小时工作制找到了理由，他们指出，八小时工作制会造成太多的闲暇时间，会助长懒惰和邪恶的滋生。[2]

"财富福音"无疑是财富拥有者们的福音，该词的创造者安德鲁·卡内基正是当时美国最大的财富巨头。1889 年，这位拥有数十亿美元资产的钢铁大王就以《财富》和《财富的福音》为题，在《北美评论》和英国的杂志上先后发表这两篇文章，向世人阐释其成功的哲学和对财富的认识。他向社会灌输这样一种信仰，即自由主义乃是颠扑不破的法则，富人乃是社会财富的"托管人"，[3] 财富的积累与分配应该享有绝对的自由，那些进入社会上层的成功者是凭靠自己的才能和努力达到的，贫富悬殊乃是社会进步的表现，"我们今日所出现的百万富翁的宫殿与劳工的茅屋之间的反差体现的是文明带来的变化"。[4] 他在文章中将个人主义和自由竞争描绘为成功的法宝。他从社会达尔文主义出发，指出竞争是社会发展的客观规律。这个规律尽管残忍，但对

---

[1]　John D. Rockefeller Defends His Oil Trust: "Testimony to the U. S. Industrial Commission", 1899, Michael P. Johnson. *Reading the American Past*, *Selected Historical Documents*, vol. 2: *From 1865*, Boston, New York: Bedford/St. Martin's, 2005, p. 24.

[2]　Arthur W. Thompson: "The Gilded Age", Howard H. Quint, Dean Albertson, Milton Cantor. *Main Problems in American History*, vol. 2, Homewood, Illinois: the Dorsey Press, 1968, p. 70.

[3]　Andrew Carnegie Explains the Gospel of wealth: "Wealth", 1899, Michael P. Johnson. *Reading the American Past*, *Selected Historical Documents*, vol. 2: *From 1865*, Boston, New York: Bedford/St. Martin's, 2005, pp. 35—36.

[4]　Ibid. , p. 33.

于社会发展却大有裨益。自由竞争带来的好处远远超出了它向人类索取的代价，而自由竞争就意味着彻底的个人主义，一切只为自己是个体成功的前提，也是社会进步的基础。不管工业巨头们发财致富的手段如何残酷，他们都应被视为公众的救助者。他们为积累财富而进行的竞争保证了社会生活中的优胜劣汰，凡能在残酷的竞争中生存下来的人就必然是强者。在他看来，社会的贫富极化乃是文明进步的标志，贫富差距越大，社会发展越快，人类文明程度就越高。不过，他同时指出，这些成功者一旦拥有了财富和荣誉，就有责任为帮助不幸的"兄弟"和改善社会作贡献。① 一方面，他想使人们相信他成就大业完全靠的是其自身的智慧和努力；另一方面，他又想通过个人的善举来为社会设立一个内在的秩序稳定器。在文章中，卡内基对达尔文和斯宾塞的理论推崇备至，他宣扬自由敛财和个人主义乃是天经地义的事情，教导人们"必须接受并欢迎环境的严重不平等，接受并欢迎企业、工业和商业集中于少数人手中"，不过他也告诫百万富翁们去做"穷人的受托人"。他宣称"这就是关于财富的真正福音"，它能够"给地球带来和平"、"给人类带来友谊"。② 1901 年，功成名就的卡内基在其引退后的第一年，首先拿出了 500 万美元为炼钢工人设立了救济和养老基金，继而又在 16 年内捐款修建了3500 座图书馆，以此帮助那些出身寒门的有志青年。从 13 岁移民美国的一个苏格兰穷孩子到美国钢铁业的大亨，卡内基的话具有一定的说服力。他的名言是"至死犹富，死得耻辱"，这不仅是他为抚慰大众所做的一种表态，更是他对富有者所发出的一则

---

① Andrew Carnegie. *The Gospel of Wealth*，Cambridge，Massachusetts：Harvard University Press，1962.

② Ralph Henry Gabriel. *The Course of American Democratic Thought*，New York：Greenwood Press，1986，pp. 159—160.

警告。洛克菲勒、福特等各业巨头也都有过向社会慷慨解囊的事迹。对于他们的善举世人当时毁誉不一。不过,在一个垄断者的不义已经招致普遍抗议,被指斥为"强盗大亨"的时代,这些举动对于缓和劳资关系、赢得社会同情多少都会有些作用。

然而,资本家们个人的善行毕竟不能解决制度造成的根本问题,工业化所伴生的综合征并未因为"财富福音"的诞生而消失。贫困依然普遍存在,罢工和农场主运动也势头未减。"由于社会日趋整体化,各阶级的命运已经紧紧地联系在一起了,如果继续忽视'另一半人'是如何生活的,那么,所有的人都不可能过上如意的生活。这一点,逐渐为社会上的有识之士所认识到。"① 在这样的形势下,开明的知识分子们开始抛开这些经济巨擘们的观点而思索新的理论,他们开始寻找贫困的社会性原因以及平息底层不满的更有效途径,这些努力成为进步主义运动的重要内容。

总之,19、20 世纪之交,美国社会的各个利益群体都在以其自身的方式表达着自己对时局的态度:工运、农运反映出的是利益缺失者的愤怒,而"财富的福音"则显然是利益既得者为保持优势地位而进行的自我辩护。虽然此两者间在利益上存在着冲突,但在心理上却颇具共同之处,即他们只看到自己的处境,其社会行为也只是为了争取自身的利益。这种单一而明确的动机注定会使其行动具有单一的目的:工人只想要八小时工作日和更高的工资待遇;农民只想要低廉的运价和足够其还贷的纸币;大企业主则只想要继续保住自己的生财之路,阶级属性规定了其思维和视野的局限性。

---

① 李剑鸣:《大转折的年代——美国进步主义运动研究》,天津教育出版社1992 年版,第 176 页。

　　从当时美国各阶层的状况来看,只有知识分子最有可能肩负起社会改革的使命,因为:其一,工业时代正在使社会各个部分联系成为一个越来越紧密的整体,社会成员之间越来越相互依存。在这种情况下,只有社会的整体改善才能带来自身的长久利益,说直白些,要想自己活得好,就得让别人也过得去。而事实证明,当时最能觉悟到这一点的人主要来自知识分子。只有这些"有思想的人"才能清醒地认识到"美国在创造财富的过程中,似乎正面临失去灵魂的危险"。[1] 例如:社会工作者简·亚当斯曾经表示,创办赫尔会馆的意义就在于"各阶级的相互依赖乃是交互的";[2] 罗斯福总统当年也发表过政见,指出"我们唯一安全可靠的格言是:'所有人都上升',而不是'部分人下降'";[3] 乔赛亚·斯特朗神父的比喻更明确和全面,"现代文明很快将我们全部弄到了一条船上,我们正开始了解到,我们与其他人的利害是何等的息息相关"。[4] 我们不奇怪知识分子会有这样的觉悟,因为他们具有区别于其他社会群体的自身特性,即其知识性、思想性和社会敏感性。这些特性赋予了他们有别于其他社会阶层的特殊社会功能。面对社会转型期的种种问题,他们会自觉思索社会矛盾的根源,探求解决社会问题的道路,领导社会走向进步。其二,在现代社会结构日趋复杂,利益日益多元化的条件下,要应对错综复杂的社会问题就要求非同一般的知识与理性。知识分

---

① Harold Underwood Faulkner. *The Quest for Social Justice*, 1898 — 1914, New York: the Macmillan Company, 1931, p. 81.

② Landon H. Warren. *Reforming American Life in the Progressive Era*, London: Pitman Publishing Cor. , 1971, p. 22.

③ Elting Morrison. *The Letters of Theodore Roosevelt*, vol. 7, Cambridge, Massachusetts: Harvard University Press, 1951—1954, p. 585.

④ Robert H. Bremner. *From the Depths: the Discovery of Poverty in the United States*, New York: New York University Press, 1956, p. 26.

子在知识信息和思维能力上的优势使其易于对公共事务进行理性判断，并且不拘泥于一己私利，即使在混乱的社会局面下，也能够高瞻远瞩，跳出自我的狭隘领域，明晰和把握复杂的问题，帮助恢复和谐稳定的社会大局。因此，虽然19、20世纪之交的美国社会各个利益群体都对转型期的社会弊病做出了反应，但是能够发起和领导进步主义运动的人却多为知识分子。不过，客观地说，上述各个群体的行为对于具有正义感和社会责任感的知识分子都曾是一种不小的触动，也的确都在一定程度上促进了知识分子改革动机的生成。关于知识分子发起和领导进步主义运动的动机问题，正是下面即将述及的内容。

第三节　新中产阶级知识群体的形成及其改革心理

19世纪末20世纪初，为美国制造了百万富翁和贫民窟的力量也同样创造了一个新的城市中产阶级及其知识分子。美国的中产阶层虽在美国内战前就已出现，但19、20世纪之交的城市化进程却给它带来了全新的改变。美国内战前，在美国的农业社会中生活着一些杂货商、小业主、手工业者、医生、牧师、教师、律师、记员及地产小官吏等人，他们安分守己、衣食无忧，严格恪守社会道德规范，体面而受人尊敬，过着平静无忧的生活，构成了19世纪前叶的美国中产阶级。但在美国内战后的年代里，随着工业化、城市化、垄断化趋势的加强，美国中产阶级的人口结构、生活方式、经济状况及社会处境等均发生了不少变化，以至于脱胎换骨，逐渐形成了一个新的城市中产阶层。首先，工业化改变了美国中产阶级的人口构成。19、20世纪之交，与美国大企业与生俱来的不仅是劳、资阶层,还有处于劳与资之间的白领阶层。大企业的出现导致了企业所有权与管理权的分离,从而产生了一个靠薪金维生的企业管理阶层,他们通过为企业所有人或公司的股东们打理公司而获得大大超出普通工人工资水平的丰厚报酬。另外,科学技术的突破及其在大工业生产中的推广使用还对劳动者的技能提出了更高的要求,从而使技术工人队伍相应壮大,这些人靠技术而非单纯的体力也挣取了高薪。这样便在企业家与普通劳工间形成了一个由管理阶层与技术工人所组成的企业中层。其次,由于教育的发展及城市生活的需要,医生、教师、律师、作家、新闻记者等受过高等教育的自由职业者也日渐增多,成为城市中产阶级中的一部分。根据当时的社会统计资料显示,在 19 世纪末 20 世纪初的美国社会各阶层中,“新中产阶级的发展最为迅速”,[①] 从 1870 年到 1910 年间,美国总人口增长了 2 倍多,其中工人阶级增长了 3 倍,农民增长了 1 倍,旧中产阶级增长了 2 倍,而新中产阶级则增长了 8 倍,他们在 1870 年的 75 万 6 千人的基础上上升到了 560 万 9 千人。[②] 换言之,19 世纪末 20 世纪初,美国新型的白人中产阶级正处于其成长的旺盛时期,他们以知识而非资产作为其社会存在的基础,以技术赢得人们的认可。这一阶层的形成极大地改变了美国的社会结构,深刻地影响着美国社会的价值观念和文化心理,成为当时美国人口中一个令人无法忽视的社会动力群体。

[①] 朱世达:《关于美国中产阶级的演变与思考》,载《美国研究》1994 年第 4 期,第 43 页。

[②] Richard Hofstadter, *The Age of Reform: from Bryan to F. D. R.*, New York: Knopf, 1989, p.218.

一　教育的发展与新中产阶级知识群体的形成

人们对知识分子的定义虽然众口不一，但却在一点上达成了共识，即知识分子一定是有知识、有头脑的人。正是知识给人以思想和智慧，有知识方能有头脑，然而受教育才能有知识，只有发展公共教育事业才能培养教育出大批英才。

19、20世纪之交美国的教育事业，尤其是高等教育事业的大发展，是促使这一时期美国知识分子群体形成与壮大的一个主要因素。美国内战后，百业待兴，教育自无例外。19世纪中期以前，由于美国经济尚不发达，一直未能建立起完整的教育体系。内战之后，经济发展，城市勃兴，新的城市生活对人口的文化素质提出了更高的要求，教育面临着严峻的挑战。这一形势使美国各级政府着手大力发展公共教育事业，一方面，国家与各州政府的巨额资金投入以及私人实业家的捐赠支持为教育的发展提供了充足的经费保障；另一方面，国外先进教育理论的引入以及专门教育科研机构的成立也为教育革新指引了方向。美国的师范教育和高等教育得到了蓬勃的发展。仅从数量上看，从1890年到1910年，美国教师和学生人数增长了4倍多[1]，而其中大学生人数增长尤为迅速，从1970年至1890年前后，美国高校在校学生数从5.2万人增到15万7千人，到1920年又进一步猛增到60万人。[2]

当然，美国内战后高等教育的发展并不单纯表现在几个数

[1]　Robert Wiebe. *The Search for Order 1877 − 1920*, New York: Hill and Wang, 1967, p. 112.

[2]　Walter E. Weyl. *The New Democracy*, New York: Harper & Row Publishers, 1912, p. 230.

字的比较上，更主要的则是体现于高等教育体制的全面调整与大胆创新。与欧洲相比，内战前美国的大学不但数量少、规模小、而且教育思想、课程设置和教学管理都非常落后。但战火平息后，随着各方面条件的改进，沉闷、寒酸的旧式学校日渐被真正现代意义上的大学所取代，这些新式学府的课程设置，除传统科目外，各门类的自然与人文科学也都位列其中，教学方法也更加灵活多样，富于启发性。当时，一批美国学者陆续从教育先进的德、英等国学成归来并进入了高教领域，带来了国外先进的教育理念及方法、经验，给美国沉闷闭塞的高等教育带来了一股强劲的新鲜空气，成为富有强烈进取心和改革激情的新型教育家。其中查尔斯·埃里奥特、亨利·巴那德和安德鲁·怀特等堪称楷模，他们分别在哈佛、哥伦比亚和康奈尔大学的改革中大显身手。由于敏锐地意识到了内战及工业化给美国社会所带来的深刻变化，这些新型的教育家勇敢地打破了以往僵化的课程体系与教学方法，一改昔日枯燥乏味的宗教说教内容，倡导创造性研究的气氛和自由严谨的治学风尚，使讲授与讨论、必修课与选修课、学术研究与社会需要合理结合，逐渐创造了美国式的大学和多样的办学方式。1869年，当年轻的留德学者查尔斯·埃里奥特出任哈佛大学校长之后，便推动这所美国资格最老的大学走上了改革之路，将其改造成一所适应新时代要求的新型大学。他大胆改进课程设置，在哈佛首开美国高等学府选修课制度的先河，各门类选修课可供学生自由选择，令他们耳目全新。之后，他又恢复了哈佛的法学院和医学院，并新建了管理学院，这些专业学院适应了内战后美国工业化社会的实际需要，为社会培养出了各种高素质的专门人才。正是有了查尔斯·埃里奥特这样的杰出新人的努力，才使得新的教育理念逐渐确立。高等学府不再被单纯视为传授知识的课堂，同时也成为创新知识的摇篮。大批具有先进思想的新型教师得到聘用，传统的填鸭式授课法被讲论结合的欧式教育风格所取代。尤其值得一提的是，这一时期不仅本科生教育发展很快，研究生教育制度也得到了确立和巩固。19世纪70年代初哈佛及耶鲁大学率先成立了研究生院，并在研究生中实行"习明纳尔"讨论班制度，使学生在接受知识的同时也拓宽了眼界，解放了思想，增强了思辨能力和社会角色感。之后，康奈尔、加利福尼亚、克拉克、威斯康星、芝加哥等大学也纷纷效法。到20世纪初，各大学普遍成立了研究生院，培养出了一批后来在经济学、历史学、哲学及政界等各个领域卓有成效的人才。总之，这一时期美国从规模上、体系上逐步建立了现代高等教育的全新模式。

教育的发展，尤其是高等教育的发展无疑为新中产阶级知识分子群体的形成提供了良好的培养基地。美国历史学家乔治·莫里对加利福尼亚州进步主义者的考察更加具体地反映出了美国内战后高等教育的发展与进步主义运动之间的关系，他发现：该州进步派通常是不到40岁的年轻人，其中四分之三的人都上过大学。[①] 赫伯特·克罗利、沃尔特·E.韦尔等当时美国进步主义运动的一些领袖人物自己也认识到，社会改革的重点和中心就是像他们一样的新兴中产阶级知识分子。[②] 韦尔将经济、智力和政治作为考察改革者的三大要素，认为只有那些经济富裕又受过良好教育并享有公民政治权利的人，才有能力成为改革的主力。这些人包括农场主、专业技术人员、办公室工作者、商人、技术工

---

① Arthur Mann. *The Progressive Era*: *Major Issues of Interpretation*，Hinsdale, Illinois: Dryden Press，1975，p. 14.

② Charles Forcey. *The Crossroads of Liberalism*，New York: Oxford University Press，1961，p. 145.

人等①。当时的另一位进步主义知识分子威廉·怀特，也在其自传中将中小企业主、专业技术人员、熟练技工、成功的中产阶级城镇居民、高薪的铁路工程师和编辑等视为"进步主义运动的主体和核心"。② 很显然，在韦尔和怀特所列举的这些进步主义者中，其基本成分都是那些接受过良好教育的人。可见，当时美国教育的发展与人才培养同社会进步之间有着密切的关系。美国工业化时期教育理念的更新，课程设置的调整及教学管理的改革，使美国高等学府成为培养新型知识分子的摇篮，培养出了众多开放、进取、讲究科学、崇尚理性、头脑灵活而又富于社会敏感性与参与精神的年轻学者，步入社会后，他们逐渐形成了一个富于改革精神的特殊群体。日后成为美国总统的西奥多·罗斯福、社会福音运动领袖华盛顿·格拉登、黑幕揭发记者林肯·斯蒂芬斯、知识女性的典范简·亚当斯等便是其中的佼佼者。他们既是美国工业化时期高等教育改革的受益者又是社会改革的开路先锋，在当时的进步主义运动中表现积极。

二　知识分子投身改革的心理动因

在通常情况下，人的自觉行为总是出于某种心理动机。19世纪末20世纪初，美国知识分子之所以投身社会改革，也并非仅仅是机缘巧合。作为具有知识性、思想性和社会敏感性的特殊人群，这一群体也有着他们特殊的心理。美国历史学家罗伯特·M. 克莱顿曾经希望研究者能对进步主义时期的这些"作家、艺

---

①　Walter E. Weyl. *The New Democracy*, New York：Harper & Row Publishers，1912，p. 238.

②　Richard Hofstadter，*The Age of Reform：from Bryan to F. D. R.*，New York：Knopf，1989，p. 131.

术家、政治家及思想家"，在"文化变革的每一领域所取得的进步性成果""强调其心理根源"①。笔者认为，不单对于他们在文化变革中所取得的成果，其实，对于他们在各种社会变革中的所作所为都有必要探究一下心理动因。对于这些"受过教育的男男女女"② 而言，其知识性原本就已决定了其心理状态的复杂性，加之在美国工业化时期的特定历史条件下，他们面对着社会转型和自身地位衰落的现实，其内心感受自然更加非比寻常，而不寻常的心态必然导致不寻常的外在行为反应。从主观上看，他们的行为与其渴求成功、追求正义、求稳怕乱的心态一定有着必然的联系。

　　美国工业化时期知识分子追求成功与荣誉的心理欲望在很大程度上解释了他们投身社会变革运动的内在动因。人的行为总是受欲望的驱使，而欲望则依其主体境况而有高低，贫寒之家想要温饱，衣食无忧者则渴望成功与荣誉。

　　到19世纪末20世纪初，美国内战前后出生的、接受了高等教育的一批美国人正值风华正茂，而且较之众多底层社会成员又少了几分衣食之忧、多了一些思想智慧，因此，他们的"美国梦"理所当然地会更绚丽，他们追求成功与荣誉的欲望会更强烈，他们"为争取优势地位而努力竞争的内驱力"会更大。③ 在迈出哈佛大学的校门之际，学业有成的西奥多·罗斯福便"决心要跻身于统治阶级而非被统治阶级之列"；④ 早在学生时代，威

---

①　Robert M. Crunden. *Ministers of Reform：the Progressives' Achievement in American Civilization，1889—1920*，Chicago：University of Illinois Press，1982，p. IX.

②　Ibid.

③　J. M. 索里、C. W. 特尔福德：《教育心理学》，人民教育出版社1982年版，第442—443页。

④　George E. Mowry. *The Era of Theodore Roosevelt and the Birth of Modern America 1901—1912*，New York and Evanston：Harper and Row Publishers，1958，p. 104.

尔逊就曾立誓"要在我国的立法机构和律师界发挥统帅作用"。①可见,日后二人的问鼎白宫皆非偶然。威尔逊的执著使他不仅在法律界,而且在整个合众国发挥了长达八年之久的"统帅作用"。玛莉·科尔森虽不曾有过总统般的辉煌,但这位终其一生都"普通而不为人知"的清教徒知识女性却也始终恪守着"要成为一个人物,并做出生命中有价值的事来"的誓言。因为,"她发现作个领袖要比作个传道士更令人愉快"。② 19世纪末期美国基督教禁酒妇女同盟主席弗朗西斯·威拉德曾在其自传中感言:"没有什么事情会比缺乏目的更令生活变得可怕了"。③ 堪称该时期美国知识女性乃至所有知识分子之典范的简·亚当斯更是一再重申,"作为一个受过教育的女性,她立志要作一番有意义的事"。亚当斯在罗克福德学院读书时的笔记显示:"其内在的驱动力,追求成功与成名的抱负是其人格中的一个重要组成部分。"④ 先人之心尽管已经难以尽悉,但这些美国知识分子渴求成功与荣誉的心态仍可由其话语中约略辨得一二。

美国内战以前,中产阶级原本有着安逸的生活和体面的身份,其中接受过良好教育的那部分人大多从事着教士、律师、医生等有地位的职业,掌握着解释宗教信条和社会道德与价值观念的特权,处于社会权力的中心,受到乡邻的尊敬,虽非富甲天下

---

① Robert M. Crunden. *Ministers of Reform: the Progressives' Achievement in American Civilization, 1889—1920*, Chicago: University of Illinois Press, 1982, p. 10.

② Cynthia Grant Tucker. *A Woman's Ministry*, Philadelphia: Temple University Press, 1984, pp. 156, 3.

③ Frances Elizabeth Willard. *Glimpses of Fifty Years: The Autobiography of an American Woman*, Chicago: H. J. Smith & Co., 1889, 封页。

④ Allen F. Davis. *American Heroine*, London: Oxford University Press, 1973, pp. 23, 14.

却也权倾一方。然而美国内战后,整个社会却改天换日。在一个
垄断的时代,成功与荣誉似乎已成新富们的专利,"他们具有实
实在在的力量"①。工业化造就了一代坐拥亿万资财的垄断巨擘,
金钱又为他们买来了无尽的权力。凭借钱、权的双翼,这些人飞
黄腾达,稳居社会权力的中心,成为时代的新宠。相形之下,缺
少财富资本的知识阶层则日渐从光环中淡出,手中的文化资本不
断贬值,其中不少人都已受雇于人,失去了起码的经济独立性,
逐渐由社会的中心被挤到了边缘,成为权、钱的局外人,就连不
少知名高校也被把持在商界校董们手中。芝加哥大学的一位经济
学家因为口头抨击铁路而遭解聘;布朗大学的校长在宣称他支持
自由贸易后便意识到他已非辞职不可了。理查德·霍夫斯塔特在
其《改革的时代》一书里用"地位革命"论描述了19世纪末20
世纪初美国垄断新富的崛起和包括知识群体在内的整个中产阶级
社会地位的衰落。②

　　与知识阶层地位的边缘化相矛盾的是,知识分子作为知识的
传播者与观念的阐释者,无论身处哪一时代、哪种社会,总是对
自我实现抱有强烈的欲望,对荣誉格外看重,总希望做社会的成
功者和有影响力的人。美国内战前,知识分子心目中自我设定的
这种主观概念角色与农业社会为其规定的客观角色间原本是一致
的。然而美国内战后,这一致性却偏偏被工业化的步伐所打破,
知识人的主观期待角色与新时代为其预留的角色空间之间产生了
一道难以弥合的鸿沟,这种角色差距不免使知识人心中形成了难
耐的失落感与挫折感,而这种心理感受又在一定程度上成为促使

---

①　弗雷德·赫钦格、格雷斯·赫钦格:《美国教育的演进》,美国驻华大使馆文
化处出版1984年版,第143页。
②　参见 Richard Hofstadter, *The Age of Reform: from Bryan to F. D. R.*,
New York: Knopf, 1989.

知识阶层投身社会变革的内驱力的源泉。

如果说知识阶层内心的失落感与挫折感是激发其崛起的力量源泉，垄断阶层的兴起及其为富不仁的行为、贫困现象的日趋严重以及由此引发的社会问题的泛滥则正好使知识分子们为其欲有所为的内在冲动找到了明确的指向。

康韦尔看到，"金钱意味着实力"[①]。杰克·伦敦也切身感到在这个社会上有钱就有地位，"资本主义社会就是这样衡量人的"[②]。不幸的是，知识分子们所缺少的恰恰是足够数量、堪与垄断新富们相匹敌的金钱资本。"范德比尔特们、哈里曼们、古尔德们、柯立芝们、洛克菲勒们及摩根们的反衬"令"无论何等的财富、事业、声誉"均"黯然失色"，在这些人的"财力与权利面前"，知识阶层不仅"自惭形秽"更感到"痛楚难耐"[③]。于是，他们将批判的锋芒首先指向了这些暴富者。不过，虽然"他们害怕和批判大企业，却同时也羡慕其劲敌的权力与实力"[④]。德莱塞对自己的倾慕权贵之心直露无藏，他在创作柯柏乌[⑤]的形象时就时时流露出钦佩之意，他曾坦言，"我两只眼睛总是盯住地位比我高的人"，"最引起我兴趣的是银行家、百万富翁、企业家、各种头面人物——世界的真正统

---

① 纳尔逊·曼弗雷德·布莱克：《美国社会生活与思想史》（下），商务印书馆 1997 年版，第 81 页。

② 漆以凯：《杰克·伦敦和他的小说》，北京出版社 1981 年版，第 76 页。

③ Richard Hofstadter, *The Age of Reform：from Bryan to F. D. R.*，New York：Knopf，1989，p. 138.

④ Frederic Cople Jaher. *Doubters and Dissenters*，Glencoe：The Free Press，1964，p. 67.

⑤ 柯柏乌是德莱塞的小说中的人物，以查尔斯·T. 耶基斯为原型，德莱塞在创作该人物前阅读了《美国富豪发展史》等十余种专著，研究了从范德比尔特、洛克菲勒到卡内基等"企业大王"的生平资料。

治者"。① 相比之下，多奈利则表现得老道、隐晦，但还是被人看出"他在对成功者的谴责中表露出了被半抑制着的嫉妒之心"。因此，知识阶层在反垄断问题上总是态度犹疑、雷声大雨点小。包括总统罗斯福在内，相当数量的知识分子在高举反垄断旗帜的同时却总是关门留缝，声言只反坏的不反好的，事实上，他们本身也向往如巨富般的成功与地位，"财欲"毕竟是美国梦的一个重要内容，倒是霍雷肖·阿尔杰敢于借其小说主人公之口直言不讳地道出心声：既然他们能出人头地，那我们为什么不能?②

按照美国的文化传统，"美国梦"为人们设计的成功之路有两条：一条是物质的，另一条则是精神的。腰缠万贯固然是成功的标志，而献身公益，谋求大众福祉也同样能为人敬仰。渴望成功与地位的知识分子们既然大多无缘做洛克菲勒或亨利·福特般的财富巨子，则转而求做时代的救世主。他们发现，社会服务处、学校教育、法律及新闻业等能为其进行"没有圣坛的布道"提供阵地，当他们立足城市，与贫困、犯罪、垄断、腐败等社会蠹弊进行斗争时，他们不仅是在为建立一个安定有序、机会均等的"受教育者的民主社会"铺垫着道路，而且是在斗争的过程本身中为自己开辟着一个向外释放精力与智慧的"通道"③。简·亚当斯的故事就是一个经典的例子。

亚当斯曾经被誉为时代的"圣人"，她自己颇为此感到得意。她在自传中用了大量篇幅回忆自己曲折而辉煌的人生，告诉人们

① 董衡：《德莱塞："一位文笔拙劣的大作家"》，载《美国研究》1992 年第 2 期，第 147 页。

② Frederic Cople Jaher. *Doubters and Dissenters*, Glencoe: The Free Press, 1964, p. 110.

③ Robert M. Crunden. *Ministers of Reform: the Progressives' Achievement in American Civilization*, *1889 − 1920*, Chicago: University of Illinois Press, 1982, pp. 15, 276.

她这个丧母的残病女孩历经磨难却凭借坚强的意志拼搏不辍，走出了一条关心民瘼、吊民伐罪的人生之路，并最终成为受人拥戴的"亚当斯女士"、"所有妇女的母亲"和社会正义的化身，其字里行间充满了成功者的得意与满足。对于亚当斯的心态，艾伦·戴维斯的评论切中肯綮:简·亚当斯在自传中本该写进更多更值一书的东西，然而她写自传却是有立场、有目的的。她旨在确认并巩固她自己的位置与身份，使她自己成为美国主义的象征。她的成功不仅表明了她的写作才能而且表明了她将自己的个人经历与全国各地的普通美国人的希望与忧虑联系起来的才能。[①]

在走向社会的历程中，亚当斯始终视林肯为榜样。她时时着意效仿这位生长于伊利诺伊州的同乡，着力去"体现传统的美利坚人的美德，勤奋工作、谦卑处世、正直诚实"，像他一样地"信仰人人机会平等"。她自述道:在于芝加哥工作的日子里，每当焦虑迷茫之时，便总会步行数英里去林肯公园瞻仰林肯塑像，她感到那矗立着的雕像总能莫名地给予她继续前进的勇气。苍天不负有心人，亚当斯的努力竟真的一度为其赢得了林肯的当世女性翻版的荣誉光环。借《赫尔会舍二十年》付梓后的轰动，亚当斯曾趁势走访波士顿，当地报纸争相报道，溢美之词连篇累牍。在盛赞之余，开始有人将亚当斯此行与林肯当年对波士顿的访问相提并论:

> 正当美国公民们沉浸在对伟大的国父——林肯——大救星的虔诚缅怀中之际，亚当斯小姐来到了波士顿。这座城市里听说过 60 年前林肯访问波士顿之事的男男女女已多不健

[①] Allen F. Davis. *American Heroine*, London: Oxford University Press, 1973, pp. 198, 91, 184, 176, 175.

在。然而60年后,倘若历史重演,人们忆起的来客将是来自伊利诺伊的救星母亲——简·亚当斯。

林肯曾经挺身而出为正义而战,他用男子汉的胆魄坚守住了立场。他所与之较量的种族偏见、愚顽不化以及黑恶势力实则与简·亚当斯所与之战斗20年的劲敌并无二致。她同样要去战斗,去从代代相传的歧视、偏见的镣铐中解救出芝加哥那些不幸的男女老幼。①

在亚当斯的时代,虽然并非人人称之为"救星母亲",但的确"几乎所有人视她为最杰出的美国女性之象征——新女性,受过教育并且在社会上居领袖地位"。②

事实上,在这一时代的知识分子中崇拜林肯者绝不止于亚当斯一人。林肯从小木屋步入总统府,并因保全联邦、解放黑奴而为举国景仰。作为一位成功者,他早已成为这一时代众多知识人心目中的理想偶像。西奥多·罗斯福自幼视他为心目中的英雄;伍德罗·威尔逊也评价他是"现代史上最卓越和最可敬的人物之一"。③ 对于生长在美国内战前后的知识分子们而言,"林肯不仅是位令其魂牵梦绕,与其先人对话的传奇英雄,更是一个活生生的完美典范,他们不断地将其自己、其朋友及其领导者与之相对照。他们也需要一番废奴运动般的事业和一位林肯式魅力超凡的领袖"。女记者艾达·塔贝尔说,"作为

---

① Allen F. Davis. *American Heroine*, London: Oxford University Press, 1973, p.164.

② Ibid., p.165.

③ 原载于 Woodrow Wilson, *Division and Reunion*, London: 1921, p.216, 转引自John B. Judis. *The Folly of Empire: What George W. Bush Could Learn from Theodore Roosevelt and Woodrow Wilson*, New York: Scribner, 2004, p.81。

人，林肯于我比我所研究过的任何人都更加意义重大"。塔贝尔的老板，报业大王麦克卢尔更对林肯仰慕之至，推崇林肯为"自内战以来我们生活中最为重要的人物"①，在无须再为解放黑奴奔走的时代，他们走上了一条揭露社会黑幕的"耙粪"②之路。无论如何，对工业化时代的美国知识阶层而言，成为林肯比成为大亨更现实也更荣耀。

这一时期的美国知识阶层虽然渴望成功但并未视成功为唯一理想，追求公平与正义的心理取向既是古今知识分子的共性也是美国知识分子崛起于工业化时代的又一心理动因。

19世纪末20世纪初，美国工业化、城市化的进程及移民潮的涌入深刻地改变着美国社会的方方面面，特别是打破了旧有的社会利益占有格局。在新的利益分配原则下，获益最大的不再是传统"美国梦"中勤劳智慧、锐意进取的"富兰克林"或"林肯"，命运开始垂青一些不顾道义、专事投机、垄断、贪污、贿赂的不良之辈，社会利益的分配与获益者的人数、素养间产生了极大的背离，社会收入合理差距明显失调。屈指可数的少数高官巨贾、政客寡头以非正当手段牟取了近乎全部的国家权力与绝大部分的社会财富，把持了整个国家的政治、经济命脉，而社会多数人的利益则由此而受到严重损害。这些利益受损者中不独包括原本就人微言轻的体力劳动者，就连昔日体面的中产阶级也不幸位列其中。

──────────

① Robert M. Crunden. *Ministers of Reform：the Progressives' Achievement in American Civilization*，1889－1920，Chicago：University of Illinois Press，1982，pp. 4－5.

② 这里指美国工业化时期一些记者和作家通过新闻报道揭露社会黑幕的行为。该词英文为 muckraking，源自17世纪英国作家约翰·班扬所著小说《天路历程》，小说中有位"耙粪者"（muckraker），手握粪耙，专嗜掏挖秽物，乐此不疲。

作为中产阶级,知识分子虽未落魄到入不敷出、衣食不保的境地,就像血汗工厂的工人们那般终年劳作却收入菲薄,但是他们毕竟也是今不如昔,无论其经济实力还是政治权力,皆与腰缠万贯、位尊权重的暴富者判若霄壤。此外问题的关键还在于,作为高素质、有头脑的社会成员,他们的确也为社会财富的创造和国家的发展贡献出了他们的知识与智慧。当日美国的发展缘于科技的突飞猛进以及思想观念的革故鼎新乃是不争的事实。然而,令贡献者感到心理不能平衡的是,社会却并未给予他们足慰其心的回报,他们看到,"一个粗俗的新富翁阶层"正在独领风骚,那些"投机者"、"道德沦丧者"、"掌握了非法手段的人","坐在红木装成的办公室里用肥胖的手掠走了世上真正创造者创造的钱"[1],而真正的财富创造者们却大多与财富、地位无缘。风光无限的铁路大王古尔德曾经不无得意地说,"市场上最廉价的肉就是人脑"。[2]

权贵者的蔑视以及现实处境的不如意不能不激起知识阶层心里的愤愤不平。不过,正如美国历史学家乔治·莫里所说:"他们的愤懑不平,若因经济原因而起,则并非源自失望而是缘于其他感受,缘于他们权利被削减的感觉,抑或源于他们对美誉盛名的关心、对国人态度的敏感。自从内战后经济大亨们飞黄腾达以来,他们在社会上的相对地位与权利就一直不断地下降。他们与摩根们和洛克菲勒们间的差距就一直不断增大,而他们取得至高

---

① George E. Mowry. *The Era of Theodore Roosevelt and the Birth of Modern America 1901—1912*, New York and Evanston: Harper and Row Publishers, 1958, pp. 96, 98.

② Burton J. Bledstein. *The Culture of Professionalism: the Middle Class and the Development of Higher Education in America*, New York: W. W. Norton & Company, 1978, p. 224.

经济收益的企望就一直不断黯淡下去。"① 再环顾四周,大片大片的贫民窟里住满着在贫困中挣扎的男女老幼,恻隐之心原本就人人皆有,作为高素质的社会成员,这些美国知识分子们对其邻人的贫病苦痛也很难视而不见。身处劳资两大阶层中间,他们真切地感受着社会财富分配的不公、机会的不平等和暴富者的不义。他们中有人看到,"自上层产生了掠夺财富的问题,自下层出现了贫穷、愚昧及残忍的犯罪的问题"。又有人看到在这个贫富两极"截然不同的美国","在贫穷的沙漠中矗立着金钱铸就的金字塔"。② 还有人看到,"在这个文明的世界里有人占有太多、有人则太少,有人住豪宅,有人则睡门口,丰裕中却到处是饥馑"。③

置身于不公正的现实中,赋予社会敏感性与参与精神的知识分子们对周围的一切难以保持无动于衷,他们于是产生扶危济困、匡扶正义的心理倾向自在情理之中。"在当时的观察家看来,波士顿、纽约、费城、芝加哥一类城市呈现出一种叠影:表面上这些城市漂亮、安全、生活舒适;可是下面却潜藏着与任何现代工业社会的发展同时滋生的强烈不满情绪。"④ 留心一下当时美国知识分子们的言行便不难体会这一阶层心中的"不满情绪"。范布仑指责有钱人的一掷千金、争奢比富是纯粹的"炫耀性消费",是"钱的竞争"。温斯敦·丘吉尔的小说主人公哀叹:财富的得到靠的是道德的失去。一些思想极端的知识人甚至断言:财

---

① George E. Mowry. *The Era of Theodore Roosevelt and the Birth of Modern America 1901—1912*, New York and Evanston: Harper and Row Publishers, 1958, p. 95.

② Ibid., pp. 103—104.

③ Philip S. Foner, *Jack London: American Rebel*, New York: Citadel press, 1947, p. 51.

④ 这是加拿大文学批判家兰·乌斯比对美国工业化时期城市状况的评论,参见兰·乌斯比《美国小说五十讲》,四川人民出版社 1985 年版,第 96 页。

富与道德根本不可兼得。西奥多·罗斯福则谴责暴富者们的生活"在腐败的轻浮与罪恶间变化多端"。一位美国中西部的编辑呼吁:"拯救他们(暴富者)于道德堕落的途径是驱使他们去干活。"一位记者发出质问,"仅凭正当手段一个人纵使穷其一生有可能赚到几百万吗?"再来看新闻业中的那些"把粪者"① 们,从诺里斯到罗生、从辛克莱到塔贝尔、从德来塞到杰克·伦敦,无一不在为社会的不公而奋笔疾书。他们笔端的"新文学是愤怒的",是有"直接社会目的的",事实上,"美国内战后的现实主义历史就是一部愤愤不平的怨史"。② 作家们对社会不公的愤懑促使他们的笔触突破了生活表层而深达肌理,林肯·斯蒂芬斯将眼前的一切腐败、不公统统斥为"城市的耻辱",③ 就连素来主张美国作家应该描写生活的微笑面的老作家豪威尔斯也不禁提笔写下了《社会》这样痛斥贫富悬殊、谴责为富不仁的诗作:

> 从压在可怕的地板下的躯体上,
> 不时伸出一只手臂或扬起额头,
> 仿佛疯狂地猛击,
> 又仿佛苦苦哀求怜悯;
> 人堆里随即鼓起一副胸脯,
> 痛苦万分地一起一伏,

---

① 把粪者,英文为 muckracker,原为 17 世纪英国作家约翰·班扬所著小说《天路历程》中的一个人物,这里指美国工业化时期揭露社会黑幕的新闻记者和作家。

② George E. Mowry. *The Era of Theodore Roosevelt and the Birth of Modern America 1901—1912*, New York and Evanston: Harper and Row Publishers, 1958, pp. 23, 98, 95, 104, 27, 32, 33.

③ 参见 Lincoln Steffens. *The Shame of the Cities*, New York: Hill and Wang, 1957.

踩在他们上面的狂欢者，

照旧熙来攘往，置之不顾。①

　　由此，一副贫富迥然的历史画面已跃然纸上；有人被榨干血汗，在无助地呻吟，有人却欢宴不断，冷漠无情。读罢此诗，不禁令人联想到出自中国诗人杜甫笔下的另一写实之作:"朱门酒肉臭，路有冻死骨"。虽属不同的时代、不同的国度，却皆体现着知识人共同的社会良知与正义感。可以说知识分子们"对现存的一切永远不满"，实在是美国工业化时期的那些"银行家们、铁路大王们还有待严惩"，② 是"社会财富不均、贫富分化、社会地位的上下悬殊以及获得手段的非正常化，更直接激发起被剥削者们的强烈的心理震荡与社会不公平感"。③

　　在19世纪末20世纪初的美国社会环境中，知识分子们的个人利益与社会道义趋向了同一，义与利的耦合愈发激起了知识群体的改革欲望，以义生利，将个人动机导向迎合大众心理的途径，将拯救自身的需要同献身社会的行为相联系，在有利的舆论环境下充分发挥自身的作用，正是知识分子的过人之处。他们于是高扬起了"公平"与"正义"的旗帜，要求以"公平所得"、"服务社会"为标准限制个人取财。汤姆·约翰逊强调，"人们挣多少就只能拿多少"，《瞭望》的编辑们提出，"财产绝非天生私有，而是社会的人为安排使然"，但如若这一安排"使社会蒙受

---

　　① 林广、张鸿雁:《成功与代价》，东南大学出版社2000年版，第126页。

　　② George E. Mowry. *The Era of Theodore Roosevelt and the Birth of Modern America 1901—1912*，New York and Evanston: Harper and Row Publishers，1958，p. 132.

　　③ 林广、张鸿雁:《成功与代价》，东南大学出版社2000年版，第127页。

损失"则该"设法打破"它。① 霍夫斯塔特曾说，"知识分子作为一个阶层、一个单独的社会力量甚至知识分子这个词本身，都是以其政治上和道义上的异义为特征的"。② 在一定程度上，正是他们的这一"异义"特征，使得他们敢于对社会既定秩序发出不同的声音。

相对于自我成功或社会公平等高层次的理想追求，忧患意识与求稳怕乱的心理才是推动工业化时期美国知识阶层崛起的更为根本的内在动因。转型时期，美国社会的矛盾冲突常令一些知识分子内心阴霾笼罩，恍惚有种大难将至的紧迫感。他们"感到自己在被一个充满敌意的世界包围着"，周围日趋激烈的阶级矛盾、种族冲突以及日益严重的贫困犯罪现象等终将导致社会的分崩离析。这种心态在宗教界的人士中反应尤甚。华盛顿·格拉登感到"工业社会的状态将是一个战争的状态"；莱曼·艾伯特坚信，"美国若不回归上帝，毁灭将无以避免"。沃尔特·罗申布什甚至想象到"一些蒙古种野蛮人"已经在书写"基督教王国的覆灭"之书了；约西亚·斯特朗则抢先一步亲手写就了《我们的国家:其可能的前景与目前的危机》，警告人们"恐怖统治"与"法国大革命的场景"出现于美国将非杞人之忧。总之，"由公司的贪婪、血腥的罢工、物质主义的信条及保守的神职人员所昭示的社会紧张氛围有时令即使有宗教信仰之人也产生出一种正处于危机存亡之际的想法"。③ 然而，这种危机感与忧患心理又并非仅存

---

① George E. Mowry. *The Era of Theodore Roosevelt and the Birth of Modern America 1901—1912*, New York and Evanston: Harper and Row Publishers, 1958, p. 99.

② 梁从诫主编《现代社会与知识分子》，辽宁人民出版社 1989 年版，第 1 页。

③ Frederic Cople Jaher. *Doubters and Dissenters*, Glencoe: the Free Press, 1964, pp. 13, 26.

于这些"有宗教信仰之人"中间，在一个举国上下都在体验着"一种普遍的不安全感"①的时期，美国知识阶层中多数人都不禁为自身与社会的安危而内怀隐忧。杰克·伦敦预言"劳资间将难免一场激战"；"布鲁克斯·亚当斯、玛莉·里斯及赫莫·李皆预感盎格鲁——撒克逊人与其他种族间将为生存而展开一番拼杀"。这种深感大乱将至、大难临头的忧惧不安，致使这一时期的美国知识分子们格外关注社会并最终走上了变革社会之路。

尽管作为受过良好教育的社会成员，知识分子在思想见解上并不完全被自身的阶级地位及种族属性所固化，但作为白人中产阶级的成员，知识分子的主体与当时美国的社会制度之间具有天然的依存关系。他们心理上自然具有向社会上层位移的内在倾向，在价值观念和思想意识上也更易于与社会上层成员趋于一致，而与以移民为主的底层劳动者则少有契合。易言之，他们认同现行社会制度，同时具有较强的种族意识。考量一下该时期美国知识群体的社会表现便不难看出，尽管他们已经看到甚至也切身感受到了社会利益分配的不公并坚决反对这种不公，但由此便能走向旗帜鲜明地反对资本主义制度的人却寥寥无几。对于这种现象，还是来看看黑幕揭发记者雷·斯坦纳德是怎么说的："我们进行黑幕揭发并不是因为我们痛恨这个世界，而是因为我们热爱它。"②李剑鸣教授曾经指出，黑幕揭发者的行为是出于为资本主义制度"补天"的责任感。③再反观他们对待社会底层尤其

---

①　Edward N. Saveth. *American Historians and European Immigrants*, *1875—1925*, Russell & Russell INC, 1965, p. 201.

②　Walter M. Brasch. *Forerunners of Revolution: Muckrakers and the American Social Conscience*, Lanham, Maryland: University Press of America, 1990, p. 130.

③　李剑鸣:《大转折的年代——美国进步主义运动研究》，天津教育出版社1992年版，第73页。

是对待移民的态度，歧视与偏见则时有流露，特纳、威尔逊、西奥多·罗斯福、斐斯克等人无一例外地曾经表露出对移民的蔑视甚至敌意。从根本上说，这种态度"主要取决于其中产、上中产阶级的出身及盎格鲁——美利坚清教徒的遗传"。[1] 对于社会上层，知识分子们不过是反对其中某些人的"不良行为"，[2] 而对于下层贫民，他们却从来不加区分，统统斥为"暴民"[3]或者为"危险的阶级"。[4]

探本寻源，笔者认为，终归是因为美国知识分子们多元复杂的身份构成要素才导致了他们复杂的心理状态：他们既具有知识分子的社会关怀精神，同时又具有源自其阶级与种族的保守性，表现出求稳怕乱的心态，惧怕发生社会冲突与动荡。

1912 年的某期《芒西杂志》曾将罗斯福称为"进步主义的保守派"，[5] 这一称呼耐人寻味。罗斯福在任总统期间，为确保现行制度长治久安和实现"一个温和但巩固的资本主义，一种力争体现公正同时又确保各阶级秩序井然的资本主义"，[6] 始终在进步与保守之间踩着跷跷板。这位"托拉斯克星"每每在大垄断

---

① Edward N. Saveth. *American Historians and European Immigrants, 1875—1925*, New York: Russell & Russell INC., 1965, p. 13.

② Frederic Cople Jaher. *Doubters and Dissenters*, Glencoe: the Free Press, 1964, p. 66.

③ Ari Hoogenboom and Olive Hoogenboom. *The Gilded Age*, Englewood Cliffs, New Jersey: Prentice-Hall, Inc., 1967, p. 85.

④ James T. Patterson. *America's Struggle against Poverty, 1900—1985*, Cambridge, Massachusetts: Harvard University Press, 1981, p. 5.

⑤ Arthur A. Ekirch, Jr. *The progressivism in America: a Study of the Era from Theodore Roosevelt to Woodrow Wilson*, New York: Viewpoints, 1974, p. 166.

⑥ Louis Filler. *The Muckrakers, Crusaders for American Liberalism*, University Park: Pennsylvania State University Press, 1976, pp. 52—53.

企业陷入工人反抗的困境之中时拔刀相助，甚至不惜动用联邦军队助剿"暴民"；1903 年和 1908 年，他曾两次应亚利桑那州及内华达州州长与矿主之请，"迅速"派兵镇压罢工及防止"潜在的而非现实的麻烦"即为明证；然而，当 1904 年科罗拉多州罢工矿工请求总统出兵保护时却遭其冷拒，理由是"双方均有错"。若由此断言"罗斯福是资本家的朋友和劳工的敌人"也难说不是公允之论；[①] 罗斯福虽然也对摩根等大企业的傲慢无礼深感愤怒，而一旦到了"暴民"当前的关键时刻，他们间的矛盾却总会涣然冰释。罗斯福作为该时期美国知识阶层的杰出人物及其在政界的最高代言人，其心态绝非一家独有。

循此思之，若说美国社会转型期其知识群体的改革行动是"吓"出来的和"忧"出来的也不无道理。身处社会的中产阶层，他们求稳怕乱。

照常理，一个社会在转型时期，尤其是像当时美国那样的快速转型时期，出现各类问题原本难免。但在美国社会转型期，由于移民潮与工业化进程同步发生，那些来自东南欧的"新移民"便被一些美国知识分子当成了工业化的替罪羊。他们一贫如洗、目不识丁，又在语言、风俗、宗教信仰上迥异于美国本土居民。在知识分子们眼里，这些贫穷且素质低下的移民不仅破坏了美国人原本整洁、安宁的生活环境，也威胁着优秀的盎格鲁—撒克逊种族及优越的美国民主制度的存在与发展。

美国曾自誉为"被压迫者的避难所"，直至美国内战爆发前，

---

　　① 　George E. Mowry. *The Era of Theodore Roosevelt and the Birth of Modern America 1901－1912*, New York and Evanston：Harper and Row Publishers, 1958, pp. 140－141.

它也曾张开臂膀慷慨地拥抱过许许多多西北欧移民。然而时过境迁,到了19世纪末期,当满怀希望的东南欧人也来投奔它时,美国人却表现得大不如先前爽快。美国知识阶层怀着"对异族人的畏惧与憎恨心理"喊出了"安全第一"的声音,他们视移民为"祸根"、"潜在的杀手"和"对现存制度与繁荣的全面威胁",他们不安地感到美国人正在"受到住在城市、操着古怪的语言、崇拜下贱的信仰且常常质疑资本主义之真理性的新人群的威胁",并且认为"美国制度的失败并非因为它们含有瑕疵,而是因为一种异族因素破坏了它们"。《民族》杂志的社论宣称,"一种新的异族移民的增长正在扰乱现有的秩序",其编辑们警告众人,"这些事实显而易见且不容忽视",一些评论家也声称,"移民们威胁了我们的自由、我们的制度,是卑劣暴政的工具"。亨利·卡伯特·洛奇也一反旧日欢迎移民的态度,主张"大群过多不受欢迎的移民应该被绝对拒之门外,因为它可能会降低我国公民的素质";① 伍德罗·威尔逊则不禁为"新移民",这些"下等"而"卑贱"的人、这些"最没身份的人"取代了西北欧"有健康血统的移民"而深感"不快"与"不安"。② 尽管这里无法逐一列出美国工业化时期所有知识分子对待移民问题的态度,也不能妄断当时所有知识分子在移民问题上就毫无异议,但从总体上看,"移民祸根论"③乃居舆论主流。在一个美国中产阶级普遍视移民为洪水猛兽的时代,自然不能指望知识群体中会有多少人发出不

①　Frederic Cople Jaher. *Doubters and Dissenters*, Glencoe: the Free Press, 1964, pp. 48—54.

②　Edward N. Saveth. *American Historians and European Immigrants, 1875—1925*, New York: Russell & Russell Inc., 1965, p. 140.

③　Frederic Cople Jaher. *Doubters and Dissenters*, Glencoe: the Free Press, 1964, p. 114.

同的声音。

贫民窟的存在与发展尤令知识阶层切身感到移民威胁的近在咫尺。这使他们感到移民不仅威胁着美国的人种与制度,而且直接威胁着美国人的日常生活。这一时代的美国知识分子们曾亲眼目睹了由移民们占据的贫民窟是如何从东到西地吞噬着一座座的美国城市,使许多原本整洁舒适、景色宜人的中产阶级居住区逐渐变成了污秽拥挤的移民聚居地。纽约哈莱姆地区最剧烈的改变就发生在这一时期。尽管许多编辑、记者、医生、律师、工程师等等都曾与其中产阶级同胞们一起进行过种种抵抗,却终究还是未能招架住大批黑人的不断涌入,眼睁睁地看着哈莱姆逐渐由"白"变"黑",成为当时美国最大的贫民窟。虽然这一时期美国有产者的住宅郊区化与当时交通运输业的发展不无关系,但他们希望与移民划地而居、躲避"瘟神"的心理才是更为根本的原因。

贫民窟恶劣的生活环境使那里成为疫病与犯罪行为的滋生地,令有产者深恐避之不及。然而,单凭地理上的隔离却并不能根本杜绝"社会感染"的传播。特纳曾用一个简单的比方说明了其中的道理:穷人制作的服装沾染了他们身上的病菌,这些带菌的服装又经由车间店铺而进入全国的小康之家。[①] 简·亚当斯的认识则来自发生在其身边的母女三人的故事。一位谨慎地与穷人保持距离的中产阶级妇女无奈地任由一场伤寒侵袭了全家并夺去了一个女儿的生命。"无论这位母亲与邻人保持多远的距离,她却无法不让已经染有病毒的水流入她家"。这家人的不幸令亚当斯及一些有识之士意识到,"个人将一个家

---

　　① Edward N. Saveth. *American Historians and European Immigrants*,1875 - 1925,New York:Russell & Russell Inc.,1965,p. 129.

庭同社会的其他人及其利益隔离开来的想法完全是徒劳的"。①
为此简·亚当斯特别提醒社会："除非全体前进和改善，否则
任何人都别指望其自己的个人道德与物质条件能有任何持久的
改善"，② 因为社会本是一个整体，"一座城市的健康状况是公
共的"，"富有者的健康状况取决于那些看不起病的穷人们的健
康状况"。③

　　不仅城市健康是公共的，城市治安当然也是公共的。这一时
期，随着美国社会结构的剧烈变动和城市化的高速发展，各种犯
罪日趋增多，到 20 世纪初，美国的谋杀案件发案率高达欧洲各
国的 10—20 倍。1905 年，单芝加哥一个城市就发生了 187 起谋
杀案，相当于英格兰和威尔士当年案件总数的二分之一，以致于
一位法官曾经不无感慨地说道："在芝加哥，人命是最不值钱的
东西了"。④ 虽然将犯罪率的增长完全归咎于移民是不公平的，
但也无可否认，贫困人口的骤增的确助长了社会的不安定因素。
由于住房拥挤、环境恶劣、收入菲薄、缺少娱乐场所和设施等原
因，致使酗酒、斗殴、盗窃、卖淫、暴力犯罪等行为在贫民窟中
时有发生，构成威胁社会秩序的种种祸患，也像幽灵般地困扰着
当时的知识分子们。雅各布·里斯在对纽约市贫民窟做过一番考

---

①　Robert M. Crunden. *Ministers of Reform: the Progressives' Achievement in American Civilization，1889 — 1920*，Chicago：University of Illinois Press，1982，p. 67.

②　Jane Addams，"The Subjective Value of Social Settlements"，Katherine Joslin. *American Feminism，Key Source Documents，1848 — 1920*，vol. IV，*Women's Clubs and Settlements*，London and New York：Routledge，2003，p. 197.

③　Samuel Harber. *The Quest for Authority and Honor in the American Professions，1750 — 1900*，Chicago：the University Of Chicago Press，1991，p. 322.

④　Morton Keller. *Regulating a New Society，Public Policy and Social Change in America，1900 — 1933*，Cambridge，Massachusetts：Harvard University Press，1994，pp. 149，155.

察之后感到那里在"有意制造流氓恶棍",那里的青少年"对抗警察"、"吓坏整个城市"并且"塞满了我们的法庭和监狱"。①
保守的宾夕法尼亚大学教授埃利斯·奥波赫尔策则干脆称贫民窟里的移民们为"一种祸害"。在他眼里,这些人"像野兽一样挤住在贫民窟的危楼中,吃令人作呕的食物,有着反叛与邪恶的习惯。作为下等人,他们排斥那些社会地位比他们高、生活水平比他们好的人"。② 这一时期,大多数美国本土人都感到,"有这样一些未开化的人在周围,一个人的住所、家人或社区都难保平安"。③ 治安状况的恶化令一些年长的知识分子自心底生发出一股怀旧的情怀,不禁为旧城镇的消失而黯然神伤。约翰·菲斯克哀叹:自从村庄旁建起了工厂,人们就再也无法感到不插门就睡觉的踏实了。④ 而当年青一代知识分子们也开始睡不踏实了的时候,美国改革时代的到来也就为期不远了。里斯意识道:"贫民窟里的所有影响都助长了罪恶;因为他们是传染病的温床,这些传染病杀死穷人,也同样致富人于死亡",而"贫困与犯罪的滋生则使我们的监狱和法庭人满为患",所以"为了保障安全,人们就同那另一半人一样需要让他们住上像样的住房"⑤。一位报业人士在谈到报童问题时也曾经发出过同类见解,他预言:"假

---

① Ari Hoogenboom and Olive Hoogenboom. *The Gilded Age*, Englewood Cliffs, New Jersey: Prentice-Hall, Inc. 1967, p. 118.

② Edward N. Saveth. *American Historians and European Immigrants 1875—1925*, New York: Russell & Russell Inc. , 1965, pp. 190—191.

③ Samuel P. Hays. *The Response to Industrialism*, *1885—1914*, Chicago: The University of Chicago Press, 1957, p. 99.

④ Edward N. Saveth. *American Historians and European Immigrants*, *1875—1925*, New York: Russell & Russell Inc. , 1965, p. 33.

⑤ Jacob A. Riis. *How the Other Half Lives*, Boston, New York: Bedford/St. Martin's, 1996, pp. 60, 245.

如我们不提升他,就会被他所拖倒。"①

　　其实,知识分子们意欲扫除贫民窟,还不光因为上述原因。贫苦劳工的集体罢工更是压在他们心头的一大忧患。这一时期,美国经济危机的频仍爆发令众多劳工深受其害,他们不仅收入菲薄,更随时面临着失业的威胁。在这一背景下,工人的罢工运动风起云涌,且正由自发而走向组织化,各种社会主义思潮也开始在广大工人中得到前未有过的传播。虽然弗雷德里克・C. 扎赫坚持认为"美国人若非被自身的恐惧心理所误导,他们可能早已意识到这些冲突,尽管猛烈却永远也不会导致革命",②但是站在当时美国知识分子的立场来看,他们却有理由相信美国社会正遭遇全面危机。就连远见卓识、独具慧眼的罗斯福总统都已经感到了城市下"休眠火山"的危险,③那么普通知识分子的惊悸不安便可想而知了。历史学家特纳感到,西部边疆的消失已使美国社会失去了抑制动荡的"安全阀";④经济学家理查德・伊利则认为"历史已经走到了十字路口";还有一些观察家开始将罢工与社会主义联系在一起,"想象着巴黎公社被移植到了美国",担心工运会动摇美国社会制度的根基,从而使美国成为"又一个欧洲"。⑤自19世纪70年代起,《民族》、《哈泼斯月刊》、《斯科瑞布纳斯月刊》等媒体便已开始对罢工事件予以极大关注。当

---

　　① LeRoy Ashby. *Saving the Waifs*:*Reformers and Dependent Children*, Philadelphia:Temple University Press,1984,p. 105.

　　② Frederic Cople Jaher. *Doubters and Dissenters*,Glencoe:The Free Press,1964,p. 43.

　　③ Edward N. Saveth. *American Historians and European Immigrants*,1875－1925,New York:Russell & Russell Inc. ,1965,p. 116.

　　④ Howard P. Chudcoff,Judith E. Smith. *The Evolution of American Urban Society*,Englewood Cliffs,New Jersey:PrenticeHall,2004,p. 145.

　　⑤ Frederic Cople Jaher. *Doubters and Dissenters*,Glencoe:The Free Press,1964,pp. 27,39,52.

1877年的铁路大罢工骤起之时，《民族》杂志的记者们告诉读者不要再以为"美国已经解决了关于使劳资双方在政治上和平共处的问题"，这里也不再是"唯一没有无产阶级——没有危险阶级的国家"。这次事件"极大地动摇了甚至击毁了这一信念"。19世纪80年代以后，美国更无宁日，知识阶层的忧虑之也亦更难平复，1885年劳动骑士团领导的瓦波士铁路大罢工迫使路主杰伊·古尔德恢复了工会领袖的权力并同意未来若发生矛盾将接受仲裁，由此，"人们猛然间意识到了劳工运动并要求了解有关其组织的消息。劳动骑士团受到了特别关注，关于其权力与人数的夸大描写出现在了惊恐的报纸上"。1886年，秫市广场的一颗炸弹炸飞了更多美国人内心的平静。芝加哥的《论坛》、《内洋》、纽约的《时报》等多家报刊纷纷表示了对无政府主义威胁的担心，宣称无政府主义是对公共利益的一个严重威胁，它将使人们失去"即使不是生命也是财产"。在随后的日子里，知识分子群体心头的忧患并未能稍有减轻，反而进一步看到了"民族大灾难"的危险信号。经济危机、政治腐败、社会管理滞后等诸种因素的共同作用，致使工人罢工的规模更大、次数更多、程度更猛。普尔曼罢工、考克西进军华盛顿、无烟煤矿工人罢工、美国联合钢铁公司工人罢工、煤矿工人罢工等劳工运动此起彼伏、愈演愈烈。社会主义思潮的进一步传播更使局势加速发展。自1902年前后，社会主义思想开始突破移民群体在本土工人甚至大学校园中产生反响，并出现了德布斯等颇具人格魅力与政治影响的领袖人物。他们不仅在国家的各级公职选举中接连有所收获，而且开始参与领导工人运动。1912年，社会主义者在马萨诸塞大罢工期间明确提出，"誓与资本主义决一死战，并声言甘愿为达目的而使用武力"。《民族》杂志因此感到美国已经接近法国大革命的形势了，有人担心"倘若听任财富拥有者与制造者目前的紧张关系持续下去将会导致一场浩劫"。《论坛》的一位评论员甚至在说,俯耳于地,他已经听到了革命的轰鸣。① 总之,"那些忠实于资本主义精神的人们已经感到,社会分裂为彼此对抗的阶级阵营所造成的威胁,已如天边的隐隐惊雷,令人悚然"②。

有所悟才会有所为,这一时期美国知识群体的崛起可谓情势使然。危机感触发了有识之士的改革冲动。上述那位《论坛》的评论员警告读者,"我们已经到了我们历史上的一个关键时期,现在我们必须实现社会进步的要求,否则我们的文明将致灭亡"。危急关头,就连乌托邦与反乌托邦的思想家们也表现出了少有的一致:"只有改革才能阻止灾难降临。"③

美国学者爱德华·O. 威尔逊曾经说过,"同情是有选择的,而且其终极目的常是为己而不是为人"。④ 惊魂过后,有识之士不得不开始检讨大乱何以发生。有人开始关注"另一半人怎样生活",⑤ 有人开始思考"若是基督在他会怎么办"。⑥ 社会冲突的严重以及自身心理上的忧虑不安足令有头脑的知识人想到了各阶层间的连带责任。他们最终明智地选择了一条革除蠹弊的

---

① Frederic Cople Jaher. *Doubters and Dissenters*, Glencoe: the Free Press, 1964, pp. 48, 36, 41, 38.

② 李剑鸣:《大转折的年代——美国进步主义运动研究》,天津教育出版社1992年版,第57页。

③ Frederic Cople Jaher. *Doubters and Dissenters*, Glencoe: the Free Press, 1964, pp. 22—62.

④ 爱德华·O. 威尔逊:《人类的本性》,福建人民出版社1988年版,第147页。

⑤ 《另一半人怎样生活》系美国黑幕揭发记者雅各布·里斯在对纽约市贫民窟进行22年调查后所著之书。

⑥ Samuel P. Hays. *The Response to Industrialism*, 1885 — 1914, Chicago: the University of Chicago Press, 1957, p. 78.

治本之路，将维系社会安定与关心人民疾苦、保障自身安全与谋求大众福利联系在了一起。

其实世界历史早已证明，当一个民族或国家处于危机与困境之时，能自觉地思考国家前程命运的人往往多数出在知识分子当中，他们会主动反省这个社会究竟出了什么问题，并探索理想社会到底应该如何以及通过什么途径才能达到理想社会等诸多问题。而这种对国家命运的整体思考最终都会以主义、观念与意识形态理论的方式体现出来，这一点在美国也不例外。美国社会转型期，思想领域所发生的革命就是下面一章要谈到的内容。

第 二 章

阐释新说:理论界发动思想革命

转型的社会是思想家的摇篮和新思潮的温床。由于原来的传统文化与现存经验中并没有为人们提供足以应付新型社会问题的方法,转型时代的人们,只有通过自主的、独立的思考才能理解新的现象、把握新的局面、应对新的问题,这样的时代无疑为智者的思维提供了广阔的驰骋空间,他们有机会通过自己的思考去从理论角度把问题作意识形态的解释,并经由意识形态或理论来提供解决问题的总体方案。19、20 世纪之交,在美国的思想领域里就正在发生着这样的事情,身处社会的巨变之中,一些学者开始从理性的层面与宏观的角度来进行现实的思考,以期对现状做出解释、为未来探求出路。他们在批判传统的个人主义和自由放任思想的基础上,提出了国家干预社会生活等关于社会改造的新学说,引发了美国思想领域的一次深刻变革,为进步主义运动的展开奠定了思想基础,同时也成为进步主义运动的一个重要组成部分,"他们代表了进步主义的主流思想,并影响了其后至今的几代人"。①

---

① Bob Pepperman Taylor. *Citizenship and Democratic Doubt*, *the Legacy of Progressive Thought*, Kansas: University of Kansas, 2004, p. 2.

第一节　个人主义与社会达尔文
主义的融合与风行

个人主义是美国文化的核心所在，是制约其他价值观的中心思想。在美国工业化时代到来之前，个人主义既已存在，19世纪中前期大规模的西进运动使个人主义得到了充分的发展，且已经全面渗透到美国社会的各个方面，逐步确立起了它作为社会信条的核心价值观念地位，爱默生的超验主义思想便是个人主义的集中体现。在美国历史上的不同时期，个人主义曾经表现为早期移民反特权的个人主义、杰斐逊倡导个人自由与权利的个人主义、杰克逊时期的自我发展与权利平等的边疆个人主义以及爱默生的超验主义个人主义等各种形式，到19世纪末20世纪初，在企业、金融业垄断巨擘崛起和物质主义泛滥的历史背景下，个人主义走向了极端，它与社会达尔文主义相融合，泛起为一种进化论的或曰自由放任的个人主义思潮，被实力阶层所利用，在美国社会生活中盛极一时。

一　美国的个人主义传统

美国素有个人主义的传统，自19世纪初，个人主义始终占据着美国文化的核心地位。个人主义作为一种价值观念和生活方式体现于社会生活的各个方面，从各个方面深刻地影响了美国的思想和文化，奠定了美国社会和美国精神的基调，塑造了数代美国人的性格。被誉为美国人之楷模的本杰明·富兰克林就是一位功利型个人主义的代表，他虽然出身寒门，却勤奋好学，终于平步青云，成为成功的科学家、政治家和哲学家，深为其国人所景仰，那句"自助者天助"的箴言体现着一种勤俭自立的个人主义精神，影响了美国人生活的各个方面。罗伯特·贝拉认为，富兰克林表达了18世纪以来许多美国人认为最重要的东西，即个人凭借进取精神获得成功的机会，他认为"自富兰克林以来个人功利主义同基督——犹太传统、共和主义一样成了美国文化的主要分支"。① 美国的政治家们则将这一边疆传统引入政治领域，他们据此承认人民在政治上的自制自理能力，把保障个人的平等自由、维护个人权利视为政府所应追求的目标。美国建国时期，《独立宣言》中所提出的自然权利、人人生而平等、政府是个人权利的保证等无不体现着个人主义的典型特征。《独立宣言》的起草人托马斯·杰斐逊甚至认为个人的权利优于集体的利益，他曾经说过："上帝创造人类时就决定个人利益高于他人利益。如果认为一个人的个人权利小于他人，小于集体那是可笑的。"② 19世纪二三十年代，来自西部的杰克逊当选总统后，也一直在执政中强调个人追求物质与政治利益的权利。

　　毋庸置疑，无论是富兰克林、杰斐逊还是杰克逊都对美国个人主义的发展作出了贡献，然而将个人主义思想从美国社会实践中提炼出来并加以系统总结和理论提高的则另有其人，他就是19世纪中前期的美国超验主义哲学家拉尔夫·沃尔多·爱默生。爱默生对个人主义的阐释令其蒙上了一层形而上的哲学色彩，他将人的精神与灵魂视为人的本质，提倡思想解放，反对精神束

---

① 罗伯特·贝拉等:《心灵的习性:美国人生活中的个人主义和公共责任》，三联书店1991年版，第48页。

② Adrienne Koch and William Peden. *The Life and Selected Writings of Thomas Jefferson*, New York: the Modern Library, 1944, p. 364.

缚，强调对个性的尊重，宣扬独创精神，讴歌个人无限的才能，正如其本人所说，"在我的所有演讲中，我教育大家懂得一个道理，这就是个人能力的无尽威力"。他在《论自助》一文中指出，人必须以自己为中心，要相信自己而不是羡慕他人，要"通过自己的劳动"创造一切，"丰收的果实只有通过在自己田地上辛勤耕耘才能获得"。①

爱默生的思想源于时代也代表时代。他所处的时代正是美国历史上的大规模的西进运动的时期，艰苦的边疆生活成为孕育美国个人主义的历史条件，在偏远的边疆地区，居民不得不依赖自己：自己供养自己、自己管理自己，一切也都自己说了算，近一个世纪的挺进边疆过程就这样逐步打造了现代美国人处世哲学中的基本特征。

二　进化论个人主义思潮的兴盛

个人主义不仅深刻地影响了一代又一代的美国人，而且也在这种接力棒式的世代相传中得到了丰富和演化，到 19 世纪末 20 世纪初期，它又在社会达尔文主义者和垄断巨擘们的口中得到了新的解释，从某种意义上说，美国工业化时代的来临也标志着美国个人主义传统进入了一个新的历史时期。

由于个人主义强调个体的自由与权利，提倡自力更生和自我实现，它在美国历史上确曾起过积极的作用，在早期的开拓时代和建国时代曾经极大地激发了美利坚人的积极进取精神，有力地推动了新大陆的开发建设和美国的迅速崛起。然而到美

---

① Donald McQuade. *Selected Writings of Emerson*, New York：the Modern Library，1981，p. 3.

国内战结束以后，随着美国社会从农业形态向工业形态的过渡，其价值观念也发生了极大的变化，社会达尔文主义的传入使得美国传统的个人主义在内涵上发生了深刻改变，在两种思想的日益融合之下，一种粗犷的、极端的个人主义脱胎而出，风行一时。

如前所述，19世纪末20世纪初的美国进入了一个剧烈的历史变动的时代，这种历史变动影响之深远在美国历史上前所未见，进化论个人主义思潮的风行便是这种剧变在意识形态领域内的一个反应。

1858年在英国皇家协会的一次历史性的会议上迎来了人类科学史上的一个重大转折，会上有两篇关于物种的起源的论文被宣读：一篇由阿尔弗雷德·拉塞尔·华莱士所撰写，另一篇则出自英国博物学家达尔文之手。翌年，达尔文的《物种的起源》问世，成为19世纪最重要的著作之一。书中阐释了自然界里"物竞天择，适者生存"的进化论观点。[①] 该书的问世具有划时代的意义，它不仅为自然科学领域的研究带来了新气象，也在西方人文科学界中引发了一场思想革命。正是在生物进化论的基础之上，英国著名社会学家和哲学家赫伯特·斯宾塞提出了他的社会达尔文主义（或曰社会进化论思想）。

斯宾塞是达尔文的挚友和追随者，他试图用达尔文关于生物进化的学说去解释人类社会，从而提出了一种社会进化论。他认为进化的规律是一切现象所共有的特点即普遍规律。也就是说，进化的规律适用于一切现象。他由此而将生物学的进化思想引申

---

① 关于达尔文的进化论观点详见其著作《物种的起源》一书（Charles Darwin. *The Origin of Species: by Means of Natural Selection or the Preservation of Favored Races in the Struggle for Life*, Chicago: Rand, McNally & Company, 1900.）。

到了人类社会，创造了社会有机论并沿用了达尔文的"适者生存"学说。他将社会同生物有机体相比拟，将社会与其成员之间的关系等同于生物个体与其细胞的关系。他认为，社会分工犹如动物器官具有营养、分配和调节的职能。工人担任营养职能，商人担任分配交换职能，而工业资本家则调整生产、分配以及整个社会生活。因此，社会的发展也必须按照生物进化中的遗传和变异、自然选择等法则来进行。斯宾塞通过这种所谓的"职能"分工而将社会阶层的划分与阶级的存在理解为理所当然的事情，完全混淆了人类社会与自然界的本质差异，把社会历史的发展解释成了一个庸俗化的过程。他把生物学中的自然选择、生存竞争、适者生存的原则运用于社会，作为支配社会的根本原则，从而宣称，在社会上人与人之间必然要进行生存竞争，其结果必然是适者生存。穷人就是生存竞争中的"不适者"，而财富则是成功的标志。"不适者"的灭亡乃是必然的，也是对社会有益的，因而不应给予救助。经过长期的竞争，劣等人就会让位于优秀者，就能逐渐形成一个由人类最优秀分子所组成的美好社会。他在其《社会静力学》一书中写道:"在整个自然界，我们可以看到有一条严格的戒律在起作用，这条戒律有一点残酷，可它也许是很仁慈的。在一切低级动物中保持的普遍战争状态使许多高尚的人大惑不解，归根到底，它们都是环境所允许的最慈悲的规定。"他声称，就像自然界里动物间的相互厮杀捕食可以使那些年老、体弱、多病、有残疾、最不善奔跑和最没有力量的动物全都被淘汰掉一样，"这种净化过程"也是人类社会最终达到完美状态的保证。虽然斯宾塞承认任由努力无果的工匠挨饿、眼看失去竞争力的患病者受穷、听任寡妇孤儿挣扎在死亡线上都是残忍的，但是他却同时认为，"如果不是单独来看，而是把它们与人类普遍的利益联系起来考虑，这些严酷的命中注定的事情，却可以看作充满利益的"。① 据此,斯宾塞反对一切改革,认为改革将会干扰社会的自然演进;他反对国家实行任何为穷人提供救助的济贫制度,认为强者淘汰弱者乃是社会进步的必然和保证;他尤其反对政府干预经济生活,强调政府的责任在于保障人们自由追求其目的的权利,倘若它剥夺他们的这种自由,其行为就像偷窃等犯罪行为一样,"必然也是一种犯罪"。②

美国内战结束后,斯宾塞的理论经美国历史学家约翰·菲斯克、哲学家威廉·格雷厄姆·萨姆纳和福音派牧师乔赛亚·斯特朗等人引介传入美国,使美国传统的个人主义从此增加了新的内容。在传播斯宾塞的理论方面,萨姆纳尤其卖力气。他乃是斯宾塞在美国最忠实的追随者之一,是一位强硬的达尔文主义者。他坚持进化论的社会学与放任主义的经济学,主张用"供求关系"等理论来解释人类的社会关系和工业制度。他认为穷者应该甘于受穷而别无他法,③ 只有由完全不承担任何责任与义务的自由而独立的个体所组成的契约社会才是"最强大的社会"。④ 此时恰逢美国工业化和城市化的历史阶段,大企业迅速崛起。为了聚敛社会财富,工业大亨们不择手段,残酷竞争,被时人称为"强盗大王"。社会进化论学说的出现恰好迎合了这些暴富者的心理,

---

① 关于斯宾塞的社会进化论详见其所著的《社会静力学》一书 (Herbert Spencer. *Social Statics*, New York: D. Appleton, 1896, 1892.)。此处的引文采用了张雄武所译中译本中的译法。赫伯特·斯宾塞:《社会静力学》,商务印书馆1996年版,第143—144页。

② Herbert Spencer. *Social Statics*, New York: D. Appleton, 1896, p. 132.

③ 详见《萨姆纳论文集》(Albert Galloway Keller and Maurice Ree Davie. *Selected Essays of William Graham Sumner*, New Haven: Yale University Press, 1924, pp. 8, 29, 103, 126.)

④ William Graham Sumner, "What Social Classes Owe to Each Other", Michael P. Johnson: *Reading the American Past: Selected Historical Documents*, vol. 2: *From 1865*, Boston, New York: Bedford/St. Martin's, 2005, p. 31.

为他们聚敛不义之财提供了理论依据。斯宾塞的著作在美国 19 世纪最后 40 年里的销售量"异乎寻常地超过了 35 万册"。"当这位伟大人物在 1882 年访问美国时，不仅受到学者们而且受到像安德鲁·卡内基这样的实业家的热烈欢迎。斯宾塞的学说对于有钱有势的人是非常合适的，他们喜欢有人向他们肯定，说他们的成功是仁慈地展示社会进化的结果。"① 读罢达尔文和斯宾塞的著作，安德鲁·卡内基道出了一种茅塞顿开之感，"光明像潮水般涌来，所有的一切都那么清晰"。他不无欣喜地宣布，他"发现了进化的真理"。② 在他们的推崇下，社会达尔文主义逐渐与美国传统中的追求个人自由与成功的价值观念融合起来，孕育出了一种自由放任的个人主义观点，为垄断资本家在经济上的恶意竞争与残酷剥削行为提供了理论依据，成为 19 世纪末期美国最重要的经济和社会哲学。

　　早期的个人主义受新教教义的影响，虽然强调个人的自由与权利，并鼓励个人自救及其对自我成功的追求，但同时也要求个人具有社区精神。"古老的希伯来法则"教导人们，每个人都是其邻人的看护者，都要像爱护自己一样爱护邻人，关爱邻人乃是上帝赋予选民的责任，也是个人向上帝表达忠诚的方式，真正的基督教徒就是主动用其一生服务于人类需要的人。③ 社区精神于是成了新教徒实现自我拯救行为中的一个重要部分。在美国建国时期，杰斐逊等共和主义者虽然宣称天赋人权，个人权利神圣不

---

　　① 纳尔逊·曼弗雷德·布莱克：《美国社会生活与思想史》，商务印书馆 1997 年版，第 192 页。

　　② Andrew Carnegie. *The Gospel of Wealth*，Cambridge, Massachusetts：Harvard University Press, 1962, p. XI.

　　③ Charles Howard Hopkins. *The Rise of the Social Gospel in American Protestantism，1865－1915*，New Haven：Yale University Press, 1967, pp. 190－191.

可侵犯,但又同时指出每个人还必须为国家利益而牺牲部分个人权利,个人应该具备爱国主义精神并乐于为公共利益服务。他曾经说道:"上帝把我们造成了具有道德的生物","自然已在我们心中植下了对他人的关爱","简言之,一种责任意识、一种道德本能,激励我们去拯救他们于不幸之中"。[1] 在杰克逊时代,尽管边疆个人主义宣扬征服荒野与自然的个人英雄主义品质,但也并未就此抛弃公共美德,保护弱者、伸张正义、捍卫社区利益乃是边疆牛仔的典型形象。爱默生虽然在其超验个人主义思想中宣扬人之伟大,但他在强调个人尊严不可侵犯的同时,也要求个体尊重他人的人格。纵观历史,在美国传统的个人主义思想中,利他思想始终不曾被排除在外。

然而,经过社会达尔文主义改造的个人主义却罔顾公共利益,一味强调个人利益的至高无上,从而把个人主义演变成了一种经济个人主义,又把经济个人主义变成了一些人攫取财富和剥削他人劳动成果的口实。这种进化论个人主义以"适者生存"的生物进化论为核心,认定优胜劣汰、适者生存为社会进步的基本法则,不再存留为社区和公众服务的内涵。它认为在社会自然进化的过程中,通过自由竞争,权力会自然地为最有才能者所掌握,财富也会逐渐地流向他们的手中,贫困则是竞争中不可避免的后果。根据这种进化论个人主义理论,每个人都必须为个人的生存而奋斗,成功者的财富源于其个人所具备的美德,贫困则是懒惰和无能所至。它使商人们心安理得地用美德解释成功,却不必再去考虑其成功中包含着多少残忍的东西。钢铁大王卡内基虽然在其《财富的福音》中提出"至死犹富,死得耻辱"的口号并

----

[1]　Charles B. Sanford. *The Religious Life of Thomas Jefferson*, Charlottesville: University Press of Virginia, 1984, p. 37.

在晚年向社会大捐善款,但是正如美国历史学家罗伯特·布莱姆纳所言,"卡内基并非试图治理贫困,而是在为富人正名,其目的是尽可能令人信服地说明,那些对社会不负责任的发财手段可以通过对慈善事业的慷慨捐赠来得到极大的补偿"。① 19 世纪末,美国石油大王约翰·洛克菲勒曾经宣称,上帝造他就是为了获取利润,并非为了关心穷人。② 作为美国工业化时期新一代大资本家中的顶级人物,他的话无疑代表了这一阶层的心声。这种赤裸裸的利己主义思想彻底抛弃了美国传统价值观念中利他主义的一面,全面接纳了斯宾塞弱肉强食的社会进化论观点,从而使个人主义进入了一个新的历史时期,成为孕育自由放任思潮和"财富福音"的温床。

自由放任主义是一种保守的哲学思想,它强调个人的绝对自由,而反对政府对个人行为的任何干预,要求严格限制政府权力。它宣称政府不应干涉个人生活,应该给予个人最大的机会。个人有权自由地去追求自身利益,个人的行为既不该受到政府措施的掣肘,也不得在政府的恩惠下达到成功。它强调个人的权利与自由神圣不可侵犯,而政府则只能实行最低限度的政治控制,其职责只限于保护财产和维护秩序的治安活动。在经济活动中,自由放任主义提倡不受政府干预的自由企业制度。它主张让经济市场自行其道,将自由竞争推崇为经济生活的伟大调节器,而干预竞争则被说成是压制人类进步冲动的家长式统治。

---

　　① Robert H. Bremner. *From the Depths*: *The Discovery of Poverty in the United States*, New York: New York University Press, 1956, p. 32.

　　② Arthur W. Thompson, "The Gilded Age", Howard H. Quint, Dean Albertson, Milton Cantor. *Main Problems in American History*, vol. 2, Homewood, Illinois: the Dorsey Press, 1968, p. 70.

自由放任主义为大企业的不法行为提供了一把保护伞。在其掩护之下，那些靠掠夺社会资源和残酷剥削劳工而大发横财的企业巨头被描绘成了国家发展建设中的功臣和英雄。这些暴富者总是乐于运用这一理论来向公众证明，残酷的商业竞争与企业合并以及由此而造成的苦难与贫困都是一种真理和必然。在他们的极力推崇之下，自由放任主义成为美国社会转型期的一大主要思潮，几乎成为一种时代的信条。美国实力阶层还据此创造了所谓的"财富福音"说。卡内基的《财富的福音》便是他利用社会达尔文主义和自由放任个人主义为财富阶层辩护的代表作，成了"维护经济与社会现状的固定用语"，[①] 而卡内基本人也成为工业化时代大企业家的典范和为世人仿效的英雄。尽管人们对其敛财的手段与施舍的背后动机也有所怀疑和非议，但是"这些疑义与警惕却丝毫没有削减世人对这位坐拥数百万家私者与日俱增的崇拜之情，他们视其为美国英雄"。[②]

美国人崇拜英雄，美国历史上曾经有各种各样的英雄，开国元勋华盛顿、保卫联邦的林肯、拓展边疆的西部牛仔，都曾是为人敬仰的英雄，而工业化时代的英雄则是那些同卡内基一样的暴富者。不过，他们却并不是所有美国人眼中的英雄，以爱德华·贝拉米、莱斯特·沃德、理查德·伊利、赫伯特·克罗利等一批年轻学者为代表的进步思想家就在极端个人主义的喧嚣声中对社会达尔文主义、自由放任主义以及所谓"财富福音"展开了抨击，在保守的社会思潮中奏出了进步主义的时代新曲。

---

① Ralph Henry Gabriel. *The Course of American Democratic Thought*, New York: Greenwood Press, 1986, pp. 153, 169.

② James T. Baker. *Andrew Carnegie: Robber Baron as American Hero*, Belmont: Wadsworth Group, 2003, p. 5.

第二节　思想领域的破旧立新

进化论个人主义的风行并未给社会的多数人带来所谓的"财富福音"。当少数垄断巨头在"不干涉"主义的旗帜下变得越来越财大气粗之时,占人口绝大多数的普通劳动者却正在遭受越来越多的苦难。贫富极化并未如斯宾塞的预言一样让美国出现了一个美好社会,也未能像卡内基所描绘的那般将人类引向更高的文明,相反的它却使美国患上了一场积重难返的"工业文明综合征"。虽然社会在物质财富方面极大丰富,但同时却也矛盾重重、弊病丛生,陷入极度的动荡与危机之中。正所谓学问由于天下承平而兴旺、思想由于社会危机而丰富,新思想的产生就是思想家对时代困境所做出的回应,当一个时代与社会存在着巨大的问题,而前人的思想又无法为人们解决这些问题提供现成的解决方法时,思想家就会应运而生。19世纪末20世纪初发生在美国思想领域的革命正是进步主义思想家们在社会困境之下针对特定的社会问题所做出的主动选择。

一　对个人主义的批判与修正

伴随着美国工业化的日益深入,丛生的社会弊病与剧烈的阶级冲突逐渐瓦解了极端个人主义信条存在的现实基础。特别是在经济领域里,自由放任行为所结出的种种恶果迫使许多学者开始对这种"不干涉主义"的合理性提出质疑。大约从19世纪80年代中期起,一条以年轻学者为主力的理论阵线逐渐形成,向以社会达尔文主义和自由放任哲学为核心的极端个人主义思潮发起全面挑战，从哲学、社会学、经济学、政治学等角度出发，提出了反传统的进步主义思想，展开了一场思想领域的破旧立新运动。批判自由放任的个人主义，主张政府干预的国家主义是19世纪末20世纪初美国理论界倡导改革的主旋律。不过，人类的思想总是在反传统中获得新生。这一时期美国知识分子对进步主义新思潮的推动，也是从修正当时保守的个人主义学说开始的。

在修正个人主义方面，首先迈出了"决定性的一步"的是当时的社会学家莱斯特·沃德。[①] 沃德既是生物学家又是美国社会学的创始人，有"美国社会学之父的美誉"。沃德从对生物学和社会学知识的认识出发，反对将进化论应用于对社会和经济关系的解释之中。对于所谓"物竞天择、适者生存"的自然法则，沃德认为"人类社会的竞争从来就不是这种情况"，[②] 他虽然深受进化论的影响，但却在一些重要论点上站到了与达尔文和斯宾塞截然不同的立场上。他否定斯宾塞以生物进化论为基础的个人主义学说，反对把环境当作一个不可改变的自然规律加以接受，坚决主张从社会角度改变人类环境。

1883年沃德出版了《动力社会学》一书，将"动"的原理增添到斯宾塞的"静"态社会学说之中，从而生成了一种温和的达尔文主义。他在该书中陈述，他已对斯宾塞哲学进行了"一次认真的研究"，并发现其哲学对沃德本人所言的"人类目的论的社会进步"从来毫无认识。沃德指出：斯宾塞仅仅是把社会学当成了一种科学，从未涉及其主动的或曰积极的动力阶段，几乎完全使自己局限在了静态的规律之中。他认为，斯宾塞用思考生物

① 查尔斯·爱德华·梅里亚姆：《美国政治思想，1865—1917》，商务印书馆1984年版，第197页。

② Lester F. Ward，"Competition and Society"，M. J. Adler. *The Annals of America*，vol. 11，Chicago：Encyclopedia Britannica，Inc. ，1976，p. 458.

进化的同样立场来思考人类的进步,乃是止步在了社会动力学的被动阶段。①《动力社会学》"向斯宾塞及其《社会静力学》投掷了一枚重磅炸弹","它给社会达尔文主义者们来了个釜底抽薪,建立了现代社会学原理,并为20世纪的进步主义运动打下了思想基础"。②

沃德自称是"一个人类进步的改革者",并为美国绘制了"计划型社会"概念的基本模型。③ 他认为,不能将人类社会的发展同有机体的进化混为一谈,因为人类社会与动物世界并不受同一动力法则的控制。"如果我们所说的生物进程是自然的,那么我们必须将社会的进程视作人为的。生物学的基本原理是自然选择,而社会学的基本原理则是人为的选择";自然的法则是遗传的、无计划的、非自愿性的、自动的和机械的,但是人类文明却是建立在人类对有机体自然进化过程的成功干预之上的;人类事务的法则是有计划的、自愿的、理性的和充满活力的。因此,生物的进化与人类社会的进化便有着根本的不同,前者是"环境改造动物",而后者则是"人类改造环境";前者是一种盲目的过程,而后者则是人类自觉运用智慧所进行的有目的的活动。人类文明迈进的原因在于人对自然的控制,而绝不是因为自然法则的自在运行。他批判社会达尔文主义者的错误就在于忽视了人类心理因素的作用,只把学说体系单纯建立在人的动物性之上,而未能看到理性对人类行为的重要作用。

---

① Lester F. Ward. *Dynamic Sociology or Applied Social Science*, New York: D. Appleton & Company, 1897, pp. 150—151.

② Norman K. Risjord. *Populists and Progressives*, Lanham, Maryland: Rowman & Littlefield Publishers, Inc., 2005, p. 65.

③ Ralph Henry Gabriel. *The Course of American Democratic Thought*, New York: Greenwood Press, 1986, p. 215.

在强调人的理性的基础上,沃德进一步对自由放任主义和个人主义展开了抨击。他指出,"如果自然借着弱者的灭亡而进步,人类就应该借着保护弱者而得到发展"。[1] 在他看来,科学所带来的所有实际利益都是人类控制自然的结果,人类的职责就是支配、控制自然,而绝非仿效自然或者听任自然的摆布。他强调理性在进化中的重要性,认为合作优于竞争。他指责经济垄断剥夺了许多人成功的机会,要求实行"社会统治",由政府干预经济,制定立法以保障公共利益,制裁无序竞争,实现真正的个人主义。他宣称,"个人自由只能来自社会管理","个人已统治得够长久了,社会自己处理它的事物,决定它自己的命运的时代已经来到"。[2]正如美国历史学家纳尔逊·布莱克所说:"沃德谴责自由放任主义之激烈程度,就犹如萨姆纳赞扬它的激烈程度那样。"[3]

沃德的声音并不孤立,他不仅在同一领域里有爱德华·A.罗斯等一群年轻的"改革达尔文主义"思想家们与之应和,[4] 在经济学和哲学领域里也能找到同路人。

在经济学领域里,当时不仅有"美国经济学会"里一批志同道合的年轻学者们在向个人主义联合发难,美国"制度学派"的创始人索尔斯坦·维布伦也在对工业巨头们骄奢无度的消费方式接连发出愤怒的声讨。

---

[1] Richard Hofstadter. *Social Darwinism in American Thought*, Boston: Beacon Press, 1992, p. 79.

[2] Lester F. Ward, "Plutocracy or Paternalism", M. J. Adler. *The Annals of America*, vol. 12, Chicago: Encyclopedia Britannica, Inc., 1976, p. 29.

[3] 纳尔逊·曼弗雷德·布莱克:《美国社会生活与思想史》(下册),商务印书馆1997年版,第198页。

[4] Norman K. Risjord. *Populists and Progressives*, Lanham, Maryland: Rowman & Littlefield Publishers, Inc., 2005, p. 67.

　　1885 年，以理查德·伊利和约翰·康蒙斯等人为首的年轻经济学家们在纽约州的萨拉托加集会，创建了"美国经济学会"。这一举动有力地推动了对经济问题的科学研究。该学会以鼓励经济研究，发表经济类出版物，倡导自由的学术讨论为宗旨，其成员主要是来自美国各所高校的经济学教师。他们明确提出"将要发起以人为本的科学调查活动，将人放在全部经济问题研究首要位置"。① 除去上面提到的两人外，亨利·亚当斯、埃德蒙·詹姆斯、西蒙·帕顿和约翰·贝茨·克拉克也都是学会中的活跃分子。

　　他们都曾有过在德国留学的经历，深受卡尔·尼斯、阿道夫·瓦格纳等德国历史学派的影响。德国历史学派的经济学家们十分关注现实，力图在对社会经济现象的研究中反映人类社会的丰富内容。因此，他们对抗古典政治经济学，谴责其核心原则在本质上的"自私自利"，主张以国家干预经济来反对自由放任。他们指出，这种个人主义的经济学不仅违反了基督教的自我牺牲法则，更与现代工业社会中的合作趋势背道而驰。② 像他们的德国老师一样，美国经济学会的年轻经济学者们也都对这种旧的"机械的经济学"持否定态度，因而被称为"新经济学派"。

　　"新经济学派"十分注重对实际经济生活状况的考察。他们认为传统经济学不足以帮助人们理解社会，进而主张以历史的和统计的研究方法来取代旧学派的先验论和抽象演绎法，认为只有

---

　　① Benjamin G. Rader. *The Academic Mind and Reform*, *the Influence of Richard T. Ely in American Life*, Lexington: University of Kentucky Press, 1966, p. 28.

　　② John Bates Clark. *The Philosophy of Wealth*, New York: Robert Schalken-bach Foundation, 1886, p. 45.

这样才能更好地反映出现实的经济情况。[1] 在这样的思想主导下,他们在研究过程中对公司的行为、市场的运行、金融领域的活动、劳资纠纷的调解等现实经济生活的各个方面都展开了细致的调查,其研究成果为使人们更好地理解美国社会转型期所出现的各种工业问题及其与政治之间的关系做出了相当大的贡献。

伊利是"美国新经济学派"中"最具影响力的一位",他因为为经济学界树立了自由探究社会问题的原则而备受世人瞩目[2]。在美国经济学会的成立致词中,这位 31 岁的霍普金斯大学教授曾经当众宣布:他们之所以走到一起,目的就是"要向传统经济学说"发出一份"独立声明"。[3] 他对各种社会事实和政治事实进行了严肃的科学分析,并不顾现行工业制度既得利益者们的强烈反对而发表了自己的看法。1889 年 12 月,他在给波士顿福音联合会的致词中明确指出,美国社会,尤其是美国的城市议会和政府"已然失败","他们不能发挥效力",美国的当下之需就是复兴宗教与国家主义。[4]

伊利是"一个无畏的先驱者"。[5]他不仅自己充当了"改革思

---

① Paul F. Boller, Jr. *American Thought in Transition: The Impact of Evolutionary Naturalism, 1865 — 1900*, Washington, D.C.: University Press of America, 1981, p. 84.

② Benjamin G. Rader. *The Academic Mind and Reform, the Influence of Richard T. Ely in American Life*, Lexington: University of Kentucky Press, 1966, p. 29.

③ Richard T. Ely. *Ground Under Our Feet: an Autobiography*, New York: Macmillan, 1938, p. 138.

④ Richard T. Ely, "The Needs of the City", M. J. Adler. *The Annals of America*, vol. 11, Chicago: Encyclopedia Britannica, Inc., 1976, p. 234.

⑤ 查尔斯·爱德华·梅里亚姆:《美国政治思想,1865—1917》,商务印书馆 1984 年版,第 198 页。

想的建设者，他还以将智慧应用于社会问题的必要性影响了一批学者和广大听众"。[①] 尤其是他所提倡的国家干预经济的观点，迎合了时代的需要，代表着进步主义的思想方向。"新经济学派"的另外一位代表人物亨利·亚当斯也曾经明确指出，"管得最好的政府并非管得最少的政府，而是管得最聪明的政府"。[②] 这些年轻的经济学家们将道德与经济学紧密地联系在了一起，表现出了一种强烈的人道主义倾向。他们尽管承认个人在工业社会中的主动精神与能动性，但同时也明确指出了自由放任主义的政治危险性与道德腐朽性。他们认为追求个人私利并非是经济生活的唯一目的，而个体的自我满足与社会利益也并非永远和谐一致，无度的竞争于社会有害无益，所以必须得到遏止。因此，他们反对所谓"政府必须严格远离社会问题"的观点，呼吁政府应更加积极地干预经济活动，采取有效的措施确保社会财富的公平分配，并使劳工阶层的困境得到一定的改善。总之，这些年轻的经济学者们"是倾向于一个修正了的个人主义理论"，"有一种强烈的倾向要强调国家行动的重要性"。他们声明："我们把国家视为一个机构，其积极帮助是取得进步所不可缺少的条件之一。"美国经济学会成立一年后，他们首次以学会名义发表宣言，公开谴责自由放任原则。宣言立场鲜明地指出："我们承认个人进取心在工业生活中的必要性，但同时也认为放任主义学说在政治上是不安全的，在道德上是不健康的，它将国家和公民之间的关系作了不

---

① Benjamin G. Rader. *The Academic Mind and Reform*, *the Influence of Richard T. Ely in American Life*, Lexington: University of Kentucky Press, 1966, 前言。

② Paul F. Boller, Jr. *American Thought in Transition*: *the Impact of Evolutionary Naturalism*, *1865 — 1900*, Washington, D. C.: University Press of America, 1981, p. 85.

适当的解释"。[1]

就在美国经济学会的经济学家们对自由放任学说进行严厉抨击之时,经济学领域中又崛起了一位更具反叛精神的年轻学者,他就是美国"制度学派"的创始人——索尔斯坦·维布伦。

维布伦自幼嗜读善思,博闻强识,很早便显露出了一种思想家的潜质。1857 年,他出生于威斯康星州的一个小农场主家庭,是挪威移民的后裔。在他 7 岁时,举家迁至明尼苏达州。虽然生活窘困,但是他的父亲却并未因此而忽视对子女的教育。当工业化在美国兴起时,维布伦正值其人生的黄金阶段,这一社会大背景也深刻地影响了他的人生轨迹。少年时,他酷爱躲在自家阁楼里读书,早在 1874 年他进入卡尔顿学院读书的时候,"其思想上的早熟已经非常明显"。正是在这所学校里,他开始接触经济学。他受业于著名的新古典经济学家约翰·贝茨·克拉克,并在其指导下广泛涉猎了斯宾塞、卢梭(法国启蒙思想家、哲学家、教育家和文学家)、赫胥黎(生物学家)等人的著作,逐渐成为一个非常具有独立见解的人,被克拉克视为自己门下最得意的弟子。[2] 1881 年,维布伦从卡尔顿学院毕业后又进入约翰·霍普金斯大学研修哲学与政治经济学,并有幸成为查尔斯·皮尔斯和约翰·杜威的学生,而他们则正是著名的实用主义哲学派别的两位缔造者。维布伦曾经聆听过著名进步主义经济学家理查德·伊利教授的经济学课程以及皮尔斯教授的逻辑学讲座,自觉获益匪浅。随后他又转入耶鲁大学,在威廉·格雷厄姆·萨姆纳的指导

① 查尔斯·爱德华·梅里亚姆:《美国政治思想,1865—1917》,商务印书馆 1984 年版,第 198 页。

② Paul F. Boller, Jr. *American Thought in Transition*:*The Impact of Evolutionary Naturalism*,*1865 — 1900*,Washington,D. C.:University Press of America,1981,pp. 180 — 181.

下继续深造，并于 1884 年获得了博士学位。从 1892 年起，维布伦开始了他在芝加哥、斯坦福、密苏里等美国著名高等学府的教学生涯。[①] 在此期间，他不仅继续博览群书，广泛阅读了爱德华·贝拉米等理论家的著作，而且还开始将自己的思想见解诉诸笔端。他先后撰写出了《为什么经济学不是进化的科学？》、《有闲阶级论》和《企业论》等著作，对当时流行的所谓"正统"经济学说进行了尖锐的批判，成为当时"有钱阶级批判者中言词最激烈的一个"。[②]

维布伦在思想界中的影响主要就是来自这些著作，其中尤以他在 1899 年出版的《有闲阶级论》反响最大。这部由一位"奇妙的作家"所著的"奇妙的书"[③] 乃是"对当时美国商业文明准则与实践的沉重打击"。[④] 在《有闲阶级论》中，维布伦系统地阐述了他本人对经济体制演变的见解。他所提出的"炫耀性消费理论"对资本主义条件下商人阶层的"掠夺性财富"和"摆阔性消费"进行了尖刻的批判和讽刺，颠覆了正统经济学的理性消费理论。他分析指出：在美国工业化社会条件下，商品问题已经不再是一个简单的生产与消费的问题，而是变成了一种社会对话的语言，对商品的炫耀性消费和休闲已经成为财富所有者们显示金

---

① John Chamberlain. *Farewell to Reform*, *the Rise*, *Life and Decay of the Progressive Mind in America*, Chicago: Quadrangle Paperback Edition, 1965, p. 217.

② William A. Link and Arthur Link. *American Epoch*: *a History of the United States Since* 1900, vol. I: 1900—1945, New York, Knopf, 1987, p. 70.

③ Paul F. Boller, Jr. *American Thought in Transition*: *the Impact of Evolutionary Naturalism*, 1865 — 1900, Washington, D. C.: University Press of America, 1981, p. 176.

④ William A. Link and Arthur Link. *American Epoch*: *a History of the United States Since* 1900, vol. I: 1900 — 1945, New York, Knopf, 1987, p. 70.

钱力量的一种方式。① 他于书中指出，"对贵重商品的摆阔性消费乃是有闲绅士们获取名声的一种手段"，他写道：

> 随着财富在其手中积聚起来，他已无法再靠自身的单独努力去有效地显示其财富之多。因此，他便借助于朋友和竞争者，向他们赠送昂贵的礼物或者举办豪华的宴会和娱乐活动……款待者希望以此与竞争者一较高低，于是竞争者在这里便成了他达到目的的一种手段，他在替款待者消费掉其自身难以单独用完的大量好东西的同时，他也成了这种消费以及款待者的礼节的见证人。②

《有闲阶级论》确立了"制度学派"的理论基础，是维布伦对经济学发展所做出的最重要贡献，奠定了他在美国乃至世界经济思想史上的重要地位。从这部书中以及维布伦在其他著作中的表述都不难看出，尽管他一再表示自己是一个客观的科学观察者，但很显然，他对社会上那些靠剥削他人致富的"有闲阶级"并无好感。他极端憎恶奢华无度的生活方式，而更加赞赏诚实勤奋的劳动精神。他向将大企业巨头奉为"最适者"的进化论个人主义观念展开了无情的抨击与嘲弄。

维布伦认为，人的一切行为都源于本能的推动，本能决定着人们行为的目的与方式。在社会环境下，人的行为逐渐形成了思想、习惯以及某种社会心理，进而形成制度。制度又反过来对人

---

① Thorstein Veblen. *The Theory of the Leisure Class*, *an Economic Study of Institution*, New York: the Macmillan Company, 1917, pp. 68, 167, 188.

② Paul F. Boller, Jr. *American Thought in Transition: the Impact of Evolutionary Naturalism*, *1865 — 1900*, Washington, D. C.: University Press of America, 1981, p. 176.

类进一步的行为产生约束力。因此，如果人们要对人性有一个充分而切实的认识，首先就必须理解人类行为动机的复杂性。他继而指出，人具有"做工的本能"，"喜欢有效的工作，不喜欢无益的努力"。然而无度竞争的习惯与做工的本能之间却很难互相兼容。在适者生存的法则下，金钱成了衡量成功的最高准则，自由竞争只会将人本该用于商品生产和有益服务的努力转移到对金钱的追逐之上，从而也就将竞争变成了一种无益的和浪费的活动。[1] 维布伦在工业与商业之间划出了一道明显的界限，并在《商业理论》（1904 年）以及此后出版的《既定利益与普通人》（1919 年）、《工程师与价格体系》（1921 年）等著作中反复强调工程师与商人在功能上所存在的天壤之别。他认为工业是指商品生产，它以人类的做工本能与科技资源为手段，以花费最小的代价生产最多的产品来满足人类的物质需要为目的，因此，工业可以造福社会；而商业却是指赚钱，它是一种价格与利润体系，某些受优待的个体试图利用这一体系取得尽可能多的金钱收入，因此，商业具有掠夺性。工业体现了人类有效地从事必要工作的自然愿望，是人类早期，即新石器时代的和平文化的产物；商业却必须遵照屠杀、俘获、掠夺等人类在最好战的阶段，即原始部落狩猎阶段的规则来进行，[2] 然而对于真正的工业而言，这些规则都属于有害的暴力和欺诈手段。维布伦指出，由于在资本主义制度下全部财产的所有权都已经落入了资本家的手中，所以在当时的美国工业社会中，"天赋人权"实际上早已变成了为资本家们

---

① Thorstein Veblen. *The Theory of the Leisure Class*, *an Economic Study of Institution*, New York: the Macmillan Company, 1917, pp. 68, 44, 50.

② John Chamberlain. *Farewell to Reform*, *the Rise*, *Life and Decay of the Progressive Mind in America*, Chicago: Quadrangle Paperback Edition, 1965, p. 218.

用来剥削工人的一个便利口实。

维布伦对当时美国企业文明的标准和习惯进行了尖锐的抨击。尽管其行文中总是充满讥讽甚至刻薄的语气，但是"同时他也在以绝对严肃的态度写作"，"他是一位职业学者，通晓心理学、社会学、人类学、哲学以及经济学，其著作显示出了广博的知识"。他从美国当时的现状中看到了许多同代人疏于察觉的东西。[①] 他的思想为进步主义改革者反对自由放任和"掠夺性财富"提供了理论依据，使美国社会的民主化进程向前迈进了一大步。总之，在这一期间，"经济学家们总的来说是倾向于一个修正了的个人主义理论"。[②]

推动美国社会民主化的力量还不只来自上述领域的思想家，当时的哲学领域里也有人在做着修正个人主义的努力。19世纪末，一种工业个人主义思潮在美国兴起之时，也正是实用主义哲学思想诞生之日。在新的经济与社会形势的压力下，哲学领域里有人开始尝试寻找新的思维角度，来对个人主义进行符合社会现状的重新解释，从而开创了一种与以往深奥难解的经院式哲学截然不同的"入世"哲学，即实用主义哲学。在当时的美国哲学思想中实用主义逐渐取得了主导地位，成为各种社会改革的理论基础，其影响所及，包括政治学、法学、经济学、教育学、历史学等各个领域和学科。

实用主义者从强调个人与社会的一致性出发，反对极端的、僵硬的个人主义。他们认为个人与社会具有相互依存的关

---

① Paul F. Boller, Jr. *American Thought in Transition: the Impact of Evolutionary Naturalism*, *1865 − 1900*, Washington, D. C.: University Press of America, 1981, p. 183.

② 查尔斯·爱德华·梅里亚姆：《美国政治思想，1865—1917》，商务印书馆1984年版，第243页。

系，个人只能存在于社会环境之中，而社会也只能依赖于个人的活动而存在。他们并不否认个人的自由与利益，并承认个人的独创活动对社会前进的推动作用。但是他们同时又强调人的社会属性，认为"自我"本是个体性与社会性的相互统一，它只能存在于与其他自我的关系之中，是个体行为间的相互作用构成了持续不断的社会过程。因此，他们强调个人与社会必须相互融通、和谐发展，保持一种健康的平衡关系。威廉·詹姆斯是美国实用主义哲学的奠基人之一。他在1890年出版的《心理学原理》中指出，每个人内心深处都有一个"自我"，而每个"自我"又都有其自身的意志。这种意志一方面受到外部环境的影响，另一方面又反作用于环境，从而在人与社会环境之间形成了一种无休止地相互作用、相互影响的关系。[①]《心理学原理》既是一部心理学力作，也是一部哲学经典，体现了其作者的思想精髓。在詹姆斯的思想体系中，他通过阐述"自我"与社会环境之间的辩证关系，在这二者之间建立起了一种和谐统一的关系，消解了在保守的个人主义中个人与社会之间的对立。实用主义的另一代表人物约翰·杜威也同样重视对个人与社会之间相互作用过程的研究。他站在工具主义的哲学立场上，批判将个人与社会分离开来和对立起来的传统二元论哲学思想。杜威虽然把提倡充分发挥个体的能动性与创造性当作其理论的出发点，但他同时也强调，对个人利益的追求一定要受到社会、集体的限制，私利要服从公益。"他拒绝承认陈旧的社会与个人对立学说具有任何的合理性"，而将"联合"视为生命活动的普遍存在方式，认为任何个体都是某种联合的一个方面，"没有哪个个体可以将自己视为一个与社会相对抗的、

---

① 参见威廉·詹姆斯《心理学原理》，中国社会科学出版社1999年版。

独立存在"。① 因此人类必须站在一种"联合性"的基础上来看待个人与社会之间的关系。为此,他强烈批判带有极端利己主义色彩的"经济个人主义",要求建立一种超越这种局限性而专注发挥个人能动性与创造性的"新个人主义"。他坚信,历史、人、资源等各种社会因素的"幸福联合"将会为人类展现出一幅"自由与安宁"的民主社会景象。② 正如研究杜威思想的一位学者所指出的:杜威对自由主义的哲学解释并不忽略"社会的重要性",在他的著作里"我们没有连篇累牍地看到想象中的那种以牺牲社会为代价而过分强调个人权利的辩解之词"。③ 他"试图在个人与社会之间重建一种自然的关系","在这种关系中,社会存在的理由正是满足其成员的需要,而相应的,个人的存在——意义、目的——则是通过其所属的社会来得到确认"。④ 可见,无论是杜威还是詹姆斯,在动荡的美国社会转型过程中,哲学家们也都在"致力于表明社会和个人之间并没有真正的矛盾,他们是补充因素而非对立因素",⑤ 他们的做法使个人主义中的一些消极部分得到肃出,并相应的获得了新的社会内容。

总之,在美国内战结束后的半个世纪的思想历程中,"个人主义思想发生了巨大的变化",因为,"大城市的发展、托拉斯和工会的发展、关于社会状况的科学知识的日益丰富,所有这一切

---

① Sidney Hook. *John Dewey, an Intellectual Portrait*, Connecticut: Greenwood Press, Publishers, 1971, p. 149.

② Ibid., p. 237.

③ Daniel M. Savage. *John Dewey's Liberalism*, Carbondale and Edwardsville: Southern Illinois University Press, 2002, p. 148.

④ Ibid., p. 179.

⑤ 查尔斯·爱德华·梅里亚姆:《美国政治思想,1865—1917》,商务印书馆1984年版,第199页。

使人们不得不将思想路线重新予以调整"。其结果是,"几乎所有这些思想家都明确地背离了作为 19 世纪上半叶特征的那种个人主义"。[①] 在他们的努力下,旧的思想营垒被打破,新的进步主义思潮日渐高涨,进步主义改革实践由此获得了坚实的理论基础。因为到了 20 世纪初,新的进步理念已深入人心,"年青一代是在这样的思想上成长起来的,即贫穷并非不可避免,政府应该起到积极的、保护性的作用,旧的自由的定义需要根据新的社会和经济条件来重新加以审查"。[②] 事实上,他们已经在对极端主义的批判过程中走向了"政府干预"的主张,他们已经认识到,在工业化的历史条件下,为了应付各种新产生的问题就必须扩大政府的权力与活动范围,国家主义学说也就在这样的思想环境中诞生了。

二　对国家主义的倡导

国家主义是修正个人主义过程中的自然产物。上述各领域的理论家通过对个人主义自由放任观点的批判与修正,顺理成章地在思想上转向了对社会控制的倡导,他们纷纷从自身的认识出发批判国家有限活动论,指出了政府干预经济与社会活动的必要性。社会学家莱斯特·沃德就"不怕扩大政府的职能",他坚持认为,"政府实际上比私人企业更有效率。所需要的是创造一种新的政府——一个导向科学地改良社会的政府"。这一观点曾一

---

① 查尔斯·爱德华·梅里亚姆:《美国政治思想,1865—1917》,商务印书馆 1984 年版,第 194、200 页。

② 纳尔逊·曼弗雷德·布莱克:《美国社会生活与思想史》(下册),商务印书馆 1997 年版,第 18 页。

度为沃德赢得了"现代福利国家之父"的美誉。① 哲学家詹姆斯则说，"我们并不把国家当作一个不过是消极的因素，其影响最小的时候就是大家最幸福的时候，而是认为一个文明社会的某些最必要的职能只能由国家来履行，其他一些职能则国家来履行最为有效。一句话，我们认为国家是一种永久性的经济生活，而不仅是一副暂时的拐杖，当社会变得较完美以后，就可以把它随手扔掉"。② 这些进步主义思想家的国家干预立场为国家主义的诞生做好了理论铺垫。

谈及国家主义的诞生，就必须提到爱德华·贝拉米（1850—1898 年）。1888 年其乌托邦小说《回顾，公元 2000—1887 年》（以下简称《回顾》）的问世，在他的名字与国家主义学说间画上了一道永远的连字符。他在这部小说中所虚构的理想社会蓝图，使这位律师出身的空想社会主义者成了 19 世纪末美国国家主义学说的一位重要代表。若以年龄而论，贝拉米应属杜威等人的上一代，不过在思想上他却与年轻的知识分子们一样走了时代的前列；以影响论，他的声音算是 19 世纪末期多重奏中的一个强音。

《回顾》是贝拉米的代表作，叙述了作者想象中的 20 世纪美国社会与生产制度。贝拉米在这部作品中暴露了资本主义社会制度的各种矛盾和弊病，提出了空想改良主义的政治、经济主张。小说的主人公朱利安·韦斯特在小说中安睡百年，一觉醒来时已是公元 2000 年。新的世纪和谐而又富足，与旧时代的丑陋社会判若云泥：这里完全不见了资本主义制度下尔虞我诈的残酷竞

---

① 纳尔逊·曼弗雷德·布莱克：《美国社会生活与思想史》（下册），商务印书馆 1997 年版，第 198 页。

② 查尔斯·爱德华·梅里亚姆：《美国政治思想，1865—1917 年》，商务印书馆 1984 年版，第 198 页。

争，更没有贫病、战争和犯罪。美国变成了一个合作式联邦，生产资料私有制已经不复存在，私人企业荡然无存，整个美国都在一种全新的"国家主义"体制下运行，政府拥有和掌握着生产与分配的手段，成为代表人民利益的唯一的辛迪加。商品生产不再是资本家以追逐私利为目的的任意经营，而是国家为全体人民谋取福利的统一活动；兄弟般的合作原则代替了邪恶的竞争和破坏性的垄断；分发生活必需品的百货商店取代了相互倾轧的竞争性商铺；信用卡取代了货币；私人储蓄被禁止；童工现象被消灭；高等教育得到普及；没有社会等级；没有性别歧视；没有军队法庭；公众意见决定一切，处处歌舞升平。① 总之，通过这部作品，贝拉米不仅抨击了无度的竞争、野蛮的经济行为和当时的社会达尔文主义，"他同时还为其读者们展现了一个完美而有效的社会主义社会"。②

当时，这一美好的乌托邦幻想激起了广泛的社会反响，为贝拉米赢得了众多的追随者，使他一跃而成为闻名全国的进步主义改革家。《回顾》一经问世便旋即风靡全美，随后在欧洲各国也引起不同寻常的轰动。几年之间，它在美、英各地的发行量便达到近 100 万册，③ 并被译成了德国、法国、俄罗斯、意大利、阿拉伯、保加利亚等国文字。不仅如此，它还"激发了其他满怀憧憬的作家们也以同样的心绪进行写作"。④ "其实，贝拉米先生的

---

① 参见 Edward Bellamy. *Looking Backward*，New York：Dover Publications，Inc.，1996.

② Arthur W. Thompson："The Gilded Age"，载 Howard H. Quint, Dean Albertson, Milton Cantor. *Main Problems in American History*，vol. 2，Homewood，Illinois：the Dorsey Press，1968，p. 68.

③ Ibid.，p. 68.

④ Samuel P. Hays. *The Response to Industrialism：1885—1914*，Chicago：The University of Chicago Press，1957，p. 41.

梦想并非其一人之梦，而是一整代热情洋溢的思想家们的梦想"，[①] 1865 年到 1915 年间在美国问世的 68 部乌托邦作品中，有 35 部都出现在 1888 年到 1895 年之间。与《回顾》一样，这些小说也都表示出了对美国社会内在危机的忧虑，它们相信人性的善良和环境塑造人格的作用，认为人在本性上并非贪婪和嗜好竞争，他们原本可以和谐相处，但是环境却阻碍了人类的这一高尚举动。从这样的观点出发，改革社会就成为这些小说一个非常合乎逻辑的结论。贝拉米和这些小说的作者们都相信环境的改变能够带来和谐的社会秩序，而"关键在于要有充足的物质财富，因为当人的物质需求得到满足时，自私就将失去其存在的理由"。[②] 在《回顾》中，贝拉米设计了一种技术性的国家机构，他使这一机构成为国有生产体系的全权管理者，雇佣着庞大的工业大军，为每一位国家公民提供他所需要的生活资料，而人们由于生活富足自然便走向了和谐相处，整个社会也就相应的实现了安全与繁荣。[③]

《回顾》激发起了一场全国性的"国家主义"运动，"贝拉米发现自己成为一场名为'国家主义俱乐部'的广泛的改革运动的中心"。[④] 小说出版后不到一年，波士顿便出现了第一个"国家主义"俱乐部，宣扬贝拉米的思想，讨论公用事业国有化问题。此后 10 年间，全国 27 个州中相继出现了 162 个此类

---

① William C. Graham. *Half Finished Heaven: the Social Gospel in American Literature*, Lanham: University Press of America, Inc. 1995, p. 115.

② Samuel P. Hays. *The Response to Industrialism: 1885—1914*, Chicago: the University of Chicago Press, 1957, p. 41.

③ 参见 Edward Bellamy. *Looking Backward*, New York: Dover Publications, Inc., 1996.

④ Charles Howard Hopkins. *The Rise of the Social Gospel in American Protestantism*, *1865—1915*, New Haven: Yale University Press, 1967, pp. 174.

组织。[1] 一些刊物也纷纷加入了运动的行列，贝拉米本人相继担任了《国家主义者》的撰稿人（1888—1891 年）和《新国家》的编辑（1891—1894 年）。这些"国家主义俱乐部使许多善良的人敏感地察觉到了工业社会存在的问题，他们对社会秩序的混乱感到惊惧，但又不愿用可能加重社会关系紧张程度的方式解决问题"。[2] 各地的俱乐部成员主要来自城市中产阶级，以专业技术人员为主。他们提倡用理性与和平的手段去实现生产和分配的国有化，希望通过教育活动来推进这一事业，而不主张借助任何经济利益集团的力量去实现目标。所以，他们既不强调阶级斗争和集团利益，也不参加任何有组织的劳工运动。虽然在 19 世纪 90 年代早期，曾一度有国家主义者活跃于平民主义运动，甚至于他们中还曾有人在罗德岛获得了参加 1891 年大选的提名。但是当平民主义者聚焦于自由铸造银币的问题上时，他们便立即退出了这一运动，原因是他们感到平民主义者是在争取自我私利，他们对此十分反感。在国家主义者们看来，社会并不是各种利益集团的组合，而是个体的大量集中，个体间则是靠兄弟情谊在精神上形成紧密的联系。这种思维方式使得"国家主义"运动始终未能与当时的美国劳工运动和农场主运动走到一起。他们虽然提出了改造社会的美好理想，但却始终未能如愿以偿。尽管如此，国家主义者们变革社会的主张在当时的社会环境下依然具有进步意义。由于他们的愿望与整个社会的改革呼声相一致，因此，他们在当时确实引

---

[1]　Arthur W. Thompson："The Gilded Age"，载 Howard H. Quint, Dean Albertson, Milton Cantor. *Main Problems in American History*，vol. 2，Homewood, Illinois：the Dorsey Press，1968，p. 68.

[2]　Samuel P. Hays. *The Response to Industrialism：1885—1914*，Chicago：the University of Chicago Press，1957，p. 41.

起过一定的反响，即使在贝拉米病逝之后，"他的思想仍然有着广泛的吸引力"。①

贝拉米的病逝无疑是国家主义运动的一大损失。然而，众人欣慰的是，国家主义事业并非后继乏人。20世纪初期，在美国思想史上又崛起了一位"新国家主义者"——赫伯特·克罗利。"在20世纪初期的几十年里，克罗利于某种程度上为进步主义运动做出了最为清晰的表达。"②

与贝拉米一样，克罗利也强调政府角色的重要性，并强调公共福祉高于任何个人私利。1909年，他出版了《美国生活的希望》一书，主张应对社会实行强有力的国家管理。他告诫人们，盲目相信社会问题可以自行消解乃是一种极其危险的思想倾向，甚至可以导致整个社会的瓦解。因为一味的自由放任势必会纵容社会上的实力集团不顾一切地争夺私利，难免使公众权益遭到践踏。如果公众权益在遭到破坏时得不到国家的保护，则又有可能导致社会民主的危机。③克罗利认为，鉴于当时个人主义的盛行已使美国社会财富日益集中到了少数不负责任者的手中，未来美国生活的希望便不再在于放任，而是在于约束。要解决当时美国社会所面临的种种严重问题，就要使个人服从社会，使自我受到克制。④

然而，克罗利并非是贝拉米衣钵的承继者。他所主张的"新

①　纳尔逊·曼弗雷德·布莱克：《美国社会生活与思想史》（下册），商务印书馆1997年版，第188页。

②　Herbert Croly. *Progressive Democracy*, Brunswick, New Jersey: Transaction Publishers, 1998, Transaction Introduction, p. x.

③　Samuel P. Hays. *The Response to Industrialism: 1885—1914*, Chicago: the University of Chicago Press, 1957, p. 88.

④　Herbert Croly. *The Promise of American Life*, New York: Macmillan, 1914, pp. 22－23.

国家主义"乃是一种立足现实的社会改造思想，与贝拉米的"国家主义"有着本质的区别（后者带有浓厚的乌托邦空想性质）。与贝拉米不同，克罗利并没有为美国设计一个全新的完美社会，而只是认为应该对当时的社会状态加以调整，革除所暴露出的弊端，对现行社会制度中的漏洞进行些修补。他并不像贝拉米那样主张解散托拉斯，而是主张对其施以严格管制；他只是希望大企业的经营活动能够被纳入联邦政府的监督机制之下，从而保证它们不至于同社会民主制的发展相背离。归纳起来，克罗利的"新国家主义"可以被概括为反对个人主义和倡导国家主义两个方面。这些观点都集中反映在他最主要的两部著作《美国生活的希望》（1909年）与《进步主义的民主》（1914年）之中。这两部力作"奠定了他作为主要进步主义哲学家的地位"。① 此外，他于1914年创办并亲任主编的《新共和》杂志也是他阐释思想的一个园地。通过这一刊物，克罗利将社会学和经济学领域许多志同道合的年轻思想家们团结到了自己周围。作为"《新共和》的主力"，克罗利将该刊办成了一家"美国自由主义的杂志"。② 他的著作与其说是为未来勾画的一幅蓝图，毋宁说是对现实政府权威的一种实实在在的呼吁。他希望国家通过全面行使其管理职能来实现社会的长治久安。

克罗利首先指出了杰斐逊传统的弊端以及自由放任的危险性。他认为，自由放任的杰斐逊思想虽然已与美国民主政治"合而为一"，成为"最为人们公认的美国政治传统"，但是把民主等同于极端个人主义正是杰斐逊的错误所在。他攻击杰斐逊"思想

---

① William A. Link and Arthur Link. *American Epoch*：*a History of the United States Since 1900*，*vol. Ⅰ*：*1900－1945*，New York，Knopf，1987，p. 69.

② David W. Noble. *The Paradox of Progressive Thought*，Minneapolis：University of Minneapolis Press，1958，p. 56.

浅薄和伪善"，"对美国的政治思想有一种有害的影响"。[①] 因为在一个必然出现大工业、大金融的时代，这种不干涉和放任自流的政策，只能把国家带到一种同样不可避免的毁灭之途——特殊利益集团的权力扩张和广大群众的处境日益恶化。克罗利认为，相比之下，汉密尔顿倒是"更加杰出的人物和更加健全的思想家与政治家"，杰斐逊的思想未能看到自由与民主之间存在个人和社会的对抗性，而汉密尔顿则能够意识到"真实的自由"将会导致"大量社会的与经济的不平等"，[②] 所以，克罗利认为汉密尔顿的政策才是更加"有力的和明智的维护国家利益的"，尽管汉密尔顿反对民主是一个错误，但是仍然可以利用其国家组织的思想去达到一种"以个人的自觉劳动和改良社会的办法，致力于全体人民的福利"的民主。[③]

克罗利强烈反对消极政府理论，极力强调国家作为民主组织的重要性。他认为，只有政府给予适当的干预才能解决美国面临的危机，实现真正的民主和自由。站在这样的立场上，他为美国指出了一条"新国家主义"的出路，那就是：放弃"浪漫的杰斐逊观点"，而由州和联邦政府在所有经济战线实行"积极广泛干预的纲领"，把国家当作"一个管理和调节机器"，"发挥国家的管理与调节功能"，"消除经济高度发展中的弊端，缓和社会抗议与社会冲突，维护美国制度的发展"，也就是用

---

①　纳尔逊·曼弗雷德·布莱克：《美国社会生活与思想史》（下册），商务印书馆1997年版，第214页。

②　John Chamberlain. *Farewell to Reform, the Rise, Life and Decay of the Progressive Mind in America*, Chicago: Quadrangle Paperback Edition, 1965, p. 225.

③　纳尔逊·曼弗雷德·布莱克：《美国社会生活与思想史》（下册），商务印书馆1997年版，第214页。

汉密尔顿式的手段去达到杰斐逊式的目的。[1] 在克罗利看来，这就意味着，进步主义者首先必须放弃关于阶级对立和保护特殊利益集团的立法，因为即使这种立法能有一时之效，但是从长远来看，则无疑是"思想上的主要绊脚石"。克罗利认为，美国的当务之急就是要使国家在"最好的思想家们"的领导下确定国家利益所在，并通过"仔细的计划和立法"去实现它。[2] 他对罗斯福加强政府权力的做法推崇有加，赞誉罗斯福是"一位负责任的政治家"和"一种新型国家民主制度的奠基人"。在《美国生活的希望》一书中，他总结了罗斯福当政期间的国内政策和立法主张，并指出改革乃是不可避免的历史性趋势，而改革的核心问题则是扩大政府的职能，加大国家干预经济事务和社会生活的力度。上述主张正是克罗利"新国家主义"的思想精髓。[3] 1914 年出版的《进步主义的民主》代表着"克罗利最成熟的思想"，也是其"逐渐以'新经济国家主义'取代保守的自由放任体制"主张的又一次完整阐释。他在开篇之初不禁又一次高度评价罗斯福的"大政府"改革方略，称颂罗斯福"在将政治改革与社会改革相结合以及为这一结合建立全国性公共舆论方面比其他任何一个领导者所起到的决定性作用都要大"。他于书中指出，"作为总统，在其领导下，改革开始呈现出进步主义运动的特征"，在克罗利看来，罗斯福总统"尤

---

① John Chamberlain. *Farewell to Reform*, *the Rise*, *Life and Decay of the Progressive Mind in America*, Chicago：Quadrangle Paperback Edition, 1965, p. 225.

② William A. Link and Arthur Link. *American Epoch：a History of the United States Since 1900*, vol. I：1900－1945, New York, Knopf, 1987, p. 69.

③ Herbert Croly. *The Promise of American Life*, New York：Macmillan, 1914，pp. 141－175.

其胜任实施改革”。[①]

　　较之贝拉米，克罗利将其政治理想建立在更加合乎美国社会状况的基础之上，为当时的美国社会改革指出了一条更具可行性的道路，他也因此受到了西奥多·罗斯福总统的礼遇。1910年春夏之交，罗斯福读到了克罗利的《美国生活的希望》一书，并立即“为其‘新国家主义’一词所倾倒”。到同年7月末，当罗斯福为西部巡游准备演说的时候，便写信给克罗利表示：“你关于美国生活的书令我获益匪浅，我不知道，在我读过的书中还有哪一部可堪与之相比”，“我将在我要做的演说中大量采用你的观点”。[②] 他不仅请克罗利为他起草了其“奥萨瓦托米演说”的初稿，而且还直接使用“新国家主义”作为此次演说的名称。在1912年的总统竞选活动中，“新国家主义”学说最终被罗斯福总统采纳为其竞选纲领的核心部分。事实上，《美国生活的希望》不仅“塑造了罗斯福的演说”，对于整个进步主义运动也都“意义重大”。[③]

第三节　约翰·杜威对社会出路的探索

　　在这里笔者选择杜威作为本书中为数不多的研究个体之一，

---

①　Herbert Croly. *Progressive Democracy*, Brunswick, New Jersey: Transaction Publishers, 1998, pp. XII, 11.

②　William E. Leuchtenburg, "The New Nationalism and the New Freedom", 载 Alexander De Conde. *Patterns in American History*, Belmont, California: Wadsworth Publishing Company, Inc., 1965, p. 306.

③　John Chamberlain. *Farewell to Reform, the Rise, Life and Decay of the Progressive Mind in America*, Chicago: Quadrangle Paperback Edition, 1965, pp. 218, 225.

不独由于他是美国哲学界的泰斗，更在于他使哲学从理论走向了实践，他使对生活本身的研究成为了哲学的主题并把实用主义哲学引入了社会改革活动，"他用自己的一生表明了哲学可以被有效地应用于社会改造"。① 杜威改造哲学的智慧与变革社会的热情，使他成为美国工业化时期进步主义思想家中当之无愧的一位杰出典范。"美国思想几乎没有哪一个领域他没有做出过贡献，美国生活几乎没有哪一个方面他没有进行过阐释。他的影响遍及学校、法院、实验室、劳工运动以及国家政治生活。"② 杜威是一位思想家更是一位社会活动家，他改造哲学，也变革社会，而他变革哲学的致思方向则正是为了改造社会的神圣使命。

一　对哲学的改造

杜威是美国思想史上无可争议的权威，与其同时代的英国著名哲学家伯特兰·罗素曾经评价他是受到普遍公认的美国当代最重要的哲学家。③ 杜威在美国哲学史上之所以重要，不单在于他集实用主义之大成，还在于他改造了实用主义，把它变成了一种反映时代精神的社会化哲学。

杜威对哲学的改造是从反传统开始的。二元对立的理论体系是西方传统经院哲学的主要特征。按照这一体系，理性与意志、表象与现实、经验与自然、理论与实践、手段与目的、个人与社

---

① Henry Steele Commager. *The American Mind：an Interpretation of American Thought and Character since the 1880's*，New Haven：Yale University Press，1950，p. 100.

② Sidney Hook. *John Dewey，an Intellectual Portrait*，Connecticut：Greenwood Press，Publishers，1971，p. 4.

③ Bertrand Russell. *A History of Western Philosophy*，New York：Simon and Schuster，1945，p. 819.

会等都是对立与分离的。[①] 哲学家们把抽象的理论作为研究的对象，割裂主体客体、精神物质，把原本相互连接、相互统一的东西人为地分开，从概念到概念地进行意识形态方面的研究。他们素来纠缠于概念定义的争论，在是唯物主义还是唯心主义、是理性主义还是经验主义等问题上咬文嚼字，热衷于建立自己的体系并用现实去适用理论体系。二元对立论将哲学带入了空洞的思辨之中，而无法对现实社会生活提供直接的指导，致使哲学越来越脱离实际、脱离民众。杜威对哲学的贡献就在于他对这样的哲学进行了现实的改造，他摒弃了传统哲学的二元区分，把目光转向了实际的事物，使之更加注重具体的实际经验，把与现实人生密切相关的问题摆在哲学研究的中心位置，使哲学恢复了活力，增长了社会功用。1917 年，杜威在其《哲学的复归》中写道:"当哲学不再是用以处理哲学家们的问题的工具，而是成为由哲学家们研究出来用以处理人们的问题的方法时，哲学就复归了"。[②] 早在杜威到芝加哥大学任教时，他在芝加哥市所亲眼目睹的现实社会状况就对其思想产生了极大的触动，他开始不满于绝对理想主义对具体人类生活事务的疏远，并由此而逐渐摆脱了新黑格尔哲学理论。1891 年，他在给威廉·詹姆士的信中写道:"我更多的时候是把我当成一个美国佬而不是哲学家。"他认为，作为哲学家最重要的任务就是阐明对其时代的社会与道德冲突的看法。[③] 到 1905 年杜威离开芝加哥去哥伦比亚大学任教时，他已

---

① 西方传统哲学的基本思想参见《笛卡尔思辨哲学》一书。(笛卡尔:《笛卡尔思辨哲学》，九州出版社 2004 年版。)

② Robert B. Westbrook. *John Dewey and American Democracy*，Ithaca and London: Cornell University Press，1991，p. 117.

③ 约翰·杜威给威廉·詹姆斯的信，1891 年 5 月 6 日，载 Ralph Barton Perry. *The Thought and Character of William James*，vol. 2，Boston: Little，Brown，1935，p. 516.

经彻底告别了理想主义，实现了向实用主义哲学的转变，同詹姆士一起成为实用主义哲学派别中的领袖，致力于用其"美国佬"的感受力去重建哲学。

相对于西方传统哲学的二元分离论体系，杜威把哲学视为批判和改造日常实践的工具。他不再把心血花费于诸如为传统的哲学问题寻求最佳答案或者为人类追求永恒的真理等方面，在他看来，哲学的任务已经不再是把经验分解为实在的与非实在的、本质的与非本质的等等，而是必须参与社会实践以及对现实的批判和改造；其目标必须瞄准人们经验中的实际问题，并致力于对其进行成功的转换与改善，而其成功又必须参照这一目标来衡量。因此，对杜威来说，哲学首先是对日常生活实践不断进行批判性的改造的工具。

正是在这一意义上，杜威把自己的学说变为工具主义。在他看来，思想就是人应付环境的工具，它和其他一切工具一样，价值不在其本身，而在于它们能够使人更好地对环境做出反应。而真理作为思想观念的一种，乃是有效用的假设，是取得成效的工具。杜威说过，真理即效用，人们按照真理行动就能到达目的地而不迷路。他还指出，这里的"效用"指的不仅是对个人的效用，更是社会公众改造经验的效用。真理起工具作用的过程也就是探索试验的过程，真的就是被证实了的，因此杜威非常重视社会实践，主张用科学实验的方法去研究人类的社会生活。

为了消除传统哲学关于经验与自然的二元区分论，杜威提出了他的经验自然主义观点。他把经验视为一个积极的、持续的过程，而在此过程中，经验的主、客体不再被视为彼此分离，而是相互作用、相互包容，共同构成一个有机的统一整体。杜威由此不再认为宇宙间存在任何放之四海而皆准的永恒真理，他也不再思考所谓的物质——精神或者主观世界——客观世界的传统哲学问题，而是将注意力转向了对现实的、具体的经验抑或称"人的问题"的研究，并以改造社会为己任，致力于减少人们在经验世界里的盲动性。在他看来哲学的问题乃是人的问题，人不仅是认识的主体，而且是活生生的行动主体。人是中心、价值的最终判断在于是否有利于人，是否让人满意。

杜威的哲学还持有改善主义的社会观，相信人类的行为可以不断地改进人类的处境。他相信，人类社会既非必然日臻进步，亦非注定要走向毁灭，这是一个尚未完成的世界，人类的前途全有赖于人类全体成员的自觉努力，其成功的程度与努力的程度成正比。

19世纪末20世纪初，当进化论个人主义在美国兴起而知识界对此掀起一片清算的声浪时，杜威又阐释了他的"新个人主义"观点。杜威的"新个人主义"强调个人的社会属性，并承认人性的可塑性，他认为可以通过改善社会环境来提升人性，他的社会改革思想和进步教育思想就是建立在这一基础之上的。

杜威也受到进化论的影响，他强调环境的重要性，把个人视为置身于特定环境中的有机体。但是，杜威强调人必然地存在于社会关系之中，但又并非被动地适应环境，而是与环境相互作用，而且，人对环境的适应不是孤立地进行的，而是以群体的方式同环境展开斗争。杜威坚持个人固有的社会属性，追求有助于个性自由发展与社会和谐进步的共同体。他认为自我在根本上乃是社会的自我，个性也不是天生的和固有的东西，而是社会的产物，个人与社会是密不可分的。正是基于这种认识，杜威试图改造旧个人主义，希望最终构建一个自由、平等、友爱的人类联合体。因此，新个人主义不再把政府视为异己的压迫力量而加以敌视，而是把它当作一种必要的人类组织形式，用来服务于人类发展的根本目的。新个人主义也不再把人生视为一场残酷的生存竞争,把他人视为必须征服的对象,而是把社会视为一个有机的共同体,强调全体社会成员合作运用智慧、科学技术来解决共同体所面临的问题,并最终实现每一个人的自由发展。[1] 杜威将这种"并不是自私自利"的个人主义称为"一种真的好的个人主义"。[2]

概而言之,杜威的哲学思想重行动胜过重逻辑、重实践胜过重理论、重创新胜过重成规。它为社会科学提供了一套全新的研究方法,有助于摆脱自由放任和社会达尔文主义的理论教条,为解决社会问题提供了有效的对策。它给人以这样的印象,即:社会问题可以通过直接的、实际的方式加以评判和解决。既然是社会自己造成了这些问题的产生,那么社会就有责任,也完全有能力对其加以纠正。杜威对哲学的改造,是他面对美国工业化时期社会动荡所做出的反应。换言之,杜威的社会化哲学思想是一种时代的产物。对于像他这样身处美国"大转折的年代"的知识分子们来说,社会问题已成为现实的存在,工业化的社会也已无法回归当初的农庄田园。除非迎难而上,美国已经别无退路。他虽然感到城市中充满危机,但同时却也懂得城市代表着时代的发展方向,至于城市发展中所衍生出来的问题,他认为是可以通过改革的途径逐步解决掉的。杜威在一定程度上代表了当时美国思想界所持有的乐观进取的改革与开拓精神。

---

[1]　参见《个人主义》一书(John Dewey. *Individualism*: *Old and New*, New York: Minton, Balch & Company, 1930.)

[2]　"美国之民治的发展",袁刚、孙家祥、任丙强编《民治主义与现代社会:杜威在华讲演集》,北京大学出版社 2004 年版,第 10 页。

二 变革社会的主张

杜威的哲学理论充分显示了他"对社会问题的强烈兴趣"。[①]事实上,这些理论不仅是一种哲学,也是一种广泛的社会实践。他所参与的大量社会活动以及在此基础上形成的社会思想,就是其哲学理论的自然延伸和具体应用。

归纳起来,杜威的社会思想主要包括下列四点,这就是:理论必须运用于实践;学者必须参与社会生活;社会是一个有机的整体;智慧应该成为社会行动的指导。它们体现了杜威作为社会活动家的基本价值取向。[②]

杜威反对把哲学关在书斋里,他认为不能把哲学作为单纯的学术研究,而必须使之同人的生活和社会现实发生实际联系,充当促进社会目的的实现和政治行动的发展的理性手段。他"想表明哲学具有某种作用","当哲学观念不再是自我灌输的结果,而是被用作工具来指出社会生活层面的意义时,哲学观念就开始具有某种生命和价值了"。[③] 正因如此,相对于实用主义的另外两位奠基人皮尔斯和詹姆斯,杜威在将实用主义应用到社会变革方面做得更多。"他将其哲学直接与其所见的正在困扰美国社会的具体问题直接联系在了一起"。[④] 杜威认为社会应该是一个有序

---

① 纳尔逊·曼弗雷德·布莱克:《美国社会生活与思想史》(下册),商务印书馆1997年版,第207页。

② 《哲学的改造》是杜威社会思想的系统化阐述,参见 John Dewey. *Reconstruction in Philosophy*, New York: H. Holt and Company, 1920.

③ Andrew Feffer. *The Chicago Pragmatists and American Progressivism*, Ithaca and London: Cornell University Press, 1993, p. 1.

④ Robert B. Westbrook. *John Dewey and American Democracy*, Ithaca and London: Cornell University Press, 1991, p. X.

的、有机的整体;智慧应该成为行动的指南,更具体地说,应该用科学这一人类智慧的结晶来组织和管理社会。杜威指出,当前的任务就是要使智慧社会化——实现智慧对社会实践的指导作用。最后,他相信人自己的行动乃是获得真理、认识世界的最可靠的手段。站在这一立场上,杜威要求理论与实践结合、学者与社会结合,而且民主的成败有赖于产生一门能够把理论不断应用于日常社会生活的社会或政治科学,以便社会成员能够真正参与整个有机体的生活。所以他坚决反对哲学的职业化和学院化。1894年,面对汹涌的普尔曼工人大罢工,杜威感到万分激动。① 在他看来这是将其哲学应用于社会改革的一个契机,因此他在为美国社会的动荡而焦虑之余,又禁不住"欣喜若狂",他宣称,"这是一件伟大的事情,还是更伟大的事情的开始"。② 对他而言,这次罢工"标志着一个使哲学能够而且将最终重回社会有机体的自我改造斗争之中的时刻"。从此以后,"像他一样的哲学家们便能够为社会重建发挥才智,而与此同时,也得以重建他们的哲学原理"。③

　　杜威认为实现社会民主和促进社会发展的最好方式就是使哲学同教育结合起来。1896年,杜威在《学校期刊》上发表了"我的教育信条"一文,文中"充满了关于学校在社会进步和教育经验在了解社会方面的核心性"的论断,这些论断"引人关注",杜威也由此而被称颂为教育领域中的"摩西",人们认为他

---

① Robert B. Westbrook. *John Dewey and American Democracy*, Ithaca and London: Cornell University Press, 1991, p. 86.

② Andrew Feffer. *The Chicago Pragmatists and American Progressivism*, Ithaca and London: Cornell University Press, 1993, p. 1.

③ Ibid., p. 1.

"最终能够带领他们走向教育的希望之乡"。① 杜威否认把生产关系看成社会活动和社会关系基础的观点,并由此认为社会改革应该通过教育的方法而不是斗争的途径来实现。按照杜威的观点,社会只是人性的组合,是由具有最初的人性(诸如本能、习惯等)的个人结合而成的,既然如此,那么要使社会进步,就只需发展人的个性与智慧,而教育则是提高个人素质最重要的手段,是塑造人的理智和情感倾向的全过程,是与每个人都发生关系的事。在他看来,通过普遍的教育活动便能够把实用主义哲学所宣扬的世界观与思想方法灌输给人们,使它发挥最大效用。因此,他认为教育是改造社会、推动人类进步的唯一手段,对于改进社会具有决定性意义。

为了检验和实践他的哲学理论,杜威一面创办实验学校,在教育实践中改革只重书本知识的教育方法,使学生在行动中学习成长;另一面又革新教育理论体系,提出诸如"教育即生长"、"教育即生活"、"教育即经验的继续不断的改造"等有关教育本质的著名论点。1896年,杜威学校在芝加哥落成,该校在课程设置上的最大特点就是将各种实际社会关系引入到教学内容之中,学校里充满了工具、手工制品、试验品,形成了一种富于合作精神的学习氛围。6岁的学童在沙盘上建造社区生活模型;7岁者下厨房进行烹调实践;14岁者则有模有样地组织起俱乐部。杜威学校的创举吸引了众多的学者、家长和社会改革家,他们极为"赞赏杜威对民主教育的奉献精神",学校学生一度从30多人发展到140多人,教师则从初建时的3名发展到20多名。② 杜威

① Alan Ryan. *John Dewey and the High Tide of American Liberalism*, New York: W. W. Norton & Company, Inc., 1995, p. 133.

② Andrew Feffer. *The Chicago Pragmatists and American Progressivism*, Ithaca and London: Cornell University Press, 1993, pp. 118—119.

对教育理论的革新不乏合理之处，在很大程度上说，其进步主义教育思想的形成就是他对工业化、城市化过程中所出现的问题的一种反映。1899年，杜威出版《学校与教育》一书，提出了其"新教育"的理念，[①] 系统地阐述了他对工业化时代学校使命的认识，他提出要使教育承当起学生适应新的城市生活的责任，鼓励人们要面对新环境，解决新问题。他主张把学校设计成一个"微型社会"，[②] 让学生在这里通过参与各种活动来学会与人交流合作。他在该书中写道："我们的社会已经经历了一个彻底而剧烈的变动，此乃是显见的事实，倘若想使我们的教育具有生活意义的话，那么它就必须经历一个同样彻底的变革。"[③] "杜威学校"的成立正是杜威基本教育思想的具体体现。19世纪末期，初到芝加哥大学任教的杜威对那座城市落后的教育状况与混乱的社会形势深感震惊，他于是产生了放弃直接教哲学，而通过教育学来教哲学的念头，并着手创办了一所使理论研究与实际需要联系起来的学校。按照杜威的思路，这一学校不以复制外面的大社会为目的，而是以转换大社会为目标，它将服务于建设一个更加美好的未来社会，[④] 为此，它既要重视学生个性的培养和潜力的挖掘，又要树立他们服务社会的意识和与他人合作的精神。"杜威学校"开办6年之久，具有相当的规模和影响。在那里学生不仅学习数学、物理、生物、化学等基础课程，还大量参与各种社

---

① John Dewey. *The School and Society*，New York：McClure，Phillips；Chicago：University of Chicago Press，1899，p. 20.

② Mortom White. *Social Thought in America：the Revolt against Formalism*，New York：Oxford University Press，1976，p. 98.

③ John Dewey. *The School and Society*，New York：McClure，Phillips；Chicago：University of Chicago Press，1899，p. 43.

④ 参见约翰·杜威：《民主与教育》。（John Dewey. *Democracy and Education：an Introduction to the Philosophy of Education*，New York：the Free Press，1966.）

会实践,所有知识的学习都与集体活动紧密联系。通过这样的教育实验,杜威实践着其按照民主理想建立一所民主的学校、并通过民主的方法培养民主社会的合格成员的设想,为当时的美国进步主义教育改革树立了楷模。显然,正如美国哲学家默顿·怀特所看到的那样,杜威俨然是将学校当成了现代社会中"定位经济罪恶之源头"并"着手消灭它们"的核心机构之一。[①]

杜威终身致力于教育改革和社会改革,他是一位思想中的社会改革家和社会改革中的思想家。

19世纪末20世纪初的美国无疑正处于一个富于思想空间的时代,剧烈的社会转型在带来前所未有的有形物质变化的同时,也终将进一步触及社会生活的文化精神层面,引发思想者的深刻思考。社会的物质基础正是善思者理论的源泉,为他们提供了丰富的思想素材。美国社会转型期,思想领域的革命传递了一种"科学"与"进步"的新观念,制造了改革的精神气氛。了解这一时代美国社会思想观念的嬗变,有利于理解其时人们的社会行为,这一章的考察正是要为下面解读美国各领域知识分子的社会改革行动服务。

---

① Mortom White. *Social Thought in America*: *the Revolt against Formalism*, New York: Oxford University Press, 1976, p. 99.

第 三 章

发动舆论:新闻记者揭露社会黑幕

　　如果说思想家们的探索为美国社会转型期的进步主义改革奠定了理论基础,那么新闻界里那些"笔杆子"们的工作则消除了观念与行动之间的距离。舆论的作用不可小觑,它虽然没有法律和行政部门的强制力,但却具有广泛的群众基础和群体效应,它不仅可以约束个人行为不超越道德规范,而且能够监督政府不脱离民主轨道,这便是舆论特有的威力。新闻领域既是社会舆论形成的源地,也是社会舆论传播的载体。唯其如此,新闻记者才会有"无冕之王"的称谓。而事实上,19世纪末20世纪初,美国的进步主义运动得以形成,在很大程度上也正是得益于这样一批新闻记者——由他们发起的"黑幕揭发运动",在弊病丛生的美国社会转型期,确实在一定程度上起到了发动舆论、唤醒良知、推动改革的积极作用。因此,美国历史学家罗伯特·克拉顿认为,了解了"黑幕揭发者"的处境就能"洞悉进步主义的成就","任何对进步主义领域的认识,其法律、其成功与失败,都要求先得彻底了解'黑幕揭发者'"。①

---

　　① Robert M. Crunden. *Ministers of Reform: the Progressives' Achievement in American Civilization*, *1889 — 1920*, Chicargo: University of Illinos Press, 1982, p. 164.

第一节 "黑幕揭发运动"

正当思想家们在理性的层面上做着现实的思考之时,一些作家和记者则在用笔抨击着时弊。他们报道劳动者的贫困境地,揭露一些政府官员的丑恶行径,痛斥垄断巨擘们垄断经济、操纵政治的累累劣迹,从而成为进步主义大潮中一支激越纵横的劲旅,并肩负起了发动舆论、引导改革方向的历史使命。在对"黑幕揭发运动"的其他方面开始研究之前,不妨先来追溯一下运动的兴衰始末。

一 "黑幕揭发运动"的始末

从源头上说,美国"黑幕揭发运动"兴起的历史应该从美国内战结束后的日子算起。在从内战结束到美西战争爆发的这段时间里,美国文化领域内有两件事情值得一提,一个是约瑟夫·普利策与威廉姆·伦道夫·赫斯特这两位报业巨子的崛起;另一个则是以马克·吐温为代表的批判现实主义文学流派的问世。它们都与本书的研究关系紧密:前者使揭发丑闻成为一种新闻时尚,而后者则将这一时尚引入了文学领域。

要追溯"黑幕揭发运动"的缘起,首先就绕不开"黄色新闻"的话题。可以说,正是 19 世纪末期"黄色新闻"在美国的流行奏响了美国工业化时期新闻界揭发社会黑幕运动的序曲。在 19 世纪末的 30 多年里,"黄色新闻"曾在美国盛极一时。它们代表着当时美国新闻领域里的一种新现象,其特点是利用读者的猎奇心理,用极度夸张甚至捏造情节的手法来渲染时事新闻的报道，进而达到耸人听闻、扩大报纸发行量的目的。从内容上看，这种新闻主要渲染色情场景、绘声绘色地描写暴力与犯罪细节或者生动地揭露其他各方面的社会丑闻；在形式上，它们多会采用具有煽动性、刺激性的大标题以及色彩鲜明的图片等等，借此来刺激读者的感官，以求达到轰动性的效应。追溯这种"黄色新闻"的历史渊源，一定会牵连出两个人的名字，那就是大名鼎鼎的普利策和赫斯特。

普利策生于1847年，是匈牙利人的后裔。他自幼受到了良好的教育，才思敏捷而又果敢坚毅。1864年，他到美国时，正值美国内战。他曾应征入伍，参加了林肯的骑兵队，后于1867年加入美国国籍。1868年，普利策在密苏里州圣路易斯成为《西方邮报》麾下的一名记者，由此而得到了一个进入报业发展的契机。从这里起步，他日后成了美国现代报业的一位奠基人，其创新精神重塑了美国报纸媒体的面貌。

加入《西方邮报》后，普利策凭借自己的聪明才智进行了不懈的努力。几年后，他在美国新闻领域里脱颖而出，年纪轻轻便已小有名气。1872年，他买到了《西方邮报》的最大控股权。在他的主持下，这家濒于倒闭的报纸又重新获得了生气。此后，一系列精明的商务决策又使他在1878年时成为《圣路易斯电讯报》的老板。接手后，他将其改名为《圣路易斯快邮报》，并宣布以报道真实的一切和攻击一切罪行与腐败行为为办报宗旨，初步显现出他对揭露社会黑幕的兴趣。在这一思想主导下，《圣路易斯快邮报》每日刊登一些与普通市民息息相关的消息，并对政治腐败和不公平的税收政策等予以抨击。在普利策的经营下，该报在公众中受到日益广泛的关注，逐渐发展成了当时美国中西部最重要的报纸之一。作为它的老板，普利策的前景也为美国新闻界所普遍看好。

正如当时的业内人士所料,普利策此后再创辉煌。1883 年,他移居纽约,买下了负债累累的纽约《世界报》,这使其新闻事业获得了更大的发展契机。他在报纸的发刊词中写道:"《世界报》的全部财产已由本人购买了。从今天起将置于一种与过去完全不同的管理之下,人员、设施和方法不同;宗旨、政策和原则不同;同情和信念不同;脑与心不同……在这个日益繁荣的城市里,需要这样一种日报。它不仅售价低廉,而且内容精彩;不仅内容精彩,而且篇幅浩大;不仅篇幅浩大,而且它是真正民主的,是真正站在人民一边,而不是倒在那些有钱有势的人们的一边。它要多发新近的消息,少发过时的消息。它将暴露一切诡计和无耻,抨击一切危害公众的肆虐和弊端,并以真挚诚恳的态度为人民而奋斗"。① 正是这样的办报宗旨使得《世界报》在普利策手里起死回生,挽回了众多的读者,成为纽约发行量最高的报纸。接手《世界报》后,普利策按照自己的思路对它进行了大胆的改造。他首先改组了报社,聘来一流的编辑和记者,为自己建立起了一个颇富实力的班底。在此基础上,普利策又改变了《世界报》旧有的报道风格。《世界报》前任老板曾经为其定下了高雅的基调,从报道内容到行文风格都力求讲究,但却忽视了新闻的真实性和趣味性。在普利策的主持下,《世界报》的新一班人马开始致力于用浅显的语言来说出深刻的道理,开辟了一种通俗易懂、生动可读的全新面貌。他们大量撰写和刊发调查性文章,攻讦富有者的为富不仁,披露政府官员的腐败丑闻,反映劳动者的心声,广泛迎合商人、工人和主妇等社会不同群体的口味。他

---

① 亚伯拉罕:"人物风流:新闻巨人普利策",节选自《犹太十杰》一书,亚伯拉罕著,黎鸣译,云南人民出版社出版发行。(参见 http://www.blogjh.com/wenxue/art/20504/wenxue－115.html)

们的文章往往充满了有趣的情节，在对社会弊端的讽刺与抨击中彰显出一种崭新的生命力，形成了一种以煽情为主的平民主义风格，很快便赢得了众多的读者。特别是，他们为周日版设计了一个名为《霍根小巷》的漫画专栏，以滑稽幽默的笔调讽喻世事人情。漫画中的主人公是一个长得奇怪模样的"黄孩子"（Yellow Kid）。他没有牙齿，只有几根头发、身穿一件宽大黄色睡袍，走街串巷，消息灵通，喜欢对见闻发表观感。《世界报》的记者们就借着这个"黄色小童"东游西逛的行踪，把他们的所见所闻讲述给公众。这个漫画专栏深受读者欢迎，每逢周日，人们便争相购买《世界报》，致使该报发行量节节攀升，在公众中的影响越来越大。

然而，正当普利策的事业如日中天的时候，一个来自加利福尼亚州的年轻人闯进了纽约报界，成了普利策最强劲的竞争对手，他就是后来建立了报业帝国的赫斯特。正是他与普利策之间的"殊死较量"，导致了"黄色新闻"的流行。

1863年，赫斯特出生于加利福尼亚州的旧金山。若单从年龄上比，他显然属于普利策的晚生后辈。但是，他在办报方面的经验和能力上却并不比普利策逊色。这主要是因为他自幼受到了父亲的影响，他的父亲乔治·赫斯特是个非常有经营头脑的爱尔兰移民，靠投资于矿山和牧场起家。在积累了一定的财富之后，他父亲又收购了一家地方性报纸《旧金山考察家报》（以下简称《考察家报》）。由于家庭的原因，赫斯特从小就对报纸产生了浓厚的兴趣。早在哈佛求学期间，他就曾担任过一家幽默杂志的编辑工作，而且干得还很出色。他很钦佩普利策的成功，潜心钻研过普利策的煽情手法，还曾前往纽约《世界报》当过一个假期的见习记者。1887年，24岁的赫斯特开始代替父亲主理《考察家报》。当时《考察家报》并不景气，但赫斯特却很快使它重现生机。他利用从《世界报》学来的手法，走"煽情主义"的路线，在版面设计和内容选择上都进行了大胆的创新，并聘用了众多的新闻好手来贯彻他的办报方针。经他改革后，《考察家报》在旧金山名声大振，一年内发行量就增长了一倍。到1891年老赫斯特去世时，这家原本亏损的报纸已经在他儿子的手里被办得有声有色，年均获利达到了30万美元以上。随着《考察家报》的成功，赫斯特开始产生了更加远大的抱负。1895年，他卖掉了旧金山的家产，前往纽约寻求在报业发展的更好机会。同年秋季，他以18万美元买下了入不敷出的纽约《新闻晨报》，先将其改名为《纽约新闻报》，此后便以这家报纸为基地打入了纽约报界，同普利策展开了激烈的竞争。他继续模仿普利策的手法，用煽情新闻来争取读者，扩大发行量。但是他却比普利策做得更刺激、更过分。在他手里，煽情新闻被推到了登峰造极的程度，《纽约新闻报》总是充斥着各种犯罪、暴力、骚乱、灾祸、色情等新闻。为了打败对手，赫斯特除了在报纸上大登暴露性、犯罪性、煽动性新闻，还不惜以高薪网罗各种人才。他曾花重金挖走了《世界报》周日版漫画专栏的全班人马，开始在自己的《纽约新闻报》上出版《霍根小巷》，主人公仍然是那个穿着大黄袍的小童。赫斯特釜底抽薪，想以此一举击垮《世界报》。

　　但是《世界报》却不肯善罢甘休，它的老板普利策也不是一个肯轻易服输的人。为了与赫斯特争夺读者，他另聘高手续画小黄孩，坚持让《霍根小巷》漫画专栏在《世界报》上继续与读者见面，主人公依然还是那个身穿黄袍的小孩。这样一来，在纽约便出现了两家大报同时刊载同名漫画专栏的有趣现象，诞生了一对可爱的"黄色双胞胎"。随着双方竞争的白热化，这对黄色双胞胎也逐步走进了美国的千家万户，成为家喻户晓的人物。这场小黄孩"争夺战"在整个纽约引起了轰动，其他报刊见有利可图,也纷纷效仿,小黄孩因此而更加为读者所津津乐道。人们将登有黄孩子形象的报刊称为"黄色报刊"(Yellow Press),将这种专门描写暴力、犯罪、卖淫、酗酒、官场腐败等制造耸人听闻效果的新闻报道称为"黄色新闻"。1898 年前后,"黄色新闻"被推向了一个历史的高潮。各家报纸在对美西战争的竞相报道中将"黄色新闻"的特征发挥得淋漓尽致,而赫斯特和普利策仍然是其中的两大主力。

相对于整个美国工业化时期而言,"黄色新闻"兴盛的时间可谓是短暂的,但是它却对那个时期的美国历史有着深远的意义。虽然"黄色新闻"难免有着低俗或者夸大等毛病,但是它们在客观上确实曾经起到了揭露社会黑幕的作用。尤为可贵的是,它激发起了大众对社会问题的关注,同时也提示给报界中人,新闻具有揭露和监督的义务。随后的历史也证明,20 世纪初,在"黄色新闻"随着纽约《世界报》退出后,其影响却并未随之消失。普利策的办报宗旨、赫斯特所谓惩恶扬善的斗争精神甚至"黄色新闻"的彩色漫画及大号标题等惯用手法,都作为一份重要的新闻遗产而在"黑幕揭发运动"中得到了继承和延续。美国历史学家路易斯·菲勒就曾告诉人们,"若要了解前'黑幕揭发运动'时期关于揭露企业和政治的大胆文章,那就要去读那些通俗报刊"。① 因此,我们有理由认为,这些"通俗报刊"与 19 世纪末 20 世纪初期美国新闻界"揭发社会黑幕运动"的确颇有渊源。

"黑幕揭发运动"的兴起与当时的文学发展趋势也有着密不可分的关系。19 世纪末期不仅是"黄色新闻"的兴盛期,

---

① Louis Filler. *The Muckrakers*, *Crusaders for American Liberalism*, University Park: Pennsylvania State University Press, 1976, p. 29.

还是一个"镀金时代"。众所周知,这一名称是因马克·吐温与查里·华纳合作的同名小说而来。该书主要揭露了当时美国政府中严重的贪污腐败之风。小书的主人公罗纳·霍金斯借用为黑人筹建大学之名,行贪污公款之实。他与某参议员串通一气,致使国会通过巨额拨款议案,政企合流、从中作弊。曾有反对派议员对其阴谋予以揭露,却非但未能令其有所收敛,最终还反受其害。《镀金时代》的问世不仅反映了其作者对时代的批判,实际上也标志着美国文学领域的新动向。19世纪中前期,美国文学中以高雅的"阳春白雪"型作品为主流,独立后的新生活使整个国家沉浸在一种开朗的情景之中,政治、经济领域里的勃勃生机催生了人们高度的乐观精神和对未来的美好憧憬,反映在文学上,便是浪漫主义流派的盛行,体面的上流社会和令人柔肠百转的爱情故事成为文学创作中的主旋律。然而,美国内战之后,社会生活的真实状况却向这种温文尔雅的风格提出了挑战。眼前的现实使一些作家逐渐从浪漫主义的乐观中清醒过来,开始认识到理想与现实之间存在着距离;人性并不完善,人生并不完美,自然与社会也并不完全是和谐一片。随着内战后美国社会生活面貌的改变,反映生活的文学也随之改观,以马克·吐温、威廉·迪恩·豪威尔斯等为首的一些作家不再钟情于描写新大陆的"伊甸园",开始运用自然主义的手法,大胆披露时代的弊端,开创了美国文学创作上的批判现实主义时期。新兴的现实主义作家主张运用现实主义的手法记录真实的人生,既描写下层人民的平庸及其生活的卑微,也描写上流绅士的自私冷漠以及社会生活的众多阴暗之处。这种写实的创作风格,为19世纪末20世纪初的"黑幕揭发运动"奠定了文学基础。此后,哈姆林·加兰、斯蒂芬·克莱恩、弗兰克·诺里斯、厄普顿·辛克莱等许多作家,都以描写社会现状、抨击社会问题为主要创作旨趣。他们的小说无不贴近生活、反映生活,以影响和改造社会为目的,体现出了强烈的社会责任意识,推动了"暴露文学"(Literature of Exposure)的诞生,他们自己也逐渐成长为"黑幕揭发运动"的主力。

自19世纪后30年起,美国教育的普及及文盲率的下降为"黑幕揭发者"准备了为数众多的忠实读者和倾诉对象,为这一运动的蓬勃兴起奠定了广泛的群众基础。如前所述,美国内战后随着经济的发展与城市人口的激增,美国原有教育体制及设施已远远不能满足新时代政治、经济生活的需要。鉴于此,美国国会于1867年通过立法,在首都华盛顿特区成立教育部,以促进美国教育事业的发展。从19世纪70年代起,联邦政府和各州政府便纷纷开始投入巨额资金并制定相应的强制入学法规以大力发展公共教育事业。1889年美国地方、州、联邦等各级政府为初中及小学投入税收共计143195万美元。到1910年时美国用于公共教育事业的税收开支已经超过了451151万美元,比1889增长3倍多。强迫父母送儿童入学的法律也很快得到传播,到1880年已遍及17个州和地区,到1900年又扩大了15个州。除此以外,种种演说、集会、图书馆、大学暑期学校附设学校及函授课程等正规与非正规的成人教育又成为大、中、小学教育的有力补充和延伸。尽管不同地区、种族间教育发展仍存在不均衡现象,并且有关法律的贯彻也未必深入彻底,但鼓励教育政策的实施毕竟取得了相当的成果。据美国教育部统计资料显示:从1870年至1910年美国5—19岁青少年入学率从48.4%上升到了59.2%,1910年美国25岁以上成人人均受教育时间已经达到8.1年。1870年全美初中和小学注册人数为6872万,到1900年便猛增到15703万,1910年则突进到18035万。高等院校入校学生总数也在节节攀升，从 1870 年到 1900 年美国高校在校学生总数增长率高达 278％。① 结果可想而知，美国国民的文化素质有了大幅度提高，而文盲率则显著下降：1870 年在美国 10 岁以上的人口中，文盲数为 600 万人，约占全部人口总数的 20％，到 1880 年便下降到 17％，1910 年时进一步降到 7.7％。② 换句话说，在"黑幕揭发运动"持续展开期间，美国 80％、90％的公民具有读书看报能力，这一巨大的识字群体为廉价大众报刊的发展展现了广阔的市场，也为"黑幕揭发运动"迎来了广泛的群众基础。正如布莱克所描绘的那样："几百万很少读书和从未参加过夏令集会的美国人，他们从报章杂志上获得知识。随着人口的增长和识字的人比例的上升，各类期刊的发行量也大大增加了"。③ 顺应这一形势，进步作家开始了"迎合大众口味"的写作，因为"无论其作品是否具有艺术价值，人们都如饥似渴的阅读，于是'耙粪者'（黑幕揭发记者们）自己也感到了满意"。④

　　19 世纪末，美国廉价大众报刊的出现与普及为"黑幕揭发运动"提供了必不可少的信息传播渠道及口诛笔伐的前沿阵地。美国内战后，科技发展盛况空前。在蒸汽时代的基础上，它迎来了一个崭新的电气时代，而美国的报刊业老板们则是这一时代最大的受惠者之一，不过这里要强调的则是新时代为"黑幕揭发运

---

　　① Thomas D. Snyder, ed. *120 Years of American Education*: *a Statistical Portrait*, U. S. Department of Education, Office of Educational Research and Improvement, National Center for Education Statistics, January 1993, http: //nces. ed. gov/pubs93/93442. pdf, p. 57, 14, 21, 36, 64.

　　② 杨生茂、刘绪贻:《美国内战与镀金时代》，人民出版社 1990 年版，第 367 页。

　　③ 纳尔逊·曼弗雷德·布莱克:《美国社会生活与思想史》（下），商务印书馆 1997 年版，第 178 页。

　　④ Louis Filler. *The Muckrakers*, *Crusaders for American Liberalism*, University Park: Pennsylvania State University Press, 1976, p. 5.

动"的形成创造了百年不遇的契机。早在 19 世纪 30 年代,美国已突破了快速印刷和分发上的技术问题。美国工业革命时期,蒸汽机被应用到新式轮转印刷机上,从而制造出了有名的豪伊滚筒印刷机。与此同时,廉价的木浆新闻纸生产技术已被突破,按日生产和分发大批报纸的技术问题也已大体解决,一分钱廉价大众报纸与读者见面。美国内战后,电力技术的发展使印刷机器自动化程度进一步提高,及至 19 世纪到 20 世纪之交,个人办报的时代实际上正在过去,报纸的出版越来越多地采用大生产的方法。而此时,电讯技术和铁路运输的推广使用更为新闻业的大发展创造了条件。1876 年,美籍苏格兰人贝尔发明电话机成功,1880年随着贝尔电话公司的成立,美国电话事业开始大踏步前进,成为当时世界上电话使用最为普及的国家。到 19 世纪末,无线电通信也从实验室走向了实用,1894—1896 年间意大利人马可尼试验无线电通信成功,1899 年马可尼无线电公司成立,开始大批量生产无线电设备,并"把它送到迫切需要进行远程迅速传播的人们手中"。① 新的通信设施使各地发生的新闻被快速传递到编辑部门手中,而交通运输业的飞速发展则使新闻记者迅速奔赴现场成为可能。19 世纪末,美国已形成联系全国的陆路和水路交通网,飞驰的车船载着记者们自由奔赴任何有新闻价值的地方。当年《麦克卢尔杂志》的老板塞缪尔·S. 麦克卢尔曾经要求其麾下记者斯蒂芬斯,"去乘火车,它把你带到哪里,你就在那里学习编辑杂志"。麦克卢尔之所以能够这样说话,一个重要的前提条件就是客运火车的普及。② 是火车将斯蒂芬斯带到了明

---

① 梅尔文·德弗勒、桑德拉·鲍尔-洛基奇:《大众传播学诸论》,新华出版社1990 年版,第 106 页。

② Fred J. Cook. *The Muckrakers*, Garden City, New York: Doubleday & Company, Inc., 1972, p. 44.

尼阿波利斯、带到了费城、带到了其他他感兴趣的城市，带来了著名黑幕揭发作品《城市之羞》的问世。就在科技不断促进大众报纸发育成熟的同时，美国社会迅速的变革、冲突和转化，诸如疆域的扩展、移民的涌入、城市的增多、工业化的实现、新旧观念的交替、生活方式的改变等等社会文化的动荡与变迁开始涌现，总之，一个成熟的社会背景也导致了出版商经营理念的调整。报刊再不是供富人专享的奢侈品，也不再是政治党派的宣传阵地。它们日益面向大众，日益成为独立的新闻报道者。为了追求利润、招揽读者，各报刊经营者及时调整市场导向，将目标瞄准了为数众多、粗通文字的普通百姓。他们一方面降低价格（比如当时《麦克卢尔杂志》售价每份为 15 美分，《芒西斯》及《环球杂志》为 10 美分，而《星期六晚邮报》每份仅售 5 个镍币），[①] 另一方面又不惜重金聘用有影响的文章高手，"飨读者其所欲"，[②] 从而扩大发行量、吸引广告商，最终为自己带来滚滚财源。塔贝尔、贝克、诺里丝、辛克莱、菲利浦斯，以及上文提到的斯蒂芬斯等等众多的"黑幕揭发者"无不是在麦克卢尔、赫斯特、普利策等报业大亨的力邀和扶持下起步的。对于这些大亨来说，"'黑幕揭发'是他们用以巩固发行量最成功的策略"。[③] 低廉的价值及引人共鸣的新闻报道使得大众报刊如日中天。"从 1880 到 1890 年间，报纸在美国人当中迅速扩散……到 1910 年第一次世界大战的前夕平均

---

①　纳尔逊·曼弗雷德·布莱克:《美国社会生活与思想史》（下），商务印书馆 1997 年版，第 210、178 页。

②　C. C. Regier. *The Era of the Muckrakers*，Chapel Hill: the University of North Carolina Press，1932，p. 21.

③　Richard Hofstadter. *The Age of Reform: from Bryan to F. D. R.*，New York: Knopf，1989，p. 191.

每户发行的报纸超过一份。"① 另外，随着此间期刊售价的降低，期刊读者也有近 200 万人的巨幅增长。《麦克卢尔杂志》、《珂林斯》等杂志的发行量都曾高达 50 余万册。② 以下是一份1870—1910 年美国日报发行量图表，它足以说明这一时期日报与普通人生活的紧密程度：

表 3—1　　　　　美国日报发行量（1870—1910 年）　　　　（单位：千）

年份	日报总发行量 不包括周日	总户数	每户平均发行量
1870	2602	7579	0.34
1880	3566	9946	0.36
1890	8387	12690	0.66
1900	15102	15992	0.94
1910	24212	17806	1.36

引自梅尔文·德弗勒等著《大众传播学诸论》，1990 年版，第 68 页。

正是由于有了这些全国发行的廉价报刊，揭露黑幕的文章才可以深入人心。霍夫斯塔特甚至称"黑幕揭发运动"是大众刊物发展不可避免的副产品。此说虽有些言过其实，但大众报刊的普及的确为"黑幕揭发者"与社会大众间架起了相互沟通的桥梁。愤世嫉俗的进步主义作家们在做好了思想、心理、素材及媒体的准备后，其义愤填膺的社会批评文字便在笔端喷涌而出，一场轰

---

① 梅尔文·德弗勒、桑德拉·鲍尔-洛基奇：《大众传播学诸论》，新华出版社1990 年版，第 66—67 页。

② C. C. Regier. *The Era of the Muckrakers*，Chapel Hill：the University of North Carolina Press，1932，pp. 21，51；Anthony Arthur. *Radical Innocent：Upton Sinclair*，New York：Random House，2005，p. 40.

轰烈烈的"黑幕揭发运动"在他们的推动下遍及全美各地。

在这段时间里，《竞技场》和《麦克卢尔杂志》两家刊物是当时新闻记者们最早借以揭露社会黑幕的主要前沿阵地。

《竞技场》杂志创刊于 1889 年 12 月，1909 年 8 月停刊，前后总共存续了 20 年。他的创刊人本杰明·奥伦治·弗劳尔是一个乐观的改革派，他"既不对培养中产阶级妇女的现代品位感兴趣，也不满足于做个娱乐者"，他认为，"美国人需要重新审视其理想、改革其习俗、认识其自由与机会的传统"，而美国"社会生活的严酷现实"则"需要予以讨论并诲育世人"。^① 1897 年，约翰·克拉克·里德帕斯开始主理该刊。为了进一步开拓大众市场，他将该刊的年销售价格降低到了 2.5 美元，同时又发表社论重申该刊的使命就是要为那些"贵族刊物"所不为，将事实展现在公众眼前。1898 年，保罗·泰纳成为该刊的编辑。他再次声明《竞技场》的目的就是要说真话，要将各种重要问题的事实与各方争议公布于众。在这样的思想主导下，《竞技场》曾经刊载过许多针砭时弊、倡导改革的文章，率先点燃了"黑幕揭发运动"的第一把火炬。该刊经常举办专题论坛，刊登哈姆林·加兰、亨利·乔治、乔治·赫伦、弗兰克·帕森斯等许多进步主义作家和记者的文章，内容涵盖铁路运输、托拉斯活动、无记名选举和市政管理等多方面的问题，使得该刊逐渐发展成为一家"别具特色的专门揭发丑事的杂志"^②。尤其是从 19 世纪 90 年代中期开始，随着美国经济大萧条时期的到来，贫富悬殊现象、血汗工厂制、贫民窟的治理、劳工失业以及女工、童工问题等都成了

---

① Louis Filler. *The Muckrakers*, *Crusaders for American Liberalism*, University Park: Pennsylvania State University Press，1976，pp. 39—40.

② H. S. 康马杰：《美国精神》，光明日报出版社 1988 年版，第 110 页。

该刊所讨论的重要话题。美国历史学家 C. C. 罗杰在《耙粪者们的时代》中曾说，"在所有这些杂志中，为'黑幕揭发运动'扮演先锋角色的乃是《竞技场》"。[①]

　　尽管《竞技场》被公认为是黑幕揭发杂志中的先驱，[②] 但是若与《麦克卢尔杂志》比较功绩的话，还是后者当属第一。因为它麾下的优秀记者更多、实力更强，所产生的反响也更广。有的研究者甚至认为，"黑幕揭发运动"的发生，在某种程度上可以说"纯属《麦克卢尔杂志》的功劳"。[③]《麦克卢尔杂志》创刊于1893 年 6 月。为迎合大众的需求，该刊以每期 15 美分的低价面市。它的创始人之一，塞缪尔·S. 麦克卢尔自誉为"最好的编辑"，[④] 并坚信，"一份精心编辑的杂志在美国总是有市场的"。[⑤]他将一批年富力强的作者招致麾下，组成了一支"无与伦比的"新闻生力军。[⑥] 他为他们提供"丰厚的收入、广阔的发展空间"以及宽松的创作环境。他甚至很少对交稿时间加以限制，从而促进了一批优秀作者与作品的产生。1903 年 1 月，《麦克卢尔杂志》同时刊载了林肯·斯蒂芬斯的"明尼阿波利斯之羞"、艾

---

　　①　C. C. Regier. *The Era of the Muckrakers*, Chapel Hill: the University of North Carolina Press，1932，p. 21.

　　②　Arthur and Lila Weinberg. *The Muckrakers: the Era in Journalism that Moved America to Reform—the Most Significant Magazine Articales of 1902—1912*, New York: Capricorn Books，1964，p. xvii.

　　③　肖华锋:《美国黑幕揭发运动研究》，复旦大学博士学位论文，2003 年，第110 页。

　　④　Lincoln Steffens. *The Autobiography of Lincoln Steffens*, New York: Harcourt，Brace and Company，1931，p. 393.

　　⑤　Walter M. Brasch. *Forerunners of Revolution: Muckrakers and the American Social Conscience*, Lanham，Maryland: University Press of America，1990，p. 39.

　　⑥　Frank Luther Mott. *History of American Magazines*, *1885 — 1905*, Cambridge，Massachusetts: the Belknap Press of Harvard University，1957，p. 593.

达·塔贝尔的《美孚石油公司史》以及雷·S.贝克的"工作的权利"三篇文章。虽然这三篇文章分别涉及的是政府、企业和劳工三个不同的领域,但是在揭露社会黑幕这一点上三位记者却不约而同地走到了一起:"明尼阿波利斯之羞"揭露了市政官员为谋私利而雇佣罪犯违法犯罪的事实;《美孚石油公司史》将洛克菲勒建立石油垄断帝国,肆意践踏法律的种种手段描述得淋漓尽致;而"工作的权利"则对煤矿行业中存在的野蛮残酷行径予以谴责。为了引起公众的关注,麦克卢尔还专门配发社论,呼吁人们维护法律。他措辞激昂有力而又言之切切:

读过本期杂志的人中有多少人注意到该期刊登了三篇同一主题的文章?我们绝非有意为之;《麦克卢尔杂志》一月号对美国人如此责难而足令每一个人驻足思考,这纯属巧合。

领衔文章"明尼阿波利斯之羞"或许更该被称为"美国人对法律的蔑视"。而这一标题也同样适用于本期上塔贝尔小姐的《美孚石油公司史》。若用于贝克的"工作的权利",那也绝对合适。此三者结合起来,已足以反映我们的特性之危险已然非常普遍。

资本家、劳工、政客、市民——所有的人全都在违法或听凭他人违法。还剩下谁来坚守法律?律师?这个国家一些最好的律师并非受雇去做法庭辩护,而是替公司和企业谋划钻法律的空子却不会被严厉处罚;法官?太多的法官是如此重法,以至于他们因为某些"错误"或托词而官复原位,并恢复那些被充分证明有罪者的自由;教会?我们知道有这么一个古老而富有的教会,现在不得不受坦慕尼协会延聘的卫生官员驱使,保持其廉租屋的卫生;大学?它们根本就不懂。

再没别人了;只有我们……我们,我们每一个人,终将

被迫付出代价。而归根结底，这代价的总和就是我们的
自由。①

　　这篇社论吹响了黑幕揭发运动的号角，它向公众发出了改革
的号召，体现了在美国社会转型时期，新闻界知识分子寻求公
正、主持正义的立场和决心。"这一期的《麦克卢尔杂志》因此
而创造并定义了'黑幕揭发运动'，并且使其踏上了历史之
程"，② 这场新闻揭丑运动由此便一发而不可收。

　　1900 年到 1902 年这段时间可以被认为是"黑幕揭发运动"
正式开始的时期。比较一下 1900 年前后的黑幕揭露新闻便会发
现一些显著的不同：第一，虽然 1900 年以前揭丑性新闻早已出
现，但是那时《竞技场》等刊物及其记者的先锋行为尚在少数，
"黑幕揭发"只是在 20 世纪新世纪来临之后才在全国范围内形成
一种大气候；第二，1900 年以前的新闻揭丑还只限于泛泛而言，
对所揭露事件的时间、地点与相关人物的表述比较隐晦，而
1900 年以后的揭露性文章则开始点名道姓，对被揭露的事实与
所涉及的人物都讲述得非常具体；第三，1900 年以前记者们较
多涉及农业问题，而 1900 年以后的揭露性文章主要针对城市问
题和工业问题，并主要针对中产阶级读者进行改革呼吁。所以截
至 19 世纪末期，"黑幕揭发运动"尚处在萌芽阶段。它的作用在
于为大规模"黑幕揭发运动"的形成做好了铺垫。到 1901 年和
1902 年，大量"黑幕揭发"文章开始在各家报纸上对社会问题

---

　　① "McClure Editorial"，载 Arthur and Lila Weinberg. *The Muckrakers：the
Era in Journalism that Moved America to Reform—the Most Significant Magazine
Articales of，1902－1912*，New York：Capricorn Books，1964，p. 5.
　　② Louis Filler. *The Muckrakers，Crusaders for American Liberalism*，Univer-
sity Park：Pennsylvania State University Press，1976，p. 83.

展开猛烈抨击，连篇累牍的揭露性文章终于引起了公众的广泛关
注，致使新闻界的"黑幕揭发"潮流在随后的三四年时间里迅速
走向了巅峰，并在此后十余年间一直保持着强劲的势头。"黑幕
揭发运动"最终"引起了全国民众的注意"，[①] 为进步主义运动
充当了舆论先导，成为"进一步扩大进步主义运动的主要原
因"。[②]随着"黑幕揭露运动"声势的日益兴盛，其舆论阵地也从
报纸专栏迅速扩展到了各种媒体。[③] 报纸、杂志、书籍上关于犯
罪、腐败、贪污等各种主要社会问题的报道与评论铺天盖地，使
读者从中认识到了美国所面临并急需修正的诸多问题。那时候，
"成千上万的人阅读林肯·斯蒂芬斯、艾达·塔贝尔和雷·贝克
的文章，他们成了公共舆论的代表"。[④]在美国"黑幕揭发运动"
史上，1906 年乃是值得人们记住的一年。到这一年，"黑幕揭发
运动"已经硕果累累，很多有影响的揭露性作品已经陆续与读者
见面，并引起了西奥多·罗斯福总统与美国政府的极大关注。正
是在这一年，厄普顿·辛克莱出版了他的著名黑幕揭发小说《屠
场》。而此后不久，罗斯福总统就给这些揭露社会黑幕的记者们
冠以了"耙粪者"的名称，并在《屠场》所引发的关于食品与药
品问题的一片热议声中，签署了《纯净食品与药品管理法》。
1912 年之后，"黑幕揭发运动"盛极而衰，逐渐显现出颓势。究
其原因，一方面，是由于公众在长期大量阅读黑幕揭露作品后产

①　Richard Hofstadter. *The Age of Reform: from Bryan to F. D. R.*, New York: Knopf, 1989, p. 187.

②　Charles Forcey. *The Crossroads of Liberalism*, New York: Oxford University Press, 1961, p. xxii.

③　Walter M. Brasch. *Forerunners of Revolution: Muckrakers and the American Social Conscience*, Lanham, Maryland: University Press of America, 1990, p. 37.

④　Herbert Shapiro. *The Muckrakers and American Society*, Boston: D. C. Heath and Company, 1968, p. i.

生了厌倦心理；另一方面，则与人们心理上产生的乐观情绪有关，某些进步主义改革成果的取得使不少人乐观地感到社会问题正在逐步得到解决。具体而言，从美国内战结束后"黑幕揭发运动"初现端倪算起，到第一次世界大战来临后"黑幕揭发运动"逐渐归于平静为止，这一运动的时间跨度已经长达近半个世纪之久。公众在初时的感官刺激和愤慨过后，很容易会对长期重复阅读同类性质的作品感到乏味。再加上多数作品仅仅停留于对社会问题的揭露而极少触及对问题根源的分析，便很难引发和保持公众更深入的兴趣。还在运动的巅峰时期，林肯·斯蒂芬斯就早有预言，"我预料人们会厌倦'揭露'而寻求一个更加'乐观的'前景"。[1] 不仅如此，进步主义改革在全国各个领域的相继展开也在公众中引起了松懈心理，就连一些黑幕揭发者们自己也是如此。鉴于上至罗斯福总统的"新国家主义"政治哲学和威尔逊总统的"新自由"方略，下到各市的施政改革和民间性社会工作，都已对"黑幕揭露"作品中所暴露的问题予以了重视，[2] 不少人因而感到"黑幕揭发者们一直在揭露的问题大多已然被解决掉了"。到第一次世界大战爆发前夕，上述情况已使"黑幕揭发运动"成为"强弩之末"，[3] 而战争的来临又使公众的兴趣发生了转移，从而进一步加速了运动的衰落。面对第一次世界大战战争的威胁，人们更加关心战势以及美国是否参战的新话题，"耙粪者"们揭露黑幕的激情也随之减退。记者们陆续开始转写其他内

---

① Robert Miraldi. *Muckraking and Objectivity*, New York：Greenwood Press, 1990, p. 73.

② Arthur and Lila Weinberg. *The Muckrakers：the Era in Journalism that Moved America to Reform——the Most Significant Magazine Articales of 1902—1912*, New York：Capricorn Books, 1964, p. xxii.

③ Robert Miraldi. *Muckraking and Objectivity*, New York：Greenwood Press, 1990, p. 73.

容或者干脆改行从事其他职业。塔贝尔和拉塞尔改写传记文学作品，斯蒂芬斯成为报道巴黎和会新闻的一名外国通信记者，辛克莱虽然试图继续描写美国社会的真实情况，但却再也没有写出像《屠场》那样有影响力的作品，他最终也转向了娱乐性小说创作。1912年后，继续以揭露社会黑幕为方向的刊物就只剩下了《皮尔森杂志》一家，其他刊物则或者易手或者改变了宗旨。就连曾经表现最为坚决的《麦克卢尔杂志》和《美国人》等也先后为保守企业所购买，失去了昔日的劲头。1914年后，20世纪初期时的12家黑幕揭露杂志基本均已偃旗息鼓。此时，在大众杂志上几乎难以再找到黑幕揭发文章了。轰轰烈烈数十年的揭露黑幕运动在第一次世界大战的滚滚硝烟中逐渐落下了帷幕。尽管如此，其揭露行为所产生的深远社会影响却依旧不容置疑。它促成了美国公民意识的觉醒，使舆论监督的观念深入人心。在美国社会转型的特殊历史时期，它使美国人民和政府及时地认识到了自身所出现的问题，促进了联邦和州市相关政策的尽快出台，保证了美国从农业社会向工业社会的顺利转型，促进了资本主义制度自身的改良和完善。

二　"黑幕揭发运动"的得名

其实"黑幕揭发者"在英文中的原词是muckraker，直译应叫"耙粪者"，原本是当年西奥多·罗斯福总统用来发泄对新闻记者们的不满，挖苦他们一心揭露社会黑幕行为的一个恶称，不想却最终演化为一个颇令被冠名者引为骄傲的头上光环，不仅在当时引起了广泛的社会反响，也使世纪之交的"新闻革命"得以名彪史册。

"耙粪者"一词的出处已非新闻，但用它来指称美国工业化时期揭露社会黑幕的新闻记者和进步作家则与总统西奥多·罗斯福的政治主张具有渊源关系。具体而言，西奥多·罗斯福总统进步又保守的政治主张，乃是"黑幕揭发运动"名称由来的根本源头。

"耙粪者"（muckrakers），典出自 17 世纪英国作家约翰·班扬的清教徒寓言小说《天路历程》。书中一人手握粪耙，宁可掏挖秽物，也不愿寻求高尚的事物。此语被借用来指称美国进步主义时期揭露社会弊端的文坛人士则是出自当时在职总统西奥多·罗斯福之口。1906 年 4 月 14 日盛怒下的罗斯福总统趁其为众议院新办公楼奠基发表演说之际，公开诋毁这些"手拿粪耙的人"，指责"他们的眼睛只能朝下看"，[①]"专捡社会的污垢却未能相应的看到美国高尚的一面"，[②] 罗斯福的一句气话就这样给这些记者们送了个称号，褒贬勿论，毕竟颇具神韵。

不过，虽是负气之言，却并非不经意而为之，它既是罗斯福当时态度的体现，就势必有其深刻的思想根源。身属有产者的罗斯福是资本主义制度的天然卫士和代言人，只不过，面对日益组织起来的工人阶级的滚滚斗争风潮，他明智地追求"一种温和但稳固的资本主义，一种力争体现公正同时又确保各阶级秩序井然的资本主义"。[③] 这种政见上的远见卓识加之他本人工于心计、变通自如的个性，促使他在政治实践中总是在进步主义与保守主义间寻找平衡的支点，他希望当时作家们所描绘的就是一幅"平

---

　　① Louis Filler. *The Muckrakers*, *Crusaders for American Liberalism*, University Park：Pennsylvania State University Press，1976，p. xvii.

　　② Walter M. Brasch. *Forerunners of Revolution：Muckrakers and the American Social Conscience*，Lanham，Maryland：University Press of America，1990，p. 97.

　　③ Louis Filler. *The Muckrakers*, *Crusaders for American Liberalism*, University Park：Pennsylvania State University Press，1976，pp. 52—53.

衡"的社会风貌图,① 他所指责他们的也正是他们不"平衡"的描绘。罗斯福认为种种因素促使记者们在揭露丑闻的方向上"走得太远了"。② 罗斯福要从根本上保护资本主义制度,便既不准大垄断势力威胁联邦政府与总统的权力,也不允许劳工阶级冲击资本主义制度。如他自己所言,他"既坚决反对不正当联合的影响,也同样坚决反对蛊惑人心和暴民统治"。因此,他在反垄断问题上总是态度犹疑、雷声大雨点小,虽然高举反垄断旗帜,同时却又关门留缝,声言只反坏的不反好的,自称:"一方面我要将他们踏在脚下,而另一方面还不能踏得太死。"③ 1902 年他对宾夕法尼亚无烟煤矿工人罢工的调解,正是其政治态度的一次亮相。他对那些无烟煤矿矿主们无视政府权力的傲慢无礼深感愤怒,于是便以强势态度插手仲裁,部分满足了罢工者的要求,既给那些不识时务的资本家们来了一个"下马威",也可以借此警示他人。然而这位"托拉斯克星"在大垄断企业陷入工人反抗的困境之中时,也每每拔刀相助,甚至不惜动用联邦军队助剿"暴民":1903 年和 1908 年,他曾两次应亚利桑那州及内华达州州长与矿主之请,"迅速"派兵镇压罢工以防止"潜在的而非现实的麻烦"。④"近来有些历史学家就不承认罗斯福是一个真正的进步派,他们认为他倒是一个精明的保守分子"。⑤ 1912 年《芒西

---

① Walter M. Brasch. *Forerunners of Revolution: Muckrakers and the American Social Conscience*, Lanham, Maryland: University Press of America, 1990, p. 97.

② Ibid. , p. 106.

③ Leon Harris. *Upton Sinclair: American Rebel*, New York: Thomas Y. Crowell Company, 1975, p. 85.

④ George E. Mowry. *The Era of Theodore Roosevelt and the Birth of Modern America*, 1901 – 1912, New York and Evanston: Harper and Row Publishers, 1958, pp. 140–141.

⑤ 纳尔逊·曼弗雷德·布莱克:《美国社会生活与思想史》(下册),商务印书馆 1997 年版,第 128 页。

杂志》曾给他贴了一个"进步主义的保守派"标签，称他是"所有进步派中最真诚的保守派"。① 这一称呼耐人寻味。罗斯福在任总统期间，为保现行制度长治久安，始终在进步与保守之间踩着跷跷板。正如美国历史学家莱恩·哈里斯所见，"虽然罗斯福并非总能成功，但却竭力在走中间路线"。②

罗斯福这一进步又保守的政治立场正是促使其对"黑幕揭发运动"冠以"耙粪"恶名的深层思想动因。从当时的美国社会背景看，工业化和城市化带来的问题似乎已使美国社会积重难返，一方面是贫富分化赫然，劳资冲突愈演愈烈，劳工运动似山雨欲来，情势逼人；另一方面又是大垄断者恃权专断，甚至把参议院都变成了名副其实的"百万富翁俱乐部"，其权势之大直逼政府和总统的权柄。在这样的情况下，身为总统的罗斯福审时度势，摆出了支持改革的进步主义者姿态，扮演起了"托拉斯克星"的角色，以期达到一石二鸟的效果，他要用一种温和而有限的改良去适当抑制托拉斯权力的膨胀，同时又能疏导和消融底层大众的不满情绪，从而达到维护社会稳定，挽救资本主义制度的目的。"罗斯福经常谈到所谓'革命的威胁'或'剧烈的变动'，也许不完全是耸人听闻之论，它表明了这样一个事实：工人阶级的强大力量本身就对统治者构成了一股巨大的压力，迫使他们在决策时不得不对此加以考虑"。③ 用纳尔逊·布莱克的话说，其实，罗斯福是"用得到充分控制的温和改革的萤火，阻止激进要求的森

---

① 李剑鸣：《大转折的年代——美国进步主义运动研究》，天津教育出版社1992年版，第288页。

② Leon Harris. *Upton Sinclair*：*American Rebel*，New York：Thomas Y. Crowell Company，1975，p. 85.

③ 李剑鸣：《大转折的年代——美国进步主义运动研究》，天津教育出版社1992年版，第189页。

林大火"。①

　　故而，他对一些新闻记者早期在《论坛》和《麦克卢尔杂志》上所发表的有关文章并未明确表示反感。然而当日后"黑幕揭发运动"势头日盛，不断激起公众不满情绪，极大地违背了罗斯福的施政策略时，罗斯福便不再坐视不理，而是给头脑发热的记者们来了个冷水浇头。1906 年 2 月，辛克莱发表小说《屠场》，揭发芝加哥肉类加工业勾结政府官员，无视公众食品安全，非法牟利，激起舆论哗然。为平息众怒，身为总统的罗斯福立即派人前往芝加哥调查情况，同时邀请辛克莱到白宫共议相关事宜，当面对辛克莱予以安抚和肯定。不过，正如赫斯特麾下记者、辛克莱的挚友埃拉·瑞夫所言，对于辛克莱所述是否属实，罗斯福并无兴趣，"所有这一切全是人前作秀"。背人之处，罗斯福对辛克莱深感不满。他曾私下里对新闻记者威廉·怀特等人怒言，虽然辛克莱会"揭丑"，但他"不喜欢这个人"，也"完全看不起他"，甚至对辛克莱恶语相加，称之为"狂人"。罗斯福曾经不无挖苦地对辛克莱的出版商说过："告诉辛克莱回家待着，腾个空儿，让我来治理这个国家。"② 更使罗斯福光火的是，一波未平，一波又起：《世界主义》从 1906 年 3 月起刊载戴维·格雷厄姆·菲利普斯的《参议院的背叛》，从而使销量扶摇直上，进一步造成群情激奋的严重态势。到这时，"一直在容忍却日感忍无可忍的西奥多·罗斯福终于失却了自制"；③ "罗斯福总统被激

　　① 纳尔逊·曼弗雷德·布莱克：《美国社会生活与思想史》（下），商务印书馆 1997 年版，第 218 页。

　　② Anthony Arthur: *Radical Innocent*: *Upton Sinclair*, New York: Random House, 2005, pp. 76, 82, 77.

　　③ Louis Filler. *The Muckrakers*, *Crusaders for American Liberalism*, University Park: Pennsylvania State University Press, 1976, p. 252.

怒了,指责美国有些媒体只喜欢搜寻社会丑恶的一面而未能相应
的看到其高尚的一面。先是对记者们,而后是当众,罗斯福攻击
这些他所谓的'耙粪者'"。① 1906 年 3 月 17 日,在时任参议院
议长斯毕克·坎农所设的晚宴上,罗斯福首次非正式地使用了
"耙粪者"的称呼来贬损"各报纸杂志那些手拿粪耙的人"。由于
情势所迫,"罗斯福决定对其立场作详尽阐述",② 于是便有了
1906 年 4 月 14 日那次公开表态:

> 我之所以想做此次演说是因为长久以来人们对我误会很
> 深,故而我想全面阐述我的观点。例如,你知道,我想放进
> 阳光与空气,不过我可不想连阴沟的恶气一并放入。如果房
> 内恶气充溢,又窗户紧闭,那我完全同意敲开窗子,但我绝
> 不会把排污管凿个洞出来……我反对粉饰弊端,也同样不赞
> 成凭空抹黑,对我来说,似乎反对其一绝不代表赞同另一方
> 面,这一点我必须澄清。③

可见,罗斯福是在保守与进步的政治力量间找平衡。他担心
这些新闻记者们过度的情感介入会导致其丧失必要的理智与冷静
的头脑,从而走向极端。路易斯·菲勒认为"可以将罗斯福视为
各种社会力量作用下的产物"。④ 罗斯福之所以会发表上述言论,
艾达·塔贝尔的解释切中肯綮——他是"害怕这些'耙粪者'会

---

① Walter M. Brasch. *Forerunners of Revolution*:*Muckrakers and the American Social Conscience*,Lanham,Maryland:University Press of America,1990,p. 97.

② Louis Filler. *The Muckrakers*,*Crusaders for American Liberalism*,University Park:Pennsylvania State University Press,1976,p. 252.

③ Ibid.,p. 52.

④ Louis Filler. *The Muckrakers*,*Crusaders for American Liberalism*,University Park:Pennsylvania State University Press,1976,p. 52.

给由国外燃起的本已炽热难抑的革命烈焰火上添薪，导致人们转向社会主义"。① 这怕是说中"耙粪者"名称由来的真正渊源了。

第二节　"黑幕揭发运动"与社会改革

其实罗斯福总统的担心实属多余。如果对黑幕揭发运动进行定性的话，也只能说它是由知识分子发起的以寻求公正与正义为目的的社会改革运动，尚且还谈不到革命的发生。然而，无可否认，"黑幕揭发运动"的确为进步主义运动充当了开路先锋，它的兴起标志着美国社会批判理性的成熟。"黑幕揭发者"所做的大量黑幕调查与揭发工作，对公众舆论起到了积极的导向作用，塑造了有利于社会改革的舆论气候，为进步主义运动的大规模兴起奠定了广泛的群众基础，因为"源源不绝的揭露文字，不断地刺激着美国人的麻木的神经，使他们逐渐意识自己所生活的社会已变成了一个什么样子，从而产生了渴求变革的心理"，不仅如此，不少黑幕揭发作品本身即为改革提供了重要的事实依据，而不少黑幕揭发者本人则是名副其实的社会改革派。诚如李剑鸣教授所言，"黑幕揭发者"乃是改革者，"黑幕揭发运动"乃是改革的催化剂。② 美国历史学家阿瑟·温伯格也曾说过：黑幕揭发者乃是"改革的宣扬者"。③

---

① Walter M. Brasch. *Forerunners of Revolution : Muckrakers and the American Social Conscience*, Lanham, Maryland: University Press of America, 1990, p. 98.

② 李剑鸣：《大转折的年代——美国进步主义运动研究》，天津教育出版社1992年版，第72—73页。

③ Arthur and Lila Weinberg. *The Muckrakers : the Era in Journalism that Moved America to Reform—the Most Significant Magazine Articales of 1902—1912*, New York: Capricorn Books, 1964, p. xix.

一　一个致力于制造改革舆论的知识共同体

　　"黑幕揭发运动"之所以能够形成并产生广泛的影响,首先就应该归功于那些敬业的专职"黑幕揭发者"。从 19 世纪末期"黑幕揭发运动"初露端倪到 20 世纪前十余年的时间里,先后加入"黑幕揭发运动"行列的大约有 40 多位包括记者、作家、教授、律师、公务员、宗教人士等来自不同行业的作者,其中始终活跃于运动前沿的约有 20 余人,他们成为运动中的主力。① 20世纪初,在黑幕揭发运动走向巅峰的十余年里,他们在当时的通俗刊物上发表过 2000 多篇黑幕揭发文章,② 而其中的三分之一都出自 12 位男性和 1 位女性作者,其作品总数多达 600 多篇文章和 90 多部著作。"他们构成了黑幕揭发运动的核心",③ 其笔锋所及包括政府与黑道的勾结、金融保险业的欺诈、药品食物的掺假、监狱里的暴虐、街道上的卖淫,甚至连教会中的黑暗也逃不过他们犀利的目光。可以说,他们的"黑幕揭发实际上抨击到了当时美国生活的每个方面,绝无遗漏"。④ 其深入细致的实地调查和充满激情的写作使众多原本难以为人所知的社会黑幕暴露于公众眼前,成为世人关注的焦点,甚至触动了当时的美国政

---

　　① Robert M. Crunden. *Ministers of Reform: the Progressives' Achievement in American Civilization 1889—1920*, Chicago: University of Illinois Press, 1982, p. 164.

　　② Robert Miraldi. *Muckraking and Objectivity*, New York: Greenwood Press, 1990, p. 28.

　　③ David Mark Chalmers. *The Social and Political Ideas of the Muckrakers*, New York: Citadel Press, 1964, pp. 15, 8.

　　④ Arthur and Lila Weinberg. *The Muckrakers: the Era in Journalism that Moved America to Reform—the Most Significant Magazine Articales of 1902—1912*, New York: Capricorn Books, 1964, p. xix.

府,不仅促进了社会改革的来临而且影响了政府的政策修订,而他们自身也在运动中成长和成熟,形成了一个独特的知识分子群体。

美国历史学家路易斯·菲勒曾经对黑幕揭发者们的基本特征作过一次综合性描绘,被美国历史学家赫伯特·夏皮罗称为是黑幕揭发群体的"一个整体影像":① "他出生于19世纪60年代前后的西部地区";"源自土生土长的好家庭,拥有智慧而勤劳的双亲";"他接受过极好的教育,并在成长过程中培养起了执著的文学抱负";"大学毕业后,他面临事业问题……他成为一个新闻记者并受委派去报道当时的各种消息;他喜欢眼见为实,得到有关当时美国的第一手资料,巨大的工厂、轮船和铁路和大量涌入的移民大军、大城市里的贫民窟、罢工和近在咫尺的贫富对照深深触动了他,这些远非文学作品,而是生活,是现实";他"感觉敏锐而富于智慧,对于这些事情比普通人看得更加深刻,阅读广泛而熟谙当代政治思想,试图解开表层去了解影响美国生活的种种力量";"目睹大公司和铁路巨鳄庞大实力的稳步扩展,他觉得应由政府行使所有权和管理权;他能够洞悉劳工的观点……他同情改革者所面临的问题。""随着西奥多·罗斯福的崛起,年轻的新闻记者将自己全身心地投入到了这场新的揭露与改革运动当中。"② 再进一步说,这一群体之所以形成又是因为在这些黑幕揭发记者身上存在着一定的共同特性:其一,他们大都属于美国中产阶级;其二,他们大都接受过良好的教育,很多具有大学学历和留学欧洲的经历。这两点共同特性足以令他们形成共同的事

---

① Luis Filler, "The Way of a Crusading Liberal", 载 Herbert Shapiro. *The Muckrakers and American Society*, Boston: D. C. Heath and Company, 1968, p. 1.

② Ibid., pp. 1—2.

业和一致的初衷。

从总体上看，"黑幕揭发者"中大约有 72% 是本土美国人，其家族多为 17 世纪时移居北美的欧洲先民，定居美国已久，其父辈多为英格兰、苏格兰、爱尔兰或者德意志血统，大多受过良好的教育，有些则是专业人员，他们本身也深为自己的家庭背景而"感到无比自豪"。这些人大多出生于从 19 世纪 50 年代末期到 70 年代末期的大约 20 年里，尤其以美国内战后出生的为多（这一点从下面所提到的几个人中便可看出），而且他们大多生长于美国中西部的小城镇中，在宗教信仰上与其他进步主义人士相近，虽然在对待清教仪式的态度上他们并不像其父辈那样虔诚，"很少有人是严肃的'上教堂的人'"，但毕竟"在名义上"依然还是长老会派教徒或卫理公会派教徒，在文化心理和价值观念上还仍旧受到美国传统中产阶级道德观念和思想意识的浓厚影响。因此，不仅像罗伯特·科拉敦所言，"'黑幕揭发者'在种族上是一个同质的群体"，① 就是在文化背景和价值观念上他们也同样具有同构性。只要翻检一下当时几位最活跃的黑幕揭发者的简历，便不难发现，他们大都有着丰裕的家庭背景和良好的求学经历：艾达·塔贝尔（1857—1944 年）是宾夕法尼亚石油巨头之女，受教于阿勒根尼大学，还曾在著名的索邦大学（即巴黎四大）学习；厄普顿·辛克莱（1878—1968 年）19 岁时毕业于纽约市立学院，后又到哥伦比亚大学攻读研究生；弗兰克·诺里斯（1870—1902 年）出生在美国芝加哥一个十分富有的家庭，他的父亲是一位百万富翁；雷·S. 贝克（1870—1946 年）出生于一

---

① Robert M. Crunden. *Ministers of Reform*: *the Progressives' Achievement in American Civilization 1889—1920*, Chicago: University of Illinois Press, 1982, p. 165.

个美国中上阶层的家庭,从密歇根州立大学毕业后,又到密歇根大学学习过法律;林肯·斯蒂芬斯(1866—1936年)生于旧金山的一个商人家庭,富裕的家境使他有条件从加利福尼亚大学伯克利分校毕业后便到欧洲游学,先后在德国的柏林、海德堡、莱比锡以及法国的巴黎大学研修哲学、心理学和伦理学。大卫·格雷厄姆·菲利普斯(1867—1911年)毕业于普林斯顿;乔治·吉伯·特纳(1869—1952年)毕业于威廉斯学院。很显然,唯其有了这样一批年富力强的新闻作家和记者,才会有"黑幕揭发运动"的兴起。

身为知识分子,这些人更富于社会良知与道德激情,较之其他社会阶层,他们因为具有更强的观念思维能力和更多的知识与信息,而更易于对公共事务进行理性分析。虽然他们所学专业各有不同,却能够既利用专业知识又超越专业范围去思考人类社会的普遍问题,对社会现实给予特别的关注。由于生长在美国从农业社会向工业社会过渡的转型时期,他们亲历了社会的物质进步与进步所导致的沉重代价,出于知识分子的社会道德和职业敏感,他们对现实的认识要比他人清醒、深刻得多,他们在承担社会责任方面也要比他人自觉得多、投入得多,正因为如此,他们才会自觉探索社会问题,捍卫社会正义。他们揭露社会弊端,阐释社会矛盾的根源,就是因为他们明白,美国"不仅需要描述和解释,甚至需要改革"。①

从整个"黑幕揭发时代"的情况来看,我们不排除在某些报道中存在夸大甚至失实的可能。因为某些揭发作品乃是应廉价通俗刊物的要求所写,出于吸引读者的目的,作者滥用了煽情主义

---

① Louis Filler. *The Muckrakers*, *Crusaders for American Liberalism*, University Park: Pennsylvania State University Press, 1976, p. 4.

的写作手法，在行文中对事实予以刻意的夸张和渲染。但是，如果后人据此便全盘否定"黑幕揭发"记者们主持正义的初衷则未免失之偏颇。因为在数以千计的"黑幕揭发"作品中，存在此类问题的毕竟只占少数，当时大多数记者都能够对所从事的写作报以认真负责的态度。"黑幕揭发"之所以又有"调查性报道"之称，[①]　就是因其作者们总是以客观调查为报道前提，非常重视新闻的"科学性"。他们强调，"做编辑要小心，看起来容易，但若没有事实，就等于毫无意义"；而作记者则要像"新闻机器"，"不能有偏见、不能随意渲染"，事实最关键。[②]　为了言之有据，他们曾经花去大量的时间和精力进行实地调查，明察暗访后方敢动笔。出于这样的原因，斯蒂芬斯每年的出稿量仅为4篇，而塔贝尔则是5年才"磨"成了一书。[③]　斯蒂芬斯从来不怕与被揭发者"对簿公堂"，因为他总是在掌握了大量证据之后才肯说话，对于其报道的真实性，包括被揭发者本身在内，"大家心里都有数"。[④]　塔贝尔在其采访过程中总是反复声明，"我要的是事实"，结果是，她几乎将《美孚石油公司史》写成了一部学术性著作，书中翔实的文件资料和不偏不倚的写作风格都会使读者们感觉他们仿佛在阅读一部历史专著，甚至连塔贝尔本身也对自己究竟应该算是一个历史学家还是一个"黑幕揭发"记者

---

①　Steven J. Dinner. *A Very Different Age*：*Americans of the Progressive Era*，New York：Hill and Wang，1998，p. 203.

②　Robert Miraldi. *Muckraking and Objectivity*，New York：Greenwood Press，1990，pp. 17，33.

③　S. S. McClure. *My Autobiography*，New York：Frederick A. Stokes，1913，p. 245.

④　Lincoln Steffens. *The Autobiography of Lincoln Steffens*，New York：Harcourt，Brace and Company，1931，p. 486.

产生了疑问,① 她自称,在《美孚石油公司史》的调查和写作过程中,她始终都在"履行其作为一个历史学家的责任"。② 辛克莱也力图遵照一个史学工作者的职业要求去进行报道活动。他在晚年忆及自己一生的文学生涯时曾经说道:"我就我所告知读者之事的准确性向他们负责,我且就此声明我现已尽全力确保事实报道准确无误,我曾写过千余封信给这样或者那样现场的目击者抑或是情报的知情者。"③ 可见,"'黑幕揭发者'毕竟有别于以文换钱的三流文人",④ 因为他们怀揣着知识分子的社会良知与责任。

再从另一方面来说,这些记者身上也充满了美国中产阶级的特性,他们不仅"有自己的社会良心",还有自己的"政治立场",⑤ 他们都是美国民主与自由观念最坚定的崇尚者,美国思想史家路易斯·菲勒教授称之为"美国自由主义的斗士",⑥ 维护美国民主制度也是他们揭露黑幕的重要初衷之一。虽然"黑幕揭发运动"中揭出的种种社会罪恶的确令人触目惊心,但记者们的目的却并不想从根本上动摇和推翻美国的制度,相反,他们是想以此促使其加强自我调节和改革,使之躲过日益迫近的一场重

① Arthur and Lila Weinberg. *The Muckrakers*:*the Era in Journalism that Moved America to Reform-the Most Significant Magazine Articales of 1902—1912*, New York:Capricorn Books,1964,p. xvii.

② Ida Tarbell. *All in the Day's Work*,*an Autobiography*,New York:the Macmillan Company,1939,p. 253.

③ Jon A. Yoder. *Upton Sinclair*,New York:Fredrick Ungar Publishing Co.,1975,pp. 10—11.

④ 李剑鸣:《大转折的年代——美国进步主义运动研究》,天津教育出版社1992年版,第73页。

⑤ 同上。

⑥ 书名:Louis Filler. *The Muckrakers*,*Crusaders for American Liberalism*,University Park:Pennsylvania State University Press,1976.

大危机,重现社会的和谐与稳定。用美国历史学家维农·帕灵顿的话说,他们不过是给美国社会清扫一下房屋,只想为其扫除"陈年污垢",不想使它伤筋动骨。[①] 美国工业化时期,严重的"工业文明综合征"致使旧有的中产阶级道德观念和生活方式遭到破坏,动摇了美国民主制度的基础,要想在社会生活中重建民主,就必须塑造新的道德观念和生活方式,他们揭露黑幕乃是为了用"更加民主"来"解决民主制度的弊端"。[②] 用李剑鸣教授的话说,那是出于为资本主义制度"补天"的责任感,他们所追求的就是使美国制度、美国社会摆脱黑幕的困扰,走上光明的大路。[③] 正如《耙粪者》一书的两位编者阿瑟和里拉·温伯格所看到的,事实上,尽管他们为社会不公而愤懑,但却并不存有仇恨心理。[④] 恰恰相反,他们是"热爱这个世界"的乐观主义者,他们希望也坚信自己的揭露能够将美国带向更加美好的未来。诺里斯以小麦象征希望,贝克也指出:"我们对人类有信心。我们'揭露黑幕'并不是因为我们憎恨这个世界,而是因为我们热爱它。"他提出,"要拯救这个共和国,必须靠每个人的努力"。[⑤]

　　只有想到一起才有可能做到一起。共同的愿望和目标使得这

---

①　Vernon Louis Parrington. *Main Currents in American Thought*, vol. 3, New York: Harcourt, Brace & Co., 1930, p. 406.

②　Louis Filler. *The Muckrakers, Crusaders for American Liberalism*, University Park: Pennsylvania State University Press, 1976, pp. 249, 5.

③　李剑鸣:《大转折的年代——美国进步主义运动研究》,天津教育出版社1992年版,第73页。

④　Arthur and Lila Weinberg. *The Muckrakers: the Era in Journalism that Moved America to Reform—the Most Significant Magazine Articales of 1902—1912*, New York: Capricorn Books, 1964, p. 431.

⑤　Walter M. Brasch. *Forerunners of Revolution: Muckrakers and the American Social Conscience*, Lanham, Maryland: University Press of America, 1990, pp. 130—131.

些记者们不约而同地选择了揭发社会黑幕的道路，逐渐在"黑幕揭发运动"中结合成了一个志同道合的知识共同体。按照一般的定义，一场社会运动总要具备特定的时间、地点、主题、参加者和组织者等几个要件，但"黑幕揭发运动"却是一场完全自发性的运动，关于其起讫时间和发起者至今尚存歧异，就连那些记者本身也无法确定究竟是谁最先发起了这场运动。斯蒂芬斯、贝克和马克·萨利文都曾自称是第一位"黑幕揭发者"。在斯蒂芬斯的自转中，他将《圣路易斯市的特威德统治时代》一文标注为"第一篇黑幕揭发文章"，因为该文首次刊登于1902年10月的《麦克卢尔杂志》，比塔贝尔的《美孚石油公司史》早出现一个月。而贝克则曾专门致信菲勒教授，提醒这位研究"黑幕揭发运动"的权威学者注意，他的"北太平洋铁路的交易"和"美国钢铁公司到底是什么及其运转情况"在时间上要比斯蒂芬斯的文章出现得更早。萨利文也积极为自己争取这个"第一"的荣誉，在其"一个美国人的教育"一文中，他宣称，"事实上，第一篇揭发政治黑幕的文章就是一年前的1901年10月我为《大西洋月刊》所写的'宾夕法尼亚的弊病'一文"。① 三位黑幕揭发干将在那里争名夺誉未免显得有些失之大方，不过却能够说明他们实际上具有着共同的观点和志向。面对丛生的时弊，他们几乎同时想到了自己身为记者的社会责任，无论第一篇具体的黑幕揭露文章出自谁手，他们三人都当得起是"黑幕揭发运动"的先锋。"麦可卢尔杂志团体"的形成也是新闻界知识分子们团结合作的又一绝好例证。《麦可卢尔杂志》的成功无可否认乃是其老板经

---

① Arthur and Lila Weinberg. *The Muckrakers: the Era in Journalism that Moved America to Reform—the Most Significant Magazine Articales of 1902－1912*, New York: Capricorn Books, 1964, p. xvii.

营有道，但最主要的还是他能知人善任，他将一批年轻有为的知识分子笼络于他的旗下，形成了一个以斯蒂芬斯、贝克和塔贝尔为核心的专职"黑幕揭发"团体。正是这些记者们追求正义的精神把那里变成了一方深受公众瞩目的舆论阵地。忆及与同仁们一起在《麦可卢尔杂志》共同奋斗的12年光阴，塔贝尔颇感受益匪浅，"这里有一群人我能与之共同工作……这里有一份健康成长的事业令我激动不已，它似乎提供了无限的机会，令我们能够为提高国人的思想而贡献力量"。① 而其他的黑幕揭发者们也一样功不可没，虽然他们没有人为地组织成一个具体的有形团体，但是，他们却拥有一份共同的事业，那就是揭露黑幕，呼吁改革。唯有他们的共同努力，才使得揭发社会黑幕的行为从个别记者影响有限的零星做法走向了引起舆论广泛关注的大规模运动。黑幕揭发运动之所以产生如此大的震撼力，绝非一两个英雄人物个人努力的结果，全都是靠了新闻界和文学界众多有良知的知识分子们齐心协力才行；它之所以能制造出如此大的舆论效力，乃是因为在美国的历史上"第一次有这么一群作者和一批杂志对其发现的社会弊病予以穷追猛打。如此毫不留情的揭露，在美国期刊文学史上，实乃空前绝后，无人堪与之相比"。②

二 "黑幕揭发"的主力及其抨击的主要社会问题

从19世纪末到20世纪初期，轰轰烈烈的美国"黑幕揭发运

---

① Ida Tarbell. *All in the Day's Work*, *an Autobiography*, New York: the Macmillan Company, 1939, p. 254.

② Arthur and Lila Weinberg. *The Muckrakers: the Era in Journalism that Moved America to Reform—the Most Significant Magazine Articales of 1902－1912*, New York: Capricorn Books, 1964, p. xviii.

动"横扫了美国社会的每一个黑暗角落，致使公共生活的方方面面"无一幸免"地受到了揭露，[①] 更值一提的是，黑幕揭发者们的功绩并不仅仅在于发现了问题，他们还激活了公众的变革心理，并督促政府解决了相当一部分问题，对进步主义改革运动的兴起起到了极大的推动作用。

虽然"黑幕揭发者们"在某些具体问题上的见解未见得尽皆一致，但其初衷却高度统一，那就是他们对美国广大民众的关注与对平等、正义的追求。塔贝尔的《美孚石油公司史》报道了托拉斯非法敛财，挤垮中小竞争对手的不光彩发迹史，类似的主题也曾在诺里斯的《章鱼》中出现；贝克笔下的矿工，以及辛克莱小说中为生活苦苦挣扎的新移民，无不体现着作者的立场。他们揭露腐败，并不是为了耸人听闻。辛克莱写道："并不是因为他们喜欢腐败，而是因为他们强烈地憎恨它，以至于腐败不除，他们就无心他顾。"[②] 归纳起来，"黑幕揭发者"重点揭发了下列几方面的问题，即：政治腐败问题、托拉斯问题与劳工问题、犯罪与监狱问题、移民与种族问题、教会与教堂中的问题，而其中他们投入精力最多、引起反响最大、对推动改革效果最明显的则是前两个，即政治领域的贪赃枉法与经济领域的欺诈舞弊，以及这两者间的关系。

如前所述，从 19 世纪末到 20 世纪初，美国经济的迅猛发展在客观上为政治腐败的滋生提供了温床，党魁专权与企业干政成为当时美国政治腐败的主要标志。随着大小党魁与政治老板实权

---

① Arthur and Lila Weinberg. *The Muckrakers: the Era in Journalism that Moved America to Reform—the Most Significant Magazine Articales of 1902—1912*, New York: Capricorn Books, 1964, p. xviii.

② Upton Sinclair, "The Muckrake Man", 载 Herbert Shapiro. *The Muckrakers and American Society*, Boston: D. C. Heath and Company, 1968, p. 13.

地位的不断巩固以及资本家贿买政府官员、左右政府决策行为的日益嚣张,一些有胆识的作家和记者陆续将目光瞄准了政治领域中的黑幕,其犀利的笔锋使诸多政治生活中的不法勾当成为众矢之的。

早在19世纪末期就有刊物和记者对政界黑幕表露出兴趣,例如,前面述及的普利策和赫斯特等都曾利用自己的《圣路易斯快邮报》、《世界报》、《纽约新闻报》和《世界主义》等对各级政府中的腐败问题展开过揭露和批评,《竞技场》、《论坛》、《麦克卢尔杂志》等刊物在报道政府黑幕方面也都非常积极。到20世纪初期,政治领域的腐败终于招致了揭发政治黑幕高潮的兴起。一些有勇气、有良知的作家和记者以《人人杂志》、《世界主义》、《柯利尔杂志》、《麦克卢尔杂志》和《汉普顿氏》等刊物为阵地,经过明察暗访,推出了一批有事实根据、反响强烈的揭露政治丑闻之作。从1902年到1909年间,戴维·格雷厄姆·菲利普斯的《参议院的背叛》、威廉·哈德的《"乔大叔"坎农》、马克·沙利文的《关于国会的评论》、C. P. 康诺利的《蒙大拿的故事》、林肯·斯蒂芬斯与克劳德·韦特莫尔的《圣路易斯市的特威德统治时代》、威尔·欧文的《第一选取区舞会》、一位未署名的作者的《这也能被粉饰吗?》以及约翰·L. 马修斯的《巴林杰先生与国宝囊》等文章相继问世,分别对参众两院、各州、市、选区的腐败黑幕和官僚作风予以了抨击,使政治腐败成为"黑幕揭发"记者们重点调查和揭露的焦点问题之一,对促进当时的美国政治改革,净化美国政治生活中的龌龊角落起到了一定的作用,特别是菲利普斯对联邦参议院腐败内幕的描述以及斯蒂芬斯对城市政府贪污受贿情况的调查报道,更是激起了公众的愤慨和呼吁改革的声浪,为进步派的政治改革提供了舆论基础和事实依据。

《城市之羞》一书堪称是"黑幕揭发运动"对美国进步主义改革的最大贡献之一，它对美国工业化时期的市政丑闻展开了一次集中揭露，充分显示了新闻制造舆论的威力。其作者约瑟夫·林肯·斯蒂芬斯擅长揭发市政问题，这与其自身的经历不无关系。如前所述，斯蒂芬斯曾经游学欧洲，于他而言，"整个欧洲就是一所大学"，[①]令他从中受益匪浅。这段学习经历培养了他透过表面现象深挖事物本质的能力，也为其日后以深刻犀利的视角成功撰写《城市之羞》打下了坚实的基础。回到美国后，斯蒂芬斯曾担任《纽约晚邮报》的编辑，后应麦克卢尔之邀加盟《麦克卢尔杂志》，担任总编辑。19 世纪 90 年代，还在斯蒂芬斯涉足新闻领域的头 10 年里，他就曾采访过华尔街的金融证券业以及纽约的犯罪问题，这种工作便利即使他结识到不少金融巨头，又与警界、社会底层以及各类罪犯不无交往，从而得以洞悉不少黑幕，对金融界与政界的不正当关系以及警界的贪赃枉法有了直观的了解。几年的记者生涯不仅使他看到了政企间的权钱交易，也目睹了警察的非法牟利：他们定期向酒吧、歌舞厅索要黑钱，并常常"帮助"犯罪分子重罪轻判、减刑甚至逍遥法外。"这种警察与罪犯之间的亲密无间"，"或许会使一个普通的记者变得愤世嫉俗，但是它却使斯蒂芬斯带着铲除猖獗的社会弊病的决心转向世人"。[②]亲身的经历令其对政界黑幕深有体会，开始认识到腐败的整体性和社会性，思想认识的深化使他从单纯、客观地报道个别人的个别犯罪，转为挖掘其行为背后的社会根源和腐败的普遍性。这种报道逐渐引起了公众的注意，1901 年，斯蒂芬斯加

①　Justin Kaplan. *Lincoln Steffens*, *a Biography*, New York: Simon and Schuster, 1974, p. 37.

②　Louis Filler. *The Muckrakers*, *Crusaders for American Liberalism*, University Park: Pennsylvania State University Press, 1976, p. 92.

盟《麦克卢尔杂志》杂志又给其事业带来了新的契机,是年,他应该刊老版麦克卢尔之邀,出任编辑部主任,以此为平台,正式走上了专门揭露政界黑幕的记者生涯。

1902 年,斯蒂芬斯在麦克卢尔的支持下,对圣路易斯、费城、匹兹堡、明尼阿波利斯、芝加哥、纽约等城市进行了实地调查,结果发现这些城市全都腐败透顶,随后进行的随机抽样调查同样显示,包括首都华盛顿在内,所到之处概莫能外。一小撮人掌握着市政大权,形成了一个关系紧密的利益共同体,控制了城市的各种资源和经营公共事业的专利,有组织的犯罪已经在各个城市的政界、商界、司法界和警界中无孔不入。回到编辑部后,他连续发表 6 篇文章,将所发现的黑幕如实予以了披露,内容翔实,语出有据。文中对每一事例的具体日期、当事人姓名、行贿金额、交易过程以及分赃情况等都记录得清清楚楚,"在科学研究美国政府方面迈出了重要的一步",[①] 为"黑幕揭发"记者涉足政治领域树立了典范。这 6 篇文章堪称"黑幕揭发"作品中的经典,正是它们组成了轰动一时的一部《城市之羞》。身为一名具有社会责任感的知识分子,斯蒂芬斯目光敏锐,头脑清晰,他不仅发现了市政腐败这一严重问题,而且还洞察到了问题的典型性。因此,他对美国城市政府的揭发并不专注于个别城市的个别事例,而是将着眼点置于社会整体,以期对当时美国城市的政治状况加以整体考察,他为此而选择了芝加哥等几座当时最具代表性的城市进行研究。他在《城市之羞》的前言里曾经指出,"我并非为写芝加哥而写芝加哥,而是为了其他城市,所以我挑选了

---

① Arthur and Lila Weinberg. *The Muckrakers: the Era in Journalism that Moved America to Reform—the Most Significant Magazine Articales of 1902—1912*, New York: Capricorn Books, 1964, p. 121.

那些对其他城市有所启发的城市来写"。[①] 事实上，"他所写出的不仅是煽情故事，也不仅是腐败问题，而是市政腐败的通病范式，一种不只是在圣路易斯，或者在明尼阿波利斯，或者在其他什么地方可以找到，而是在任何地方都能找到的范式"。[②] 换言之，他写这些城市不是单纯为了追求一种轰动效应，而是因为它们分别代表了市政腐败中的某一类：圣路易斯是市议会议员索取贿赂问题的典型，明尼阿波利斯存在着严重的官员和警察的贪污现象，匹兹堡的社区生活完全被政治机器所操纵，而费城的麻烦则在于市民自己无知地放弃了投票权。鉴于此，斯蒂芬斯在报道中并未刻意去揭露丑闻以满足公众的好奇心，而是抓住了典型城市的典型事例，再凭借知识分子的眼界加以提炼和分析。他在写作此次专访的第一篇文章《圣路易斯市的特威德统治时代》时，便明确地向读者指出，市政府的腐败并非圣路易斯所独有，而是非常普遍的现象，已经在美国国内各个城市中严重泛滥。他在文章中写到："太令人遗憾了？对，但是也非常典型。现今其他城市的情况和圣路易斯没什么区别……在圣路易斯所发生过的一切正在我们大多数城市、小镇和村庄上演着。在美国，城市政府的种种问题还没有得到解决。"[③] 这一番话语足见一个知识分子的见识和觉悟，无怪乎菲勒会称之为"揭发政治黑幕作家中最伟大的一个"。[④]

---

① Lincoln Steffens. *The Shame of the Cities*, New York: Hill and Wang, 1957, pp. 10—11.

② Louis Filler. *The Muckrakers*, *Crusaders for American Liberalism*, University Park: Pennsylvania State University Press, 1976, p. 99.

③ Lincoln Steffens, "Tweed Days in St. Louis", 载 Arthur and Lila Weinberg. *The Muckrakers: the Era in Journalism that Moved America to Reform—the Most Significant Magazine Articales of 1902—1912*, New York: Capricorn Books, 1964, pp. 135—136.

④ Louis Filler. *The Muckrakers*, *Crusaders for American Liberalism*, University Park: Pennsylvania State University Press, 1976, p. 99.

　　而且，斯蒂芬斯也并未停留于报道当时美国市政腐败的表象，还对其生成的社会环境根源进行了深入挖掘。他指出："一旦贪污腐败以同样一种形式在各地出现，那么这种普遍的罪恶一定是有自身原因的非个人的结果，而不是某些坏人道德败坏的偶然事件。"①显然，斯蒂芬斯已经看到了导致市政腐败产生的"非个人的"、"偶然事件"之外的社会因素。他所关注的乃是致使"这种普遍的罪恶"滋生和蔓延的制度性原因。在斯蒂芬斯看来，美国的问题就在于缺少一个代议制政府，因为，虽然美国有法可依，但却无人肯依，没有良方可以保障法律的强制执行。②归纳来看，他将市政腐败主要归罪于两种人：一是商人，二是"城市老板"。他认为，就是这两种人腐蚀了美国民主制度的基础。他强调企业插手政治所带来的危害性；同时也指责"城市老板"们对政府的操纵将其变成了一种有悖于民主制原则的寡头政治机器。他认为当时美国市政腐败的主要特点就是官商结合。"城市老板"代表着特殊集团的利益，官商相互勾结，通同作弊，在官商之间形成了一个庞大的利益集团，一损俱损、一荣俱荣，结构紧密，他人根本难以插手，从而造成了一种荒诞的"悲剧"，即如果不参与腐败，政府便无法建设及维持公共事业与设施。无论何人，只要想"做事"，就得服从官、商间即有的腐败性"游戏规则"，举国上下莫不如此。③据此，他认

---

　　①　林肯·斯蒂芬斯著：《林肯·斯蒂芬斯自传》，展江、万胜等译，海南出版社 2000 年版，第 329 页。

　　②　Louis Filler. *The Muckrakers*, *Crusaders for American Liberalism*, University Park：Pennsylvania State University Press, 1976, p. 99.

　　③　Lincoln Steffens. *The Autobiography of Lincoln Steffens*, New York：Harcourt, Brace and Company, 1931, p. 369.

定商人及其所要的特权乃是腐败的主要根源,① 用他的话说,
"特权商业"是恶魔。② 具体说就是,商人们为求利润不择手段、
大肆行贿以换取特权的做法,助长了政府中的不良风气,并腐蚀
了社会的道德精神,将"公共精神变成了私人精神,公共事业变
成了个人贪欲",将民主政府变成了"为流氓无赖所左右,为富
有者办事"的机构。③ 政治因此而成为一种权与钱的交易,为
贪官污吏捞取个人私利提供了便利。斯蒂芬斯告诫人们,"对
我们造成损害的正是特权","认识到这一点并不容易,但很重
要"。④

　　不过,正如李剑鸣教授所说,尽管斯蒂芬斯"对美国政治的
问题做了淋漓尽致的揭露,但他并不是一个悲观主义者。他对美
国民主制度充满信心,他深信美国人仍是有着自尊心的,流弊终
会革除,美好时代终会到来"。⑤ 也就是说,斯蒂芬斯写作这些
文章的目的,是在于唤醒美国人的公民责任感及其对腐败危险的
认识,推动改革,清明政治,早日结束腐败,建立"良好政府"。
在《城市之羞》的前言里,他明确地告诉读者,无论是发表文章
还是付梓出书,其目的都是"为了唤醒一个明显无羞耻感的公民
的自豪感"。他还说过,"我并不想保存这些事实","我只是希望

---

　　① Lincoln Steffens. *The Shame of the Cities*, New York: Hill and Wang,
1957, p. 3; Lincoln Steffens. *The Autobiography of Lincoln Steffens*, New York:
Harcourt, Brace and Company, 1931, p. 417.

　　② Lincoln Steffens. *The Autobiography of Lincoln Steffens*, New York: Har-
court, Brace and Company, 1931, p. 417.

　　③ Lincoln Steffens. *The Shame of the Cities*, New York: Hill and Wang,
1957, pp. 20, 17.

　　④ Lincoln Steffens. *The Autobiography of Lincoln Steffens*, New York: Har-
court, Brace and Company, 1931, p. 417.

　　⑤ 李剑鸣:《大转折的年代——美国进步主义运动研究》,天津教育出版社
1992年版,第70页。

破坏这些事实"。① 从结果来看，该书应算是达到了令斯蒂芬斯
满意的效果。因为它的确给众多读者的心灵带来了震撼，不仅使
他们了解了政府的内幕，也觉悟到了近在咫尺的危机，激发了他
们的改革心理，"众人都满怀热望地转向了斯蒂芬斯的治病良
方"。② 而在此之前，"广大的民众 …… 并不了解真实政府的真
正现实"。现在，"事实摆在面前，由此而产生的判断早晚会成为
他们行动的指南"。斯蒂芬斯出色的采访技巧与揭露问题的能力，
大大提高了人们对腐败问题严重性及其根源的认识。在《城市之
羞》出版后的六七年里，斯蒂芬斯又先后出版了《为了自治的奋
斗》（1906 年）和《上层建筑者》（1909 年）两部揭露政治问题
的力作，决心"要对美国的政治腐败一追到底"。③ 在此期间，
经他报道过的圣路易斯、费城、芝加哥、明尼阿波利斯以及堪萨
斯、洛杉矶和旧金山等城市，都不同程度地进行过"艰难的"市
政改革，其中一部分城市甚至进行了激进的改革，而另一些城市
则是在看似毫无反应的淡漠中经历了"逐渐的，甚至难以察觉的
改革"。④ 事实最能说明问题，能引发这样的结果，足见斯蒂芬
斯的笔力和苦心。

　　《城市之羞》令斯蒂芬斯本人获得了来自各方的赞誉，他
被公认为"美国最优秀的调查性报道记者"之一。1904 年 10
月，当由他执笔的《共和国的敌人——威斯康星》在《麦克卢

---

① Lincoln Steffens. *The Shame of the Cities*, New York: Hill and Wang,
1957, pp. 137, 1, 12.

② Louis Filler. *The Muckrakers*, *Crusaders for American Liberalism*, University Park: Pennsylvania State University Press, 1976, p. 99.

③ Justin Kaplan. *Lincoln Steffens*, *a Biography*, New York: Simon and
Schuster, 1974, p. 139.

④ Walter M. Brasch. *Forerunners of Revolution*: *Muckrakers and the American
Social Conscience*, Lanham, Maryland: University Press of America, 1990, p. 56.

尔杂志》上见诸报端之后,威斯康星州州长罗伯特·拉福莱特曾对斯蒂芬斯说道:"我不能不惊叹于你的成就之大,不能不惊叹于你写作的迅速与严谨以及你的意见之深刻。"他认为斯蒂芬斯的文章对当年选举所产生的影响力任凭给予多高的评价都不为过。[①] 谈及这一点,斯蒂芬斯却坚持认为这些报道是和他一样的"黑幕揭发者"集体智慧的结晶,"我只是到别人……一直在做这些(调查)工作的地方,把他们冒着很大风险才获得的劳动果实捡拾起来,然后(向全国的读者)描述并分析他们所提供的证据"。这并不是斯蒂芬斯的自谦,他的确只是当时众多揭露政治腐败者中的一个,正如菲勒所言,"斯蒂芬斯乃是时代之子",他的文章"并非荒野之声,倘若当时只有一个斯蒂芬斯,而再无他人的话,就根本不可能写得出《城市之羞》,更不用说能出版了"。[②] 可见,在黑幕揭发的时代,致力于揭露政治腐败者还大有人在,大卫·格雷厄姆·菲利普斯(1867—1911 年)也值得一提。

1906 年,《城市之羞》所造成的轰动尚未平息,又一场"新闻地震"再次令举国震惊。[③] 是年 3 月,大卫·格雷厄姆·菲利普斯在《世界主义》上发表了名为《参议院的背叛》的一组系列报道,对美国国会参议员的腐败罪行予以声讨,指名道姓地抨击纳尔逊·奥尔德里奇等 20 多位参议员,称其为各个财阀的代言人,谴责其肆无忌惮的叛国行径。

---

① Justin Kaplan. *Lincoln Steffens*, *a Biography*, New York: Simon and Schuster, 1974, p. 139.

② Louis Filler. *The Muckrakers*, *Crusaders for American Liberalism*, University Park: Pennsylvania State University Press, 1976, p. 96.

③ Arthur and Lila Weinberg. *The Muckrakers: the Era in Journalism that Moved America to Reform—the Most Significant Magazine Articales of 1902—1912*, New York: Capricorn Books, 1964, p. 68.

　　菲利普斯曾经先后在《纽约太阳报》和普利策的《世界报》中任职,有着近 20 年的职业记者经历,对政府与企业间的暧昧关系早就有所了解。在写作《参议院的背叛》之前,他已经发表过一些社论,探讨托拉斯及其对国家权力的破坏,他还曾经写过多部黑幕揭发小说,辛辣地抨击私有企业对参议院的操纵,唯其如此,他才会被慧眼识人的报界大王赫斯特相中,来接替查尔斯·爱德华·罗塞尔来完成一项重要的调查报道工作,而菲利普斯也果然不负重托,以一部《参议院的背叛》,为《世界主义》带来了更大的名气和销量。①

　　赫斯特接手《世界主义》后不久,《人人杂志》麾下的记者罗塞尔便建议他推出一个关于美国参议院的系列报道。这一想法的产生源于罗塞尔本人的一次经历。1905 年,当身为记者的罗塞尔在国会参议院走廊上旁听和采访时,他发现那些"肥头大耳的绅士们"全都代表着与人民为敌的托拉斯的利益,"那里的每一位议员都代表着某个私人或掠夺者的利益。每位都本该代表人民,而事实上却都代表了人民之敌的一部分"。震惊之余,罗塞尔想到了记者手中的笔,他认为,"严格说来,我们没有参议院,有的只是一个服务于工业家和金融家们的管家会所"。②"最好是就这一事实写出一个文章系列来"③ 这一想法,虽然遭到了《人人杂志》的否决,却在"煽情大王"赫斯特那里得到了支持。由于罗塞尔另有任务,机会便轮到了当时已经颇有名气的菲利

---

　　①　Walter M. Brasch. *Forerunners of Revolution*:*Muckrakers and the American Social Conscience*, Lanham, Maryland:University Press of America, 1990, p. 94.

　　②　Charles Edward Russell. *Bare Hands and Stone Walls*:*Some Recollections of a Side-line Reformer*, New York:Charles Scribner's Sons, 1933, pp. 142—143.

　　③　Walter M. Brasch. *Forerunners of Revolution*:*Muckrakers and the American Social Conscience*, Lanham, Maryland:University Press of America, 1990, p. 94.

普斯。

　　菲利普斯以"背叛"冠名其文章可谓意味深长。这里面饱含了一个知识分子的义愤和忧虑。动笔前后,菲利普斯曾经深入实际,对密苏里的威廉·J. 斯通、伊利诺伊的沙比·M. 科尔姆、马萨诸塞的温斯罗普·M. 克兰以及其他一些国会参议员进行采访,其中既有领导者也有被领导者,随着对各种相关黑幕的逐渐了解,作者深刻感到,腐败的国会参议院已经对人民犯下了重罪,其程度之甚无异于投敌叛国。开篇之初,菲利普斯便开宗明义:"参议院的背叛!背叛乃是一个强硬的字眼,但是用它来概括参议院的特征,则非但不够强硬,反而相当无力。目前的状况是,参议院充当着各个利益集团的殷勤、机智、不倦的代理人,而对人民则如同对任何侵略军一样怀有敌意,甚至较之侵略者还要危险得多:利益集团霸占了全体人民创造的繁荣,以便使少数人得以堆金积玉;利益集团的发展和权利只能意味着人民地位的降低……以及公众在受到奴役……参议院并非民选,而是利益集团的选择。"在《参议院的背叛》与读者见面之际,《世界主义》也发表声明称该系列报道乃是一个"令人信服的揭露故事",而之所以要以"背叛"二字命名"原因在于它乃是一个十分贴切且合乎逻辑的名称","它控告了那些坐在华盛顿的高高在上的位置上的人,这些人将人民出卖给了那些冷酷而邪恶的'精神巨兽',而这些巨兽则已经逐渐控制了整个国家"。①

　　在接下来的连载中,菲利普斯对参议院的内幕逐步展开揭

---

　　①　编者语, Arthur and Lila Weinberg. *The Muckrakers: the Era in Journalism that Moved America to Reform—the Most Significant Magazine Articales of 1902—1912*, New York: Capricorn Books, 1964, p. 69.

露,参议院里重要议员几乎全都榜上有名。乔叟·M. 迪皮尤和托马斯·柯利尔·普拉特最先受到了"礼遇"。菲利普斯揭发了迪皮尤乃是 70 个公司董事会成员的事实,称其由此而捞到了高达 50000 美元的好处。至于普拉特,菲利普斯则指责他在各种有关"特权立法、助长掠夺、阻碍正派立法"等方面"有着长期不断的背叛人民的纪录"。继迪皮尤和普拉特之后,菲利普斯便将笔锋对准了罗德岛的共和党参议员尼尔森·W. 奥尔德里奇和马里兰的民主党参议员阿瑟·P. 戈曼,称此两人为利益集团的"左膀右臂"。他还指责亨利·C. 洛奇乃是"披着'绅士学者'外衣的常见的粗鲁型的政党机器里的政客";又称依阿华的威廉·B. 艾里森为利益集团"最为诡计多端的代理";而俄亥俄的约瑟夫·B. 夫勒克则是利益集团"在讲台上最好的传声筒"。[①]文中还对威斯康星约翰·C. 斯伯纳、得克萨斯的约瑟夫·W. 贝利、西弗吉尼亚的史迪芬·B. 厄尔金和宾夕法尼亚的费兰德·C. 诺克斯等人的恶劣行迹逐一予以了披露,通篇尽是"叛国"、"无耻"、"掠夺"、"强盗"、"财团"这些激烈的字眼。最后,菲利普斯还特别加以评述,指出:"这就是目前的这个偷偷摸摸、背叛国民的参议院……腐败的制度造就了腐败的人;腐败者不能因此而开脱其罪名;腐败者不能因此而得以免责。房主由于愚蠢或疏忽大意而未锁门,并不能就此便减轻窃贼的罪行。"他认为,参议员们之所以腐败,其症结在于他们皆非民选,而是在各个利益集团操纵下产生,天生便与这些集团间具有利益瓜葛,因此,要清除参议院的腐败,只有实行参议员直接选举制度

---

①   编者语,Arthur and Lila Weinberg. *The Muckrakers: the Era in Journalism that Moved America to Reform—the Most Significant Magazine Articales of 1902—1912*,New York: Capricorn Books,1964,p. 69.

才行。① 菲利普斯的此文一出,举国皆惊。也正因此,西奥多·
罗斯福总统才按捺不住内心的忧虑与怒火,在公开场合对这类揭
发社会腐败现象的记者和作家进行了谴责,给他们加上了"耙粪
者"的恶名。

　　尽管罗斯福对《参议院的背叛》进行了贬斥,但是其积极作
用却有目共睹。就连罗斯福也不得不承认,"虽然某些耙粪者已
经超越了体面的界线,但是腐败和贪污将是不能被容忍的"。事
实上,菲利普斯也的确并非捕风捉影,其文中所引用的事实"基
本上是准确的"。罗斯福之所以会指责其文中"多有不实之处,
以至不能够给那些真正急于向腐败开战者以准确的指引,反倒会
激起一股不分好坏、一味歇斯底里的和幼稚的反对现存一切事物
的情绪",②乃是由罗斯福自身的治政风格和思维方式所决定的。
关于这一点前面已有讨论,无须赘述。无论如何,有一点不容否
认,正如罗斯福所看到的,这些文章的确激起了美国人民反对腐
败的情绪,使得"美国在仇恨中起来反抗"。"举国之内,人们到
处都开始对其自己地区选举出的官员进行审查,寻找菲利普斯仔
细列举出的那些腐败的证据"③。期间,阿尔弗来德·路易斯、
爱德华·拉塞尔、亨利·罗利、威廉·哈德、詹姆斯·克里等人
也竞相参与其中,先后在《世界主义》、《竞技场》、《麦克卢尔杂
志》、《人人杂志》、《柯利尔杂志》等各家刊物上发表揭露州政和
市政腐败问题的文章,推动"黑幕揭发运动"走向了巅峰,对廉

---

　　①　Louis Filler. *The Muckrakers*, *Crusaders for American Liberalism*, University Park: Pennsylvania State University Press, 1976, p.256.

　　②　Walter M. Brasch. *Forerunners of Revolution*: *Muckrakers and the American Social Conscience*, Lanham, Maryland: University Press of America, 1990, pp. 98－99.

　　③　Ibid., p.99.

洁政治产生了一定的作用。至少可以说,正是因为有了《参议院的背叛》,才使得美国参议院这一最为顽固的堡垒最终得以被攻破。此后,许多参议员陆续在选举中落选。例如,1911 年,来自伊利诺伊州的参议员威廉·E. 罗里莫就因贿买选票被逐出了参议院。到 1912 年时,甚至导致"参议院的组成发生了彻底的改变"。[①] 此外,它还影响了 1913 年宪法第 17 条修正案的通过,该法案使人民直接选举参议员的权利在法律上得到了明确的保障。这可算是《参议院的背叛》对美国政治生活所发挥的最重要的影响。

对政治黑幕的揭发并非是"黑幕揭发运动"的全部内容。在一个大企业取代中小企业的时代,"黑幕揭发者"对垄断组织的揭发及其对经济改革所起到的推动作用同样不容小觑。如前所述,19 世纪末 20 世纪初美国经济生活中所经历的最深刻变化就是大企业的兴起,特别是托拉斯组织的形成和得势。在这一时期,美国工业化进程的逐步深入给美国的经济领域带来了一个企业兼并的高潮,大企业凭借雄厚的资本增加竞争实力:一方面,它们在本企业内部更新设备、降低成本、提高生产效率;另一方面,则与原料供应商、铁路运输业主及产品零售商联合,由此控制原材料来源和产品销售市场。此外,它们还与不法官员进行权钱交易,通过贿买操纵立法,利用国家政策来充当其不法商业行为的护身符。其结果是,中小企业在竞争中逐渐失去立足之地,纷纷破产倒闭,有些则遭到被兼并的厄运,而大垄断组织则日益兴隆,凭靠着经济实力和不择手段的竞争逐步控制了整个国家的经济命脉,进而在美国政治生活中发挥出举足轻重的作用。及至

---

① Louis Filler. *The Muckrakers*, *Crusaders for American Liberalism*, University Park: Pennsylvania State University Press, 1976, p. 256.

"黑幕揭发运动"高潮时期，垄断企业的不法经营行为已经招致了社会的广泛不满并引起了一些有社会良知和责任感的记者与作家的注意。从19世纪90年代起，亨利·劳埃德、伯顿·亨德利克、托马斯·劳森、查尔斯·拉塞尔、厄普顿·辛克莱等人都曾积极揭露过托拉斯问题，特别是《麦克卢尔杂志》旗下的女记者艾达·塔贝尔尤其值得一提及，因为她所撰写的《美孚石油公司史》对当时美国最大的托拉斯组织"美孚石油公司"进行了深入而客观的揭露，在公众中引起了广泛的舆论反响，并对治理大公司的不法行为起到了积极的推动作用。

早在塔贝尔还在法国担任编辑时，她就对美国的匹托尔城（Pithole）作过初步的调查。匹托尔是一座位于宾夕法尼亚西北部、只有两万人口的小城，曾经因被发现地下富含石油而备受瞩目。但是由于洛克菲勒等托拉斯的不法经营行为，匹托尔在随后的30年间竟变得一片荒芜。塔贝尔本人便出生于该州石油产区，她曾经亲眼目睹了自家的石油生意如何被日益膨胀的洛克菲勒托拉斯击垮。因此，当1896年麦克卢尔提出要对美孚石油公司进行系统、深入的全面调查时，已成为《麦克卢尔杂志》主笔之一的塔贝尔便欣然应允。①

塔贝尔为《麦克卢尔杂志》工作是源于19世纪80年代时的一次偶然的机会。当时，麦克卢尔在他的合伙人菲利普斯的办公桌上发现了一篇署名为"艾达·M. 塔贝尔"的文章校样，这篇名为《阿尔芬德流连于巴黎街头》的文章给麦克卢尔留下了深刻的印象，后来他到伦敦办事期间，便到巴黎拜访了作者塔贝尔。当时的塔贝尔正在计划传记的写作，很快她便应邀成为《麦克卢

---

① Mary E. Tomkins. *Ida M. Tarbell*, New York: Twayne Publishers, Inc., 1974, p. 31.

尔杂志》的撰稿人,随后又正式加盟该杂志,成为专职记者,并完成了她最著名的作品《美孚石油公司史》。

起初,塔贝尔的任务是"调查洛克菲勒帝国,深入挖掘美孚石油的历史、运转方式以及它的贪婪,并且报道它对人民和为人民做了些什么"。[①] 麦克卢尔计划,待塔贝尔成稿后便从下一年的二月份开始连载。他期望这篇系列报道能够写成信息型的文章,让民众了解托拉斯,因为他意识到公众虽然清楚地感到了托拉斯的威胁,却对其知之甚少。[②]

美孚石油公司是美国历史上的第一家石油托拉斯,它的老板乃是人称"石油大王"的约翰·洛克菲勒。在洛克菲勒的经营下,美孚石油公司成立后便迅速发展成为美国工业化时期石油企业中最大的一家。它拥有大约五万英里长的石油运输管线,并垄断了全国 86% 以上的石油产量。[③] 洛克菲勒既然能够白手起家,将公司做大,在能力上自然有其过人之处。但是,在他成功的背后也的确隐藏着重重令人发指的黑幕。早在 19 世纪七八十年代,便有人开始关注"美孚"的崛起。1881 年,新闻记者亨利·德玛莱斯特·劳埃德在《大西洋月刊》上发表揭露文章"一个大垄断企业的故事"。在这篇文章中,他首次使用了"章鱼"一词来比喻美孚公司。此后又有漫画家将美孚石油公司的油箱描绘成了巨大的章鱼形象,强大的触角伸向了钢铁、铜矿、铁路运输等众多行业,象征着"美孚"少有人及的垄断地

---

① Walter M. Brasch. *Forerunners of Revolution: Muckrakers and the American Social Conscience*, Lanham, Maryland: University Press of America, 1990, p. 56.

② Arthur and Lila Weinberg. *The Muckrakers: the Era in Journalism that Moved America to Reform—the Most Significant Magazine Articales of 1902—1912*, New York: Capricorn Books, 1964, pp. 242—244.

③ Alice Fleming. *Ida Tarbell: First of the Muckrakers*, New York: Thomas Y. Crowell Company, 1971, p. 86.

位。从此之后,那张牙舞爪的章鱼形象便与到处伸手的美孚石油公司牢牢地绑在了一起。在公众口中,"章鱼"成了美孚公司的代名词。

塔贝尔的《美孚石油公司史》便是对美孚石油公司的起源以及洛克菲勒惯用敛财手法的具体描述。她通过对大量文献资料的阅读分析和对相关人员的走访,向人们清楚地揭示了洛克菲勒靠非法牟利而发迹的所谓"美孚石油方式"。[①] 她将"美孚"一手编织的欺诈、贪污、勾结的网络如何打破正常的经济竞争秩序,如何诱使官员们为其所用,以致滋生腐败的事实真相逐一展示在读者面前。为了建立自己的石油垄断地位,洛克菲勒动用了种种不法手段,威胁竞争对手、贿买政府官员、雇人骚扰别家石油公司的顾客、联合铁路公司实行折扣运价等,可谓无所不用其极。许多中、小石油企业被他打败,最终不是无可奈何地被他所收购便是眼睁睁地看着自己走向破产的命运。透过《美孚石油公司史》,人们了解到了垄断集团凌驾于法律之上,动用财势,勾结官员,左右立法和执法机关等一系列黑幕。塔贝尔具有敏锐的洞察力,笔锋犀利,作品冷静客观,注重事实。整篇报道言之凿凿,令人愤慨,发人深省。

不过在写作手法上,塔贝尔并未采用义愤填膺的谴责方式,而是在报道过程中尽量保持了一种中立的态度。她曾在著名的索邦大学(即巴黎第四大学)学习,并曾经在法国一家有影响的教育杂志担任过副主编,深受当时法国历史学派的影响。她认为记者不应在报道中添加任何个人感情色彩,而应该本着客观、中立的原则去发现和陈述事实真相。她曾说:"我

---

① Ida Tarbell. *All in the Day's Work*, *an Autobiography*, New York: the Macmillan Company, 1939, p. 238.

们既不应该是道歉者，也不应该是批评家，只是记者。"① 对新闻职业的这一理解，决定了塔贝尔在《美孚石油公司史》中的写作风格。

在这篇报道中，塔贝尔以冷静、客观的笔触，实事求是地勾勒出了洛克菲勒集团的整体面貌。她将美孚石油公司描绘成了一个极其富于效率、组织相当完善的经济组织，并承认洛克菲勒为美国带来的"效率观念"正在使整个美国社会从中受益。但是，她同时也毫不留情地揭露了美孚石油公司在商业活动中那些鲜为人知的累累劣迹。作为一个富有正义感的知识分子，塔贝尔并不隐讳自身的道德立场。她明确表示反对商业特权，称之为不公平竞争中"最残酷的手段"。② 她反对洛克菲勒凭借垄断地位"扼杀"竞争对手，攫取他人利益的行为，③ 并对垄断所带来的道德失范深表忧虑。她担心像洛克菲勒那样推崇财富即真理，不惜以威胁、行贿和诈骗等不法手段为企业取得成功的做法一旦泛滥，终将累及整个社会伦理道德的健康发展，将会诱导人们在商业活动中置道德于不顾，视竞争如战争。④ 她事后自述："我越对我的专题进行深入研究，它就越令我愤慨，我感到世上再大的成就也不足以为那些做法开脱罪责"。⑤ 不过，作为一名职业记者，

---

① Arthur and Lila Weinberg. *The Muckrakers: the Era in Journalism that Moved America to Reform——the Most Significant Magazine Articales of 1902—1912*, New York: Capricorn Books, 1964, p. 431.

② Ida Tarbell. *The History of the Standard Oil Company*, vol. 2, New York: McClure Phillips & Co., 1904, p. 229.

③ Ida Tarbell. *The History of the Standard Oil Company*, vol. 1, New York: McClure Phillips & Co., 1904, p. 37.

④ Ida Tarbell. *The History of the Standard Oil Company*, vol. 2, New York: McClure Phillips & Co., 1904, pp. 291—292.

⑤ Ida Tarbell. *All in the Day's Work, an Autobiography*, New York: the Macmillan Company, 1939, p. 238.

塔贝尔的陈述都是"极其慎重"的,[1] 她的"愤慨"是"被控制在出色的文件证据证明和客观的表象之下"的。[2] 动笔之前,塔贝尔不仅实地采访了许多当事人,还掌握了不少有关美孚石油公司的文件证据,其中既有公司员工的档案材料,也有它与其他公司间的往来协议或合同,甚至还有公司高层特别是洛克菲勒本人的相关证言。此外,自该公司成立以来美国国会及各州议会对它进行调查后所留存的书面纪录也都为她所获。[3] 正是凭借这些资料,她在列举每一项事例或提出每一项指控时,都能够援引充分的事实作为证明和依据。通过这些事实,她把美孚石油公司发迹的过程讲述得清清楚楚,不容置疑。所以,尽管洛克菲勒集团对塔贝尔感到气愤不已,但却终归无可奈何。因为塔贝尔的描述并无凭空臆断或者肆意夸张之处。特别需要指出的是,从可获得的资料看,至今尚无证据表明塔贝尔自家的遭遇曾经影响到其调查和报道美孚石油公司时的情绪,这篇报道语气平和,资料翔实,颇显史家风范。《美孚石油公司史》的写作风格素以冷静客观著称,这已经是一个公认的事实了。

　　然而,《美孚石油公司史》给塔贝尔带来的却并非全是溢美之词,无论塔贝尔本人还是《麦克卢尔杂志》都曾因为对美孚石油公司的调查和报道而受到来自垄断阶层的巨大压力和强烈攻击。早在塔贝尔决定调查"美孚"之初,她的父亲便曾竭力拦阻,他警告女儿:"艾达,不要做,他们会毁掉刊物(《麦克卢尔

[1]　Louis Filler. *The Muckrakers*, *Crusaders for American Liberalism*, University Park: Pennsylvania State University Press, 1976, p. 47.

[2]　Mary E. Tomkins. *Ida M. Tarbell*, New York: Twayne Publishers, Inc., 1974, p. 60.

[3]　Ida Tarbell. *The History of the Standard Oil Company*, vol. 1, New York: McClure Phillips & Co., 1904, pp. ix—xiii.

杂志》)。"老塔贝尔深知洛克菲勒的厉害,因为他本身就是洛克菲勒残酷竞争手段的一个受害者。他曾经投资美国早期石油业,也曾有过一个经营得不错的小企业,但是在美孚石油公司崛起的过程中,他同众多中小石油企业主一样遭遇了灭顶之灾。他的合伙人因难以承受企业破产的巨大打击而自杀身亡,将全部的债务留在了他一人身上。为了清偿债款,他被迫变卖家产,典当房屋,携带妻儿背井离乡。同老塔贝尔一样,其他被洛克菲勒挤垮的石油业主也大都仍然心有余悸,对当初的遭遇不敢多提。不过,塔贝尔并非一个知难而退的人,凭着一个记者的良知与才能,她开始一步步地走近那只巨大的"章鱼"和它的老板洛克菲勒。塔贝尔在调查的前两年获得了美孚石油公司的充分配合。但随着调查的深入,美孚发现情势不妙,此后便拒绝再继续合作下去。然而,塔贝尔仍然坚持不懈。在杂志社的支持与鼓励下,她最终完成了《美孚石油公司史》,前后历时5年,耗资5万美元。自1902年11月起,《美孚石油公司史》在《麦克卢尔杂志》上与读者见面,连续刊载了15个月,在全国范围内取得了前所未有的轰动。面对这一局面,洛克菲勒财团立即做出反应,他们通过收买媒体并印发宣传册等方式来对塔贝尔进行攻击。他们一方面唆使《民族》(*The Nation*)等报纸、杂志不断刊登对塔贝尔的批评文章,同时又雇佣文人吉尔勃特·霍兰德·蒙太古编写《美孚石油公司的崛起与发展》 (*The Rise and Progress of Standard Oil Company*)一书以应对《美孚石油公司史》的结集出版。塔贝尔讽刺蒙太古的书成功地"将商业与道德剥离了开来"。此外,"美孚"方面还出资赶印了500万份宣传册分发给公众。这些宣传册将塔贝尔描述成了一个"充满偏见、对一切事物都失望的女人",辩称她对美孚石油公司的指控乃是捕风捉影,是仅凭一己之见的不实之词。手册指责塔贝尔、斯蒂芬斯、拉塞尔、辛克莱尔等人对于商界巨头的"恶意指控"虽未违法，但却是"不道德的"，还声言塔贝尔系因美孚石油公司击垮了她家的"小生意"而对其实施恶意报复。[①]

不难理解"美孚"方面会有如此强烈的反应，因为塔贝尔的客观报道的确给他们带来了极大的麻烦，而且还最终让他们吃上了官司。1908 年，美孚石油公司管理层写给政府官员的多封信件被公之于众，这些被曝光的信件无疑成为证明其行贿行为的确凿证据。随后美国联邦地区法院判定，因美孚石油公司违反了《反托拉法》而对其处以 2900 万美元罚款。这还不算，美国最高法院又于 1911 年 5 月做出终审，强制美孚石油公司解散。

《美孚石油公司史》无疑是"黑幕揭发运动"中最为轰动的一部系列报道，这部作品成就了塔贝尔作为 20 世纪初"最出色的专题作者"和"调查性报道记者"的声誉。[②]雷·斯坦纳德·贝克评价塔贝尔为"耙粪者"中最优秀的，"她是我们中最好的"。大多数人最为钦佩的还是塔贝尔作为一名女性记者所具有的那种与邪恶、黑暗斗争的勇气和信念，"她会为自己所坚信、并为之而生的事情斗争到底，没有人能够比她更加坚定"。[③]塔贝尔始终以平静、客观的态度经历着从调查取证、撰写报道到面对垄断集团恼羞成怒、恶意攻击的全过程，她甚至不认为这个过程

① Arthur and Lila Weinberg. *The Muckrakers: the Era in Journalism that Moved America to Reform—the Most Significant Magazine Articales of 1902－1912*, New York: Capricorn Books, 1964, pp. 243－244.

② Walter M. Brasch. *Forerunners of Revolution: Muckrakers and the American Social Conscience*, Lanham, Maryland: University Press of America, 1990, p. 56.

③ Arthur and Lila Weinberg. *The Muckrakers: the Era in Journalism that Moved America to Reform—the Most Significant Magazine Articales of 1902－1912*, New York: Capricorn Books, 1964, p. 431.

需要什么勇气,因为"勇气意味着对潜在危险的怀疑,我们的办公室中没有任何一个人想过这回事"。[①]

有人认为"塔贝尔并未要求读者采取任何行动",[②] 其实,在《美孚石油公司史》的结尾部分,这位勇敢的女记者已经清清楚楚地表明了心迹:"我们,合众国的人民,而不是其他任何人,对于体现在这一关于美孚石油公司的成长记叙中的工业环境的所有弊端,都必须予以纠正。"[③] 这段文字所反映的与其说是塔贝尔的"见解和倾向",还不如说是她的期望和心愿,更确切地说,这是一位有良知和责任感的知识分子向她的国人所发出的呼吁。[④] 显然,作者在号召美国人民行动起来,为工业社会匡正除弊,否则何以能够如其所愿地"纠正""工业环境中的所有弊端"呢?可见,作者的言下之意就在改革。

三 "黑幕揭发"与《纯净食品与药品管理法》的通过

当然,并非塔贝尔一人致力于改革,也并非只有她的《美孚石油公司史》对"纠正""工业环境中的所有弊端"产生了作用,众多的"黑幕揭发者"莫不心怀此念,并以其揭露行动为推动社会改革做出过贡献。要想说明"黑幕揭发运动"对进步主义社会

---

① Ida Tarbell. *All in the Day's Work*, *an Autobiography*, New York: the Macmillan Company, 1939, p. 206.

② 肖华锋:《美国黑幕揭发运动研究》,复旦大学博士学位论文 2003 年,第147 页。

③ 原文见于艾达·塔贝尔著《美孚石油公司史》第 2 卷(Ida Tarbell. *The History of the Standard Oil Company*, vol. 2, New York: McClure Phillips & Co., 1904, p. 292.),第 292 页,这里采用了李剑鸣所著《大转折的年代—美国进步主义运动研究》,天津教育出版社 1992 年版中的译法,见该书第 68 页。

④ 李剑鸣:《大转折的年代——美国进步主义运动研究》,天津教育出版社1992 年版,第 68 页。

改革所起到的积极作用,"无数关于地方改革、铁路管理、降低关税运动、金融重组和反托拉斯活动的研究都是有效的证明","任何进步主义法律都是'黑幕揭发者'们如何努力工作及其如何努力推动具体立法的绝好事例"。① 1906 年美国联邦政府《纯净食品与药品管理法》的通过尤其算得上是一个最具典型性的案例。该法的生效"全面而详细地反映了黑幕揭发运动:它包括最好的进步主义文学作品——厄普顿·辛克莱的《屠场》;包括'黑幕揭发者'们与其进步主义总统西奥多·罗斯福之间的长期分歧;显示了公众舆论如何得以被唤起和形成,以及如何被用以迫使一项法律得到实施"。②

　　如同在美国工业化时期的其他各经济领域一样,在食品与药品的生产及销售方面同样也出现了严重问题。主要是制假、贩假现象十分猖獗,不洁食品与有害药物极大地威胁着国民的健康,严重时甚至会危及人的生命,而公众却被蒙在鼓里。食品和药品公司的广告宣传铺天盖地,吸引着不明就里的人们把那些瓶瓶罐罐的"灵丹妙药"和"珍馐美食"买回家放心地享用。殊不知,那些广告谎话连篇,而他们吃进胃里的食品却令人作呕,服用的药品则能令人病上加病。总之,"美国人在1906 年以前所食用和使用的食品与药品情况乃是我们今人所难以想象的。我们很可能会奇怪他们在那样的情况下是怎样设法活下来的"。③ 这便是当时美国《纯净食品与药品管理法》出

　　① Robert M. Crunden. *Ministers of Reform: the Progressives' Achievement in American Civilization 1889—1920*, Chicago: University of Illinois Press, 1982, pp. 165—166.

　　② Ibid.

　　③ Louis Filler. *The Muckrakers, Crusaders for American Liberalism*, University Park: Pennsylvania State University Press, 1976, p. 144.

台的社会背景。

笔者先从与公众生活最密切相关的食品行业说起。当年有一首刊登在《纽约晚邮报》上的小诗读来令人感触良多：

　　　玛利有只小羊羔

　　　见它生病时

　　　她就把它送去了屠场

　　　而现在它被贴上了小鸡的标签①

　　浅显的寥寥数语，生动地反映了当时食品行业的两大问题：第一，病肉上市出售；第二，假冒货色猖獗。如果读一下黑幕揭发记者厄普顿·辛克莱的小说《屠场》，会对当时美国肉类食品加工生产中的黑幕获得更深的了解。

　　19世纪末期，美国工业化与城市化的发展在极大地改变着美国人的生活与工作方式的同时也极大地促进了食品加工业的迅速发展。这一时期，美国城市的崛起将人们带入了一种快节奏的生存状态之中。城市生活的繁忙使他们越来越多地依靠购买加工食品来丰富餐桌，而很少再像从前那样由主妇们自己动手制作全家人所需的一切食物。由于发明了冷冻车和保鲜技术，消费者可以在本地市场上购买到数百英里乃至数千英里外的食品加工场所生产的各种肉类和果蔬，享受到种类更加丰富的食品，而越来越少地再受到居住地的土壤、气候、水质和时令等自然条件的限制。

---

　　① Robert M. Crunden. *Ministers of Reform: the Progressives' Achievement in American Civilization 1889—1920*, Chicago: University of Illinois Press, 1982, p. 174.

由于冷冻不足以维持所有的食品长时间不发生霉变,于是食品药剂师们便将硼酸、硼砂、苯甲酸、香酸盐等化学药品应用于食物的防腐和保鲜。但是问题在于防腐剂的使用在当时乃是一道技术上的难题,人们尚不能很好地把握它们在使用剂量上的安全标准。早在1899年,美国的肉食品商中就曾爆出过"用防腐剂保存猪肉"的丑闻,一时间使得全国的消费者人人翻肠倒肚,谈肉色变,直至惊动了美国国会。参议院专门为此举行调查听证会,西奥多·罗斯福发言作证说,1898年当他率领美国第一义勇骑兵团在古巴的圣胡安山作战时期,他"宁可吃掉他的旧帽子,也不愿食用那些在政府合约下运给在古巴作战士兵的罐装食品"。①

更有甚者,食品制造公司还往往在食品的生产原料方面大做文章,以次充好、以假乱真的现象均有发生。他们往往主使其药剂师采用某些化学处理的方法,巧妙地把原本龌龊的配料制成外表看似体面的食品。在南达科塔州,曾经有化验员在对当地市场上出售的各类食品进行检验后发现,那里的蜂蜜其实主要以葡萄糖和臭虫为制造原料;罐装鸡肉和罐装火鸡肉中根本找不到任何鸡肉或火鸡肉的成分;橄榄油里一点不含橄榄而完全用棉籽油充数;黄油则是用胡萝卜汁做颜料,用硼砂和甲醛做防腐剂制成的。1904年夏季,全国纯净食品代表大会及乳品、食品部大会在圣路易召开。南达科塔州食品委员会负责人E.F.莱德到会发言,他证实该州食品制售环节中确实存在着严重的安全问题。除了鸡肉或鸡肉罐头的造假现象外,莱德还指出了该州在食品方面的更多问题,他陈述道:当地90%的肉类市场都靠冷凝剂、"牛

---

① Louis Filler. *The Muckrakers*, *Crusaders for American Liberalism*, University Park: Pennsylvania State University Press, 1976, p. 157.

肉粉"等各种化学防腐剂①保存食品；一磅香肠中竟含有 20 至
45 粒硼酸，相当于医生们在处方中开给病人一天可服用硼酸量
的 4 到 5 倍；食品制造者与经销者在牛肉干、熏肉、罐装烤肉以
及灌装牛肉块中普遍添加硼酸；90％的所谓"法国豌豆"中含有
铜盐，也有一些使用的是铝盐；80％的罐装蘑菇在加工过程中加
入了硫化物；70％的可可和巧克力都被搀了假；黄油系黄油与经
过除臭处理的荤油的混合物；冰淇淋中通常并没有什么奶油，而
是由颜色相近的荤油和炼乳调制而成；苹果醋的原料也并非是真
正的苹果汁。总之，大量根本不适于出售的食物充斥着那里的食
品市场，并被毫不知情的消费者们摆上自家的餐桌。这样的揭发
听来的确令人触目惊心，而当时美国食品安全状况之恶劣由此也
可管窥一斑。

较之食品业的黑幕，这一时期美国药品业问题的严重则是有
过之而无不及，因为"专利药品业差不多从其一开始就是一个骗
局"，而那些药品垄断公司则根本就是"毒药托拉斯"。② 药品作
为治病救人的特殊商品，与使用者的生命息息相关。所以，经营
者本应该对所制售药品的质量慎之又慎。但是在利益的驱动下，
美国工业化时期不少药品制造商和经销商却干起了制售伪劣药品
的勾当。他们所生产的某些所谓"特效药"之所以能够使患者感
到确实见效，其实是因为在这些"药品"中大多都掺加有酒精或
者毒品，在一些药品中酒精含量甚至达到了 80％左右。曾经出
现过一位名为丘奇的医生，自称发明了一种抗淋巴结核的灵丹妙
药。但是实际上，它不过就是"酒精兑成的神药"。它之所以能

---

① C.C. Regier. *The Era of the Muckrakers*, Chapel Hill：the University of
North Carolina Press，1932，pp. 181－182.

② Louis Filler. *The Muckrakers*, *Crusaders for American Liberalism*，Univer-
sity Park：Pennsylvania State University Press，1976，pp. 142－144.

够"以最令人感到愉快的方式渗透整个（人体）系统"，在很大
程度上是因为其中三分之一的原料乃是酒精。① 再看所谓的"镇
静糖浆"和许多补药，其基本成分往往不是吗啡便是可卡因。患
者服用后，疗效自然会"立竿见影"。孩子们会哭着喊着地要喝
这种药，而一些被蒙在鼓里的成年人也稀里糊涂地变成了嗜酒者
或是吸食毒品的"瘾君子"。正如布拉什教授所言，"数十年里美
国人都是在使用酒精和鸦片兑成的药物，广告宣传它们能够治疗
当时出现的所有疾病"。② 此外，还有些制药商利用患者对疑难
病症的恐惧心理来推销产品。他们针对阳痿、妇科疾病、糖尿
病、性病和癌症患者，高调宣传其药物系结合传统草药知识与现
代科学知识精制而成，完全可以治愈上述顽疾。一位名叫亨利·
T. 海姆保德的制药商曾在广告中向患者大力推荐其从非洲引进
的草药"Buchu"，宣称该药可以治疗体虚、抑郁、烦躁、失眠、
低能、癔病、脑溢血、情绪低落、思路不清、肌肉无力、食欲不
振、消化不良、憔悴消瘦、生殖器官功能紊乱以及无力、心悸和
所有因神经系统虚弱所造成的并发症。事实上，"Buchu"在非
洲基本上是属于化妆用品之类。当它被涂抹于人的皮肤上时，会
挥发出一种类似胡椒和薄荷的气味；内服时也可以充作一种温和
的利尿剂。但是在海姆保德的广告中，它却简直成了一味能够包
治百病的灵丹妙药。再比如，一家经销"Radol"的药品商宣称
该药具有镭的疗效。但是，用"黑幕揭发者"塞缪尔·霍普金
斯·亚当斯的话说，事实上"其中所含的镭就跟洗盘子水里的镭
含量一样多"，疗效"也一样灵验"。了解内情的人心里当然明

---

① Robert Harrison. *State and Society in Twentieth—Century America*, New York, Addison Wesley Longman Inc., 1997, p. 106.

② Walter M. Brasch. *Forerunners of Revolution: Muckrakers and the American Social Conscience*, Lanham, Maryland: University Press of America, 1990, p. 78.

白,患者如果当真相信了这样的宣传,想靠服用它们祛病,显然会贻误病情,甚至会危及生命。因此,当时美国最杰出的医学教师奥利佛·万德尔·赫尔姆斯(1809—1894年)曾经不无讽刺地评论道:"假如能将现在所用的全部药物沉入海底,于人类乃是万幸——而于鱼类则是最遭殃不过的事了"①据调查,当时美国药品商年均获利已经达到了59000000美元之多,其中相当大的一部分就是通过制售假药和劣药所得,而当时美国的人口数量大致在80000000人左右。② 这两组数据相互对照,足见伪劣药品危害之广。

　　然而,对于药业的黑幕,在相当长的时间里公众却一无所知,在利益的驱动下,各种媒体对药业内幕三缄其口。在当时,专利药品制造商乃是登广告的大户,此时"大多数公开发行的美国刊物都靠药品公司包治百病的万灵药广告大开财源,这些公司声称其灵丹妙药对于从'年轻莽懂'以至于癌症等各种疾病皆可药到病除"。对于媒体而言,"这方面太有利可图了,所以就不去攻击它"。③ 虽然"荒谬的配方往好处说是无效,往坏处说则毁人身体健康",但是它"却给专利药商带来了数百万美元。他们原本是庸医和骗子却摇身变成了社会名流"。特别是他们用制贩假药的钱"牢牢地控制了新闻媒体",④ 利用报纸和杂志等各种

① Robert M. Crunden. *Ministers of Reform: the Progressives' Achievement in American Civilization 1889—1920*, Chicago: University of Illinois Press, 1982, p. 175.

② Louis Filler. *The Muckrakers, Crusaders for American Liberalism*, University Park: Pennsylvania State University Press, 1976, p. 143.

③ Walter M. Brasch. *Forerunners of Revolution: Muckrakers and the American Social Conscience*, Lanham, Maryland: University Press of America, 1990, pp. 78—79.

④ Louis Filler. *The Muckrakers, Crusaders for American Liberalism*, University Park: Pennsylvania State University Press, 1976, p. 145.

出版物为其产品大做广告。为了使新闻媒体能够顺从听话，药业托拉斯还曾"设计出了一种使媒体靠得住的特效方法"，那就是制定所谓"红色条款"。"红色条款"的发明人乃是某药业公司的老板 F.J. 切尼。他的具体做法是，在与媒体签订的广告合同中，专设一款以醒目的红字注明，一旦在广告所刊登之州，政府颁布任何"不友善的"法规，该合同即为无效。"红色条款"旨在使报刊为保住来自药品广告的巨大收益而尽力维护合同。受巨额广告费的诱惑，承接广告的报刊一般不但不会揭露药业黑幕，反而会在政府有意出台对该药品不利的法规时，主动刊发社论和文章加以阻挠，甚至会游说立法人员，借媒体优势来为药商说话。在实际操作中，药业托拉斯利用这一"高招"不仅能给相关媒体"封口"，而且有时还能使政府立法部门为其开绿灯，因为媒体的压力往往使一些立法建议"胎死腹中"，而它们"看起来似乎是被来自全州上下反对之声形成的一股洪流所淹没的"。① 就这样，在"黑幕揭发"者涉足药品问题的揭发之前，新闻界多数都已经成了药业托拉斯巨额广告费的俘虏。

较之媒体的态度，美国各级政府对于食品业与药品业的不法行为并非一直听之任之，也曾试图对其进行管理，美国内战后一些州确实曾经颁布过一些相关管理措施。在 1879—1898 年间，6个州先后就此颁布了法律，而且有些州还颁布过不只一条法律。到 1906 年，当争取联邦管理食品与药品的运动达到高潮时，多数州至少都对食品、饮料和药品的生产在法律上有所规定，怎奈都不过是流于形式而已。药业托拉斯及其协会的力量使得本该神

---

① Robert M. Crunden. *Ministers of Reform: the Progressives' Achievement in American Civilization 1889—1920*, Chicago: University of Illinois Press, 1982, pp. 177—178.

圣的法律在事实上变成了一纸空文，形同虚设。在官商相互勾结之下，所谓的政府监察不过是敷衍了事，走走过场。① 然而，不知内情的消费者却一直对这些法律深信不疑，还以为他们所食用的东西都是经过政府检查的安全食品，所谓"用防腐剂保存肉"事件不过是个别不法商人的个别劣迹，并不带有普遍性。殊不知，美国的肉制品同其他食品和药品一样仅在出口时才会真正得到检查，而供国内市场上消费的食品质量问题实际上则根本无人问津。②

"因此，当黑幕揭发者们开始工作时，公众对于人们所使用的药品内情还处在一无所知的状态"，因为"在'黑幕揭发者'开始工作之前，舆论尚未被唤起，公众对所涉危险尚在不察；准确的化学资料尚不充足；简单来说，尚且无人对此事予以充分重视"，而"黑幕揭发者"的功劳也正在于他们"发现了一个突出的问题，并致力于告知公众和制造公众舆论"。③

谈到"黑幕揭发运动"与当时美国政府对食品与药品业改革的关系，人们强调的往往是小说《屠场》所引起的轰动和对政府行为的推动作用。但是，事实上，曾经为美国《食品与药品管理法》的出台而发动社会舆论的"黑幕揭发者"并非仅是该书的作者厄普顿·辛克莱，因此也不应该把全部功劳都记在他一人头上。早在《屠场》问世之前，就已经有报刊和记者在为促使美国

---

① Robert M. Crunden. *Ministers of Reform：the Progressives' Achievement in American Civilization 1889—1920*，Chicago：University of Illinois Press，1982，p. 177.

② Louis Filler. *The Muckrakers，Crusaders for American Liberalism*，University Park：Pennsylvania State University Press，1976，p. 157.

③ Robert M. Crunden. *Ministers of Reform：the Progressives' Achievement in American Civilization 1889—1920*，Chicago：University of Illinois Press，1982，pp. 183，177.

政府治理食品与药品问题而努力了。比如查尔斯·拉萨尔、阿尔吉·西蒙斯、塞缪尔·亚当斯和马克·沙利文等人,都曾致力于此项事业,他们对相关行业黑幕的揭露在一定程度上为美国《食品与药品管理法》的最终通过铺垫了道路。忘记他们在这一方面的付出,既有违历史事实,又未免有失公允。

其实当时最早关注食品与药品问题的知识分子并非是新闻编辑和记者,而是时任美国农业部首席化学家的哈韦·威利博士。他曾经为使美国建立纯净食品与药品立法而"孤身奋战了25年"之久。从19世纪90年代起,他就一直呼吁政府通过法律来强制食品公司和药品公司在其加工的食品、饮料和药品上贴上明确标注配料成分的标签。遗憾的是,作为一位终日工作在实验室里的科学家,他的声音难以被公众所听到,未能引起广泛的社会反响。

自从19世纪70年代美国食品与药品行业迅速发展以来,造假很快便成为一个严重的社会问题。化学家出身的威利博士深知其中的危害,他不安地看到,"美国人每天都在消费着毒药——而且在这件事上还别无选择,因为缺少权力和权威来迫使生产者和贩假者公开其产品的制造方法与配料成分"。虽然他曾经因为揭露真相而得罪了不少食品与药品公司,以至于被这些人视为"资本主义制度的死敌",但他却依旧意志坚决,不改初衷。[①]

早在美西战争时期,为了搞清美国人每日吃到胃里的食物中到底含有什么,而这些食物对人体又有何作用,威利博士就曾经反复进行过试验和分析。当美国社会上传出肉类托拉斯"用防腐剂保存猪肉"的丑闻时,威利博士就曾对硼酸、硼砂、苯甲酸等

---

① Louis Filler. *The Muckrakers*, *Crusaders for American Liberalism*, University Park: Pennsylvania State University Press, 1976, pp. 143, 145.

当时被用作食物防腐剂的化学物质予以关注，并曾向国会提交过一份《纯净食品法草案》。他对专利药品的实验结果也显示，某些药品不仅无用，而且有害，因为里面含有大量的酒精和可卡因。① 1902 年，他又进行了一项被称为"毒药小组"的试验，再次证实了防腐剂对人体的不良影响。他将实验结果刊登在政府手册上，并提议国会就此做出相关立法。但是，首先，由于"参议院乃是托拉斯的直接代表，而这其中也包括牛肉托拉斯和专利药品托拉斯，他们当时的确又尚未遭到揭露"；其次，也由于缺少强大的公众舆论对政府和国会施以足够的压力，所以"改革者万无可能突破参议院的铁壁铜墙"。② 威利博士始终难偿夙愿，他的立法草案虽曾两次被众议院接受，却最终总是在参议院遭到否决。因为国会迫于食品与药品行业及其协会的强大游说力量，"对科学分析根本无动于衷"，对食品与药品的管理"无所作为"。③ 因此，虽然"在实际上，哈韦·华盛顿·威利博士乃是反对不洁食品之战斗的发起者"，但从结果看却是"他和他的追随者们似乎劳而无功"。④ 或许可以说威利博士为美国《食品与药品管理法》的通过做出了理论上的铺垫，但"纯净食品运动"的最终成功在相当大的程度上还是少不了以马克·沙利文和厄普顿·辛克莱等人为代表的"黑幕揭发者们"发动舆论的功劳。正如布拉什教授所言，当时"是靠几位新闻记者来把问

---

① Walter M. Brasch. *Forerunners of Revolution：Muckrakers and the American Social Conscience*，Lanham，Maryland：University Press of America，1990，p. 79.

② Louis Filler. *The Muckrakers，Crusaders for American Liberalism*，University Park：Pennsylvania State University Press，1976，p. 147.

③ Walter M. Brasch. *Forerunners of Revolution：Muckrakers and the American Social Conscience*，Lanham，Maryland：University Press of America，1990，p. 79.

④ Louis Filler. *The Muckrakers，Crusaders for American Liberalism*，University Park：Pennsylvania State University Press，1976，p. 148.

题公之于众的"。① 美国历史学家菲勒曾经这样解释了两者之间的辩证关系,"在纯净食品与专利药品改革背后的坚实力量是威利医生,不是'黑幕揭发者';然而,推动这一改革取得成功的却是'黑幕揭发者',而不是威利医生"。②

新闻界最早推动"纯净食品"改革的乃是《妇女之家杂志》的几位编辑和记者。不过,最先引起他们注意的并非食品问题,而是专利药品问题。19世纪90年代,《妇女之家杂志》仍在为罐装食品和牛肉制品做广告,但他们对于专利药品行业的罪恶以及药物中的酒精成分却开始有所了解,并感到深恶痛绝,于是便在当时最早行动起来批评药业公司的不法行为并抵制药业广告,他们算得上是揭露药业黑幕的先锋,尤其是该刊主编爱德华·伯克,更是"被专利药品激起万丈怒火,不断地对它们的存在予以愤怒的抨击"。1892年他公开宣布《妇女之家刊物》此后不再接受任何有关专利药品的广告业务。在当时各家报刊都在靠为专利药品刊登广告而财源广进之时,伯克的正直与勇气令人佩服。后来,伯克自己也曾经在自传中不无自豪地写道,"《妇女之家杂志》向这个骗人的大军和种种假造的药品射出了第一枪。无论是公众还是专利药业的人们都未曾对这次攻击予以太多的关注。但是,随着药业的壮大和证据的倍增,公众开始加以评论而造假药者则开始感到不安"。到1904年,伯克开始撰写系列社论反对专利药品,号召所有的正派人联合抵制专利药品。他还利用《妇女之家杂志》与女界的渊源和便利,借助妇女基督教禁酒同盟的力量来进一步反对那些为酒精类药物做广告的报纸和期刊。他呼吁

---

① 　Walter M. Brasch. *Forerunners of Revolution*: *Muckrakers and the American Social Conscience*, Lanham, Maryland: University Press of America, 1990, p. 79.

② 　Louis Filler. *The Muckrakers*, *Crusaders for American Liberalism*, University Park: Pennsylvania State University Press, 1976, p. 143.

该组织掀起抵抗运动,因为所谓的专利药品"不过就是鸡尾酒罢了"。[①] 1904 年,伯克相继刊发三篇社论向专利药品问题开战,他通过该刊在 1904 年五月份那期的"专利药品之害"一文告知读者:

> 每年,尤其是每年的春季,国人都会用掉数万瓶的专利药品,而吞服者却根本不知所服为何物。在蜗居室内整整一冬之后,他们感觉"倦怠";他们感到身体需要一些"滋补"或是来一次"血液净化"。他们的眼睛接触到了一些报纸、篱笆或者谷仓上的广告,根据那些巧妙构词的症状描述,他们坚信这个人的"苦药酒"或是那个人的"菝葜",或是那位医生的"蔬菜复方"或是某某人的"药丸",恰好就是他们所需的强身剂。
>
> 这些人说,"去看医生没用","我们可以省下这笔钱",于是他们不是付出一两个美元去听医生的诚实明智的忠告,而是花上 25 到 75 美分去买瓶这个或者那个。那么他们到底买了些什么,吃进体内的又是些什么呢?没人知道。更没人意识到他们正在给自己和家人带来的绝对危害。就为了省去看医生的费用,他们吞服了大量未知药物,而其中却含有一定比例的酒精(一般是 20%—40%)、可卡因和鸦片,这一点实在令人震惊。[②]

这些揭露虽然在国民中引起了反应,但是伯克毕竟人单力

---

①　Louis Filler. *The Muckrakers*, *Crusaders for American Liberalism*, University Park: Pennsylvania State University Press, 1976, pp. 148－149.

②　Walter M. Brasch. *Forerunners of Revolution*: *Muckrakers and the American Social Conscience*, Lanham, Maryland: University Press of America, 1990, p. 80.

薄。尤其是由于他"对其主题的有关资料掌握不够多",还曾一度惹上是非。他因为在揭露中不慎使用了过期数据而招致起诉。这次经历使伯克认识到,"假如他想继续战斗的话,他就得做得更好"。因此,他打算寻找一位调查员来为其准备所需背景资料。麦克卢尔向他推荐了马克·沙利文,而这也正合他自己的心意。"自从沙利文的'宾夕法尼亚的罪恶'在《大西洋月刊》上刊出并获成功之后,他自己也一直对此人念念不忘","似乎沙利文正是他所寻求之人"。① 伯克说服了刚刚开始在纽约从事法律业务的马克·沙利文,使其放弃了法律而效力于《妇女之家杂志》。他给沙利文的第一个任务就是准备一篇关于专利药品公司的文章。

哈佛出身的沙利文可谓是天生的记者材料,此前他为某刊物所写的关于水牛灭绝问题的文章曾经引起了人们对水牛命运的广泛关注。在接受了伯克的邀请后,他开始为其搜集资料。他走访了许多州和城市,在那里,他与假药公司的人交谈并获取了向公司求助者所写的信件,这些信件在"专利假药"经营者中间被成批地卖来卖去。在马萨诸塞州进行调查时,他把注意力投向了一家名为莉迪亚·宾克汉姆的药品公司,该公司通过其广告邀请女患者们写信向莉迪亚·宾克汉姆进行咨询,承诺只有宾克汉姆小姐本人才能阅读这些信件,并将会由她亲自给予回复。在该公司广告的诱导下,每年都有数百万美国妇女写信给宾克汉姆小姐,并在其建议下,从这一公司买走数百万瓶"补药"。沙利文走访了位于马萨诸塞州林恩地区的松林公墓,拍摄下了莉迪亚·宾克汉姆的坟墓。原来早在1883年莉迪亚·宾克汉姆就已经作古,

————————

① Louis Filler. *The Muckrakers*, *Crusaders for American Liberalism*, University Park: Pennsylvania State University Press, 1976, pp. 149—150.

距离当时已有整整 23 年之久。至于那些回复给患者的所谓宾克汉姆小姐的亲笔,事实上只是由一些根本不懂医药的年轻公司职员们捉刀代笔的作品。沙利文还设法取得了私人药品协会的一次会议记录,该协会乃是主力药品制造商的一个行业组织。在此次会议上,协会主席 F. J. 切尼——一个黏膜炎治疗药物制造商,讲述了他与出版业订立合同条款,责令报纸、杂志抵制不利立法出台的幕后交易。切尼称他已在与 15000 家报社签订的合同中加入了如下条款,即"自此达成协议,如果你方所在州或者美国政府通过任何法律干涉或者限制私立药品的出售,本合同即为无效"。[①]此后,每当有此类议案出现在某一州的立法机关,切尼便会提醒该州的报社他将取消合同。

有了沙利文提供的充分事实,伯克变得信心十足,他据此写出了"为什么专利药品很危险"和"恶魔般的专利药品故事"两篇报道,读者对此反应强烈。沙利文自己也根据这些调查结果写成了一篇长达 7000 余字的文章,题目为"限制报社自由的专利药品阴谋"。在伯克的大力举荐之下,此文被《柯利尔杂志》以700 美元的价格购得并于 1905 年 11 月 4 日刊出。[②]

虽然沙利文此文为《柯利尔杂志》带来了巨大的成功,但却并非该刊所刊出的第一篇揭露药品问题的文章。早在一个多月之前,塞缪尔·亚当斯的相关系列报道便开始在这里陆续与读者见面。[③]毕业于汉密尔顿学院的亚当斯对科学和药品怀有浓

---

　　① Mark Sullivan. *The Education of an American*, New York: Doubleday, Doran & Co., Inc., 1938, pp. 188—189.

　　② Ibid., p. 191.

　　③ Arthur and Lila Weinberg. *The Muckrakers: the Era in Journalism that Moved America to Reform—the Most Significant Magazine Articales of 1902—1912*, New York: Capricorn Books, 1964, p. 177.

厚的兴趣,十分关注社会环境对公共健康的影响,他在任《纽约
太阳报》和《麦克卢尔杂志》记者时,曾就现代医学、肺结核
病、钩虫和伤寒等发表过文章,对疾病与不良社会环境之间的关
系有着清醒的认识。同时,身为知识分子,"他还是一位疾恶如
仇的道德主义者"、"一个天生的'黑幕揭发者'",因此,"当他
效力《柯利尔杂志》而与药品托拉斯开战时,他找到了大量的交
战点"。事实证明,他的确是一位有才干的调查记者。他进行了
大量的采访,并就教于药品专家。他还购买了许多药品,请化学
专业人员检验。1905 年 10 月 7 日、28 日和 11 月 18 日,亚当斯
先后在《柯利尔杂志》上发表了其调查系列文章的前三篇。在第
一篇文章——"美国大欺骗"中含有大量确凿的事实和入情入理
的研究剖析,指控专利药品公司犯有欺诈、贪污、贿赂、左右销
售、违背反托拉斯法等罪行。文章开篇写道:"轻信的美国人今
年将会花费 7500 万美元购买专利药品,以此数推算,他们将吞
下数量巨大的酒精、多得吓人的麻醉剂和毒品,从药劲猛烈而危
险的心脏镇静剂到使人在不知不觉间受到危害的肝脏兴奋剂等各
种药物五毒俱全,其中纯粹的假药还远远超过了其他药品成
分。"① 该系列的第二篇文章揭露了大多数药品公司都在药品中
大量使用酒精这一"唯一重要的药物",无数人,其中也包括许
多正派的女性在治病的时候变成了酒鬼。第三篇文章则是对药品
中含有硫酸和可卡因问题的揭露。作为对专利药品公司的讽刺,
亚当斯专门把笔锋对准了当时美国最有名的药品之一"Peruna"。
据他调查,该药中 28% 为酒精,此外还含有其他麻醉品成分。

---

① Robert M. Crunden. *Ministers of Reform: the Progressives' Achievement in American Civilization 1889—1920*, Chicago: University of Illinois Press, 1982, pp. 179—180.

而且，一瓶零售价为 1 美元的"Peruna"其成本连同包装费加在一起，其实也不过 8.5 美分左右。[①] 至于疗效则更是子虚乌有。亚当斯不无挖苦地写道：

> "Peruna"到底治什么病？黏膜炎。此乃对其最谦和的说法，除了黏膜炎无它。何为黏膜炎？折磨你的任何病，无论你所患何疾，你都不仅只能而且不得不将其诊断为黏膜炎，并认为唯有"Peruna"方能救你。肺炎便是肺黏膜炎，肺结核也是，消化不良乃是胃黏膜炎，肠炎就是肠黏膜炎，阑尾炎——外科医生们手术前请注意——乃是阑尾的黏膜炎，肾病是肾脏的黏膜炎，心脏病是心脏的黏膜炎，口疮是嘴的黏膜炎，麻疹或许就是皮肤的黏膜炎。因为"每日三次或者再多些，每次一茶匙的'Peruna'乃是有效的治疗方式"。同理，人们便能猜出，疟疾就是咬你的蚊子的黏膜炎。其他未被专门列入黏膜炎类但却适用于"Peruna"的疾病还有腹痛、流行性腮腺炎、痉挛、神经痛、妇科病和风湿病。[1905，10，28][②]

亚当斯文理清晰、笔锋犀利，既有讽刺挖苦又不忘记佐以文献和图表证据，对其所涉论题进行了深入的分析，引起了众多读者的注意。"人们贪婪地阅读着他的事实"。其文中之言被广泛引用，甚至连其文章的题目也成了当时脍炙人口的大字标语。而他

① C. C. Regier. *The Era of the Muckrakers*，Chapel Hill：the University of North Carolina Press，1932，pp. 181—182.

② Walter M. Brasch. *Forerunners of Revolution：Muckrakers and the American Social Conscience*，Lanham，Maryland：University Press of America，1990，pp. 80—81.

所带来的积极意义也"与日俱增"。例如：自 1905 年 11 月 28 日，亚当斯的"Peruna"一文发表后，南卡罗来纳等几个州相继将该药列为非法药物。①

上述编辑和记者对专利药品问题的揭露对于发动舆论起到了应有的作用，并在一定程度上为美国政府《纯净食品与药品管理法》的出台打下了基础，因为它们"最终震惊了全美并迫使议会着手考虑管理药品议案"。② 原本从自身利益出发不愿政府插手专利药品管理的美国药品协会，此时也迫于形势转变立场。因为新闻界对药业黑幕的揭露，已经激起了公众舆论的谴责，引起了药品销量的滑坡。为恢复行业信誉，他们不得不依靠政府法规来争取公众的信任，所以感到有必要制定一条"并不真正伤及生意的法律"。③ 在这样的背景下，"一条软弱无力的参议院议案"便于 1906 年 2 月应时而出。不过参议院的这条《纯净食品与药品管理法案》却受到了院外集团的强力阻挠，在众议院中遭致搁浅。改革者们要实现政府管理食品与药品的理想依然是任重而道远。然而与此同时，"黑幕揭发者"在另一条战线上，即在食品加工领域的揭露行动，则使得他们朝着自己的目标又迈进了一大步。事实上，"最终撼动国会"的，就是"靠了那些被打上'政府检验'标识出售给公众的腐肉和病肉所造成的舆论轰动"。④

对于美国《纯净食品与药品管理法》的出台，尽管辛克莱的

① Louis Filler. *The Muckrakers*, *Crusaders for American Liberalism*, University Park: Pennsylvania State University Press, 1976, pp. 153－155.

② Walter M. Brasch. *Forerunners of Revolution*: *Muckrakers and the American Social Conscience*, Lanham, Maryland: University Press of America, 1990, p. 83.

③ Louis Filler. *The Muckrakers*, *Crusaders for American Liberalism*, University Park: Pennsylvania State University Press, 1976, p. 155.

④ Walter M. Brasch. *Forerunners of Revolution*: *Muckrakers and the American Social Conscience*, Lanham, Maryland: University Press of America, 1990, p. 83.

作用举足轻重，但是却不能否认默温、查尔斯·拉塞尔、阿尔吉·西蒙斯等其他多名记者也都是有功之人。早在《屠场》发表之前，这些人就曾经对各类食品问题作过报道。他们虽然还算不上是推动政府整顿食品加工业的决定性力量，但至少为日后辛克莱的成功做出了很好的铺垫，对"纯净食品运动"的展开发挥了先锋作用。

这里先从阿尔吉·西蒙斯（1870—1968 年）说起，因为正是他第一个把揭黑的"粪耙"伸进了美国肉品加工业，为"黑幕揭发运动"开辟了一条新战线。1899 年，西蒙斯在为芝加哥一家杂志担任编辑期间出版了单行本《食品加工厂》。该书主要是对芝加哥牛肉托拉斯不法行为进行了揭露，其中述及到了许多鲜为人知的行业内幕。西蒙斯根据他所掌握的资料，对财大气粗的"牛老大"们仗势欺人、剥削劳工、压制竞争对手、垄断生产和销售市场、加工肮脏腐肉欺骗消费者等种种不义之举予以曝光，一下便捅开了垄断食品公司的马蜂窝。

西蒙斯所挑战的对手当然不是好对付的，"罐头食品厂的老板们都是非常警觉的"，与一名普通记者的能力相比，这些老板们为美化自己所作的欺骗性宣传的确更加"计划周密，范围广泛"。在他们的授意下，记者约翰·斯毕德曾在《成功》杂志上撰文，为肉制品提价辩护，并赞扬罐头食品厂的老板们"正在为人们提供优质的服务，以后还将一如既往"云云。另一位记者厄尔·玛尤也曾发表过类似内容的文章。稍后，《世界》杂志上也出现了一篇为肉品加工的"奇迹"歌功颂德之作。更高的一招则是，肉品加工商们还公开接受消费者参观他们的工厂，让人们"眼见为实"，从而相信自己所食用的肉食品确实没有任何问题。然而，其实最大的问题却在于肉品加工商们为消费者们所提供的参观路线是特殊的路线。参观的人无从得知的是，他们在厂方引

领下所走过的路线都是"经过计划的"和"万无一失的"。① 毋
庸赘言,罐头厂老板们的这些对策无疑给西蒙斯对真相的调查制
造了重重的障碍。所以他的《食品加工厂》虽是实事求是的报
道,但是却终归还是受材料所限,实在写得"太过简短"。而且,
相对于上述几位为肉品垄断公司进行歌功颂德者而言,西蒙斯毕
竟只是一个人,一支笔的力量难免有些微弱。美国史学家罗伯
特·克朗顿认为,除了辛克莱之外,西蒙斯和拉塞尔等其他食品
问题调查者尽管也描绘过肉品加工业的"某些讨厌的产品",但
是却"没有显著的公众影响"。② 其实,西蒙斯的最大贡献并不
在于他的文章能否引起巨大的舆论反响,而在于他的带头作用。
至于拉塞尔和其他记者,其调查报道的力量则有据可查。

就在西蒙斯的《食品加工厂》出版后不久,赫斯特的新
闻王国中也开始有人将目光投向了食品加工业,并于 1900 年
起对牛肉托拉斯全面开战。他们主要聚焦于带病菌的肉食品、
不公正的劳工待遇和牛肉托拉斯靠恐怖手段威胁潜在竞争对
手等问题方面,其中尤以拉塞尔和默温两人所写的文章力度
最大,影响最深。他们为"纯净食品运动"注入了又一股强
劲的力量。③

拉塞尔是赫斯特麾下的一名得力干将,也是《芝加哥美国
人》的首位出版人。几乎是从 1900 年该刊创刊时起,他便开始

---

①　Louis Filler. *The Muckrakers*, *Crusaders for American Liberalism*, University Park: Pennsylvania State University Press, 1976, pp. 157 – 158.

②　Robert M. Crunden. *Ministers of Reform: the Progressives' Achievement in American Civilization 1889 — 1920*, Chicago: University of Illinois Press, 1982, p. 172.

③　Louis Filler. *The Muckrakers*, *Crusaders for American Liberalism*, University Park: Pennsylvania State University Press, 1976, p. 158.

"向肉类加工商们开战"，[①] 正是他在该刊上的文章最早揭露了某些芝加哥屠宰场盗用城市居民生活用水事件。贪婪的屠宰厂老板们为了无本获利，打起了居民用水的主意。他们主使手下人等私自改变了城市地下供水系统，将供水管道引入自己的屠宰场中，无偿使用居民生活用水来屠宰牲畜，导致全城供水短缺，以致造成水荒。事情败露之后，他们仰仗其院外活动集团的强大势力，对国会两院议员加以成功游说，最终逃过了应受的惩罚，甚至不曾补交水费。但是迫于舆论的压力，他们还是不得不停止了盗水行为。有了这点改进，拉塞尔的心血也算没有白费。

据拉塞尔本人回忆，他是在了解到食品加工业中某些为人不齿的恶劣行径之后，才萌生了将它们公之于众的念头。他在《不法之财》一书的后续中写道，此前他从未想过自己也会参与"黑幕揭发运动"，因为他看到已经有斯蒂芬斯、塔贝尔、菲利普斯、赫斯特等不少记者在做此事了。但是肉类加工厂老板们见利忘义、无法无天的恶行激起了他极大的愤慨，最终竟使他抛开了钟爱已久的诗歌和钢琴，像西蒙斯那样"对牛肉托拉斯发生了兴趣"。为了写好关于托拉斯问题的分析报道，拉塞尔深入实地调查取证，在引起食品厂老板们的警觉之前，机智地拿到了不少重要材料。1905 年，他又根据自己的调查结果和州际商务委员会所提供的相关材料写成了"世界上最大的托拉斯"一文，从 1905 年 2 月到 9 月间在《美国人》杂志上连续刊载。这篇文章对肉类托拉斯以暴力制服竞争者，利用给付回扣和垄断冷冻车厢等手段来聚敛金钱、贿买权力的不义之举给予了披露。此外，文章还抨击了屠宰场肮脏的环境以及经营者和政府检验人员对公众

---

① Walter M. Brasch. *Forerunners of Revolution：Muckrakers and the American Social Conscience*，Lanham，Maryland：University Press of America，1990，p. 84.

健康的冷漠态度。拉塞尔写道，"所谓政府检验，只不过就是农业部的检验员在牲畜被宰杀以前看看它们，至于牲畜进入屠宰场之后的事，他们并不关心，这些人不是蠢笨无能就是接受了贿赂"。[①]

在赫斯特新闻王国中，还有一个人也在与拉塞尔关注同一方面的问题，他就是《成功》杂志的记者塞缪尔·默温。若抛开影响力的大小不谈，单从时间上来看，默温的行动早于辛克莱发表《屠场》。无法否认，"纯净食品运动"中也包含着他的一份贡献。1904 年，默温曾经受《成功》杂志委派赴芝加哥肉类加工厂考察，对那里的实际情况有了一定的了解。回来后，他将自己的所见所闻整理成文，如实地向人们披露了芝加哥食品加工厂里的重重黑幕。他在文中提到了屠宰厂里的卫生状况如何令人作呕、老板们如何胆大妄为地用病死的猪肉炼制食用油出售、还谈到政府检验人员如何收取贿赂和玩忽职守。他告诉人们，牛肉托拉斯在产品广告中所谓"已经经过政府检验"一说纯属欺骗宣传。实际情况则是，政府派去的检察官全都是些政治爪牙。他们仅仅看一眼活牲畜便敷衍了事，根本不愿劳神过问肉食品的加工过程，至于加工成成品后的香肠和罐头食品质量如何便更是无人问津。默温的话听起来与拉塞尔之言如出一辙，而这当然不是什么巧合。如果没有证据证明两人串通一气，存心跟肉品商们过不去的话，那就只能说明他们报道属实可信，肉类加工厂中的问题的确具有典型性和普遍性。

两位记者对真相的揭露"立刻引起关注"，[②] 同时也招致恐

---

① Louis Filler. *The Muckrakers*, *Crusaders for American Liberalism*, University Park：Pennsylvania State University Press，1976，p. 160.

② Ibid.

吓。拉塞尔尤其成为牛肉制品加工商们的众矢之的,遭到了他们的切齿痛恨和强烈报复。"这些托拉斯向拉塞尔发动了恐怖主义的战争",他们不仅向他发送恐吓邮件,还在某些报刊上购买大块版面对其指控进行反驳,甚至对其施以人身攻击,雇佣某些文人将他描写成一个"十足的无赖"、"受雇的杀手"、"好人的诽谤者"、"社会和政府的敌人"以及"一个伪装起来的无政府主义者"。然而,这些报复还是未能帮助他们逃过公众的谴责和法律的审判。正如《独立报》的社论中所言,在当时的美国政治生活中有一件事是可以肯定的,那就是,人民不再继续上当受骗了,[①] 而这其中显然包含着"黑幕揭发者"们很大的功劳。就在默温和拉塞尔的文章被先后刊出不久,罗斯福总统迫于舆论的压力不得不委派官员前往芝加哥调查真相。但是被派去的詹姆斯·加菲尔德却只是到那里"粉饰太平"地走了走过场。他在给罗斯福的报告中故意歪曲事实,美化托拉斯。而此时罗斯福本人也正与一位牛肉托拉斯巨头威廉·劳利默交好。此人乃是共和党中一位有影响的人物,他也向罗斯福保证"芝加哥一切均好"。于是,罗斯福便顺水推舟,将食品加工业的问题搁置一旁,而拉塞尔的揭露则被指责为"不够真实或者是极度地夸大其词"。政府所做出的反应深令公众感到忧虑,媒体对加菲尔德的调查报告也深感失望。[②] 尽管如此,国人的愤怒也毕竟是对政府原本放任自流态度的一次触动,更何况法院迫于舆论的压力,最终还是将包括斯威夫特和阿莫尔在内的数家巨型牛肉托拉斯老板定罪判刑,这多少也算是给了公众一个交代。如果说,西蒙斯是揭露牛肉托拉斯

---

①　Walter M. Brasch. *Forerunners of Revolution*: *Muckrakers and the American Social Conscience*, Lanham, Maryland: University Press of America, 1990, p. 85.

②　Louis Filler. *The Muckrakers*, *Crusaders for American Liberalism*, University Park: Pennsylvania State University Press, 1976, p. 162.

的先锋，那么拉塞尔就不愧为该战线上的一位英雄，因为"作为一名'黑幕揭发'记者，拉塞尔不仅给自己赢得了最高声誉，也帮助国家走向了改革"。[①]

上述分析表明，在辛克莱出版《屠场》之前，早已有报刊和记者把笔锋对准了纯净食品问题。而且，他们的揭露无论对于唤起公众舆论，还是对于引起政府对食品与药品问题的关注，都起到了一定的作用。不过，他们仅仅是当时美国社会"纯净食品运动"中的重要组成部分，却算不上决定性力量；他们对于推动美国政府《纯净食品与药品管理法》的出台起到的是一个铺垫的作用，而不是最直接的催化剂。当时罗斯福总统正在集中精力处理铁路与外交等问题，而国会则正在被肉品商的院外活动集团的强大势力所左右。在这种形势下，若非出现了某种特殊因素，导致公众舆论压力骤然间异常强大起来，美国政府也未必会立即下决心对肉类托拉斯问题进行果断而有效的治理。那样一来，《纯净食品与药品管理法》的通过便仍需假以时日。1906 年 3 月，正当参议院的《纯净食品与药品管理法》议案在众议院陷入僵局之时，"一个新的要素突然出现，而且斗争形势也随之发生了全面改变"。[②]不言而喻，这个"新要素"就是那部使辛克莱一举成名的小说《屠场》。

厄普顿·辛克莱（1878—1968 年）出生于巴尔的摩，在纽约长大，19 岁时毕业于纽约市立学院，后到哥伦比亚大学攻读研究生，但在 1900 年放弃学业。在学习期间，辛克莱就以写通

---

①　Walter M. Brasch. *Forerunners of Revolution*：*Muckrakers and the American Social Conscience*，Lanham，Maryland：University Press of America，1990，pp. 85－86.

②　Louis Filler. *The Muckrakers*，*Crusaders for American Liberalism*，University Park：Pennsylvania State University Press，1976，p. 156.

俗小说赚取学费和生活费，1901 年，他的第一部严肃小说问世，此后逐渐转向为当时的一些激进杂志投稿。1904 年，他加入美国社会党，[①] 同年发表反映美国内战黑人奴隶历史的小说《玛纳萨斯》（Manassas），这部作品被认为是"反映美国内战的经典小说之一"。[②] 正是出于对这部作品的欣赏，致力于揭露黑幕的《诉诸理性》周刊（Appeal to Reason）才热情邀请辛克莱为他们撰写关于美国"工资奴隶"（辛克莱对劳工的称谓）的报道。辛克莱欣然应允，并在《诉诸理性》的赞助下于 1904 年秋季来到了芝加哥。

当时的芝加哥号称"世界屠夫"，它不仅垄断了美国国内大部分的肉类加工业，而且在国际肉食品市场上也占据着最主要的地位。[③] 19 世纪末期，芝加哥作为连接美国东西部的主要铁路枢纽，拥有着发展肉食品加工业的得天独厚的条件。因为那里是移民入美后的一个聚居地，所以不愁没有劳动力。更重要的是，从那里到东西部各主要城市的铁路运输时间基本都在一天左右，最长也不过两天，这就使得西部农牧场所饲养的牲畜能够被活着运到那里，而在发明了冷冻车的条件下，那里加工的肉食品也可以在发生腐化之前被及时送往东部销售市场。所以在 19 世纪末期，芝加哥的肉食品加工业异军突起，发展成为可堪与美国采矿业和钢铁业相媲美的大型托拉斯企业，其垄断程度及劳工处境都在美国工业生活中具有典型性。1904 年夏天，芝加哥肉类加工厂工

---

①　William A. Bloodworth, Jr. *Upton Sinclair*, Boston: Twayne Publishers, 1977, pp. 1—44.

②　Walter M. Brasch. *Forerunners of Revolution: Muckrakers and the American Social Conscience*, Lanham, Maryland: University Press of America, 1990, p. 86.

③　James R. Barrett. *Work and Community in the Jungle: Chicago's Packing-house Workers 1894—1922*, Illinois: University of Illinois Press, 1987, pp. 16—19.

人为争取改善工作环境与工资待遇进行了大规模的罢工运动。这个消息引起了美国各方面进步力量的关注，辛克莱也深受影响。他自述："我选择芝加哥作为场景。是（因为）刚刚发生的罢工使我想到了这个主题。"①

辛克莱装扮成了工人的模样，以便利于调查采访。他在工人中间生活了长达 7 周的时间，接触了劳工、工头、殡葬工、酒吧招待、教士、警察、政客等（生活在芝加哥的）各色人等，从他们那里了解到了许多其他记者未能了解到的内情。他体会到了肮脏和剥削，看到了那种将政府与民众全然不放在眼中的恣意妄为，还耳闻目睹了许多其他令人发指的黑幕。作为一个有良知和正义感的知识分子，辛克莱于内心深处不禁感到异常痛楚和悲愤，屠宰场里的恶臭和一幕幕的悲剧久久萦绕在他的脑际。"离开芝加哥后，辛克莱成了一个病人——病在心里并且充满反叛情绪"。于是他回到老家新泽西，用饱蘸正义之笔，写下了这段难忘的经历，字里行间充满了"诗人的怒火和伤者的激愤"，② 这就是小说《屠场》（The Jungle）诞生的背景。这部批判现实主义文学作品的问世，"标志着其作者从一个空想的浪漫主义者到一个忙碌的黑幕揭发小说家的转变"。③

辛克莱强烈反对仅仅为艺术而艺术，他主张"所有的艺术都是宣传"，"是普遍的和无可避免的宣传，有时还是下意识的宣传，但通常则是有意为之"。他还特别强调，艺术家应该与其时

---

①　Giedrius Subacius. *Upton Sinclair: the Lithuanian Jungle*, New York: Rodopi B. V., 2006, p. 1.

②　Louis Filler. *The Muckrakers, Crusaders for American Liberalism*, University Park: Pennsylvania State University Press, 1976, p. 163.

③　Alfred Horaung, "Literary Conventions and the Political Unconscious in Upton Siclair's Work", 载 Dieter Herms, ed. *Upton Sinclair: Literature and Social Reform*, Frankfurtam Main: Bern: New York: Paris: Peter Lang, 1990, p. 28.

代的精神保持一致，而其艺术则应该是"一个对生活的体现"。①
为了给这一"宣传艺术"积累素材，辛克莱很快了解了其他进步
主义思潮。它们不仅有助于提高其本人的观察力，也为其自身的
写作准备了公众舆论。事实上，在他亲自走访芝加哥之前，就已
经对其他调查者所揭发的食品问题了然于胸。他对拉塞尔的作品
尤其熟悉，并曾就其在1905年1月发表的几篇相关文章向他表
示了祝贺。经过亲身实地调查采访，他对于芝加哥肉品加工厂的
工作环境、卫生状况和政府检验方法等看得更加真切，听到的也
更多了。他住在玛丽·麦克道尔大学社会服务处里，在那里他遇
到了来来往往的知情者。他还拜访了赫尔会馆的简·亚当斯，并
从她那里获得了大量的资料。更加重要的是，他经亚当斯引见而
结识了阿尔道夫·史密斯。史密斯供职于颇具权威地位的英国药
学杂志《刺血针》，具有丰富的政治经验和医药知识。他此次来
芝加哥也是为了调查肉品加工业状况，因为他将于次年发表一组
相关的系列文章。他不仅确认了辛克莱所发现的情况，而且还将
其获得的调查资料提供给辛克莱。他带辛克莱访察了芝加哥最大
的牛肉托拉斯之一——P. D. 阿莫尔屠宰场，使他相信这种不卫
生的情况并非无法改变，因为欧洲国家的屠宰业在政府的管理下
情况就相对好得多。正如美国历史学家安多尼·亚瑟所言，"辛
克莱在芝加哥所遇到的很多重要的帮助者中，史密斯应该算是最
重要的一个"。②

　　1904年的圣诞节对于辛克莱乃是一个值得记住的日子。就

----

　　①　Robert M. Crunden. *Ministers of Reform*：*the Progressives' Achievement in American Civilization 1889—1920*，Chicago：University of Illinois Press，1982，p. 172.

　　②　Anthony Arthur. *Radical Innocent*：*Upton Sinclair*，New York：Random House，2005，p. 48.

在这一天早上，他正式开始创作小说《屠场》。为了让公众了解芝加哥肉类加工厂中的真相，"辛克莱奋笔疾书了3个月，他甚至还未及封笔便开始在《诉诸理性》报上系列刊出了《屠场》"。这本小说以芝加哥屠宰工人的悲惨生活为题材，以立陶宛移民约吉斯一家的遭遇为主线，揭露了肉类加工厂老板们的唯利是图和工人们所受到的非人道待遇。主人公约吉斯在芝加哥的一家肉类加工厂做工，他和新婚的妻子奥娜都是来自立陶宛的移民。他们同数以万计的"新移民"们一样，带着美好的梦想来到美国开拓幸福生活。但当他们踏上这片土地之后，看到的却是贫困、饥饿、肮脏、堕落和欺诈。为了能有一个安身之所，一家人倾尽所有买下房子，不想却中了售房者设下的圈套，直落得血本无归，负债累累。为了还债，约吉斯拼命干活，但是他不仅无力偿债，而且难以养活家小。奥娜为约吉斯生下了一个儿子，而同时一家人却面临着挨饿的危险。他的父亲因为劳动环境差而死于肺结核，妻子遭到工头的奸污，约吉斯因痛打工头而被捕入狱。他出狱后，妻子却死于难产，儿子则溺水而亡。他极度悲伤，却又无工可做，最终被迫沦落街头行乞。

辛克莱最关注的是劳工问题，书中对食品和公共卫生所涉不多，但是由于肉食品质量问题，关系到每个人的生活，所以书中那些"令人作呕"的场景描写便成为读者最关注的内容。[1] 辛克莱曾经不无调侃地说道："我原本瞄准的是公众的心，不料却打中了他们的胃。"小说中写道：仓库里污水横流，老鼠乱窜，肉品就丢在地下，同垃圾、锯末混在一起，任由工人践踏、吐痰，

---

① Robert M. Crunden. *Ministers of Reform: the Progressives' Achievement in American Civilization 1889—1920*, Chicago: University of Illinois Press, 1982, pp. 172—173.

留下成亿的肺结核细菌。病死的动物成为肉类加工原料，毒死的老鼠连同作为毒饵的面包和肉一起被铲进绞肉机去作香肠，[①] 如果肉品腐化发酸，就搓上苏打粉，去掉酸臭味，再经过化学处理染成所需的颜色，调成所需的味道，于是自助午餐柜台上便有了诱人的"五香火腿"、"红焖松鸡"和"红焖火腿"。如果有些肉品腐烂得实在是无法再派任何用场，那就连同地面铲起的渣滓一道，用来制成罐头，或者剁碎填入香肠。已经生霉发白没人买又运回来的食品，用硼砂和甘油处理之后，又作为原料重新制成正品。正如书中一位人物所说，在屠宰场里，"他们不浪费任何东西"，"除去猪的嚎叫声外，他们利用了猪身上的每一样东西"。[②] 更有甚者，劳累过度的工人一旦不慎跌入高温的大肉桶中，除骨头外便会立时一无所剩，整个人都被送到了公众手里，成了"高级食用猪油"。[③] 消费者吃进大量这样的食品后，那些为掩饰腐肉而使用的化学物质会使他们慢慢中毒。[④] 作者还披露说：屠场里的童工们几乎个个身患疾病。因为他们所喝牛奶被兑过水、所服药物含有甲醛、所食大豆被人用胡椒盐着上了诱人的绿色、而果酱中则被混入了苯胺颜料。[⑤] 然而，对于这一切，政府的食品监督员却在重金贿买之下，置若罔闻，听之任之。书中的描写"具体而生动"，读来令人触目惊心，然而辛克莱却真真切切地告诉读者，如此胆大妄为的作法却"既不是传奇故事，也不是玩

---

① Upton Sinclair. *The Jungle*, Urbana and Chicago: University of Illinois Press, 1988, p. 131.

② Ibid. , p. 34.

③ Ibid. , p. 96.

④ Ibid. , p. 113.

⑤ Robert M. Crunden. *Ministers of Reform: the Progressives' Achievement in American Civilization 1889—1920*, Chicago: University of Illinois Press, 1982, p. 173.

笑",而是他在调查中所目睹的事实,而且这些事实也并不是什么秘密,只是这一行业中一件司空见惯的事情"刚刚被公之于世而已"。①

辛克莱与上面提到的西蒙斯、默温、拉塞尔等人既有共性又有区别,他对美国当时的困境提出了出路,即用其理想中的所谓"社会主义的乌托邦"来取代当时的美国资本主义制度。继《屠场》之后,辛克莱又发表了一系列的文章,旨在揭露这一社会制度给人民带来的苦难,唤醒公民的觉悟,促进更深层次的改革,使人民的生活从根本上得到改善。"辛克莱从来不曾对美国人民匡正不公的能力失去信心,他坚信他们一旦注意到了不公就能够改掉它,因此辛克莱也从来都不知疲倦地将这些不公暴露在他们面前。"他"用不屈不挠的热情与活力揭露黑幕"。② 不过,尽管辛克莱在观念上比前述记者们更为激进,但这却并不妨碍他与他们在最基本的问题上走到一起,那就是他们对人的关注。他们都关注生活在美国社会中下层的普通人,辛克莱也同美国当时的多数中产阶级知识分子一样,主张平等和博爱。他一直以人本主义为出发点,希望他的作品能够激励引导人们去用和平的手段寻求公平与正义,在地球上消灭剥削人的寄生生活。他认为应当打破自然财富资源和生产分配手段的私人占有方式,使国家财富为公众所共有,使大家都能由此获得好处。虽然当时的激进作家杰克·伦敦将《屠场》视为一部富于战斗激情

　　①　Walter M. Brasch. *Forerunners of Revolution: Muckrakers and the American Social Conscience*, Lanham, Maryland: University Press of America, 1990, p. 86.

　　②　John Kares Smith. "Scarred Hopes Outworn: Upton Sinclair and the Decline of the Muckraking Movement", 载 Dieter Herms, ed. *Upton Sinclair: Literature and Social Reform*, Frankfurtam Main: Bern: New York: Paris: Peter Lang, 1990, p. 55.

的社会主义典范之作,① 并盛赞它是"揭露工资奴隶制的《汤姆叔叔的小屋》",② 但辛克莱本人却并不主张暴力革命。他一再重申自己不是共产主义者。可见,他所提倡的社会主义乃是以人为出发点,基于对人的关爱所构建起的一种理想主义的乌托邦社会思想。因此,有学者认为辛克莱的社会主义观,更确切地说应该被称作是"开明中产阶级的博爱观",认为是中产阶级的价值观塑造了辛克莱的态度、观点以及他对人类社会最基本的看法。③

辛克莱在该书的出版过程中遇到了重重阻力。首先是出版商对出版揭露得如此露骨、又具有社会主义思想倾向的作品心怀畏惧。由于该书揭露得"过于完全、彻底",很多出版商都对其真实性抱有怀疑。辛克莱原本与麦克米兰公司签有出版合同。但是该公司为谨慎起见,要求辛克莱对书稿加以修改。它的编辑乔治·布赖特一再向辛克莱施加压力,要求他删除书中那些血腥和暴力的场面,去掉那些"又是血又是内脏"的描写。④ 斯蒂芬斯也站在布赖特一边,告诉辛克莱"把这些令人难以置信的事情讲出来,即便是确有其事,也并无意义"。⑤ 辛克莱坚持己见。由于与布赖特产生分歧,由麦克米兰公司出版《屠场》一事也便就此搁浅。辛克莱自述:"公司总裁布赖特先生读了书稿,要求我删去一些比较骇人听闻的和残忍的细节。他向我保证,假如我能

① Floyd Dell. *Upton Sinclair, a Study in Social Protest*, New York: George H. Doran Company, 1927, p. 106.

② Jack London, Letter to *Appeal to Reason*, November 18, 1905, 载 Upton Sinclair. *My Lifetime in Letters*, Missouri: Von Hoffmann Press, Inc., 1960, p. 20.

③ 关于辛克莱的政治思想和文学创作观参见其自传 Upton Sinclair. *The Autobiography of Upton Sinclair*, New York: Harcourt, Brace & World, 1962.

④ Anthony Arthur. *Radical Innocent: Upton Sinclair*, New York: Random House, 2005, p. 61.

⑤ Leon Harris. *Upton Sinclair: American Rebel*, New York: Thomas Y. Crowell Company, 1975, p. 80.

照此行事的话，他将使书的销量增长 10 倍之多。如此，我不得不在我的经济利益和我的责任之间再次做出选择。"[①] 作为一位有良知与正义感的年轻作家，辛克莱本人的坚定自然无可非议，但问题是，他此后在另外 5 家出版商那里也同样碰壁。最终，在道布尔迪出版公司记者艾萨克·玛可森的大力举荐之下，该公司老板沃尔特·佩琦买走了书稿。佩琦选派得力律师对书中所述的内容逐一进行了核查，发现基本属实后，便顶着巨大的反对意见将其出版。佩琦确信辛克莱的指控并非空穴来风，也知道他自己作为出版商根本无须担心惹上"诽谤罪"的诉讼。他之所以敢于力排众议将其付梓成书，最主要的原因还在于，他看好这部小说的出版前景。事实证明，佩琦确实做出了一个两全其美的决定。他不仅成全了辛克莱，也给自己带来了丰厚的回报。

1906 年 2 月 16 日，小说《屠场》一经问世"旋即引起巨大轰动"。在首发后的 45 天里，25000 册被销售一空。[②] 在此后长达 1 年的时间里，该书也一直位列美国畅销书的榜首，并被翻译成 17 种语言远销世界各国。辛克莱"清晨一觉醒来时，就像拜伦一样，突然发现自己已经举世闻名"，[③] 被时人颂为"耙粪者之王"。[④] 杰克·伦敦盛赞《屠场》是"关于工资奴隶的《汤姆叔叔的小屋》"。妇女运动者夏洛特·伯金斯·吉尔曼告诉辛克

① Upton Sinclair. *The Brass Check: a Study of American Journalism*, Long Beach, California: published by the author, 1928, p. 32.

② Robert M. Crunden. *Ministers of Reform: the Progressives' Achievement in American Civilization 1889—1920*, Chicago: University of Illinois Press, 1982, p. 173.

③ Louis Filler. *The Muckrakers, Crusaders for American Liberalism*, University Park: Pennsylvania State University Press, 1976, p. 162.

④ Judson A. Grenier, "Muckraking the Muckrakers: Upton Sinclair and His Peers", 戴 David R. Colburn, George E. Pozetta. *Reform and Reformers in the Progressive Era*, Connecticut: Greenwood Press, 1983, p. 71.

莱:"你的那部书令人难忘。我认为牛肉托拉斯能够办到的话,他们一定会不惜任何代价把所有的书或者你给买下。"社会活动家尤金·德布斯则说:"他开创了一个纪元。①"新闻记者大卫·菲利普斯也给辛克莱写去热情洋溢的贺信,信中说道:"我在读《屠场》,我简直不敢相信自己,我要告诉你它是多么打动我。它是一部伟大的作品。我有种感觉,将来有一天就连你自己也会为它所带给人的激动而感到惊奇与困惑。如此之大的震撼力无法不被人感知。它是如此率直,如此真实,如此悲惨而又如此彰显人的本性。它是如此具有雄辩力而又如此切中肯綮。"②

《屠场》出版后肉类托拉斯群起应对,他们对辛克莱一面诱之以利,一面又大肆展开人身攻击,迫使辛克莱"不得不频繁地为其对肉类加工厂揭露的真实性加以辩护"。③

肉品商们买通了一些文人,指使他们在各类报纸杂志上对《屠场》进行攻击,称它是"无耻的谎言",指责其内容"耸人听闻"、"恶意夸大"。他们雇用芝加哥的一位广告经理埃尔伯特·哈伯德写了一篇尖刻的文章,回击辛克莱在小说中的揭露,由他们出资将其印刷和分发给全国的医生、职员和出版商。在他们的授意下,《纽约晚邮报》指责小说"耸人听闻、过分夸张",并拒绝给辛克莱以分辨的机会。《星期六晚邮报》在老板乔治·罗理默的主持下已经为阿默尔肉类加工公司效力多年,其旗下写手佛利斯特·克里斯受 J. 奥格登·阿默尔雇用,为其捉刀代笔。他

---

① Leon Harris. *Upton Sinclair*:*American Rebel*,New York:Thomas Y. Crowell Company,1975,pp. 82—83.

② Floyd Dell. *Upton Sinclair*:*a Study in Social Protest*,New York:Albert and Charles Boni,1930,pp. 105—106.

③ Leon Harris. *Upton Sinclair*:*American Rebel*,New York:Thomas Y. Crowell Company,1975,p. 81.

以这位牛肉大鳄的名义发表系列文章,指责辛克莱捕风捉影,出言不实。"盛怒之下",辛克莱奋笔疾书,几个小时之后,一篇"可恶的肉类加工业"便一挥而就。他将手稿交给纽约市出版商厄尔曼·瑞格威,在后者经营的《人人杂志》上发表。文中辛克莱提供证人的证词,证明曾经有人受阿默尔公司雇佣,在芝加哥市销售劣质肉食品。阿默尔公司从前的一个工头曾经为辛克莱提供书面证言,详细讲述了那些不宜食用的死猪烂牛如何不是被销毁而是被制成肉食品出售的实情。为平息众怒,阿默尔公司用5000美元"封口费"收买此人,要求他撤回证言。但是令阿默尔公司没有想到的是,此举无异于搬起石头砸了自己的脚。因为这位前工头,收下钱后却二次作证,证明阿默尔公司向他行贿。辛克莱还在文章中出具了政府权威健康部门的报告书和法庭记录,这些资料显示,阿默尔曾经因他在一些州制售掺假肉食品而承认有罪。[1] 辛克莱不无得意地向杰克·伦敦讲述了他与牛肉托拉斯这一回合的较量,他写道:"我拿到了很多关于牛肉托拉斯的最新材料。我在纽约邂逅了一位新闻记者。他在为西班牙战争作调查期间曾经进入过老阿默尔的办公室,从他的信件卷宗里偷偷拿走了将近400多份文件。我仔细查看过这些文件,它们是写成趣闻的好材料。"[2]

　　然而,与此同时却另有一群资本家主动找上门来拉拢辛克莱。他们提出要利用辛克莱的声誉建立一个"模范肉类加工厂",作为回报,他们将给予辛克莱市值30万美元的股票。辛克莱明

　　① Walter M. Brasch. *Forerunners of Revolution: Muckrakers and the American Social Conscience*, Lanham, Maryland: University Press of America, 1990, pp. 86—87.

　　② Leon Harris. *Upton Sinclair: American Rebel*, New York: Thomas Y. Crowell Company, 1975, p. 82.

白,假如他愿意接受这一贿赠,这家公司便会在报纸上以他的名义大做广告,而他本人便可以立时名利双收。用他自己的话说,到那时"我可能已经成为美国商会和全国市民联合会的主要讲演人","我的名字也荣登名人册,满载溢美之词","同时,我也可能还会在理弗赛德·德理弗拥有了一幢或者更多的别墅,美女则是想要多少有多少,而且根本不会有谁批评我"。① 不过事实证明,这笔貌似两全其美的交易最终并未达成,因为辛克莱根本不为所动。相反,他却进一步加强了进攻牛肉托拉斯的火力,接连为各家刊物撰稿,用大量确凿证据证明这些托拉斯对美国人民的蔑视和欺骗。在 1906 年春夏之季,辛克莱连续在《柯利尔杂志》、《人人杂志》、《竞技场》和《独立》等刊物上发表了一系列的文章,包括"屠宰场的秘密"、"反对全国食品的大施毒者的战役"、"不宜食用肉品业"、"《屠场》真实吗?"等。② 结果在辛克莱和肉品垄断公司之间演化出了一场激烈的较量,辛克莱"疯狂地工作着","而肉品加工商们也同样愤怒地忙碌着"。③

　　一部仅仅 300 多页的小说之所以能够令肉品加工商们如此兴师动众,原因就在于它在公众中所产生的强大舆论威力。它的问世曾经使"一个国家的人都恶心得翻肠倒肚"。④ 罐头厂的工人们也站出来作证,激起公众对肉类加工过程中的不良卫生状况的极度恐慌以及对肉食品检疫人员严重的玩忽职守行为的震怒。一

---

① Floyd Dell. *Upton Sinclair*, *a Study in Social Protest*, New York: George H. Doran Company, 1927, p. 106.

② Walter M. Brasch. *Forerunners of Revolution*: *Muckrakers and the American Social Conscience*, Lanham, Maryland: University Press of America, 1990, p. 88.

③ Louis Filler. *The Muckrakers*, *Crusaders for American Liberalism*, University Park: Pennsylvania State University Press, 1976, p. 166.

④ William A. Bloodworth, Jr. *Upton Sinclair*, Boston: Twayne Publishers, 1977, 前言。

位读者曾经这样说道,"天哪,哦! 天哪!""接连一周,除了黄瓜,我吃不下任何更有营养的食物。不久前,没有人比我本身更喜欢吃牛排了。而今天,只要一看见卖牛排的餐厅我连脸都绿了。为什么会这样呢? 因为有一个小伙子写了一本书"。当时还是一位作家而日后成为英国首相的温斯顿·丘吉尔曾说,"这部可怕的书……刺穿了最厚的脑壳和最硬的心"。[1] 随之而来的后果便是美国公众纯净食品呼声的高涨和美国肉食品在国内外市场上销量的骤减,有些经销商单位时间的肉品销量比原来减少了一半还多。欧洲削减了一半从美国进口的肉制品,英国和德国就肉类出口问题发出了措辞严厉的外交照会,运载肉食品的货船被不断从国外港口退回,[2] 美国整个畜牧业陷入一片恐慌。就这样,一部《屠场》竟然"给食品加工工业造成了毁灭性的影响",某屠宰场的经理称这种巨幅的销量下跌简直就是肉类托拉斯的"灾难"。[3] 难怪在他们眼里,《屠场》不啻于洪水猛兽。

《屠场》不仅触及了肉品商和消费者,也惊动了美国政府,最终对通过相关法律产生了巨大的推动作用。这部小说点燃了美国人的怒火,使美国社会处于一种怒不可遏的状态。随着辛克莱与肉品商之间唇枪舌剑的展开,公众对肉类加工问题已经具有高度的敏感性,他们指责政府监管不力,不少媒体也对食品安全问题提出了强烈抗议。在国会中,一直被束之高阁的《纯净食品管理法》议案终于有机会起死回生,整个纯净食品问题被提升到了

---

① Mark Sullivan. *Our Times: the United States 1900 − 1925*, vol. 2, *America Finding Herself*, New York: Charles Scribner's Sons, 1927, p. 479.

② Louis Filler. *The Muckrakers*, *Crusaders for American Liberalism*, University Park: Pennsylvania State University Press, 1976, p. 166.

③ William Henry Harbaugh. *The Life and Times of Theodore Roosevelt*, New York: Collier Books, 1967, p. 250.

一个更有希望得到解决的新水平。随着更多报刊和记者的卷入，国会议员以至总统都明显地觉察到了公众不满情绪的日益增长，"并开始意识到了危险的信号"。[①] 因为它使政府的公信力遭到严重破坏。同时，这一事件最终如何解决也将是对政府的办事能力与效率的一次巨大挑战。

在美国政府中，先是国务卿加菲尔德，随后是参议员贝弗理奇提请罗斯福对肉食品加工问题予以注意。来自印第安纳州的参议员阿尔伯特·贝弗理奇"此时变得比以往任何时候都更加倾向于进步主义"，他向总统讲述了《屠场》的相关内容，并向国会提出了一份由他本人草拟的肉类检查法案。最初，罗斯福并不想过多插手此事，一则是因为他当时正忙于处理日俄战争、日本对美国的威胁、关税和铁路管理等其他国家大事，无暇他顾；二则也是因为在这个问题上罗斯福有着自己的想法。虽然罗斯福在某些方面很欣赏辛克莱（因为他们两人有着不少相似之处：同样都有南方血统；同样自幼身体羸弱，但却靠着顽强的锻炼强健了体魄；同样反对托拉斯的不法行为），但是他与辛克莱所不同的是，他在恼怒大企业不把政府放在眼里的同时，也非常欣赏美国大工业企业的迅速成长。他认为为了美国工业的未来，垄断无以避免。因此，正如前文所述，他推行折中的政治路线，在高调宣扬治理托拉斯的同时却常对大企业网开一面。不过他在看罢《屠场》之后，"显然也同普通公众一样受到了触动。肮脏的肉品令人作呕，其加工商们毫无道德，而结果则可能置人于死地"。而此时，社会各阶层的大量来信也如雪片般向他飞来，他最多时每

① Robert M. Crunden. *Ministers of Reform: the Progressives' Achievement in American Civilization 1889—1920*, Chicago: University of Illinois Press, 1982, p. 188.

天会收到一百余封各界民众来信。信的内容多为寻求政府保护，强烈要求他立即采取有效行动，惩治不法肉类托拉斯，还公众一个安全、清洁的食品环境。在佩琦的编辑下，《世界劳动》报刊也刊发文章谴责农业部调查掩盖真相，要求罗斯福总统成立一个独立委员会，重新进行调查。① 面对公众汹涌难抑的激情，罗斯福政府不得不采取紧急应对措施。1905 年 12 月 5 日，罗斯福在递交国会的年度咨文中特别为纯净食品问题留出了一席之地，他写道："我建议颁布一项法律来治理州际商务中食品、饮料和药品方面滥用商标以及掺假等问题。该法将保护正当的生产和交易，并保障广大消费者的健康与福利。禁止运输劣质和掺假的、损害健康、欺骗消费者的食品。"②

　　罗斯福一方面责令农业部差人对肉品加工商及其肉品的加工过程予以调查，另一方面又与辛克莱及时进行了沟通，并同林肯·斯蒂芬斯和雷·贝克等等其他"黑幕揭发记者"先后进行了"密切的个人接触"，而"这一具有影响力的关系网很快便发生了效用"。③ 据辛克莱回忆，《屠场》发表后罗斯福曾经三次写信给他。特别是在 1906 年 3 月 15 日，罗斯福给他写了一封三页纸的长信。信中，他一面告诫辛克莱不要过于激进而走向极端，同时又对辛克莱的一些小说给予肯定，并表示的确有必要采取措施缓和狂妄贪婪的肉品商们所造成的恶劣影响。1906 年 3 月 12 日，罗斯福致信农业部长詹姆斯·威尔逊："我希望你自己仔细通读

①　Walter M. Brasch. *Forerunners of Revolution : Muckrakers and the American Social Conscience*, Lanham, Maryland: University Press of America, 1990, p. 87.

②　Robert M. Crunden. *Ministers of Reform : the Progressives' Achievement in American Civilization 1889—1920*, Chicago: University of Illinois Press, 1982, p. 188.

③　Ibid. , pp. 187—189.

一下此信（注：辛克莱写给罗斯福的一封信）。在这样的时刻，我们的调查显然马虎不得……此事如有丝毫大意，我们都承担不起"。3 日后，罗斯福又写信给辛克莱说："我现在虽未读完，但也已经读了你那部书的大部分，假如 4 月份的第一周你能来此一见，我将尤为高兴"。罗斯福信中表示他不赞成辛克莱激进的思想倾向，但是信末却又补笔说："但有一件事并不受所有这些事情的影响，那就是，如果你所指出的具体恶行能够被证明确有其事，如果我力所能及，它们将被根除。"① 除去书面交流外，罗斯福还邀请辛克莱到白宫共进午餐，就相关问题当面交换意见。1906 年 4 月 4 日，辛克莱如约而至。罗斯福在白宫的书房里会见了辛克莱，当时在座的还有罗斯福的两位内阁成员弗朗西斯·莱普和詹姆斯·加菲尔德。前者来自西部，说话简洁，处事干练。罗斯福之所以安排他在场，是因为他对西部畜牧业了如指掌，而在《屠场》事件的冲击下，西部的畜牧业随着肉食品的滞销正陷入一片恐慌之中；后者乃是前总统詹姆斯·加菲尔德之子，自老加菲尔德过世后，罗斯福便将他收在旗下，一直爱护有加。不过当时加菲尔德之所以也在座，主要并不因为他与罗斯福总统的私人关系，而是因为他曾经受罗斯福委派调查过牛肉托拉斯的情况。会见当天，辛克莱注意到在罗斯福的书房里放置着高高的一摞来自政府官员的报告和尚未签署的法案，此外便是《麦克卢尔杂志》和《世纪》等当时最流行的"黑幕揭发"刊物以及菲利浦斯的《参议院的背叛》和他自己的小说《屠场》。罗斯福对辛克莱恩威并用。他先问辛克莱对菲利浦斯有何见解。辛克莱答曰：他很钦佩菲利普斯，只是觉得其文章中修饰语过多，而对

---

① Leon Harris. *Upton Sinclair：American Rebel*，New York：Thomas Y. Crowell Company，1975，pp. 86－87.

事实的描写相对过少。罗斯福则直截了当地告诉辛克莱，菲利普斯点名道姓进行揭露的做法乃是弊大于利。罗斯福话中有话，想点醒辛克莱要适可而止。不过，他同时又对辛克莱加以安抚，赞扬他指出了一些政府的确需要进行调查的问题，并承认前次调查报告不够充分，缺少价值。他向辛克莱承诺，将对肉品业的劳工状况予以关注，并将重新派人到芝加哥彻查真相，还邀请辛克莱一同前往。辛克莱婉言相拒，称自己在纽约还有诸多事物等待料理，无法脱身前往芝加哥。但他谏言罗斯福，不能单纯依靠农业部长派往芝加哥的调查组，因为农业部本身与所指控的问题有所牵连。他就前次政府对芝加哥肉类加工厂的调查结果向罗斯福当面表示了异议。1906 年 3 月份，罗斯福第一次派往芝加哥的调查人员向罗斯福报告说:《屠场》歪曲事实，故意夸大，辛克莱纯属编造谎言，他对政府肉类检验人员的指控均系恶意攻击。此次利用面谈的机会，辛克莱向罗斯福明确指出了政府对农业部工作安排的不妥之处。那就是:农业部的两项职责实际上是相互冲突的，一方面，农业部要对作为美国基础工业的肉类加工业进行扶植;而另一方面，它又负责派检验人员监督肉品质量，并要管束和打击有过错的肉类经营者。此次见面之前，辛克莱在给罗斯福的信中已经指出，像这样派遣所谓的调查人员到芝加哥，在本质上无异于让一个盗贼自己裁定他是否有罪。

此次会面之后，罗斯福果然另行委派了由两名纽约市社会工作者尼尔和雷诺兹组成的新调查组，暗中前往实地调查。1906年 4 月 5 日，辛克莱发电报给好友艾勒·瑞夫，拜托她前往芝加哥以确保此次政府调查能够客观公正。瑞夫供职于赫斯特麾下，同时也是一位社会工作者。她反对剥削童工，也写过一些揭露肉品加工业黑幕的文章。辛克莱知道她值得信赖。瑞夫接受重托，前往芝加哥。同时，《成功》、《柯利尔杂志》和其他一些报刊也接连呼吁政府对食品行业进行大力度的治理。随着事态的发展，"辛克莱及纯净食品运动支持者们所掀起的呼声使公众的焦虑情绪达到了狂热的程度"，"纯净食品议案和肉类检验修正案的出台已经到了刻不容缓的地步"。迫于形势，肉类加工商们也不得不转变策略；他们虽然坚持否认所受到指控，但同时也开始大力清整工厂，并且"开始真诚地拥护"政府出台一条食品管理法案，以期以此恢复他们在消费者中的信誉，当然，他们还是希望该法要"绝对软弱"才好。① 正值此时，尼尔和雷诺兹调查组从芝加哥返程复命，带回了"一篇足以激起最大愤慨的报告书"。② 该报告不仅在相当程度上证实了《屠场》中的绝大多数指控，还另外添加了他们自身的见闻。在上述种种因素的作用下，罗斯福更加认识到问题的严重性，开始积极敦促国会中的反对派转变立场。1906 年 5 月 25 日，贝弗理奇的议案在参议院通过表决，但是众议院农业委员会主席詹姆斯·沃兹沃斯却不以为然。于是，罗斯福在 26 日致信沃兹沃斯，明白告之，两位调查员的报告是"令人惊骇的"，它所描绘的那些耸人听闻的情况必须立即予以纠正，否则他便将报告内容公之于众。同时，罗斯福在法案的具体内容上也给予了相当的妥协，他表示对于法案中所规定的肉类检验，政府将承担所需费用，而且检验日期也不必被标注到罐头产品上。③

　　至此，食品与药品的改革的时机已然成熟，1906 年，美国国会终于通过了《纯净食品与药品管理法》，并宣布自 1907 年 1

---

① Louis Filler. *The Muckrakers*, *Crusaders for American Liberalism*, University Park: Pennsylvania State University Press，1976，pp. 166—167.

② Robert Harrison. *State and Society in Twentieth—Century America*，New York，Addison Wesley Longman Inc. ，1997，p. 104.

③ Leon Harris. *Upton Sinclair*: *American Rebel*，New York: Thomas Y. Crowell Company，1975，p. 89.

月1日起正式开始生效。该法要求食品与药品生产商必须为食品与药品成分配带商标，必须如实写明所含成分，并禁止使用某些有毒成分。同时出台的《肉类检查法》则规定对销往国内外市场的所有肉制品"从活畜到罐头"都要进行严格检查。① 可见，《纯净食品与药品管理法》乃是舆论压力下的产物，也可以说，它"乃是'黑幕揭发运动'的一个直接产物"。② 它所留给后人的绝非仅仅是一个简简单单的进步主义立法，而是提供了一个新闻舆论推动国家立法的成功案例，显示出了新闻制造舆论的强大力量，它"激励了一位总统的道德激愤感并导致了进步主义立法的出台"。③

"黑幕揭发运动"开创了美国新闻史上新的一章。它继承和发扬了美国的民主主义传统，充分发挥了报刊舆论的威力，无情地揭发和抨击时弊，呼吁社会改革，使新闻报刊反映民众的声音，使知识分子主动关注社会问题，这些新闻界的"进步主义知识分子和改革者们清楚地认识到，其蓝图是否能够实现就看他们能否为社会所接受"。④ 而足令其欣慰的是，这场被西奥多·罗斯福总统称为"耙粪"运动的"全国大扫除"，⑤ 不但得到了广

---

①　Robert Harrison. *State and Society in Twentieth-Century America*, New York, Addison Wesley Longman Inc. , 1997, p. 104.

②　Arthur and Lila Weinberg. *The Muckrakers: the Era in Journalism that Moved America to Reform——the Most Significant Magazine Articales of 1902—1912*, New York: Capricorn Books, 1964, p. 205.

③　Robert M. Crunden. *Ministers of Reform: the Progressives' Achievement in American Civilization 1889—1920*, Chicago: University of Illinois Press, 1982, p. 188. 1889—1920, p. 188.

④　Eldon J. Eisenach. *The Lost Promise of Progressivism*, Kansas: University Press of Kansas, 1994, p. 74.

⑤　Finley Peter Dunne, "National Housecleaning", 载 Herbert Shapiro. *The Muckrakers and American Society*, Boston: D. C. Heath and Company, 1968, p. 8.

大民众的支持，而且在一定程度上得到了总统的赞同，它荡涤了美国社会的污垢，也对 20 世纪初期美国政治经济的改革产生了深远的影响，有力地推动了美国进步主义运动的兴起，起到了为改革高潮的到来鸣锣开道的作用，是"进一步扩大进步主义运动的主要原因"。[①]早在 1908 年 1 月，美国《人人杂志》就这样总结了这场运动的成就："华尔街不能再像以前那样欺骗公众了，保险业机制健全了，银行增加了新的防范措施。广告基本真实，药物和食品掺假将冒更大的风险。运输公司开始关注公民的人身安全。各州和城市更致力于廉政建设，人们开始提名自己的候选人，弱势群体得到了保护，旧时政治老板的风光不再。"[②] "黑幕揭发运动"持续的时间虽然不算很长，但却在很大程度上强调了媒体的社会责任，为社会和公众提供了一双警惕的眼睛，它通过揭发社会黑幕的具体行动广泛宣传了进步主义的思想理念，起到了教化公众参与改革的作用，同时也充当了美国资本主义制度的守望者，提醒它小心撞上冰川。舆论总是改革运动的先导，"黑幕揭发运动"的兴起推动了大规模的全国性改革运动的开展，在美国各大中城市里出现了一批专门致力于社会改革的"社会工作者"，社会福音运动者便是其中的一支重要力量。

---

① Charles Forcey. *The Crossroads of Liberalism*, New York：Oxford University Press，1961，p. xxii.

② Arthur and Lila Weinberg. *The Muckrakers：the Era in Journalism that Moved America to Reform——the Most Significant Magazine Articales of 1902—1912*，New York：Capricorn Books，1964，p. xx.

第 四 章

拯救社会:宗教人士倡导"社会福音"

正当"黑幕揭发运动"在美国新闻领域里大规模展开之时，宗教界中也出现了一些怀有社会改革思想的人，"社会福音"运动者便是其中的一支重要力量。他们站在自由主义立场上重新解释了基督教的"福音"思想，批判资本主义工商业伦理道德的堕落，提倡渐进的社会改良，主张以基督教的思想来推进工业民主社会的到来，提出了种种拯救社会的乌托邦设想，带有浓厚的理想主义色彩，对当时的美国社会思想产生了一定的影响。同时，他们为禁酒、革除市政腐败、解决劳资纠纷以及改造贫民窟和消除贫困所做出的贡献也成为美国进步主义运动的一个重要组成部分。正因如此，这些开明的美国神职人员便成为本书研究中一个不可忽略的重要知识分子群体。

第一节　美国工业化时期宗教界
所遭遇的困境

美国社会福音运动的兴起既与社会福音派自身的思想素质有关，又与他们所处的社会环境有关，它是美国宗教界人士对美国工业化及城市化的反映。正如美国历史学家莱诺德·怀特和霍华德·霍普金斯在他们合著的《社会福音》一书中所写的那样,社会福音运动"从始至终都不是一场简单的传统宗教运动",而是宗教界人士"走出了教堂","与美国转型期的政治、社会和经济力量相交汇"的结果。① 美国历史学家艾伦·艾贝尔也曾经指出,"城市的巨大加速发展乃是新教徒日益强调社会基督教的最根本原因"。②

自殖民地时期以来,基督教一直是美国的主导性宗教,其教义规范着人们的日常生活和精神世界。然而,当历史发展到 19 世纪,基督教虽然经过了大觉醒和宗教改革运动的洗礼,但仍然在相当大的程度上继承了中世纪神学的衣钵,它的"来世二元论"将现世生活视为对个人的考验,而天堂则是上帝对个人美德及其在世间所受苦难的奖赏。据此,美好的"上帝之国"便成了虚悬于人类头上的遥远梦想,今生今世难以企及,传统的基督教在人世与天国、现在与未来之间划出了一条根本不可逾越的界线。它为人们指出的唯一出路便是每个人都要努力奋斗,严格遵守教会法令,靠自己的力量争取得到再生和救赎,以便在死后使灵魂得以享受天国的美好生活。19 世纪末 20 世纪初,当美国进入大机器时代后,特别是在科学发现与新社会思潮冲击下,这种正统的"二元论"已然无法对各种复杂的社会现象做出合理的解释,更无法为解决各种棘手的新生社会问题找到令人满意的答案。在社会贫富走向极化以及贫困成为普遍的情况下,基督教开

---

　　① Ranold C. White, Jr. and C. Howard Hopkins. *The Social Gospel*, *Religion and Reform in Changing America*, Philadelphia: Temple University Press, 1976, p. xi.

　　② Aaron Ignatius Abell. *The Urban Impact on American Protestantism 1865 — 1900*, Hamden: Archon, 1962, p. 57.

始失去了它对大众的权威性与说服力。面对普遍的道德失范、市政腐败、劳资冲突、贫困疫病,基督教旧有的说教显得苍白无力。

19世纪末20世纪初,美国的工业化、城市化和"新移民潮"共同为社会福音派的崛起搭建了时代的舞台。教士历来是"灵魂的导师",但是面对社会转型期种种尖锐的矛盾,他们却不得不放弃纯粹的精神领域,为了实现他们向往的"和平、宽容以及社会的和谐共处"[①] 转而担当起社会道德与世俗生活批判者的重任。当时主要有三方面的因素促成了他们的这一社会角色转变:第一,工业化带来的社会动荡。第二,社会成分多样化所引起的公众对教会的疏离。第三,中产阶级住宅郊区化所造成的城市教堂遭遇冷落的局面。这些问题的存在令新教徒们深感焦虑不安。

一　社会冲突与教士们的忧悒

19世纪末20世纪初,在美国所面临的成堆社会问题中,尤以劳资冲突和城市道德堕落最令宗教界人士感到头疼和震惊。这两大"心病"使拯救社会成为一些新教徒们在长达半个世纪的时间里一以贯之的最大诉求。

在这一时期,劳工运动的波澜壮阔给当时一些年轻的新教徒们带来了强烈的震撼,"在城市扩展中最令新教徒们感到惊惧的似乎就是工业的冲突了"。[②] 当他们走出大学校门步入神职领域

---

① Susan A. Curtis. *Consuming Faith*, Baltimore: Johns Hopkins University Press, 1991, p. 7.

② Aaron Ignatius Abell. *The Urban Impact on American Protestantism 1865 – 1900*, Hamden: Archon, 1962, p. 57.

的时候，正值美国历史上劳资冲突剧烈的年代。工业化虽给美国带来了滚滚财源，垄断却使国家财富日益集中到越来越少的人手中，从而出现了国家越富劳工越穷的不正常的社会现象。19世纪70年代初，随着经济大萧条的到来，"一场危机便已然开始降临"。① 工人们由于饱受饥饿、病痛、工伤、死亡和失业的威胁，而变得"如此的愤怒"，他们日益组织起来为改善自身命运而殊死一战，罢工日益频繁，"相应的引起了残酷的镇压"，流血冲突日益增多，社会危机随之而来。② 1877年的铁路工人大罢工导致铁路停运，"军队与愤怒的暴民展开激战，血流与火焰充斥了巴尔的摩、匹兹堡和其他铁路中心"，这一事件"给此后10年投下了一片惊骇的阴影"，"1877年始终成为惊惧和社会有可能崩溃的标志"，而此后频繁爆发的罢工与冲突则成为人们"不能忽视又无法解释"的难题，③ 引起了许多有良知、有社会责任感的知识分子们的关注与忧虑。当时一位著名编辑不禁惊呼此乃"时代的凶兆"④。

　　这一"凶兆"也令宗教界忧虑不已，因为"他们关于兄弟情谊、仁爱以及和谐共处的基督教信仰与劳工积极分子以及剥削他们的雇主所持的仇恨心理都发生了不可调和的冲突"。⑤ 1893年，纽约教士乔赛亚·斯特朗在其《新时代》中告诫国人，劳工阶层

---

① Henry F. May. *Protestant Churches and Industrial America*, New York, Evanston and London: Harper & Row Publishers, 1967, p. 92.

② Susan A. Curtis. *Consuming Faith*, Baltimore: Johns Hopkins University Press, 1991, p. 7.

③ Henry F. May. *Protestant Churches and Industrial America*, New York, Evanston and London: Harper & Row Publishers, 1967, pp. 92, 95, 91.

④ Charles Howard Hopkins. *The Rise of the Social Gospel in American Protestantism*, *1865 - 1915*, New Haven: Yale University Press, 1967, p. 27.

⑤ Susan A. Curtis. *Consuming Faith*, Baltimore: Johns Hopkins University Press, 1991, p. 7.

中所存在的"普遍不满已是太显而易见的事实了，根本无须证明"①。其实早在 1870 年，当汹涌的劳工争端爆发时，另一位美国社会福音派领袖华盛顿·格拉登便在"不安地关注着"事态的发展了，他眼看着制鞋工人们如何成立了劳工组织，如何为保住工资而抵制机器的使用和非技术工人的引进，他为当时"浓烈、危险的氛围"而焦虑。从整体上说，当时"教会对于劳工反抗的反应先是震惊，继而是恐慌"。而且"他们对罢工的骚乱比对引起罢工者骚乱的情况更感震惊。整个社会组织似乎正面临被撕裂的危险"。事实上，早在 19 世纪 60 年代中晚期大规模的社会急风骤雨降临之前，"许多敏感的教士们就已经觉察到了隆隆的雷声"。1886 年芝加哥干草市场的爆炸令包括宗教界人士在内的众多美国中产阶级将有组织的劳工运动视为洪水猛兽，他们不安地感到了工人运动与"无政府主义"相结合的危险性，而这一点"足以令中产阶级对其感到深恶痛绝"。在他们眼里，劳工的不满已经构成了"对社会稳定最明显的威胁"，将会带来"最可怕的后果"。虽然各种劳工组织当时在美国的发展尚不够成熟，加入者在劳工阶层的整体中也尚属少数，其所发挥的力量还尚且有限，但是"当人们意识到它正在日益增长的劳工运动中无孔不入时，它所引起的恐慌就不足为奇了"。②

深令教士们恐慌的还不止于此，城市秩序的混乱与城市道德的失范也使他们感到了一种迫近的危机。正如美国历史学家霍华

---

① Josiah Strong, "The Discontent of the Working Classes"，载 M. J Adler. *The Annals of America*, vol. 11, Chicago: Encyclopedia Britannica, Inc., 1976, p. 450.

② Charles Howard Hopkins. *The Rise of the Social Gospel in American Protestantism*, *1865－1915*, New Haven: Yale University Press, 1967, pp. 68, 69, 53, 70.

德·霍普金斯在研究中所看到的那样，虽然这一运动较多地投入了劳工问题之中，"但是对于工业革命的其他一些后果它也给予了同样严肃的关注"。① 1885 年纽约社会福音派教士乔赛亚·斯特朗出版了《我们的国家：其可能的未来与目前的危机》一书，成为了在社会福音运动中较早正式在著作中使用"危机"的概念并对当时的美国社会危机进行全面系统研究的一位。他在书中直接将"危险"（peril）二字冠于各章标题之首，② 向社会发出一种警戒的信号。在这部总共 14 章 222 页的书中，斯特朗用了 8 章 130 页的篇幅详尽论述了他认为美国社会正在面临的种种"危险"。在他看来，移民、天主教、摩门教、纵酒、财富积累与集中、城市的迅速成长以及公用土地枯竭，乃是当时威胁美国社会的几大主要危险因素。文中引用了有关人口、收入、土地面积的大量数据来说明问题，文字简明，颇有说服力。正如当代美国史学家奥斯丁·菲尔普斯所言，19 世纪末"在最后 50 年里思想家们在这方面所阐述的所有内容几乎全部已经被涵盖在了该书所强调的最主要观点——'危机观'之中"。③ 1897 年当沃尔特·劳伸布施酝酿写一部关于社会运动与基督教的关系的作品时，他原本为其书稿起名为《基督教运动与社会运动》，然而在长期的写作过程中，现实的情境却令他逐渐改变了初衷，到了 1907 年 3

---

① Charles Howard Hopkins. *The Rise of the Social Gospel in American Protestantism*, *1865—1915*, New Haven: Yale University Press, 1967, p. 98.

② 相关章节的题目分别为：第四章：危险—移民、第五章：危险—天主教、第六章：危险—摩门教、第七章：危险—纵酒、第八章：危险—社会主义、第九章：危险—财富、第十章：危险—城市、第十二章：公共土地的枯竭，见乔赛亚·斯特朗《我们的国家：其可能的未来与目前的危机》。（Josiah Strong. *Our Country: its Possible Future and its Present Crisis*, New York: The American Home Missionary Society, 1885.）

③ Josiah Strong. *Our Country: its Possible Future and its Present Crisis*, New York: the American Home Missionary Society, 1885, Introduction.

月，当他最终定稿时却毅然将书名改为《基督教与社会危机》，其中原本题为"目前的呼唤"的一个章节也被其改称为"目前的危机"。[①]从1907年3月到1908年3月，在仅仅1年之间就有4部以危机为主题的专著在美国相继问世，它们无一例外地出自社会福音派人士之手。先是沃尔特·劳伸布施的《基督教与社会危机》；1个月后又有了芝加哥大学教授席勒·马休的《教会与变化的秩序》；1907年8月，乔赛亚·斯特朗出版了他的《城市的挑战》；最后便是华盛顿·格拉登在1908年3月间完成的《教会与现代生活》。在这些书中，作者们都试图对社会危机对教会的影响加以阐述，虽然他们在阐释方法和写作意图上不尽相同，但是却在一点上形成了共识，那就是，整个国家的道德状况已经达到了危机的程度，而社会道德的危机势必会对教会的存在与功能造成严重的冲击。这四部作品的问世足以说明，长期以来美国城市秩序的混乱与道德的失范，在这些新教教士们心中孕育了强烈的危机感。

劳伸布施的惊呼并非杞人忧天，其他教士的危机论同样事出有因。他们所处的年代正值美国城市迅速崛起的时代，城市问题日趋严重。正如当代美国历史学家理查德·克纳顿所言："美国城市的骤然增长导致了其结构的混乱状态，这种情况影响了之后半个世纪的社会生活。"[②]长此以往终将使包括这些新教徒本人在内的每个社会成员都成为受害者。积重难返的"城市病"引发了中产阶级知识分子心中普遍的危机意识，宗教界人士感觉尤甚，因为现实的堕落与基督教所描绘的理想的天堂简直判若云

---

①　Walter Rauschenbush. *Christianity and the Social Crisis*, New York, Evanston, London: Harper & Row, Publishers, 1964，目录。

②　Richard D. Knudten. *The Systematic Thought of Washington Gladden*, New York: Humanities Press, 1968, p. 1.

泥，城市"宛若是孕育道德危险的温床"，深令这些以净化人类灵魂为天职的"道德导师"惊惧不已。① 乔赛亚·斯特朗曾在其书中写道："城市既是我们文明的神经中枢，也是风暴的中心。"② "第一座城市就是由第一个刽子手所建，犯罪与不道德以及不幸与邪恶与之与生俱来，日甚一日"。在《20世纪的城市》一书中，他频繁使用"城市危机"的概念。他指出："城市就是新工业社会的缩影"，"城市问题在将一场民族危机强加于我们的头上"；"倘若任凭现存趋势继续发展下去，它们将在适当的时候使危机突然降临"。他称其所处的时代为"一个全国处于紧急状态的当前时刻"，"如果不采取立即行动，二三十年内必将陷入社会危机或是政治危机"。③

其实斯特朗在教士中还算是乐观的，因为他所感到的还只是二三十年后才会发生的潜在危机，而其他教士们则已经深感大难将临。他们感到城市已经因充满"形形色色的暴徒、赌棍、窃贼、强盗、违法者与亡命徒"而变成了一个"严重的威胁"，变成了"社会的火药库"。④ 他们看到，美国绝大多数大城市的政府长期以来"多多少少都已经变得腐败了，在很多情况下不啻于一个庞大的欺诈系统"。斯特朗也不安地关注着城市老板统治的盛行，并发现：在总体上说，城市越大，市政管

---

① Harvie M. Conn. *The American City and the Evangelical Church*, Grand Rapids, MI: Baker Books, 1994, p. 57.

② Josiah Strong. *Our Country: its Possible Future and its Present Crisis*, New York: the American Home Missionary Society, 1885, p. 128.

③ Donald K. Gorrell. *The Age of Social Responsibility: the Social Gospel in the Progressive Era, 1900－1920*, Macon, Ga.: Mercer University Press, 1988, p. 64.

④ Harvie M. Conn. *The American City and the Evangelical Church*, Grand Rapids, MI: Baker Books, 1994, pp. 56－57.

理就越糟糕。① 华盛顿·格拉登则在其《教会与社会危机》一书
中直接将焦点对准了美国"工业和社会秩序中已经发生的动乱"。
他将这一局面的影响力与当时旧金山大地震所造成的巨大破坏力
相提并论，将黑幕揭发记者们所声讨的种种社会问题统统列入书
中，内容涵盖了城市的罪恶，保险公司和食品加工厂状况调查结
果，铁路、船运以及公共事业中的兼并和垄断，工人与雇主间的
怨隙的加深等等。他尖锐地指出，"在美国我们正面临着一场社
会的危机，回避这一事实乃是徒劳而愚蠢之举。目前正在这里发
挥着作用的各种力量……意味着破坏。自内战以来正在积聚力量
的各种趋势——各种使力量积聚到几个人手里的趋势；野蛮地使
用这种力量的趋势；无限度地享受与挥霍的趋势；社会各阶级分
化与对抗的趋势必须得到遏制，而且是迅速遏制，否则我们很快
就会陷入混乱。一种能使哈里曼或者洛克菲勒崛起的社会秩序是
一种不能长久的社会秩序"。②

　　从这些教士们的话语中人们不难体味到他们在发表上述"危
机论"时内心的忐忑与焦虑。事实上，他们的"危机论"是一种
二元的、双重的危机概念，在他们看来，"社会的危机也是教会
的危机"。这一时期宗教式微在这些宗教中人的心灵上所投下的
阴影丝毫不小于社会问题所带给他们的压力。在19世纪末20世
纪初的美国社会转型过程中，新教遭受到了前所未有的剧烈冲
击，科学的发展构成了对宗教最大的挑战。移民的涌入从东南欧
带来了大量的"异教徒"，中产阶级住宅的郊区化使新教日益失

---

　　① Charles Howard Hopkins. *The Rise of the Social Gospel in American Protes-tantism*, *1865－1915*, New Haven: Yale University Press, 1967, p. 104.

　　② Donald K. Gorrell. *The Age of Social Responsibility: the Social Gospel in the Progressive Era*, *1900－1920*, Macon, Ga.: Mercer University Press, 1988, pp. 57, 68.

去了对市中心人口的影响力，教会对劳工问题的冷漠以及对社会大规模贫困的无能为力导致了底层社会对新教教会的仇视态度，天主教及犹太教等其他教会对穷人的救济活动也在一定程度上加重了贫民对新教教会的疏离。总之，方方面面的情况都向宗教界人士发送出一个危机的信号，指向了一个显而易见的事实，那就是：新教正在走向颓势。格拉登哀叹："教会已经失去了它对社会的控制。"①

二　大众对教会的疏离

美国工业化时期，社会人口对教会的疏离也成为当时美国新教界人士不得不面对的一个严重问题。他们担心，如果任由这一现象持续发展下去，它会威胁到新教在美国社会文化中的主流地位和新教信仰在美国公众中的权威性，事关新教未来的兴衰。20世纪初期，卫理公会主教派教会的会刊《基督教拥护者》就曾在社论中迫切地呼吁，美国新教最大的教派正在变成"一个行将死去的教会"，急需"一次真正的复兴"。②

新教虽然并非是美国的国教，但是它在美国社会文化中长期占有主流地位。16世纪发生在欧洲的宗教改革运动曾经给基督教带来了极大的震荡，而其中最具革命意义的便是新教同罗马天主教的分裂。在当时，天主教统摄着整个欧洲的宗教信仰，是欧洲各国宗教生活的核心和灵魂。天主教强调教皇和教士的神圣权威，宣扬他们作为上帝的代言人主管人类社会的精神事务，只有

---

① Donald K. Gorrell. *The Age of Social Responsibility：the Social Gospel in the Progressive Era，1900－1920*，Macon，Ga.：Mercer University Press，1988，p. 68.

② Ibid.，p. 13.

他们能够帮助人们赎罪和进入天堂。然而新教教徒则摒弃了天主教教皇和教士的权威性，认为忏悔和赎罪是教徒个人与上帝之间的事，个人无须教士的帮助便可以独立面对上帝，直接寻求上帝的宽恕。由于新教徒们的上述主张触及了天主教的利益并挑战了天主教会的权威，所以他们在欧洲天主教教会的势力范围内受到了种种迫害，致使不少新教徒背井离乡，远离欧洲到北美新大陆上寻求宗教信仰的自由。由于美国早期移民主要是这些为了躲避宗教迫害而来的英国及西北欧新教教徒，所以新教自美利坚民族形成之日起便成为了美国的主导性宗教。虽然美国在独立战争胜利后并没有将新教确立为国教，而是选择了一种政教分离的制度模式，但是在整个前工业化时期，新教却始终都是美国社会、文化中的一支强大的力量，其影响之大甚至涉及美国的内政外交。上至国家行政首脑、两院议员，下到普通民众，当时的多数美国人都以新教为信仰。在相当长的时期里，新教在美国社会文化中都享有着绝对的优势地位。

　　但是，到19世纪末20世纪初，当美国走上了加速工业化、城市化的道路后，新教却开始面临着空前的社会挑战。在工业化过程中，美国社会人口成分随着大批东南欧移民的到来而呈现出多样性特点。与此同时，随着贫民窟在美国各大中城市中心城区的迅速繁衍，美国城市中产阶级则开始越来越多地迁居郊外，形成了一种中产阶级住宅郊区化的趋势。美国社会人口成分异质性的增强相应的消解了新教信仰在公众中原有的核心凝聚力，而中产阶级住宅郊区化的趋势也在地理距离上使得这一阶层远离了市中心的新教教堂。简而言之，这两种情况的出现便在客观上造成了社会人口对新教教会与教堂的疏离现象。

　　美国内战结束后，随着和平的恢复和经济的不断繁荣，从欧洲乃至世界各地移居美国的人口也日益增加，以致演化为一场新的移民大潮。如前所述，美国原本就是一个由移民人口组成的国家，其社会人口的增长主要不是靠自然生育而是靠移民的补充。但令美国人始料不及的却是，美国内战之后出现了移民来源的大转向。对比一下美国内战前后的移民便会发现，移民的性质发生了重要变化。内战前的移民主要是为躲避宗教迫害，寻求宗教信仰自由而来。当时北美大陆上有着广阔的土地资源，漂洋过海的新教徒们落脚之后便有条件成为农场主和小商人。这些早期移民大都来自西欧和北欧的英国、法国、德国、爱尔兰以及斯堪的纳维亚各国，与美国人有着相对统一的背景。他们无论在血缘上还是在文化上都与美国本土的美利坚民族有着千丝万缕的联系。由于他们与美国人有着相同或相近的风俗习惯和宗教信仰，进入美国后他们很快便能够被本土文化所同化。但是内战结束后，一些在本国生存艰难的东南欧农民也在美国工业文明神话的吸引下纷至沓来。他们主要不是为了追求宗教信仰自由，而是希望能在这里获得改善生活状况的经济机会。但是，此时美国的陆路边疆正在逐步消失，在原本广袤的西部土地上，一座座新兴的工业城市正在迅速崛起，这些移民入美后便在城市中充当了工业雇佣劳动力。相对于内战前的老移民，他们被20世纪初期以来研究美国移民史的学者们称为"新移民"。"新移民"数量庞大，人口数量之多足令所有的老移民加起来也相形见绌。据统计，在1890年到1914年的24年间，共有1500万移民进入美国，其中绝大多数来自意大利、俄国、希腊、奥匈帝国、罗马尼亚、土耳其等东南欧国家。1907年的统计结果则表明，当年来自东南欧的移民人数占到了移民总数的81％。还有资料表明，在1880年到1910年之间的移民中，有300万以上出生在意大利，300多万出生在奥匈帝国，近250万出生在俄国，还有少量移民出生在巴尔干等地区。①

这些数据不仅显示了"新移民"的数量之大,也说明了其背景来源的多样性。它清楚地表明了一个事实,那就是:美国内战后的半个世纪里,美国发生了一场"人口革命",庞大的"新移民"群体已经成为美国城市里新的阶层。到 19 世纪末,这场"人口革命"给美国新教教会带来了无可回避的后果,美国社会人口成分的高度多样化致使美国城市人口在宗教信仰上呈现出分裂的、多元的状态和异化的倾向,并使新教原有的优势地位受到了巨大的冲击。正如美国历史学家苏珊·科提斯所言,"成千上万来自东南欧的天主教和犹太教移民瓦解了新教教及其观念的主导地位"②, "美国人的宗教生活状况正在被移民剧烈地改变着"。③

在美国内战前进入美国的老移民中除了爱尔兰人以外,罗马天主教信徒和新教信徒大致上各占一半,然而,"新移民"却并非全是清教徒,也并不尽皆持有宗教信仰。他们主要是罗马天主教、犹太教、路德教教徒,也有其他各种东方宗教教派的信徒以及一些无宗教信仰者。总之,正如《一个非凡的时代》一书中所描绘的那样,"这些'新移民'中的绝大多数都不是新教徒,而且他们所讲的语言也是美国人感到完全陌生的波兰语、意第绪

① Steven J. Dinner. *A Very Different Age*:*Americans of the Progressive Era*,New York:Hill and Wang,1998,pp. 76,64.

② Susan A. Curtis. *Consuming Faith*,Baltimore:Johns Hopkins University Press,1991,p. 7.

③ Winthrop S. Hudson. *The Religion in America*,*an Historical Account of the Development of American Religious Life*,third edition,New York:Scribners,1981,p. 238.

语、立陶宛语、捷克语和希腊语等"。① 他们与美国早期移民语言不通、种姓不同、信仰有别、风俗各异、贫富悬殊。他们在美国各大中城市落脚之后,仍然是"人以群分",形成了自己的种族聚居区,而且这些"新移民"社区还通过不断吸收同质人群的加入而使自身特征不断得到强化。随着一批又一批来自东欧和南欧的移民涌入美国,成为矿山、工厂里的雇佣工人,美国城市中也迅速形成了一个个大大小小的意大利人、波兰人、克罗地亚人、捷克人、斯洛伐克人、匈牙利人、希腊人、俄罗斯人、罗马尼亚人的移民聚居地,致使在这一时期的美国城市中出现了"到处都有人在讲意大利语、意第绪语和波兰语"的现象。②

　　值得注意的是,城市社区绝不仅仅是经济因素的空间表达,更是文化成分的空间积淀。众多移民聚居区的形成无疑是表明美国城市人口成分同质性正在逐步消解的一个信号。在"新移民"聚居区里,移民们依然与故国的朋友接触,依然沿袭着旧日的习俗。他们挑战了美国城市的吸收能力,给美国社会添加了一道新难题。"就是在内战之后的半个世纪里,美国人感到了这一国家的种族与宗教多元性的强烈影响。"③ 特别是对于美国的新教界人士而言,他们更不无忧虑地发现,长久以来新教主导美国社会文化的局面正在被新的形势所打破。在喧嚣的城市中,新教却在日益遭遇到大众的冷落。

　　由于在种族和语言等方面所存在着隔阂,而且也受母国文化

---

① Steven J. Dinner. *A Very Different Age: Americans of the Progressive Era*, New York: Hill and Wang, 1998, p. 77.

② Harvie M. Conn. *The American City and the Evangelical Church*, Grand Rapids, MI: Baker Books, 1994, p. 53.

③ Sydney E. Ahlstrom. *A Religious History of the American People*, New Haven: Yale University Press, 1972, p. 749.

的影响，有信仰的"新移民"在入美后大都选择加入其本国人所在的教堂，包括罗马天主教、犹太教、东正教、路德教以及佛教等其他一些东方宗教。他们在这些宗教的礼拜仪式和教堂生活等引力作用下融入其中，很少有人会去主动问津其他陌生的教种。还有些移民在本国时就不过是一些欧洲国教教会名义上的成员，或者根本就是无教派或者反教派者，他们对其本国的国教教会原本就有所不满，所以在到达美国后，他们也不再寻求加入任何宗教组织，而是建立他们自己的社区文化。1897 年"纽约教会与基督教工作者联合会"曾经在曼哈顿的第 15 居民区、第 43 街、第 53 街、第 8 大道和哈德逊河区等地进行了一次调查。结果发现，在所调查地区的 40000 人中，大约有一半人既不是教会成员也不参加任何宗教活动；包括 7 名教士和 2 名来访者在内，所调查的 10 座新教教堂成员总数也仅有 1798 名。①

　　这种局面直接影响了美国各宗教团体间力量的消长，导致了新教教会力量的相对式微。美国内战后，发展最快的是罗马天主教。1869 年，芝加哥的波兰人最早在该市形成了他们自己的天主教教区，并确保用波兰语布道。到 1916 年时，德国移民便已经在全美各地总共形成了 1890 个天主教教区。此外，东正教在美国的事业也逐渐变得红火；路德教教徒人数远远超过了长老会教派；佛教也在太平洋沿岸地区得到了一定的发展；而犹太教则更是成长为具有相当规模的社区组织，到 1907 年，纽约犹太教徒在下东区建起的教堂达到了 326 座。移民们不仅建立起了他们自己的教会、教堂，还成立了各类互助组织和社交俱乐部等，有

　　① Ranold C. White, Jr. and C. Howard Hopkins. *The Social Gospel*, *Religion and Reform in Changing America*, Philadelphia：Temple University Press, 1976，p. 136.

些移民组织还发行了自己的报纸。到1910年前后,犹太人成立了大约3000个互助组织;波兰人成立的此类机构多达7000余个;"全国斯洛伐克人协会"则拥有会员37000人。"这些协会在为移民们提供一些抵御经济灾难的保障的同时,也使他们能够与自己的文化之根保持着一根一根的纽带。"① 其结果便是,大量的城市新人口与新教教堂根本没有任何联系。"成千上万来自东南欧的天主教和犹太教的移民们破坏了新教教徒占绝大多数的局面。"② 19世纪70年代美国新教教士德怀特·穆迪还曾信心百倍地发起过所谓"城市复兴运动",他满怀希望地认为,"美国的巅峰就在大城市,如果我们能唤起它们,我们就能唤起整个国家"。但结果却事与愿违,他最终不得不放弃了住满了外国人的美国城市,而将其事业转向了以美国土生新教徒为主要居民的小地方。他哀叹,"我们得不到我们所要追求的人"。1896年他在访问纽约时寄给家人的信中写道,"倘若不是我的工作需要我,我永远不再出现在这座城市或者其他城市里","城市不再是我的地方了"。这样的局面势必会造成新教教堂的清冷境遇。③

　　移民对新教的冷漠态度正是造成社会福音派教师们担心并产生改革心理的一个重要原因。美国历史学家苏珊·科提斯曾经对此作过解释:"众多的美国新教教士们忧虑不已。他们感到,在一个空前多样化的美国社会中,他们的信仰正在被过多的声音、文化和信条所湮没。他们害怕新教的信仰会被天主教和犹太教移

---

① Steven J. Dinner. *A Very Different Age*: *Americans of the Progressive Era*, New York: Hill and Wang, 1998, pp. 87—92.

② Susan A. Curtis. *Consuming Faith*, Baltimore: Johns Hopkins University Press, 1991, p. 7.

③ Harvie M. Conn. *The American City and the Evangelical Church*, Grand Rapids, MI: Baker Books, 1994, p. 60.

民的信条所吞噬。他们担心赖以维持和再生价值观念的家庭生活会被这些人毁掉……他们预测如果不引导新移民接受美国的政治生活方式,美国的民主制度即将死亡。他们想靠获取新的受众来抵抗恐惧的心理,这些新受众并非早已皈依的人,而是正在涌入美国海滨的那些男男女女。他们探索实现一个更大更统一的新教美国之路。"①

不过,新教教堂遭冷遇的原因也并不完全在于社会人口成分的异化,还与当时中产阶级住宅的郊区化不无关系。美国中产阶级历来就是新教教会的主要支柱,而且"随着教会进入1870年……它日益将其自身及其目标与正在形成的中产阶级等同了起来"。② 但是也正是从这一时期起,在美国的中产阶级中间出现了迁居郊区的趋势,其结果便使坐落于城市中心地带的教堂更加门庭冷落。

如前所述,由于大量的贫困移民聚居城市,致使城市的中心地区逐渐被底层贫民所占据,形成了为数众多的贫民窟。那里住房拥挤、卫生设施缺乏、空气污浊、疫病流行、酗酒和犯罪等时有发生,构成了对社会秩序与公众健康的一大威胁,再加上城市管理的滞后和市政的腐败,贫民窟问题日趋严重,成为城市的一大病灶,深令有产者畏惧和头疼,避之唯恐不及。

与此同时,这一时期美国城市交通的发展状况则使市民按阶层居住成为可能;有轨电车在美国城市中的逐步普及成为重新塑造城市聚居形态的重要因子和美国中产阶级住宅郊区化的必要前提。早在美国工业革命时期,随着汽车制造业的发展,

---

① Susan A. Curtis. *Consuming Faith*, Baltimore: Johns Hopkins University Press, 1991, pp. 7—8.

② Harvie M. Conn. *The American City and the Evangelical Church*, Grand Rapids, MI: Baker Books, 1994, p. 46.

有能力购买私人轿车的富豪阶层已经开始迁居郊外。到19世纪70年代以后，城市公共交通的发展又为中产阶级外迁提供了便利条件。即使迟至1900年的时候，5美分一次的车费对于收入菲薄的劳工和血汗工厂的工人来说仍然是根本支付不起的，但是对于正在形成的城市中产阶级而言，却不过是个区区小数。也就是说，医生、律师、小商人或中型制造商等当时的美国城市白领阶层能够有足够的收入支付他们在郊区住宅与市中心工作地之间的通勤费用。于是这一阶层便在畏避心理的驱动下，纷纷从市中心迁往郊区，以远离贫民窟恶劣的生活环境。他们在交通便捷、环境整洁宁静的城外购买自己的房子，与同一阶层的人比邻而居。地产商则迎合他们的需要，在市郊地区营造优美的社区环境，建起舒适、漂亮的住宅。于是，一种向外延伸的"两分"城市社区结构模式逐步成为当时美国各大中城市的主要特点：市中心主要是商务区和贫民窟，郊区则是中产阶级的寓所和富人的别墅。"两分城市的创造，一面是旧的市中心，一面是新的外城；一面是贫民窟，一面是郊区；一座希望和失败之城也是一座成就与舒适之城——这一状况一直是1870—1900年的中心事件。"①

由于新教教堂历史上"与权力和财富阶层联系得太过紧密了"，所以19世纪后半期，当财富阶层开始迁往郊区时，新教教堂就"开始了其缓慢的衰落"。而随后，中产阶级住宅的郊区化对于美国的新教教会而言，不免是"又一个打击"②。因为这使它们失去了最后的信徒。富有者早已先一步离开了城市教堂，以

---

①　Harvie M. Conn. *The American City and the Evangelical Church*，Grand Rapids, MI: Baker Books, 1994，pp. 56—57.

②　Ibid.，p. 61.

移民为主的社会底层则"根本就不属于中产阶级的教会",① 而中产阶级本身却又弃之而去。有实力的教堂不得不卖掉城里的建筑,也跟随其教众迁往郊区,而留下的则不免陷入一种门庭冷落的尴尬境地。"那种曾经教众云集的盛景已成明日黄花,随着美国梦一同消失于各个郊区之中。的确有少数信徒,出于忠诚意识会在周日回来礼拜,但是他们现在则不得不从阴沉着脸的社区居民身旁走过,这些人尽管住得与教堂近在咫尺,却并不认为那是'他们的'教堂。"②

社会人口成分的多样化和中产阶级住宅的郊区化极大地改变了教会与城市的关系。对于教会而言,这的确算得上是"一个艰难的时代"。这不仅是因为它们的整个思想体系在许多方面受到了挑战,还因为这并非是教会所要解决的唯一问题,它们同时还必须适应经济与社会秩序变革所带来的新情况。1880年,华盛顿·格拉登经过调查指出,在俄亥俄州格伦布第一圣公会的会众之中,仅有十分之一的人是工资劳动者,而人口普查报告却显示,那里几乎四分之一的人口都属于劳工阶层。他宣称,"去教堂的劳动人民的比例比去教堂者在总人口中所占的比例小得多,这太显而易见了"。③ 日益发展的城市孕育了史无前例的宗教问题,而后者则诱发了最令人担心的思考。简而言之,"一个既突出又骇人的事实就是,平民中的绝大多数,尤其是劳工阶层,对

---

① Winthrop S. Hudson. *The Religion in America, an Historical Account of the Development of American Religious Life*, third edition, New York: Scribners, 1981, p. 316.

② Harvie M. Conn. *The American City and the Evangelical Church*, Grand Rapids, MI: Baker Books, 1994, p. 60.

③ "The Working People and the Churches", *Independent*, July23, 1885, pp. 944—945, 载 Aaron Ignatius Abell. *The Urban Impact on American Protestantism 1865—1900*, Hamden: Archon, 1962, p. 62.

新教教会的仪式表现出极端冷漠的态度"。①

正是这样的社会环境催生了美国历史上的社会福音派及其发起的宗教拯救社会的改革运动。当美国社会、政治和文化生活持续的世俗化和多元化直接威胁到了美国新教各派的传统地位时,严酷的社会现实虽然使新教徒们产生了强烈的挫折感,但同时也极大地激发了他们关注与参与社会变革的热情。面对当时正在发生的"社会巨变",席勒·马休、华盛顿·格拉登、沃尔特·劳伸布施、乔赛亚·斯特朗等新教人士都纷纷觉悟到使宗教走向社会的重要性。马休认为:社会改革必须加强、社会与政治不满亟待解决,而教会则要认清自己在这场巨变中的作用。劳伸布施指出:上帝不仅拯救灵魂也拯救整个人间生活,建立基督教社会秩序是上帝赋予信徒的责任,社会的新生或许就是宗教信仰和教会的道德力量所产生的一个神奇结果,这就是"社会福音"。斯特朗号召宗教界要"靠一种新福音"去解决社会问题。他相信,基督教"是拯救社会和个人的唯一救星"。格拉登则发问:当那些强盗和掠夺者们积聚力量,张开大网聚敛赃物之时基督教会在做什么?当贪污受贿者们劫掠座座城市,当贪婪的强盗还有金融疯子和保险业巨鳄行动之时基督教会在哪里?② 他批评基督教会在劳工问题上站在了"一种模棱两可的立场上,而正因如此,基督教会才失去了它对劳工阶级的把握",他明确地指出,"这是一个致命的错误"。③ 虽然沃尔特·劳伸布施曾经感叹他们的社会基

---

① Charles Howard Hopkins. *The Rise of the Social Gospel in American Protestantism*, *1865－1915*, New Haven: Yale University Press, 1967, p. 103.

② Donald K. Gorrell. *The Age of Social Responsibility: the Social Gospel in the Progressive Era*, *1900－1920*, Macon, Ga.: Mercer University Press, 1988, pp. 61, 55, 59, 64, 65.

③ Washington Gladden. *Christiantiy and Socialism*, New York: Eaton & Mains, 1905, p. 93.

督教理论乃是"荒野中的呐喊",[①] 但是事实上,在 19 世纪末 20
世纪初美国新教各派中都有人像他一样在关心着时代的问题。
"世纪之交,美国绝大多数教派都已在反对现状……不少教派的
领袖们开始意识到如此狭隘的宗教使命最终将脱离社会大众。像
华盛顿·格拉登和沃尔特·劳伸布施一样的新兴社会福音领袖们
都在敦促教会正视关于劳工的经济和社会问题。到 1908 年,各
教派都在表达一种新的责任意识",[②] 这年 12 月,教会联合会第
一次会议在题为"教会与现代工业"的报告中公开声明:"我们
认为使自身直接关注某些现实工业问题乃是全体基督教信仰者的
责任。"[③] 可见,社会与教会的困境是社会福音派崛起的前提和
社会福音运动产生的大背景,在这一前提和背景之下,"美国宗
教思想的整个体系……经历了一次深刻的内部挣扎以及一系列的
外部冲击"。[④] 正如科提斯所说,"社会福音出现于美国历史上的
一个危急时刻——一个 19 世纪的维多利亚文化解体的时刻。结
果,当曾在 19 世纪为生活赋予了重要性的信仰与价值观念的母
质开始变得越来越没有意义的时候,社会福音派便和众人一道体
验到了焦虑。为了寻找宗教和个人的意义,他们自己努力拼搏,

---

①　Walter Rauschenbush. *Christianizing the Social Order*, New York: the Macmillan Company, 1919, p. 9.

②　"The Social Gospel of the Protestant Churches", Federal Council of the churches of Christ in America: Report of the First Meeting of the Federal Council, 载 M. J. Adler. *The Annals of America*, vol. 13, Chicago: Encyclopedia Britannica, Inc., 1976, p. 142.

③　"The Church and Modern Industry", Federal Council of the churches of Christ in America: Report of the First Meeting of the Federal Council, 载 M. J. Adler. *The Annals of America*, vol. 13, Chicago: Encyclopedia Britannica, Inc., 1976, p. 144.

④　Henry F. May. *Protestant Churches and Industrial America*, New York, Evanston and London: Harper & Row Publishers, 1967, p. 84.

逐渐形成了对宗教的一种社会性的诠释"。[1]

第二节   "社会福音"理论及其代表者

"福音"一词原本出自《圣经》的希腊文体，有"传报佳音"之意。在基督教中，基督教徒用它来指称耶稣所说的话及其门徒所传播的教义，具体内容被分别记载在《新约全书》的《马太福音》、《马可全书》、《路加全书》和《约翰全书》等福音书中。所谓"社会福音"，顾名思义乃是指使福音社会化。在近代西方基督教史上，一些具有自由主义神学倾向的宗教界人士提出了社会化的神学主张，他们认为，上帝的福音不仅仅是个人的福音，也是社会的福音，上帝不仅要拯救个人，也要改造整个社会环境。他们把《圣经》中所教导的"爱之律"（the Law of Love）奉为人世间的"黄金法则"，把一切社会问题都视为道德问题，希望把"爱"和"正义"的原则贯彻于社会生活中，提倡改良主义和道德教育，主张社会服务和社会改革，用耶稣的教导去指导人类的经济活动，从而改进人们的社会关系以及工作环境。

美国的"社会福音"思想兴起并盛行于美国内战之后的大约五十年间，是"新时代精神的自然结果"，[2] 也是"美国新教徒对 19 世纪末工业化所引起的问题的反映"。[3] "社会福音运动"

---

[1]   Susan A. Curtis. *Consuming Faith*, Baltimore：Johns Hopkins University Press，1991，p. 6.

[2]   Richard D. Knudten. *The Systematic Thought of Washington Gladden*, New York：Humanities Press，1968，p. 8.

[3]   Susan A. Curtis. *Consuming Faith*, Baltimore：Johns Hopkins University Press，1991，p. 3.

就是指该时期由宗教界人士掀起的一场宗教服务社会的运动，其中以美国内战前后出生的、接受过良好教育的年轻新教教士为主力，他们是一支既有理论素养又有激情和活力的社会改革力量。在当时美国工业化时期的纷繁社会背景下，他们从自由主义的神学思想出发，努力挖掘基督教原则的社会意义，不拘成法、灵活变通，根据社会的发展形势重新阐释了基督教的福音理论，将教会和教徒的使命从拯救个人灵魂转变为拯救社会与社会中人，以期通过社会秩序的全面"基督教化"来解决当时美国社会以及教会本身所面临的种种严重问题，逐渐形成了一种"综合了社会基督教与新兴社会科学"的"进步主义正统理论"，"为社会福音奠定了伦理与神学基础"。[1]

一 "社会福音"与"社会福音派"

如前所述，所谓"社会福音派"是指19世纪末崛起于美国新教徒中的一支年轻的社会改革力量。社会福音运动的代表者沃尔特·劳伸布施将他们自己称为"新信徒"，乔赛亚·斯特朗自称为"基督教爱国者"，而席勒·马休教士则自称为"社会中感受相同的十分之一"。总之，社会福音派指的就是"那些用创造性的思想、基督教的价值观念和一种肩负起整个社会重担的愿望来面对未来的人"。[2] 他们在当时美国工业化和城市化力量的冲击下，放弃了此前基督教只讲灵性交流和个人自救的传统原则，

---

① Richard D. Knudten. *The Systematic Thought of Washington Gladden*, New York: Humanities Press, 1968, p. 12.

② Donald K. Gorrell. *The Age of Social Responsibility: the Social Gospel in the Progressive Era*, 1900—1920, Macon, Ga.: Mercer University Press, 1988, p. 63.

开始挖掘基督教中的社会教义，并重新阐释福音神学理论，将新教徒的使命从拯救个人转变为拯救社会，在美国工业化时期掀起了一场宗教服务社会的"社会福音"运动。

社会福音运动的不断深入不仅改良了社会，还消弭了教派之间的分歧，使新教各派在社会福音派的推动下走向了联合。虽然美国宗教以新教为基础，美国文化以新教为主流，但新教本身却教派纷呈。从殖民地时期到进步主义时代，其中以长老会、卫理会、公里会、浸理会等影响最大。由于生成背景不同，所处环境各异，各教派在教义解释及对待事物的态度上长期存在颇多歧义，时有摩擦。然而，在工业化时期，当宗教与社会双双面临危难之时，年轻的新教教士们体现出了高度的社会敏感性与教派超越性。他们认清了形势，并意识到了走向联合的必要。而事实也确实如此，不仅新型社会的巩固与发展本身需要各种社会力量的共同努力与合作，而且它的来临也客观上要求各教派做出适时反应，只有改变自己，顺应潮流，满足社会的需要才有基督教的生存与发展，社会福音的诞生正说明了年轻的新教教徒们在选择上的明智。在他们的倡导及组织下，创建于19世纪50年代的"基督教男青年会"和"基督教女青年会"始终活跃在美国内战后的半个多世纪里。进入20世纪后又形成了全国性的组织"联邦基督教协进会"，将新教各派的进步力量紧紧地联合到了一起。

"社会福音派"的崛起可溯源至19世纪70年代前后，其名称的确立体现了教士们改造社会的愿望和希望实现"人间天国"的梦想。

早在19世纪70年代前后，接受了现代高等教育的一代美国新教神职人员便已开始了对宗教服务社会之路的探索。他们不少人按照自己的信念重新审视《圣经》，阐释神学，从中挖掘耶稣的社会教义,试图为宗教名正言顺地参与社会改革找到理论依据,由此重新唤起民众的宗教热情,挽救宗教的衰败,医治社会的弊病。但是,各派教徒只是从各自的理论出发阐述教义、宣教布道,宗教界一时意见纷呈,各派观点不一,视角各异。各派尽管都有挽救宗教与社会的共同诉求,却难以立即达成思想与行动上的共识,更谈不上有统一的组织与名称。"应用基督教"、"社会基督教"、"进化论基督教"、"科学基督教"以及"基督教社会主义"等种种称谓纷至并存。虽然宗教界内外都已看到一场"新宗教运动"① 正方兴未艾,但运动者间却久久未能表现出明显的融合迹象,直到 19 世纪 90 年代以后,才日渐统一到了"社会福音"的称谓之下。

"社会福音"一词首度出现于鲁尔夫·阿尔伯顿等人创办的"佐治亚基督教合作社"社刊上。19 世纪 90 年代,正当新教徒们在为拯救宗教、改革社会而跃跃欲试、各抒己见之时,公理会教士乔治·赫伦提出了建立"基督教政府"的乌托邦设想。在他看来,"如果政府想要幸免于被日益强烈的社会怒潮所吞没,它就必须信仰耶稣基督"。赫伦期待着能够建立一个由"基督教政府"领导的"基督教社会",由政府代表社会全力谋求公共福祉。赫伦的激情感染了众多的新教同仁。1895 年,三四百名志同道合者在来自于内布拉斯加州的乔治·吉本森和来自北卡罗来纳州的拉尔夫·阿伯岑两位教士的带领下,在佐治亚州买下了一个破败的棉花种植园。他们为了"组织一个教育性与宗教性的社会",在那里创建了占地千余亩的"基督教合作社","在生活、劳动及财产使用等所有事物中履行基督的教义"。由于种种人为与自然

---

① Charles Howard Hopkins. *The Rise of the Social Gospel in American Protestantism*, *1865 - 1915*, New Haven: Yale University Press, 1967, p. 194.

的原因,合作社在 5 年之后（即在 1900 年春季）便遭解体,但"这一怪事在社会基督教史上意义非凡,因为佐治亚合作社首创并传播了社会福音之名"。[①] 在合作社存续期间,作为其领导者之一的鲁尔夫·阿尔伯顿组织创办了公社社刊,取名就叫《社会福音》。这份 36 页的月刊发行时间超过 3 年,声名远播全美内外,拥有两千多位读者。它不仅为公社提供了主要的经费支持而且"本身就是一份极为精彩的报纸"。它印刷精美,插图丰富,而且约翰·斯特朗、乔治·布莱克、B. F. 米尔斯、约翰·科蒙斯等当时新教界的思想精英和名流大家都曾对它呵护有加,使它有机会刊登了不少高质量的文章。《社会福音》成了进步人士探讨社会问题、交流思想观点的一方园地,吸引了数以千计的读者。"社会福音"之名也不胫而走,并逐渐成为社会基督教思想的名字而为世人所接受。佐治亚合作社社刊的发行,使年轻的新教神职人员的"宗教服务社会"的主张能够以一个更响亮、更具号召力的名字深入人心。不仅如此,《社会福音》还使得各教派通过发表文章加强了思想交流,并在实践中走向合作。

佐治亚基督教合作社本身便是跨教派联合的一次首开先河式的尝试,其榜样作用历久不衰。毫无疑问,此后由各教派的社会福音运动者们联合成立的"美国基督教会联邦理事会"及其组织的"人与宗教协进会运动"等都比这一合作社规模更大、实力更强、影响更广、成就更显著。仅以 1912 年"人与宗教协进会运动"在纽约召开的代表大会为例,参加者达到了1338 人,来自美国的 37 个州,在其周日的教堂活动中,发言

---

　　① Charles Howard Hopkins. *The Rise of the Social Gospel in American Protestantism*, *1865—1915*, New Haven: Yale University Press, 1967, pp. 191, 196.

者总数高达 10 万之多。① 但是社会福音派合作参与社会改革的第一步毕竟是从佐治亚迈出的，是那里将新教各派的进步分子团结在了一个统一的"社会福音"的旗帜之下，为跨教派的社会福音运动的兴起奠定了基础。此后十多年间，正是在"社会福音"的号召下，新教各派加强了合作，壮大了力量，产生了深远的社会影响。

1908 年，美国基督教会联邦理事会的成立将社会福音运动推向了高潮，向世人展示了年轻的宗教精英们意欲变革社会的胆识与力量。嗣后两年，另一位具有社会福音思想的新教教士席勒·马休又总结其对耶稣的社会教义及其在现代社会的应用方面的研究成果，首次将"社会福音"用于书名，令"社会福音"的名字家喻户晓。马休在不否认拯救个人的重要性的同时更加强调拯救社会的意义与紧迫性，他指出："福音既有个人意义也有社会意义。"他向读者展示了《新约》述及的社会理想，将其他出版物中已表述的观点予以概括，他坚信耶稣教义中的福音是社会福音，既能改造个人也能改造社会，而教会的本职便在于传播这一福音从而"使世人个个皈依基督，内心充满正义与牺牲的热情"。他认为神职人员身为耶稣的使徒应该努力工作去解决社会问题，使耶稣的原则在社会生活的所有领域中得以贯彻。马休的上述主张代表了当时社会福音派的共同心声。事实上，此时有不少新教界人士都在呼吁，要重新给宗教以更加宽广的定义，以使其与社会生活紧密相连。当时乔赛亚·斯特朗教士就曾经在其自传《我的每日生活中的宗教》里强调，"必须像拯救个人一样去

---

① Donald K. Gorrell. *The Age of Social Responsibility：the Social Gospel in the Progressive Era 1900 − 1920*，Macon，Ga. : Mercer University Press，1988，p. 157.

拯救教会"①。马休的《社会福音》成书于社会福音运动的巅峰时刻,具有里程碑般的历史意义。它的问世不仅使美国历史上的这场"新宗教运动"得以以"社会福音"之名正式载入史册,而且标志着社会福音派最终在实践中走向了成熟,崛起为一支强劲有力的社会改革先锋队。

　　概括而言,"社会福音"理论的中心思想主要包括对社会整体改良主张以及对宗教改造社会功能的强调,其最根本的前提思想就是认为应该理性地运用基督教的理想来控制和指导社会的转变。② 正如美国历史学家苏珊·科提斯所言:"按照社会福音,每位基督教徒都有着双重的责任:对自己的和对社会的"。③ 社会福音理论宣扬:人生于一个罪恶的社会,这一事实乃是产生深重罪恶的根源,解救办法就是耶稣下凡建立一个新的环境,来拯救难以管教的人们,改造罪恶的社会。因此,教徒应成为社会改革者,把《圣经》所教导的"爱"与"正义"的原则贯彻于社会生活之中,把耶稣的社会教义应用到社会经济活动之中,通过改革人们的学习和生活环境来拯救人类社会,按照上帝的旨意实现理想的"人间天国"。这种思想于19世纪70年代始现端倪,以后不断发展,日臻成熟,19世纪90年代起渐进高潮,成为社会福音派参与社会改革的理论依据与

---

　　① Donald K. Gorrell. *The Age of Social Responsibility：the Social Gospel in the Progressive Era，1900－1920*，Macon，Ga.：Mercer University Press，1988，p. 128.

　　② William McGuire King，" 'History as Revelation' in *The New Theology of the Social Gospel*"，载 Martin E. Mary. *Modern American Protestantism and Its World：Historical Articles on Protestantism in American Religious Life*，vol. 6. *Protestantism and Social Christianity*，Munich：Saur，1992，p. 145.

　　③ Susan A. Curtis. *Consuming Faith*，Baltimore：Johns Hopkins University Press，1991，p. 2.

指导原则。

社会福音派对基督教思想的改造突出体现在两个方面:第一,他们改变了旧教义对上帝与人的关系的看法,使上帝和耶稣的形象更趋人性化,使基督教变得更加"非神圣化"。第二,他们光大了基督教神学中的理性遗产,借助逻辑思维的方法去帮助解释神启真理的权威性。"人性化"与"理性化"构成了社会福音神学的核心内容与主要特色。

19世纪末期,自由主义思想在美国的流行为社会福音派培育出一种社会化的"新神学"提供了思想沃土,直接导致了基督教神学思想向世俗化、理性化和人性化方向的转变。华盛顿·格拉登、沃尔特·劳伸布施、席勒·马休等社会福音派的主要神学家们都曾从自由主义思想,尤其是新英格兰的自由主义思想中汲取了丰富的养分,在他们对上帝的本质、创世说、人类历史和人类的救赎等问题所作的解释中,都闪烁着自由主义的思想光华。因此,可以说社会福音运动中倡导的所谓"新神学"就是一种自由主义的神学理论,它带来了"一种对基督教的社会化诠释"和"对上帝的全新理解"。①

在"新神学"中,理性化因素的地位已经得到了提升。一方面,传统基督教本身就蕴涵着一种理性精神,它教导人们,为了寻找上帝之国,人们就必须在现实世界中耐心的工作,必须学会克制自己,理智处事。这些思想遗产为社会福音派改造基督教的神学打下了基础。而更主要的则是,在美国工业化时

---

① William McGuire King,"'History as Revelation' in *The New Theology of the Social Gospel*",载 Martin E. Mary. *Modern American Protestantism and Its World*: *Historical Articles on Protestantism in American Religious Life*, vol. 6. *Protestantism and Social Christianity* Munich: Saur, 1992, p. 145.

期，科学的发展也为理性进入神学领域敞开了大门，科学日益
因其在经济发展和物质财富创造方面所显现出的重要作用，而
受到世人的青睐与信服，整个社会思潮都在科学进步的巨大影
响下走向自由主义，而关于人类的起源和社会的发展，也有了
与传统的上帝造人并主宰万物之说截然不同的科学解释。这种
科学和社会学领域中的自由主义思想倾向，极大地影响了当时
的一批受过良好教育的年轻而又开明的教士。他们为基督教发
展了一种能够适应现代工业形势和社会思潮趋势的"福音自由
主义新神学"。① 美国公理会教士西奥多·曼格曾对新神学的主
张加以概括，他认为：每个人必须独立生活并向上帝汇报，但
它也令我们关注人类在世上的共同生活。因此其道德观点强
调，人类社会本身应该得到救赎。这种"新神学"为"社会福
音运动提供了宗教背景"。②

　　从根源上说，新神学的思想内容并非完全出自《圣经》。正
如美国历史学家 C. 辛格所言，它只是"部分地源于《圣经》"，
"而在相当大的程度上则是源于宗教针对达尔文主义的调适，其
中还混合了不少帕勒金主义和人性论思想"。③ 其最直接的影响
来自新英格兰神学、霍勒斯·布什乃尔和由查尔斯·菲尼等人推
广的奥柏林神学。1867 年，一群激进的公理会教师打破教派界
限，成立了"自由宗教协会"。随后，"自由主义神学运动"也从

---

　　①　Winthrop S. Hudson. *The Religion in America*, *an Historical Account of the Development of American Religious Life*, third edition, New York: Scribners, 1981, p. 276.

　　②　Charles Howard Hopkins. *The Rise of the Social Gospel in American Protestantism 1865－1915*, New Haven: Yale University Press, 1967, p. 5.

　　③　C. Gregg Singer. *A Theological Interpretation of American History*, Greenville: A Press, 1964, p. 147.

这里开始。① 自由主义神学家将基督教解释为一种感情的宗教和道德的宗教，将神性归于人性之中。帕勒金的教义否认原罪说，强调人类的意志自由和自力救济，这一观点不可避免地导致了对人类创造"人间天堂"的能力和合法性的承认。它宣扬，人类有力量遵照上帝的委托在人间建立美好的伊甸园。这样，菲尼等美国 19 世纪 60 年代的自由主义神学运动领袖，都顺理成章地将消除社会弊病归为传播基督教福音的任务之一，福音也因此被重新定义为加强基督教对社会和经济生活参与的途径。到了 19 世纪 90 年代，美国的新教神学家们已经普遍接受了达尔文的进化论思想。为了解决达尔文主义对上帝的权威性的挑战，他们发展了一种"有神的进化论"。这一理论成了"科学与基督教的汇合点"。它在保住上帝在人类事物中的权威位置的同时，也确认了人类追求自我进步的能力和自由。1874 年，美国历史学家约翰·菲斯克撰写的《宇宙进化论概要》成为较早提出"有神的进化论"的专著。菲斯克在书中试图将上帝的权威性与人类的能动性加以调和。他提出，人类的认知是有限的，仅限于那些有起因的事物；却无法认知那些绝对的、无因的和无限的东西，而上帝的权威和万能则体现于这种无限之中。他的"宇宙有神论"既承认超自然力量的存在，同时也强调科学与宗教并非不可调和。在《从自然到上帝》一书中，菲斯克认为科学最终会引导人们走向上帝。"有神的进化论"的另一位代表人物亨利·卓孟德教士也指出，进化论与基督教在理论上乃是殊途同归，自然法则与精神法则具有完全的可比性。在 1870—1900 年间，美国基督教各派纷纷接受了"有神的进化论"的主张，这一理论成为当时美国

---

① Charles Howard Hopkins. *The Rise of the Social Gospel in American Protestantism 1865—1915*，New Haven：Yale University Press，1967，p. 5.

宗教界解读基督教福音与世俗社会现象的出发点和重要立足点。①

总之，19世纪末20世纪初，美国神学家们为协调科学与宗教的努力最终导致了一种"进步主义神学思想"（Progressive Theology）的形成，这就是上面提到的所谓"新神学"。从理论体系上看，"新神学"中主要包含着相互依存的三个观点：第一，上帝是普遍存在的；第二，社会是有机的；第三，理想的天国关系是可以在人世实现的。

"上帝普遍存在"观是"新神学"的理论基石，它宣扬上帝普遍存在于宇宙之中、历史之中和人类社会的进程之中，上帝赋予人类理想，并指引人类走向最高的成就。首先，这种观点打破了基督教传统教义在人神之间所竖起的栅栏，认为上帝在自然界及人类社会中普遍存在，自然被看作是上帝对其存在与威力的恒久显示，是上帝本身的外在表现，因此，人们虔诚地看待自然也就是在虔诚地仰视耶稣和上帝。此外，所谓"普遍存在"还有另一层含义，亦指上帝普遍存在于精神世界和社会领域。纽约市的詹姆斯·韦顿教士曾说：上帝活在他所创造的万物之中，这其中既包括天使也包括变形虫；既包括耶稣也包括人。实际上，这种"上帝遍存观"乃是基督教对新的社会环境所做出的反应。这一时期，达尔文"进化论"的提出对《圣经》所启示的创造论提出了空前严峻的挑战。进化论综合了当时各种自然科学的成果，通过大量的观察和试验，论证了物种起源的科学假说，从自然科学的角度对生物进化、人类起源等问题给出了解答。面对这一形势，社会福音派跳出了加尔文主义的窠臼，赋予了基督教一种

---

① C. Gregg Singer. *A Theological Interpretation of American History*, Greenville: A Press, 1964, pp. 149—155.

"自然宗教"的性质。他们的"上帝遍存观"主张自然与超自然都处于上帝的统一管理之下,从而使得基督教与进化论之间的关系得到了调整。根据这一观点,神迹并非是对自然规律的干预与破坏,而是上帝管理大自然的证明。再者,"遍存观"也使基督教对上帝形象的宣扬发生了明显的改变。上帝不再是18世纪基督教教义中那个高高在上的、威严而"愤怒的神",他的作用也不再是对人类的行为实施最后的审判并对其所犯之过施以惩罚和报复。在社会福音派的诠释下,上帝不仅是普遍存在并内化入人类灵魂深处的,而且是宽容的和可亲的,他成了"一位和蔼的家长,与人们非常亲近"①;他象征着"一种超级的力量和爱,充满着宇宙,通过各种人类制度和人发挥着作用,使人们更加快乐和幸福"。②随着这种"遍存观"对上帝形象的重新阐释,基督教所能涉足的领域得到了相应的扩展,从而为"社会福音运动"的兴起准备了思想基础。具体而言,由于这种观点宣称慈父般的上帝存在于人类制度之中,那么基督教也就由此获得了拓宽其活动领域的一种新的便利。它有充分的理由参加俗世的社会活动,能够顺理成章地关照人间的政治、经济与文化生活。正如社会福音运动领袖格拉登在《基督教与社会主义》一书中所言,"上帝的父亲身份为我们打下了实现社会秩序、和平与福利的基础,再无他人能提供别的基础"。③

从"上帝遍存观"出发,社会福音派合乎逻辑地推导出了

---

① Susan A. Curtis. *Consuming Faith*, Baltimore: Johns Hopkins University Press, 1991, p. 5.

② Charles Howard Hopkins. *The Rise of the Social Gospel in American Protestantism, 1865 - 1915*, New Haven: Yale University Press, 1967, p. 124.

③ Washington Gladden. *Christiantiy and Socialism*, New York: Eaton & Mains, 1905, p. 20.

"新神学"的第二大理论,即社会有机论。他们认为,人类的大团结正是以上帝这位神圣的父亲遍存于所有人中间为基础的。[①]用格拉登的话来说:"'人类的有机结合'乃是通过人间无所不在的神圣上帝建立起来的。"[②] 很显然,既然上帝是天国和人间的创造者,是人类共同的父亲,那么所有的人便都血脉相连,人间便形成了兄弟关系,而人类社会也因此成为一个有机的充满手足之情的集体。"新神学"由此而提倡社会的和谐与整体进步,它认为人与之间以及社会组织与事件之间都是不可分割的,人与社会、人与人都是相互依存而发展的。整个社会各组成部分之间"或者一起运转或者根本不动","要想只解决任何一个单一的社会问题都是不可能的,因为每个问题都是其他问题解决方法中的一个组成部分,而所有问题的解决都部分地取决于其中每一个问题的改进"。[③] 同理,个体作为一个社会成员,无论是其生死还是其幸福的获得也都离不开社会和他人。显然,新神学所倡导的这种"社会有机论"乃是一种伦理性的和社会性的神学理论。霍普金斯认为"尽管这样一种观点或许部分地源于当时的社会学理论,如斯宾塞的'社会乃是一个有机体'的观点,但是它从根本上来说还是一种宗教信仰,不过它有时是以物质科学的论据为支撑的"。这番话在一定程度上反映出了神学与其所处时代的科学发展之间的关系。如前所述,"新神学"观点的形成在一定程度上受到了"进化论"的影响,而"新神学"中"社会有机论"思

---

① Charles Howard Hopkins. *The Rise of the Social Gospel in American Protestantism*, *1865—1915*, New Haven: Yale University Press, 1967, p. 125.

② Washington Gladden. *Recollections*, Boston: Houghton Mifflin, 1909, p. 294.

③ Donald K. Gorrell. *The Age of Social Responsibility: the Social Gospel in the Progressive Era*, *1900—1920*, Macon, Ga.: Mercer University Press, 1988, p. 22.

想的提出显然与当时斯宾塞理论在西方的流行有着一定的关系。斯宾塞的理论包括社会进化论和社会有机体论两大部分。一方面，他将生物进化论中的生存竞争和自然选择的观点移植到了社会学领域，认为进化乃是一种普遍的规律，社会的进化过程同生物的进化过程一样，都遵循着"物竞天择、适者生存"的规律。另一方面，他又利用生物学与进化论的观点建立了自己的"社会有机论"学说。他通过对社会与生物有机体的类比而得出结论认为，社会同生物体一样也是一个有机体。这个有机体是由相互依存的部分构成的统一整体。从某种意义上说，"社会有机论"在"新神学"中的形成体现了社会福音神学家们对斯宾塞社会学观点的扬弃。尽管斯宾塞与社会福音派都提出了社会乃是一个有机体的观点，但是前者的社会进化论一味强调竞争与优胜劣汰的残酷"丛林法则"，而后者则认为既然相互联系便应该相互协调以求共同发展。同传统的达尔文主义过度强调个人主义的思想相比，"新神学"则采取了一种自由主义的神学态度，它的"社会有机论"宣扬了人在本质上所具有的一种健康、宽广的社会性，并由此而走向了一种"社会救赎观"。在"社会有机论"的基础上，社会福音派坚持认为，救赎乃是一件社会性的事务。耶稣不仅要拯救个人，也要拯救社会，而基督教徒们则不仅要对自己的救赎负责，也要对其兄弟姐妹们的救赎负责。"这种社会救赎观要求基督教徒团结起来对付那些阻碍了众多美国人踏上救赎之路的贫困、邪恶和污秽。"[①] 他们坚信，随着这些可以致人堕落的社会环境因素被消除，人们偏离正道的可能性也会大大减少。

　　从"上帝遍存观"和"社会有机论"出发，社会福音派得出

---

①　Susan A. Curtis. *Consuming Faith*, Baltimore: Johns Hopkins University Press, 1991, p. 5.

结论,理想的天国关系是可以在人世实现的,这便是"新神学"的第三大理论——"人间天国论"。正如科提斯所言,"由一位无所不在的上帝所赋予的社会救赎观点带来了新教思想中的第三大转变——将对'彼岸世界'的关注转向了对现实生活的关心"。[①]"人间天国论"宣扬,上帝之国既非来世才能达到的"彼岸世界",也非永远遥不可及的乌托邦梦想,而"是一种真实的力量",是可以实现的人间理想。它由人的情感、兴趣、追求等生活中的常见事务组成:幸福的家园、快乐的课堂、忠诚的工作、诚实的经营、美丽的公园、有益健康的食物、公共图书馆、丰富多彩的娱乐活动、优雅的社交以及廉洁的政府等等都是构成"人间天国"的积极因子。可见,社会福音派为当时的美国描绘了一个美好的社会前景。事实上,他们心目中的那个理想的"人间天国"就是一个幸福的人类社会。纽约社会福音派教士查尔斯·斯德尔兹曾经说过:基督教"不是一个增加天堂人口的计划"而是"要将天堂带到地上"。[②]

可见,对于社会福音派而言,所谓"人间天国"并非是一种抽象的概念或者迷幻的玄想,而是影响人类社会进程的一种实实在在的历史力量。它是"新神学"为人类社会所设计的最高理想境界,体现了社会福音派对当时美国社会改革运动所持的乐观态度。他们坚信社会化的基督教可以帮助美国建立一个和谐、安定的理想社会,同时他们也承认这一改革的艰巨性。他们指出:在实现人间天国的过程中尽管会有挫折和灾祸,但是人类却终将走向进步,因为上帝普遍存在于宇宙之中,他是人类神圣的父亲,

---

① Susan A. Curtis. *Consuming Faith*, Baltimore: Johns Hopkins University Press, 1991, p. 5.

② Charles Howard Hopkins. *The Rise of the Social Gospel in American Protestantism, 1865－1915*, New Haven: Yale University Press, 1967, pp. 129, 282.

而人与人之间都是兄弟关系,人间所有的社会、政治和工业关系都建立在这一父子手足关系之上,作为人类社会一切进步的源泉,上帝终将导引人类走向美好的天国,而耶稣则是沟通人间与天国的使者,"他是一道门,神通过他进入人类,而人则通过他进入神界"。在"人间天国"理论中,情感特性与道德特性是显而易见的,它突出了宗教中的道德内涵,把基督教描绘成了一个进化的宗教和"道德的信仰"。[①]

　　总之,新神学宣扬一种"人性化的宗教"(a Religion of Humanity),其核心信仰即是:上帝是慈父,耶稣爱人类,人间皆兄弟,上帝普遍存在于宇宙之中,而人类则有能力按照上帝的旨意建立美好的"人间天国"。它用人间的伦理道德关系涵盖了宇宙间的一切关系,用"有神进化论"的学说解决了上帝与社会进化之间的矛盾;它通过理性的逻辑推理巧妙地化解了现代科学的研究成果所带来的宗教信仰危机,使理性成为信仰的护身符,使其对神启真理的解释听起来入情入理。1914年美国作家富兰克林·约翰逊曾在其所著《儿时的问题》一书中,对美国内战前后宗教思想的变化做了对比。他看到,"自从内战之后,新教在美国发生了巨大的变化",原本"习惯于靠向听众讲述其行为之未来后果来吸引他们的布道者们,现在已经很少提及来世了",而是着力"告诉我们现在应该如何通过服务周围的人去保住幸福"。[②] 显然,约翰逊在对比中看出的正是新神学的世俗性和社会性。

---

① Charles Howard Hopkins. *The Rise of the Social Gospel in American Protestantism*, *1865—1915*, New Haven: Yale University Press, 1967, p. 129.

② Susan A. Curtis. *Consuming Faith*, Baltimore: Johns Hopkins University Press, 1991, p. 34.

二 "社会福音运动"的两位大家

新神学思想的形成凝聚了美国工业化时期众多宗教界知识分子的集体智慧和心血,特别是与两个人的名字发生了最紧密的联系,那便是:华盛顿·格拉登和沃尔特·劳伸布施。他们先后活跃于美国"社会福音运动"的不同发展时期,成为"社会福音"派最主要的代表者,为"社会福音运动"的发展做出了有目共睹的贡献。

华盛顿·格拉登(1836—1918年)是美国"社会福音运动"早期最杰出的代表人物,是"一位社会福音的先驱"[①] 和"基督教社会运动的核心人物"。[②] 他一生致力于用基督教法则解决社会问题的理论研究与实践活动,著书40余部,其中以《劳工及其雇主》(1876年)、《应用基督教》(1887年)、《工具与人》(1893年)、《社会的拯救》(1901年)、和《基督教与社会主义》(1905年)等最为著名,为美国"社会福音"理论的阐释和"社会福音运动"的发展做出了不朽的贡献,并因此而享有"社会福音之父"的盛名。[③]

格拉登毕业于威廉斯学院,是美国公理会教士。他自1866年到马萨诸塞州北亚当斯教会担任教士之时起,就开始较多地接触了下层大众的生活,他的切身经历深刻地影响了其宗教与社会观念的形成,并使他逐渐投身于社会改革活动之中。1870—1873

---

① 书名,见 Jacob Henry Dorn. *Washington Gladden*, *Prophet of the Social Gospel*, Colubus: Ohio State University Press, 1967.

② Henry F. May. *Protestant Churches and Industrial America*, New York, Evanston and London: Harper & Row Publishers, 1967, p. 174.

③ Charles Howard Hopkins. *The Rise of the Social Gospel in American Protestantism*, *1865 − 1915*, New Haven: Yale University Press, 1967, p. 25.

年间格拉登在纽约《独立报》工作的经历进一步加深了他对城市问题的了解。1875 年在严重的大萧条期间他转入"一座充满了愤怒的失业者之城",在斯普林菲尔德,面对众多的失业工人及其雇主,"格拉登第一次明确地阐述了他对工业问题的看法",并出版了其第一部关于社会问题的专著《劳工及其雇主》。在书中,格拉登将劳资关系划分为三个阶段(即在奴隶制度下资本家镇压劳工阶段、在工资制度下劳资双方交战阶段和在某种合作制度下劳资相互认可阶段),指出当时美国的劳资关系正处于其中的第二阶段,美国社会正在经历着一场激烈的工业战争。① 尽管格拉登并不完全赞成工会组织的各种行动,但他还是表示"在我看来似乎他们在道德上并非总是错的"。② 他在其另一部著作中指出,"如果战争乃是目前的状态的话,那么我们就必须给予劳工交战的权利"。③ 他提倡努力工作,反对百万富翁的奢华无度,同时也反对政治上的社会主义思想,并谴责一切激进的行为。他希望用一种合作的社会形式来取代工资制度,而实现这一理想的途径就是劳工要节俭并购买工业股份。格拉登渴望能够在自由放任的个人主义与激进的社会主义之间找到一种中间路线,实现两种社会力量的平衡与和谐。作为社会福音理论的代表人物,他坚持认为,医治当时美国社会弊病的良方"并不在于毁灭现有的社会秩序,而是在于使之基督教化"。④ 这种思想在当时的美国宗教界中具有一定的代表性。然而在进入 19 世纪 80 年代以后,格拉登

---

① Washington Gladden. *Working People and Their Emploers*, Boston: Lockwood, Brooks, and Company, 1876, p. 44.

② Henry F. May. *Protestant Churches and Industrial America*, New York, Evanston and London: Harper & Row Publishers, 1967, p. 171.

③ Washington Gladden. *Applied Christianity: Moral Aspects of Social Questions*, Boston: Houghton Mifflin, 1887, p. 125.

④ Ibid., p. 98.

很快就在思想上超越了同仁。1882 年他进入俄亥俄州首府哥伦布的第一公理会教会，亲眼目睹了煤矿工人激烈的罢工运动，虽然雇主一度迫使罢工者签订了"黄狗协议"，但是最终还是不得不采用仲裁的方式平息了汹涌的劳工怒潮。对现实劳工情况的了解促使格拉登放弃了原有的乐观情绪，针对社会财富的不断增长，格拉登开始考虑劳工作为财富创造者所能享有的份额问题。他惊骇地发现，虽然在 25 年的时间里劳工为社会创造的产量增长了整整 3 倍，但是他们自己的物质收获却并未因此而有所增加。一直到 20 世纪初，格拉登始终关注着劳资冲突的发展形势，也在孜孜不倦地探求着解决的途径。他肯定资方的财产权，但同时又强调这一权利必须为社会整体利益所制约。他承认劳工的集体议价权和罢工权，但是同时又反对任何激进行为，主张渐进的改革计划。在整个进步主义时期，格拉登"通过其城市改革活动及其与西奥多·罗斯福的熟识几乎参与了兴起的每一项改革事业"。[1]

　　总之，格拉登对"社会福音运动"做出的最大贡献就在于他就劳资冲突问题所提出的见解。早在 19 世纪 70 年代格拉登就已在其著作中指出，"现在奴隶制已不复存在，而关于我们的自由劳动力的福利问题则正在出现，聪明人无须受到警告也自然明白其紧迫性"。[2] 格拉登可谓"是那些较早看到了劳工问题的存在并主动接触劳动人民的人之一"，他将劳资问题视为一个管理问题和影响人与人之间关系的问题，并认为基督教有责任对这一关系加以调整，依靠上帝仁爱的力量促使劳资间达到和谐共处。格

---

　　① Henry F. May. *Protestant Churches and Industrial America*, New York, Evanston and London：Harper & Row Publishers，1967，pp. 171—174.

　　② Washington Gladden. *Working People and Their Emploers*，Boston：Lockwood，Brooks，and Company，1876，p. 3.

拉登认为劳资之间是一种相互依存的关系,因此他主张劳资合作,互惠互利,而他自己则在劳资问题上"扮演了一个仲裁者的角色"。① 正如格拉登自己所说的那样,他一直"希望使劳工们明白,基督教并不与他们的利益为敌,它为减缓他们的困苦、扩大他们的权利所做的努力,的的确确比世上其他任何力量所做的都更多"。② 在他看来,要解决劳工问题就要使劳工能够分得工业利润。工人状况的改善和财富的增加有助于培养工人的美德,从而使他们成为更好的劳动者。为此,雇主不仅应该关心工人的福利,为其提供健康和舒适的物质生活条件,还要对劳工以礼相待,关心其智力与宗教道德水平的提高。他虽然承认劳工联合与罢工的权利,却反对使用暴力,主张协商与仲裁,提倡劳资间的协调与合作。

格拉登将其解决劳工问题的主张建立于他的社会关系理论——抑或说是他从基督教的教义中所发现的"人类关系理论"。他曾经指出,"如果我们希望看到社会的重构,我们就必须寻找到某种切实可行的人类关系理论"。不过,他同时强调,"我并非在讲我的人类社会理论,我只不过在把我从耶稣基督的'圣山训诫'中找到的理论如实地陈述给你们"。③ 按照格拉登对基督教义的"陈述",人类社会存在的前提不该是物质的,而应该是精神的,"圣山训诫"才是社会重构的基础。他希望基督教教士们能够牢记:"基督之律乃是一个完美和普适的律条;它适用于所

---

① Susan A. Curtis. *Consuming Faith*, Baltimore: Johns Hopkins University Press, 1991, pp. 35, 43.

② Washington Gladden: "Labor and Capital", 载 Robert T. Handy. *The Social Gospel in America 1870—1920*, New York: Oxford University Press, 1966, p. 40.

③ Washington Gladden. *Christiantiy and Socialism*, New York: Eaton & Mains, 1905, pp. 28—29.

有形式的社会秩序;它构成了人们幸福而有益地结合的唯一基础";① 它为人类社会规定了两大基本社会关系,一个是上帝与人类之间的父子关系,一个便是人间的手足关系。人类都是圣父之子,因此应该彼此关爱,"每个人都要像希望他人对待自己一样去对待他人",② "要像爱自己一样去爱邻人";③ "人类所有的关系——家庭的、经济的、工业的、政治的都是建立在这一事实之上的,而且都必须与之相一致"。④ 他在《基督教与社会主义》中写道:

> 基督明确告诉我们并且使我们认识到的一件事就是,日复一日,我在街道、市场、商店、办公室、休息室、厨房所见到的人都是我父之子。我首先应该给予他们一个兄长的爱与帮助。为我工作的工人、我车间里的技工、我马厩里的马夫、我房间里的侍女、我柜台后的店员都是我父之子。关于他们我必须经常问的问题不是"我能从他们那里得到多少利润?"而是"我能为他们做多少好事?"我为之工作的雇主,付给我工资的人是我的兄弟。关心他们的福利,思考我如何能为其和平与幸福作出贡献乃是我应尽义务。我与之做买卖的人,我向其借贷之人、向我求取建议或者为我服务之人、

---

① Washington Gladden. *Tools and the Man*, *Property and Industry Under the Christian Law*, Boston and New York: Houghton, Mifflin and Company, 1893, p. 41.

② Washington Gladden. *Christiantiy and Socialism*, New York: Eaton & Mains, 1905, p. 35.

③ 华盛顿·格拉登在其《基督教与社会主义》及《工具与人》等著作中多处提及基督教义中的这一内容,并视其为调整人类社会关系的准则。

④ Washington Gladden. *Christiantiy and Socialism*, New York: Eaton & Mains, 1905, pp. 33, 27.

工作中的邮差、岗位上的警察、济贫院里的乞丐、监狱中的犯人都是我的兄弟——我能为他们做什么,支援他们,祝福他们?我与所有这些人的关系都必须产生并服从于兄弟关系这一中心事实。无论我做抑或不做任何涉及他们的事情都必须受到实现这一关系的愿望的制约。如果我在任何社会行为中忘记或者忽略了它,我便是在阻滞我所终日祈祷的天国的降临。①

根据对上述基督教教义的"陈述",格拉登批判以往的政治经济学说是:错把自我利益视为人类行为的主导原则,致使人们长久以来一直认为"商业的法则乃是爱自己,而爱我们的邻人只是在周日或者是在宗教及慈善组织中才做的事情"。② 格拉登指出,工业社会的问题在于它将经济关系当作了社会生活的基础,把"人与人"之间的关系变成了一种"人与物"之间的关系。在这样一种所谓的"自由社会"中,"我们那些糟糕透了的社会理论已经制造出了一个糟糕透了的社会",③ "一种严重的利己主义已经将工业社会拖到了骚乱的边缘"。由于人们都把物质利益放在首位,这就导致了强者奴役弱者的现象,同时也把社会变成了一个"大战场",④ 把劳工与雇主变成了交战的双方。他提醒人

① Washington Gladden. *Christiantiy and Socialism*, New York: Eaton & Mains, 1905, pp. 33, 27.

② Washington Gladden. *Tools and the Man*, *Property and Industry Under the Christian Law*, Boston and New York: Houghton, Mifflin and Company, 1893, p. 144.

③ Washington Gladden. *Christiantiy and Socialism*, New York: Eaton & Mains, 1905, pp. 40, 31.

④ Washington Gladden. *Tools and the Man*, *Property and Industry Under the Christian Law*, Boston and New York: Houghton, Mifflin and Company, 1893, pp. 144, 30.

们注意，贫富悬殊已经造成了"社会的分裂与敌对状态"，他担心美国社会"正在日益走向一种持久的战争状态"，担心"雇主与雇工的关系正在日益成为一种交战者之间的关系"，他指出"这是一种非常严重且令人震惊的事态"。① 1886 年春季，在汹涌的罢工浪潮中，他一次又一次地发表"和平还是战争？"的演说，他向众人发问，战争是否好于和平？② 针对工业领域愈演愈烈的种种冲突，格拉登指出，"经济与道德紧密相关"，而基督教道德的核心就是"利己主义与利他主义的结合"。③ 基督教导人们"他向你要的时候，要给他；他向你借的时候，不要拒绝他"；对他人要视为手足，对敌人要"以德报怨"。④ 因为人类同是上帝的孩子，即使你的敌人也是你的兄弟，因为他也是你父亲的孩子。格拉登将基督教的教义应用到了工业领域的关系中，他满怀信心地宣称："世界所最需要的就是将基督教的法则直接适用于经济生活之中。"⑤ 他希望雇主和雇工双方都能明白"他们乃是近邻"；⑥ 他希望人们思考这样的问题，即"我应该怎样对待在

---

① Washington Gladden. *Christiantiy and Socialism*, New York：Eaton & Mains，1905，pp. 33，64.

② Washington Gladden，"Is it peace or War？"，载 Robert T. Handy. *The Social Gospel in America 1870 - 1920*，New York：Oxford University Press，1966，p. 49.

③ Washington Gladden. *Tools and the Man*, *Property and Industry Under the Christian Law*，Boston and New York：Houghton，Mifflin and Company，1893，pp. 31，30，28，40，42.

④ Washington Gladden. *Christiantiy and Socialism*，New York：Eaton & Mains，1905，pp. 53，55.

⑤ Washington Gladden. *Recollections*，Boston：Houghton Mifflin，1909，p. 298.

⑥ Washington Gladden. *Tools and the Man*, *Property and Industry Under the Christian Law*，Boston and New York：Houghton，Mifflin and Company，1893，p. 145.

工业中与我相联系的手足兄弟，我的雇员或者是我的雇主"？"我应该怎样对待我那些陷入贫困中的手足兄弟"？对此，格拉登自己做答："我要考虑他的幸福和我自己的幸福；我要注意使我和他的所有关系有利于他的幸福、福利和尊严。"一方面，他奉劝雇主们要承认劳工组织及其权利，因为"当人们在为共同利益而一起斗争并做出牺牲之时，他们不可能友善地对待阻力，雇主们还是尽量明白这一点为好"；另一方面，他又提醒劳工必须学会在争端中兼顾自己和雇主的双方权益；最后，他告诫双方，战争永远是于事无补的，理智与善意才是解决人间分歧的唯一途径，他号召人们停止毫无意义的斗争，学会和平而亲善地住在一起。[①]

受历史时空的局限，作为美国"社会福音"运动早期的开拓者，格拉登未能看到劳资双方在利益上的根本对立，而仅将劳资双方作为经济活动内部的两个组成成分来加以考虑，这不免使其社会改革设想带上了脱离实际的乌托邦幻想色彩。但是他能够在其同代人中较早地看到社会问题的严重性，并抓住了劳资关系这一社会问题的核心。早在19世纪90年代，格拉登就在其《工具与人》一书中指出，不仅"劳资问题确实存在，而且还是此时此刻这个国家所面对的最为紧迫的问题"。[②]

相对于格拉登，后起的沃尔特·劳伸布施（1861—1918年）则更加激进。他对社会问题的认识要比前者深刻得多。劳伸布施毕业于罗切斯特自由神学院，后留学德国4年，1883年回国后

---

① Washington Gladden. *Christiantiy and Socialism*, New York: Eaton & Mains, 1905, pp. 53, 55, 35, 95, 96, 99, 101.

② Washington Gladden. *Tools and the Man*, *Property and Industry Under the Christian Law*, Boston and New York: Houghton, Mifflin and Company, 1893, p. 116.

他再次进入神学院学习，1886 年成为纽约市第二德意志浸礼会教会教士，是"社会福音"派在 20 世纪初期最杰出的领袖。[①]他系统地阐述了以实现人间上帝之国的思想为核心的新神学理论，主张在权利平等和民主分配经济力量等基督教原则基础上建立新的社会秩序。

作为格拉登的晚生后辈，劳伸布施虽然没有机会在"社会福音"运动中建立开拓之功，但却是"社会福音"理论的集大成者，美国历史学家威廉·金称之为"社会福音最杰出的代表"。[②]劳伸布施自 19 世纪 80 年代开始关注社会问题，先后出版了《基督教与社会危机》（1907 年）、《基督教化社会秩序》（1912 年）和《为社会福音的神学》（1918 年）三部重要著作，对资本主义经济活动中的利欲熏心、尔虞我诈和残酷竞争予以谴责，并提出了基督教化社会秩序的改革主张。

"人间天国"概念在"新神学"理论中核心地位的确立，是劳伸布施对社会福音神学思想发展的最主要贡献。1907 年，他曾在其《为社会福音的神学》一书中总结道："倘若要让神学为社会福音提供一个充分的学说基础，那么它不仅必须为上帝之国学说留出一席之地，而且还必须给予它中心位置，并修订其他学说，以使它们能与之有机配合。"[③]早在劳伸布施在纽约市任教士期间，他就在其第一部著作中初步阐述了他的"人间天国"思

---

　　① Susan A. Curtis. *Consuming Faith*, Baltimore：Johns Hopkins University Press，1991，p. 103.

　　② William McGuire King，"'History as Revelation' in *The New Theology of The Social Gospel*"，载 Martin E. Mary. *Modern American Protestantism and Its World：Historical Articles on Protestantism in American Religious Life*，vol. 6. *Protestantism and Social Christianity*，Munich：Saur，1992，p. 147.

　　③ Walter Rauschenbush. *A Theology for the Social Gospel*，Kentucky：Westminster John Knox Press，1997，p. 131.

想,他指出:"仅仅将耶稣视为一位道德导师乃是一个错误。他的首要目的乃是使人间了解并热爱上帝……他要在人世间建立一个新社会,并制定了在这个新社会里借以管理人类的行为准则。"① 如前所述,在社会福音运动兴起的早期,格拉登所阐述的"上帝乃慈父,人间皆兄弟"的思想,已经在相当大的程度上改变了传统基督教神学理论中对上帝与人以及人与人之间关系的规定,并将个人主义思想导向了对社会问题的思考。进入 20 世纪之后,劳伸布施又进一步发展了前人的思想,系统地提出了其"人间天国"的神学理论。他认为,在基督教的教义引导下,一个爱邻如爱己的理想天国社会将会在人世实现。他宣称:"上帝之国乃是基督教信仰中最首要的和最基本的信条"。② 他在自己的文章中指出,虽然"天堂是真理;个人救赎是真理;教会乃基督之体现也是巨大的真理",但是,"无论单一而论,还是加在一起看,其中都没有任何一点能涵盖上帝之国思想的全部内涵",③"我们必须强调,上帝之国不仅在天堂,而且将会降临人间"。④

劳伸布施认为经济秩序乃是"最棘手的领域",因此,他在《基督教化社会秩序》一书中,占用了大量的篇幅来讨论这一问题。他宣称:经济生活是我们社会秩序中尚未改革的一环,是滋生我们目前所遇麻烦的温床和源头。他认为,资本主义将工商业

① Walter Rauschenbush. *The Righteousness of the Kingdom*, Nasliville & New York: Abingdon Press, 1968, p. 64.

② Walter Rauschenbush. *Christianizing the Social Order*, New York: the Macmillan Company, 1919, p. 49.

③ Walter Rauschenbush, "A Conquering Idea", 载 Winthrop S. Hudson. *Walter Rauschenbush*, New York: Paulist Press, 1984, p. 72.

④ Walter Rauschenbush, "The Kingdom of God", 载 Winthrop S. Hudson. *Walter Rauschenbush*, New York: Paulist Press, 1984, pp. 78—79.

的所有权与控制权交到少数人手里乃是一个错误。因为这些少数的投资者在精神上和目标上均与工人大相径庭,从而制造出了一个相互敌对的"两阶级制度"。[①] 劳伸布施提出了一个包括社会正义、财产国有、工业民主和平等合作思想的基督教化经济秩序,他将其视为"通向基督教化社会秩序的基本台阶"。[②] 劳伸布施曾经在人称"地狱厨房"的纽约市贫民窟担任教士 11 年,那段被劳伸布施自述为"分享"贫民们的生活并"用尽我人生早期全部力量去为他们服务"的工作经历对其日后思想的发展起到了深远的作用。他自称,此后他"一直都在感到从那些普普通通的人们身上得到了帮助"。[③] 在那里,他曾经亲眼目睹了失业大军长长的队伍,接触到了社会底层那些"没有工作、没有衣服、没有鞋子、也没有希望的人们"。自身的经历使他认识到工人走向联合乃是由于个体的困境与无助,现代劳工运动则正是这些无助者的运动,是起于工人要求增加工资、缩短工时的呼声。不过,劳工们一旦组织起来,现代劳工运动的目标就会远远超出这些具体的要求,进而包含了为争取这一阶级整体社会地位的改善所进行的奋斗。因此,在劳伸布施看来,劳工组织和劳工运动的兴起就意味着形成社会主义社会的第一步。他向人们指出,仅仅把人的生命视作创造财富的工具是不符合基督教精神的,以往历史和目前环境下最根本的弊害,皆源于财富的监管者转化成了所有者。他告诫教士们:"必须忏悔现存社会的罪孽","应该在两

---

① Donald K. Gorrell. *The Age of Social Responsibility: the Social Gospel in the Progressive Era*, 1900－1920, Macon, Ga.: Mercer University Press, 1988, p. 169.

② Walter Rauschenbush. *Christianizing the Social Order*, New York: the Macmillan Company, 1919, p. 337.

③ Walter Rauschenbush. *Christianity and the Social Crisis*, New York, Evanston, London: Harper & Row Publishers, 1964, p. xxv.

大阶级之间进行调和",并要建立"一种与劳工联合的基督教".① 具体而言,他提出了诸如限制工人劳动时间、保障工人最低工资、预防工伤事故与工业疾病,以及由社会对垄断组织和公用事业加以控制管理等措施。如果将上述各方面的主张概括起来,劳伸布施为美国描绘了一幅人间天国的美好图画。他畅想人们按照上帝的意愿在世俗社会中组织起一个王国,在这里人人皆为兄弟,大家遵照基督的社会启示来生活,形成一个和谐的人类共同体,同时,社会也保证人的个性的充分自由发挥,随着基督教化社会秩序的产生,人类将得到拯救。

　　劳伸布施的"社会福音"理论虽然仍然没有跳出宗教救世观的窠臼,但它毕竟为美国社会指明了努力的方向,他关于经济民主、劳工福利和控制垄断的建议对于缓和当时的社会危机无疑具有一定的合理性和可行性。

　　作为新教教士,格拉登与劳伸布施的共同特点就是他们都把基督教当作了济世救民的灵丹妙药,他们的理论中均带有浓厚的理想主义色彩。前者主张用基督教的工作道德准则来规范劳资行为,换得工业关系中各方的皆大欢喜;后者则坚信皈依上帝便能解决人世的所有问题,逐步走向美好的人间天国。作为美国"社会福音运动"中最杰出的两位理论家,他们的观点反映了在美国工业化时期新教神职人员社会责任意识的增强和对社会进步的向往。虽然他们清楚地看到了美国社会的种种弊端,但却并未由此走向革命。他们主张以渐进的方式进行社会改良,寄希望于通过基督教的道德伦理和上帝的金科玉律来调整一切社会关系,实现

---

　　① Walter Rauschenbusch, "A Christian Alliance with Labor", 载 M. J. Adler. *The Annals of America*, vol. 13, Chicago: Encyclopedia Britannica, Inc., 1976, p. 91.

工业民主和社会的稳定。虽然这些主张对于垄断所暴露出的体制缺陷而言,未必能够达到标本兼治的功效,但是至少能对解决当时的社会问题有所帮助。

第三节　拯救社会的行动

　　虽然劳伸布施曾经感叹他们的社会神学理论乃是"荒野中的呐喊",但事实上,在 19 世纪末 20 世纪初,在美国新教各派中都有人像他一样在关心着时代的问题。"世纪之交,美国绝大多数教派都已在反对现状……不少教派的领袖们开始意识到如此狭隘的宗教使命最终将脱离社会大众。"[①]不仅华盛顿·格拉登和沃尔特·劳伸布施等新社会福音领袖们在敦促教会正视关于劳工的经济和社会问题,"到 1908 年,各教派都在表达一种新的责任意识"。[②]由于社会福音理论中所阐述的观点迎合了时代的需要,因此社会福音派虽然在新教徒中只占少数,但"到(19 世纪)90 年代早期时就已经在美国新教中取得了相当大的实力",并在社会上产生了广泛的影响。[③]他们要求拯救社会、献身人间天国事业、重建个人价值观念、团结合作的呼声"最终都赢得了广泛的认可"[④]。在有利的舆论条件下,他们自 19 世纪 80 年代起便

---

　　①　Walter Rauschenbusch, "A Christian Alliance with Labor", 载 M. J. Adler. *The Annals of America*, vol. 13, Chicago: Encyclopedia Britannica, Inc., 1976, p. 91.

　　②　Ibid.

　　③　Henry F. May. *Protestant Churches and Industrial America*, New York, Evanston and London: Harper & Row Publishers, 1967, p. 203.

　　④　Susan A. Curtis. *Consuming Faith*, Baltimore: Johns Hopkins University Press, 1991, p. 9.

行动起来,将其新的福音理论投入实践,躬身参与社会改革。随着社会福音思想的日臻完善,社会福音运动者纷纷走出教会大门,筹建各种慈善机构和改革组织。他们不仅开办各种神学讨论班,开设各种社会基督教和伦理学课程,而且还组织或参与了颇具影响力的"禁酒"、"公共事物性教会"、"社会服务处"等社会改革运动,深入社会,施医舍药,捐资赠物,组织创建儿童俱乐部、成人夜校等文化教育机构,甚至还发起了对劳资问题的讨论。形成了一个颇具社会影响力的"新教徒宗教社会服务体系"。[①] 这些改革活动不仅使美国基督教日益褪去了神秘的神学色彩,走上了更加世俗化的道路,增强了对现代工业社会环境的适应力,而且也的确在一定程度上起到了稳定社会秩序的作用。

一　对宗教的社会功能的挖掘和探索

美国宗教教育协会曾在其"原则宣言"中写道:"我们相信单纯个人主义的时代已经过去了,社会责任的时代已经来临"。"我们并不抛弃父辈的信仰,但是我们现在必须高高擎起社会正义、社会服务、社会责任的更新理想。"[②] 作为美国社会福音运动的重要机构之一,美国宗教教育协会的这份宣言可以被视为是当时众多美国社会福音运动者们思想与心态的反映。随着社会与教会形式的日趋严重,美国宗教界开始对社会事务给予了越来越多的关注与思考,并最终形成了一场关于神学理论及其与社会关

①　Aaron Ignatius Abell. *The Urban Impact on American Protestantism 1865—1900*, Hamden: Archon, 1962, p. 27.

②　Donald K. Gorrell. *The Age of Social Responsibility: the Social Gospel in the Progressive Era*, *1900—1920*, Macon, Ga.: Mercer University Press, 1988, p. 8.

系的跨世纪大讨论。其中,原罪的本质、上帝的存在、耶稣对人类的救赎以及"上帝之国"的实现等概念成为了关注的焦点。这是 19 世纪末 20 世纪初美国新教界知识精英反思社会困境、探索自身出路的一次尝试和努力,其结果导致了该时期美国社会福音神学思想的成熟与社会福音运动的兴起。这场讨论以美国内战的结束为起点,历经半个世纪,渐成气候,吸引了越来越多新教精英参与其中。到第一次世界大战前夕,当众人将目光转向国际问题时,这场讨论便由盛而衰,逐渐归于平息。

面对宗教的式微和社会的危机,新教教士们开始从挖掘社会责任的角度为宗教和教会寻找可能的出路。斯特朗曾经信心百倍地鼓舞同仁,"只要教会认识到了他们的社会使命并调整方法去适应改变了的环境,那么他们就有发展可言"。[①] 可以说,"社会福音改革消除的不仅是城市下层的负担,也缓解了改革者们自身的忧虑"。换句话说,社会福音派的改革是源自于为宗教探求出路和为社会寻找正义的"一种双重驱动力"。[②]

如前所述,自 19 世纪 60 年代末期起,一些思想开明的教士首先打破了传统上的正统神学思想的禁锢,用一种自由主义的态度来看待神学上的问题。他们试图在神学理论与现实社会生活之间寻得某种联系,于是便在宗教领域里发出了一种与以往完全不同的声音。吹响新教界这场神学与社会关系问题大讨论号角的是亨利·比彻、赫勒斯·布什奈尔等自由主义神学家及其影响下的一群新英格兰地区的新教界知识分子,他们是:西奥多·蒙格、

---

① Donald K. Gorrell. *The Age of Social Responsibility*:*the Social Gospel in the Progressive Era*,*1900 — 1920*,Macon,Ga.:Mercer University Press,1988,p. 12.

② Susan A. Curtis. *Consuming Faith*,Baltimore:Johns Hopkins University Press,1991,p. i.

纽曼·史密斯、乔纳森·艾德华兹、纳撒尼尔·泰勒、菲利普斯·布鲁克斯、乔治·戈登以及日后被誉为"社会福音之父"的华盛顿·格拉登等人。

19世纪60年代末期，随着南北战争的结束，比彻首先提出己见，强调宗教必须跟上时代的步伐。他认为，"教士们所不能承受的一件事就是成为死亡的过去的使徒，而让真理的发展跑到了他们的前面"，由此成为"最早意识到不能再单纯重复旧教义的人之一"。① 站在这样的立场，他得出结论，"既然上帝已经消灭了奴隶制度，它便又开启了拯救我们整个社会制度、涤除其罪孽的道路"。这一拯救社会制度之说为日后社会福音派倡导"社会救赎"观念开拓了道路。比彻的观点得到了纽约教会的乔治·鲍德曼的呼应，1866年，鲍德曼发表言论指出，指望靠个人主义和自我追求来得到善举是荒谬的。② 赫勒斯·布什奈尔也是讨论的重要发起人（"或者说布什奈尔乃是关键性人物，因为在许多方面都是布什奈尔缓解了福音基督教从旧神学向新神学过渡过程中的难题"。③）他对塑造"新神学"所做出的最杰出贡献就是：他提出了一种以基督为中心的神学思想，由于他将基督置于整个基督教思想的核心位置之上，从而便使基督的生命和教义成为了"终极的阐释原则"，"其他一切判断所必须倚仗的基准"。这样一来，基督教中有关上帝的本质、人类的价值和生活的意义

---

① Winthrop S. Hudson. *The Religion in America, an Historical Account of the Development of American Religious Life*, third edition, New York: Scribners, 1981, pp. 268—269.

② Charles Howard Hopkins. *The Rise of the Social Gospel in American Protestantism, 1865—1915*, New Haven: Yale University Press, 1967, pp. 9, 25.

③ Winthrop S. Hudson. *The Religion in America, an Historical Account of the Development of American Religious Life*, third edition, New York: Scribners, 1981, p. 273.

等诸多方面的问题无一不应从基督的言行中去寻找答案。这一
"基督中心论"为日后社会福音派挖掘基督的社会教义及其社会
应用价值指引了方向。布什奈尔对社会福音运动的又一大贡献就
在于其见解极大地影响着同时代其他教士的思想,"当全国各地
都有人在为塑造日后所谓的'新神学'和'进步主义的正统教'
出力之时,来自新英格兰圣坛上的一群杰出教士对此贡献最大,
他们全部深受赫勒斯·布什奈尔的影响"。[①] 这群布什奈尔的晚
生后辈们将自由主义思想引入了对《圣经》以及原罪、基督、上
帝、上帝之国等基本宗教概念的理解,开始将基督教诠释成了一
种人性化、情感化和社会化的宗教。他们开始强调上帝的仁爱以
及耶稣与人类间的兄弟关系。耶稣被视为"人中之人",[②] 其话
语被当作适用于人世的实在真理。

　　19世纪70年代,波顿学院院长塞缪尔·哈里斯又将基督教
拯救社会观和基督中心论大而化之,提出了"人世基督王国"的
概念。1870年,哈里斯向安多弗神学院的学生们发表系列演说,
他宣称:上帝之国并非抽象概念,而是在救世主基督统治下的一
个正义与仁爱的宇宙存在,其最根本的特征便是上帝对人类的拯
救,拯救的力量自上帝降临到人世,促进个人精神生活并改造整
个社会,"目前文明中的罪恶只有靠遵从基督教的服务法则方可
得以祛除"。[③] 哈里斯的见解在人性化、情感化和社会化之外,
又赋予了基督教以道德化的特点。唯一神教派中的一些自由主义

---

①　Winthrop S. Hudson. *The Religion in America*, *an Historical Account of
the Development of American Religious Life*, third edition, New York: Scribners,
1981, p. 272.

②　Richard D. Knudten. *The Systematic Thought of Washington Gladden*,
New York: Humanities Press, 1968, p. 7.

③　Charles Howard Hopkins. *The Rise of the Social Gospel in American Protes-
tantism*, *1865－1915*, New Haven: Yale University Press, 1967, p. 21.

领袖对此予以应和,指出,上帝之国具有道德性,而耶稣的教义则具有社会目的,基督教是对耶稣的教义和上帝的圣父身份的信仰,理想的教会应该是人间兄弟关系的象征,真正的宗教的道德性不验自明,上帝之国的降临便是社会的进步。在19世纪80年代前的宗教界的讨论中,唯一神教派领袖对上帝之国的概念及其道德特性的阐述推动了新教教徒社会意识的觉醒,为"新神学"的诞生奠定了思想雏形,走在了社会福音运动先锋中的最前列。

进入19世纪80年代以后,局势的日益严峻促使新教界怀有社会思想的人士更加忙于对神学理论及其社会意义的探索,他们急于找到一种能满足现实需要、具有社会价值的应用型基督教理论并以之指导社会改革实践。在这一动机驱使下,他们把整个19世纪80年代变成了一个"讨论的时代"。① 在该时期的宗教论坛上,安多弗神学院的教士们活跃一时。自从1808年该院建立时起,那里始终是培育美国正统基督教神学家的基地。该院的活动"一直受到一种信条的束缚,旨在避免发生任何对正统教义的偏离"。然而从19世纪60年代以后,"一种新型的思想"却开始出现在那里。到了19世纪80年代,"自由主义者们完全占据了那里"。因为,随着爱德华·帕克教士在1881年的退职,安多弗的"最后一位新英格兰正统教义的伟大捍卫者"也离开了讲坛。② 1884年,《安多弗周报》的创办为自由主义神学家们交流见解提供了便利,他们通过该报传播了一种新的"进步主义正统教"的神学思想。他们谴责传统神学保守僵化、形式主义并缺乏

① Charles Howard Hopkins. *The Rise of the Social Gospel in American Protestantism*, *1865－1915*, New Haven: Yale University Press, 1967, p.54.

② Winthrop S. Hudson. *The Religion in America*, *an Historical Account of the Development of American Religious Life*, third edition, New York: Scribners, 1981, p.273.

同情心与想象力，试图在传统神学的人间、天国"二元论"与人文宗教的人性"一元论"之间找到一种中间性的思想——一种既信仰上帝又承认上帝的人性，既承认生物进化论又强调人类意志自由的思想；他们强调上帝的道德性，在被誉为"纽黑文先知"的联合教会教士西奥多·蒙格看来，政府、家庭、社会、商务都是上帝显示其自身存在的领域。批判极端个人主义与关注人类的本性成为安多弗学者们的两大特点：神学教授约翰·贝斯科姆认为，个体生活只有在公共生活中才能体现自己。蒙格指出，旧神学在逻辑结构上已经远离现实生活。他相信，个人根本不可能完全脱离社会，但这也并不等于说可以彻底忽略个人的存在。他总结说，新神学认为每个人必须过自己的生活并将自己展现给上帝，但是它也认为我们必须注意人们在世上的共同生活。因此，它在道德上强调需要救赎的该是人类社会本身。①

至19世纪90年代，面对进化论与传统神学思想的冲突，新教教士们本着实用主义的态度走上中庸之路，将进化论融入对神学的解释，其结果导致了三个相关观点的产生，即：上帝是普遍存在的；社会是有机的；"上帝之国"是可以在人间实现的。里曼·艾伯特教士曾对三者间的内在联系做出过解释，他说，基督教的目标是人类的福利；其方法是培养人性；其过程是渐进演化；而其力量的神秘源泉是上帝。除了艾伯特之外，当时还有不少年轻的神学界知识分子也都对这一进化论神学思想的形成作出了贡献，其中当然也包括华盛顿·格拉登。格拉登认为，虔诚的看待自然界就是在面对基督，自然界就是上帝及其力量的恒久体

①　Winthrop S. Hudson. *The Religion in America*, *an Historical Account of the Development of American Religious Life*, third edition, New York: Scribners, 1981, p. 273.

现，是上帝表达他自己的形式。到了这一时期，"他全部的思想
都已经自觉地、公开地与新神学联合起来"。① 波士顿的乔治·
戈登教士强调的则是上帝在人类社会中的存在问题，上帝存在于
人类社会的进程之中，告知人类他的理想，引导人类到达其成就
的巅峰。纽约的詹姆斯·韦顿教士声称，上帝存在于他所创造的
一切事物之中。他还认为，创造了天堂与人世的上帝还使所有的
人出自同一血缘，他强调人类是在同一圣父上帝的管理下的手足
兄弟。从基督教的这一核心教义出发，他将社会及经济现状纳入
了道德和人文关怀的范围，因为，人们不再是简单的世俗生物，
而是一个充满权利与义务的大社区里的兄弟。查尔斯·希尔顿教
士把这种理想的人类关系写进了文学作品，他的社会福音小说
《循着他的足迹》为人们描绘了一个"兄弟关系的新时代"。② 乔
赛亚·斯特朗、里曼·艾伯特等人都从这一观点出发，批判个人
主义，倡导社会救赎思想。菲利浦斯·马克西姆教士坚信耶稣的
工作既包括创造新的人也包括创造新的社会秩序，正如上帝之子
是再造的个人，上帝之国乃是再造的社会。③ 他将人间天国的降
临理解为是现存社会进程的终点站，而不再是遥不可及的彼岸世
界。伯顿学院的院长威廉·海德在其《社会神学概要》中写道，
"上帝之国"并非人类企望却不能实现的某个遥远所在，也不是
乌托邦幻想或者"彼岸世界"，而是由人类生活的全部内容所构
成的。从进化论神学开始，19 世纪末的信教神学家们为人类描

---

① John Wright Buckham. *Progressive Religious Thought in America*: *a Survey of the Enlarging Pilgrim Faith*, Boston: Houghton Mifflin Co., 1919, p. 222.

② Susan A. Curtis. *Consuming Faith*, Baltimore: Johns Hopkins University Press, 1991, p. 28.

③ Charles Howard Hopkins. *The Rise of the Social Gospel in American Protestantism*, *1865 - 1915*, New Haven: Yale University Press, 1967, p. 126.

绘了一个天国般美好的人类社会,他们对"人间天国"的畅想一直持续到了 20 世纪,并在沃尔特·劳伸布施等人的进一步阐释下得以发展,成为一种系统的"新神学"理论中的核心内容。它有效地指导了新教界的社会改革活动,将社会福音运动推向了最后的高潮。

19 世纪和 20 世纪的世纪之交,在新教界关于神学问题的讨论中开始出现一个新的话题,即基督的社会教义的存在及其内容问题。经过 19 世纪 80 年代和 90 年代,当教士们花了近 20 年的时间对上帝及其天国的概念进行了充分的探讨之后,他们的兴趣便自然地转向了上帝之子耶稣。当然,在一个社会弊病丛生并亟待解决的特殊时代,他们最关注的就是耶稣对社会生活的指导性言论,也就是所谓的基督的社会教义。"他们渴望知道他说过什么,他当时的外貌如何,他的生活如何,以及他对一系列社会和政治问题的态度如何。"他们也在思考"假如耶稣遭遇了现代社会的混乱局面,他会怎么做"。结果则像斯特朗所描述过的那样,出现了"大量关于耶稣的研究,涉及他的生活、性格、教义、他所说过的话、他所教导过的人、他所居住过的地方及其曾到过那里的次数等"。①

察看一下这一时期的相关人士的相关著作,我们便可感受到当时讨论气氛的热烈以及讨论者们对这一问题的关切之深。1896 年里曼·艾伯特在《瞭望》杂志上发表系列布道文章讨论"基督关于社会话题的教义",后又出版《基督教与社会问题》一书。同时期,另一位新教教士席勒·马休以"基督教的社会学"问题为《美国社会学期刊》撰文,1897 年又出版专著《耶稣的社会

---

① Susan A. Curtis. *Consuming Faith*, Baltimore: Johns Hopkins University Press, 1991, p. 82.

教义》。1899 年 E. T. 鲁特教士出版了《多数人的利益——圣经教义与财富道德》一书,1900 年,神学教授弗朗西斯·皮博迪发表论文《耶稣基督与社会问题》。同年,哈里·蒙哥马利撰写了《基督的社会病疗法》一文。两年后,当时颇负盛名的圣经学者奥瑞罗·康恩发表了他的《新圣约全书中的富人和穷人》一文。斯特朗也于同年出版其新书《下一次大觉醒》。1906 年康奈尔大学的神学教授杰里迈亚·詹克斯开设"耶稣的生活与教义的政治和社会意义"课程,并将研究成果结集出版。1907 年,约瑟夫·莱顿教士发表文章《耶稣基督与当代文明》。1910 年,里曼·艾伯特为宾夕法尼亚大学的师生发表演说,题为《耶稣的道德教义》。1916 年,沃尔特·劳伸布施发表专著《耶稣的社会原则》,这是该时期此类作品中最有分量的一部。

　　这些作者所表达的一个共同的观点就是应该发掘和重视《圣经》中耶稣有关社会问题的教义,它们是指导和应对现代社会中工业问题的良药。例如,哈里·蒙哥马利曾在其文章中声明:我们不能清楚、准确地掌握基督关于当今严重的社会和工业问题的教义,就不能履行作为美国公民的最高责任。皮博迪则更加具体地指出:耶稣关于圣父的教义是其社会教义的根本,关于人间兄弟关系的观点则依附于它。纽约的 S. D. 麦克内尔教士认为:耶稣将上帝视为爱的永恒原则。[①] 斯特朗则指出:时代的大问题乃是社会问题,因此下一次大觉醒必须是"社会的觉醒"。《圣经》中能够满足这个工业时代需要的核心观点乃是"上帝之国",而这一观点则是"反映在耶稣的社会教义之中"。要想实现天国的理想,"基督教徒们自身需要将耶稣的社会教义应用

---

① Charles Howard Hopkins. *The Rise of the Social Gospel in American Protestantism*, 1865－1915, New Haven: Yale University Press, 1967, pp. 206－207.

于当前的环境"。①

　　讨论者视角各异，涉及的内容不一而足，但是，他们在根本问题上却达成了一致。他们共同认为，在耶稣的思想中，上帝将在"人间天国"的人类事物中显示他的仁爱，而人类则将使上帝之国在人间变为现实。那将是一种理想的社会秩序，其中上帝为人之父，而人与人则为兄弟。神学家们从对耶稣的宗教立场及其天国理想中推导出了"新神学"的某些基本原则，例如，乔赛亚·斯特朗从中找到了上帝之国的三大定律：即服务、牺牲和爱。② 劳伸布施发现的则是耶稣的公理性的社会信条：即生活的价值、人类家庭的团结以及强者扶助弱者的必要。约瑟夫·莱顿将耶稣的社会原则归结为一种服务的生活，要根据社会的需要提供充满爱心与善意的服务。除此之外，他们还对耶稣的财富教义加以探讨。E. T. 鲁特说，耶稣表明为个人目的追求财富是错误的和有害的。康恩教授认为，从总体上看，耶稣和《新约全书》的导师们对财富持不友好的态度。皮博迪教授指出，耶稣意识到了在对金钱的热爱中潜伏着对基督教生活的巨大威胁，所以才要求人们向上帝之国奉献其全部的真诚，包括他们的财产、思想和心灵。总之，他们认为，耶稣虽然不曾针对具体的金融托拉斯问题有所言论，但是他的话语中对用灵魂换取财富者以及不肯承担社会责任的富有者都有严厉的谴责。人作为耶稣的信徒并非是财富的拥有者，而只是管理者，如果一个人发现自己的私欲已经征服了其托管人的责任心，那就只有放弃这种托管职责。

---

　　① Donald K. Gorrell. *The Age of Social Responsibility: the Social Gospel in the Progressive Era*, 1900－1920, Macon, Ga.: Mercer University Press, 1988, p. 32.

　　② Susan A. Curtis. *Consuming Faith*, Baltimore: Johns Hopkins University Press, 1991, p. 83.

"这些耶稣的诠释者"① 对于耶稣社会教义中的其他一些社会问题也有所讨论,归结起来可以认为,讨论者们倾向于突出耶稣的人性及其对人间的关怀。在这些社会福音派的头脑里,耶稣不再是那个既温婉又悲哀的受难者,他成了"健壮"、"活跃"的"真人",一个众人的"朋友"和"老大哥",更重要的是,按照他们的观点,"耶稣是一个信仰社会福音的改革者"。②

尽管不同时期不同教士在神学研究上各有侧重,意见纷呈,但是他们的思想显然都走向了一个共同的趋向,那就是承认基督教的社会意义。在他们对上帝的父爱、耶稣的人性、人间的兄弟之情等"人间天国"理想的解释里蕴涵着社会福音运动者最根本的初衷,那就是要肩负起宗教界的社会责任。1900 年,纽约市《基督教拥护者》刊物曾向教士们发出号召,声言"公共事务必须成为我们日常的、永不停止的责任"。③ 正是为了这一责任,基督教各派不断走向联合,1908 年 12 月,美国基督教各派首次集会成立了不分教派的社会福音运动组织"美国教会联合会"并颁布了"社会信条",明确了宗教服务社会的宗旨以及教会在劳工、贫困、政治等问题上应持的态度。1911 年他们又发起了"人与宗教协进运动","各大教派携手为基督教的改革大业征募骨干"。④ 作为运动的重要发起人之一,查尔斯·斯德尔兹专门

① Charles Howard Hopkins. *The Rise of the Social Gospel in American Protestantism*, *1865－1915*, New Haven: Yale University Press, 1967, pp. 211, 212, 209.

② Susan A. Curtis. *Consuming Faith*, Baltimore: Johns Hopkins University Press, 1991, pp. 82－83.

③ Donald K. Gorrell. *The Age of Social Responsibility*: *the Social Gospel in the Progressive Era*, *1900－1920*, Macon, Ga.: Mercer University Press, 1988, p. 7.

④ Susan A. Curtis. *Consuming Faith*, Baltimore: Johns Hopkins University Press, 1991, p. 4.

发表声明，明确宣布这是"一场新的运动，以社会改革为其目的"。①"人与宗教协进运动"成为社会福音派"为拯救社会所发起的全国性试验中""使人印象最深的一次努力"。他们以"上帝之国"作为神启真理，向世人发出挑战，呼吁人们献身于在人间实现天国的宏愿。按照劳伸布施的说法："在把社会福音灌输进教会众人的头脑方面，'人与宗教协进运动'很可能比其他任何一个机构所做的都多，它使社会基督教成为正教。"②

二　为解决劳工问题所做的努力

由于劳资冲突一直是工业化时期美国所面临的一个重要问题，所以劳工问题也是社会福音运动者们所关注的焦点问题，他们为这一问题的解决付出了不懈的努力。

早在社会福音运动兴起的初期，格拉登就曾经指出，"现在奴隶制已然消亡，关于我们的自由劳动力的问题正在出现，没有哪位智者须经提醒才能意识到它们的紧迫性。它们不仅是经济问题，在相当大的程度上乃是道德问题；不，它们所触及的正是基督建立的仁爱宗教的精髓之处。很显然，宗教界必须对此发表意见"。③ 19 世纪 80 年代以前，关于劳工问题最重要的讨论大多出自格拉登之口。19 世纪 70 年代，在格拉登的带动下，理查德·牛顿、里曼·奥特沃特、查尔斯·布雷斯、爱德华·沃斯本、亨

---

　　①　Donald K. Gorrell. *The Age of Social Responsibility: the Social Gospel in the Progressive Era*, *1900－1920*, Macon, Ga.: Mercer University Press, 1988, p. 157.

　　②　Susan A. Curtis. *Consuming Faith*, Baltimore: Johns Hopkins University Press, 1991, p. 4.

　　③　Charles Howard Hopkins. *The Rise of the Social Gospel in American Protestantism*, *1865－1915*, New Haven: Yale University Press, 1967, p. 24.

利·珀特、亨利·纳尔逊、约瑟夫·库克、爱德华·罗杰斯等新教各教派人士纷纷率陈己见,对自由放任的经济制度予以批判,对劳资冲突和城市弊病进行分析,并就教会的出路以及社会功能展开讨论。1875年秋季,格拉登在马萨诸塞州斯普林菲尔德的北方教会担任教士时,曾经连续在教堂做周日布道,陈述他对劳工问题的看法,提出了解决劳资冲突的互惠原则。翌年,格拉登将讲稿结集出版,题为《劳工及其雇主》。奥特沃特提出了分享利润的观点,他认为劳资双方合理分享利润可使经济原则同基督教道德原则达成完美的和谐统一。查尔斯·布雷斯也认为,"倘使工业社会达到基督教的理想就必须使之服从于劳资间某种形式的合作……其中劳工能够在其工资之外分得生产利润中的钱"。①

　　从社会福音运动的这一萌芽时期一直到第一次世界大战前社会福音运动进入鼎盛时期,尽管多数社会福音派教士始终宣称他们承认劳工的罢工权利,但是他们却又同时表明他们反对暴力斗争,提倡劳资公平分配利润,主张靠仲裁调节劳资纠纷。通过工业合作解决争端始终都是社会福音派对待劳工问题的一致态度。

　　1877年的铁路工人大罢工揭起了劳工阶层中蕴蓄已久的不满情绪,成为美国历史上第一次全国性的大罢工;此后,罢工怒潮一旦爆发便势不可当,全国规模的工人罢工愈演愈烈。继1877年的罢工之后,美国又先后于1886年和1892年两次出现全国性罢工高潮,此间各种大大小小的地方性罢工更是不可胜数。在宗教界人士眼中,三次全国大罢工仿如三场强烈冲击着美国社会安定的大地震,他们的爆发使劳工问题变得更加棘手、更不待人了。此后,劳资冲突不仅成为社会福音派人士不断探讨的

---

　　①　Charles Howard Hopkins. *The Rise of the Social Gospel in American Protestantism*,*1865—1915*,New Haven: Yale University Press,1967,pp. 27,42,31.

主题,而且还与"人间上帝之国"思想紧密联系,从而使"人间天国"思想在对劳工问题的探讨过程中得以日臻丰富,社会福音运动也随之走向成熟。

新教界对工人问题的讨论主要涉及两个话题:一个是劳工问题的起因和解决途径,另一个是工人对教会的不友好态度以及教会该采取的对策。

19世纪80年代,华盛顿·格拉登曾在罢工浪潮的推动下对工人问题的起因予以探究,他认为工业领域的无度竞争导致了一种战争状态,而且这种状态遍及于整个工业领域。当工人们将其自身的不稳定的生活状态、节省人力的电力机器的出现、日益增加的生活必需品开支与其他阶层不断增加的收入加以比较时自然会产生不满,而当工人公平分享劳动成果的要求遭到雇主的拒绝时他们自然便会警醒反抗。康涅狄格州纽黑文中心教会的教士纽曼·史密斯分析认为,劳工的不满源自于他们自身的五点想法,即工人分享的劳动成果的份额正在减少;机器的使用正在制造一个于其他社会群体相脱离的工人阶级;劳动分工使情况进一步恶化;资本对劳力具有不公正的优势;阶级立法和其他因素使劳工的状况日益恶化。① 斯特朗则指出,工人的不满并非仅仅是他们的贫困造成的,更主要的原因在于美国社会存在着严重的贫富悬殊。② 这些言论表明,格拉登、史密斯等新教领袖已然开始认识到了"另一半人"处境的恶劣及其引发的不良社会后果。

20世纪初,一些社会福音派成员将劳工的困境上升到工作

---

① Charles Howard Hopkins. *The Rise of the Social Gospel in American Protestantism*, 1865—1915, New Haven: Yale University Press, 1967, p. 81.

② Josiah Strong, "The Discontent of the Working Classes", 载 M. J. Adler. *The Annals of America*, vol. 11, Chicago: Encyclopedia Britannica, Inc., 1976, pp. 450—457.

道德的层面加以研究,并由此而感到了他们作为中产阶级所应该承担的社会责任。"他们知道,工人们既享受不到中产阶级的受教育机会,也不能像这一阶级一样拥有抵御贫困的优裕的经济状况。他们中有人为自身所拥有的优势而感到了内疚。"照他们的话说,"爱邻如爱己者无法眼见其工人兄弟和姐妹们苦苦挣扎却感到心安和满意"。① 格拉登等众多的社会福音派人士纷纷表示了他们对个人主义工作道德观的质疑。格拉登注意到,众多劳工虽然辛勤工作,节俭生活,虔诚祈祷却不能养活他们自己。换言之,在工业化的时代里,勤劳、节俭和虔诚之和并不像传统个人主义所宣扬的那样等于成功。他认为,就是在这一被打破的等式中包含了"劳工问题",而劳工问题则苦苦萦绕了他和他的同仁们几十年。一位浸理会教士说到,许多人为求成功而呕心沥血地工作,小心翼翼地花钱,"但是他们却拿不出足够的面包供养孩子"。教士们担心,长此以往,其结果必然造成劳工阶层"对宗教失去耐心",以至于导致其"人性的毁灭"。为此,社会福音派主张,劳工阶层应该同中产阶级一样享有健康、教育和发展心智的机会,过上"更加富裕的生活","自由自在地享受到生活中所有最美好的东西"。概而言之,社会福音派认为,19世纪末以来,美国工业的迅速发展已经极大地改变了美国社会的传统生产关系。公司和生产线的应用改变了生产者各行其是的独立身份,工人们都成了大机器生产条件下的"团队劳动者"。② 工业资本主义的特殊社会环境已经使得其父辈们曾经恪守的自我奋斗的个人主义工作道德观念远远落伍于时代,失去了其存在的合理性。

---

　　① Susan A. Curtis. *Consuming Faith*, Baltimore: Johns Hopkins University Press, 1991, pp. 20—21.

　　② Ibid.

美国人目睹了大批的失业、微薄的工资、恶劣的工作条件和愈演愈烈的劳工反抗,巨大的经济力量已经控制了美国人的生活并动摇了传统工作道德存在的根基,在一个个人根本无法掌握自身的经济命运的时代里,劳工乃是大机器生产的受害者,社会应该对他们的不幸负责。

　　针对上述分析,新教界的有识之士们认为,只有用基督教原则才能平息罢工,维护社会的稳定。安多弗神学院的威廉·塔克曾在《安多弗周报》上撰文推介史密斯的《给劳动者的布道》一文,他指出:劳工问题不仅仅是一个经济问题,而是理所当然地应该被列入基督教的调整范畴之内。纽约圣马克主教派教会的教士约瑟夫·赖兰斯指出基督教教士们对此类缺乏考虑已经导致了其威望的丧失。哈特福德神学院的 A. J. F. 贝伦斯告诉他的学生们:宗教领袖应该精通社会问题以便于为将《新圣约全书》的原则应用于这些问题的解决做好准备。① 格拉登和他的同仁们则进行了重塑工作道德的努力。他认为当时美国劳工问题的关键就在于,美国的经济制度在创造了日益增加的自由、闲暇和奢华生活的过程中也制造了"辛勤劳动者的奴隶制"。斯特朗对格拉登的观点表示赞同,他在其《新时代》一书中"哀叹"在一个民主国家里"工业大亨们的力量"竟能如此巨大,并指出社会的和谐"必须凭靠应用基督的教义来完成"。② 劳伸布施则从另一个方面寻找问题的症结,他指出,"工业使人们彼此间陷入到一场角斗之中,那里毫无怜悯与同情,最终 90％的斗士都注定要横尸疆

　　① Charles Howard Hopkins. *The Rise of the Social Gospel in American Protestantism*, *1865－1915*, New Haven: Yale University Press, 1967, pp. 82－83.

　　② Josiah Strong, "The Discontent of the Working Classes", 载 M. J. Adler. *The Annals of America*, vol. 11, Chicago: Encyclopedia Britannica, Inc., 1976, p. 457.

场"。社会福音派试图以其宣扬的和谐共处和兄弟关系的基督教
原则来解决劳资冲突问题,他们将工业合作的原则推崇为"文明
社会的最高法则",呼吁劳资双方遵循基督教的"牺牲、服务和
仁爱三大生活定律",在现实的工业环境中相互合作、互相依存,
彼此间"既予且取",互利互惠,从而达到二者间的和平共处和
社会的稳定与进步。①

　　然而,教士们的一片苦心却遭遇了众多劳工的敌对态度。
不仅教会受到了工人的冷落,而且一些工人领袖还公开谴责教
会与富人为伍。他们对其布道宣讲大加质疑,一位新英格兰工
人曾经在纽黑文的《工人的辩护者》报专栏中谴责布道者不关
心失业工人,他气愤地指责教士们应该为世上存在如此之多的
贫困与不幸感到脸红和羞耻。② 来自底层的敌意使得满腔热情
的宗教改革者们陷入了极端尴尬的境地。但是他们却并未知难
而退,而是深入社会展开广泛的实际调查,努力探寻公众疏远
教会的原因。

　　1885 年,新泽西州蒙特克莱的奥莫里·布莱福德教士在部
分劳工中进行了问卷调查,并将结果公布在《基督教联合会》刊
物之上。结果表明,工人中定期参与教堂活动者的人数仅占被调
查者总数的 10％到 50％,而且正在呈现出下降的趋势。当被问
及原因时,被调查者异口同声地否认他们不进教堂是因为不信仰
基督教。他们回答说,他们并非不信仰基督教导人们的基督教,
而是不信任教会宣传的基督教,他们指责福音教士未能实际履行
所传布的福音教义,基督教徒们并不具有他们所宣称的宗教忠

---

　　① Susan A. Curtis. *Consuming Faith*,Baltimore:Johns Hopkins University Press,1991,pp. 22－23.

　　② Charles Howard Hopkins. *The Rise of the Social Gospel in American Protestantism*,1865－1915,New Haven:Yale University Press,1967,p. 84.

诚，至少是没有在其生活和行动中显示出来。一位来自密歇根的工人曾经不无敌意地说过："我们非常信仰基督和他的教义，但是我们极其不信任他那些假装追随者们的说教。"①

华盛顿·格拉登则指出，他的调查显示，工人不进教堂还另有原因。其一，工人感到他们的经济能力使他们做不到穿着讲究地出现在教堂那样漂亮和时髦的地方。其二，他们对雇主给予的不公正待遇愤愤不平。多数劳动者认为教堂主要是由资本家和雇主阶层参与和把持的，曾有受访者说："制造商当然能比工人穿得好。但是当我们看到他们在周日表现出如此的宗教虔诚，而在其他的六天里却以压迫穷人为乐事，我们就会认为他们心存不诚，表里不一。当资本家在一周里用一天为我们祈祷，却用其余六天对我们进行剥削时，就别指望我们会对他们的基督教非常崇拜。"② 一位面带倦容的女店员曾经告诉格拉登，"我的雇主去教堂，他是那里的一大支柱，这就是我不去教堂的充足理由，我知道他如何对待雇员"。③ 工人们有时会将教士们面对利益分配不公所表现的沉默看成是教会对它的默许和赞成。因此，工人们便让自己远离宗教。

1901 年，纽约教士查尔斯·斯德尔兹曾就劳工对教会的态度展开调查，并发现工人们不热心于教会活动是因为他们感到在那里穷人并不受欢迎。斯德尔兹发现，工人们认为教会并非为他

---

① "Letter from a Working Man"，Christian Union，Oct. 29，1885，p. 7，载 Aaron Ignatius Abell. *The Urban Impact on American Protestantism 1865－1900*，Hamden：Archon，1962，p. 65.

② Charles Howard Hopkins. *The Rise of the Social Gospel in American Protestantism*，*1865－1915*，New Haven：Yale University Press，1967，pp. 84－85.

③ Washington Gladden，"The Working People and the Churches" *Independent*，July30，1885，p. 966，载 Aaron Ignatius Abell. *The Urban Impact on American Protestantism 1865－1900*，Hamden：Archon，1962，p. 63.

们所设，那里是"富人的俱乐部"，[①] "真正的上帝乃是万能的美元"。[②] 佩里将大众对教会的批评归结为五大方面：第一，教会受富人控制；第二，教士不讨论现实生活问题；第三，教士不了解经济和社会问题；第四，劳工不受教堂的欢迎；第五，教会在帮助工人维护权益方面不够积极和尽力。凯森由此认为，除非教会悔悟并皈依于一种社会化的福音，否则公众与教会间便永无真正的和谐。[③]

　　不少教士都与凯森持有同样的观点，他们担心工人们在市场上所遭受的严重不公也会使其对宗教的看法包含怨恨。[④] 为此，他们呼吁教会要重新认识社会形势与自身的任务，呼吁教士们走下神坛，深入劳工阶层，体察劳工心理，用自己的才智服务于公众的利益。赫伯特·牛顿教士向一个劳工状况调查委员会指出，"如果教会想要取得工人阶级的信任，它就必须首先改革自己"。在总结其调查结果的基础上，奥莫里·布莱福德教士建议大家走出教堂去接近那些不愿进来的人们。[⑤] "干草市场"事件爆发前夕，艾奥瓦州教士 C. O. 布朗则建议教士们通过具体途径来向劳工阶级表示友好。

---

　　① Donald K. Gorrell. *The Age of Social Responsibility: the Social Gospel in the Progressive Era*, 1900－1920, Macon, Ga.: Mercer University Press, 1988, p. 44.

　　② "The Church and Labor", *American Federationist*, Ⅱ, August 1896, 载 Aaron Ignatius Abell. *The Urban Impact on American Protestantism 1865－1900*, Hamden: Archon, 1962, p. 63.

　　③ Charles Howard Hopkins. *The Rise of the Social Gospel in American Protestantism*, 1865－1915, New Haven: Yale University Press, 1967, pp. 85－86.

　　④ Susan A. Curtis. *Consuming Faith*, Baltimore: Johns Hopkins University Press, 1991, p. 19.

　　⑤ Charles Howard Hopkins. *The Rise of the Social Gospel in American Protestantism*, 1865－1915, New Haven: Yale University Press, 1967, p. 91.

　　为了化解劳工对教会的敌意并使基督教重新深入大众,教士们开始尝试专门为劳动者阶层建立教堂或者其他社会组织,并对劳工问题采取更加直接的行动。

　　1894 年,由卫理公会教士赫伯特·凯森在马萨诸塞州领导建立的"林恩劳工教堂"便是其中一例。1869 年 9 月,凯森出生于昂特里尔,其父是一位卫理工会的教士。1892 年,凯森毕业于弗吉尼亚学院,获哲学和神学双学位。受家庭影响,他在 23 岁时便成为卫理工会的教士。1893 年,他迁居波士顿后得以亲眼目睹贫民窟的真情实景。凯森对移民劳工们的艰难处境深感震惊,并开始与凯尔·哈迪、塞缪尔·冈伯斯等劳工领袖有所接触。在波士顿的这段经历令凯森在思想上受到很大触动,促进了其基督教社会思想的形成。此间,他努力在其职位上实现对广大劳工的同情与帮助。他主张,真正的教会应由当代致力于改革运动的人组成,并为此将"林恩劳工教堂"建立在四大原则之上:杜绝宗教迷信,培养劳工运动的道德性;加强社会交流,进行合作实践;教育自身及他人为应对社会危机做好准备;以集体合作作为社会理想。这一组织在英美受到了广泛的关注,的确曾吸引过一些劳工的加入,凯尔·哈迪等一些劳工领袖曾经登上过那里的讲坛。在 1894 年劳动节大会上,凯森向 7000 多名公众发表演说,阐明其关于劳工问题的立场;转年同期又有 35 个行业组织向大会派出代表,凯森因此赢得了"现代版的希伯来先知"的美誉。① 到 20 世纪初期,凯森因健康原因离任,"林恩劳工教堂"也随之逐渐衰落下去。

　　不过,凯森的事业却并不乏后继之人。1910 年,新教教士

---

① Charles Howard Hopkins. *The Rise of the Social Gospel in American Protestantism*, *1865 - 1915*, New Haven: Yale University Press, 1967, p. 86.

查尔斯·斯德尔兹在纽约市建立了另一座面向劳工的教堂——"劳工圣殿"。斯德尔兹与凯森同龄,出生于纽约市一个贫困的德国移民家庭。由于自幼在贫民窟中长大,他对劳工的困境更是有着切身的体会,所以,他也对劳工问题格外关注。斯德尔兹试图通过教会与劳工组织的结合达到团结劳工的目的。1904 年,他首次尝试在明尼阿波利斯市以教士协会与该市劳工中心委员会互换代表的方式促成了 150 余名新教各派教士参加了工会会议,从而使教会"与庞大的劳工阶层取得了愉快的接触"。[①]在 1906 年到 1913 年间,斯德尔兹又领导纽约市社会福音派成立了"教会与劳工部",并于 1907 年出版了《基督教的风暴中心:对现代城市的一项研究》一书,以阐述他对宗教与社会问题的看法。"劳工圣殿"的创办正是斯德尔兹多年来的基督教社会改革思想与实践的总结和体现。起初,"劳工圣殿"仅仅是一种开放式的讲坛,为具有改革思想的有识之士阐述见解,也为新教人士与劳工交流提供一方平台;随后,它逐渐发展成为了一个兼具社区生活服务、成人教育、社会问题研究等多种功能的社会改革机构。在他的领导下,该教堂在第一次世界大战爆发前的年代里始终活跃在社会改革运动的前列,成为社会福音运动中的一面旗帜。

"美国教会联合会"也对劳工问题倾注了极大的热情。在它的号召下,19 世纪初期,美国数千家新教教会都将劳动节前夕的那个周日定为了"劳工周日"。1913 年,"美国教会联合会"又发起了全国性的"为劳工争取公休日"活动,美国新教各派纷纷响应。他们提出,在每周七天的时间里应该给工业劳动者留出一个休息日。"美国教会联合会"为此专门印制了宣传手册,取

---

① Walter Rauschenbush. *Christianizing the Social Order*, New York: the Macmillan Company, 1919, p. 12.

名为《不间断的劳作与不间断的劳作者》，也叫《在七天中为工业工人留一天》。手册号召读者们为了工人的健康去敦促国家制定法律，使工人每周获得一天的休息时间，并且建议将这一天定在基督教的安息日。1914年，"美国教会联合会"又将其关怀的对象扩展到政府机关之中，要求国会为政府雇员通过一个"周日休息法案"。在随后的几年里，"美国教会联合会"逐步将争取工人的其他权益以及他们在退休后的福利问题提上议事日程，继续为解决劳工问题在公众和政府部门之间奔走呼吁。①

　　自19世纪80年代起，社会主义理论在工人中的传播也引起了新教界的深切关注。1879年，一部名为《社会主义》的著作的问世标志着一场讨论的开始，这场讨论迅速成为了社会福音的焦点所在。在讨论过程中，新教界对于科学社会主义学说表现出了否定的态度，有人视其为社会弊病的病症之一，有人把它当作是对基督教走向社会化的一种激励，许多人将其理解为美国工业化的直接后果，他们分析认为，工业革命带来的财富激增与个人主义的膨胀系社会主义思想在美国兴起的基本起因。他们看到，生产的发展导致了社会的分裂和阶级的对抗，富有者的为富不仁、奢华无度，激起了生活无着的财富创造者的强烈愤慨，于是便为社会主义的传播提供了契机。A.J.F.布伦斯的《社会主义与基督教》一书堪称是该时期新教界探讨社会主义问题的典范之作，他在书中指出，基督教不能再对社会主义者指出的社会弊病视而不见了。一位辛辛纳提的教士也说，教会可以不参与政治上的社会主义，可它的社会影响却是巨大的。科罗拉多的爱德华·

---

① Donald K. Gorrell. *The Age of Social Responsibility：the Social Gospel in the Progressive Era*，*1900－1920*，Macon，Ga.：Mercer University Press，1988，pp. 132，201，202.

帕森教士警告人们，社会主义就是劳工阶层要求正义的呼声。依阿华州的 C. O. 布朗建议应该听取社会主义者的诉求，并且用实际行动显示教会才是劳工阶层的朋友。

对社会主义问题的讨论也使社会福音派本身深受启发，他们中有人开始将社会主义理论中的局部思想借鉴过来，甚至有人试图探寻一种所谓的"基督教社会主义"。R. 赫伯·牛顿、罗斯威尔·西契科克、爱德华·帕森等就是这样的探寻者。帕森认为，社会主义对社会改造的要求与基督教有相通之处。1885 年，波士顿教士埃德温·韦布在美国国内宗教协会中发言认为，基督教和社会主义都是为了铲除弊病、改进未来。R. 赫伯·牛顿教士则试图从社会主义的理想中为希伯来先知的道德观念找到一些相近之处。还有些教士列举了基督教和社会主义都反对极端个人主义、谴责工业垄断、倡导生产合作等等相同点。对基督教与社会主义的类比以及对社会主义思想的吸收利用，导致了"基督教社会主义思想"在随后 20 余年时间里的流行。但是这种基督教化了的社会主义实质上不过是"社会福音"的一个别名，它不过是选择性地利用和嫁接了某些社会主义的概念而已。[①]

从 19 世纪 90 年代起，越来越多的神职人员开始到社会主义理论中挖掘宝藏，从其纲领内提炼可资利用的内容，为宗教活动阐发社会目标，为其社会救赎、"人间天国"等神学理论在《圣经》以外寻找方便的理论根据。格拉登、乔治·赫伦、威廉·布里斯等人便是其中的代表人物。他们都曾在基督教社会主义思想指导下亲身参与各种社会改良活动，其中布里斯还是成立于 1889 年的第一个美国"国家主义俱乐部"的创建人之一。19 世

---

　　①　Charles Howard Hopkins. *The Rise of the Social Gospel in American Protestantism*，*1865－1915*，New Haven：Yale University Press，1967，pp. 67－74.

纪 90 年代,他又组织了基督教社会主义者协会,并创建了美国第一家专门致力于社会基督教事业的刊物《曙光》月刊,用以探讨基督教社会主义理论并传播改革思想。该刊宣称,基督教社会主义以医治财富垄断、贫困和无宗教信仰等问题为目的,它同样主张社会合作和逐渐进步(但反对革命)。《曙光》曾使 19 世纪末 20 世纪初的许多社会福音运动领袖团结在其周围。O. P. 吉福德、P. W. 斯布雷格、R. H. 牛顿、哈姆林·加兰、埃德华·贝拉米、J. O. S. 亨廷顿等当时著名的社会思想家都曾先后出任该刊编辑。丹尼尔·狄龙、华盛顿·格拉登、乔治·赫伦、爱德华·柏密斯、阿尔伯恩·斯默尔等新教界人士也都曾经为其撰稿。另一家基督教社会主义的专刊《王国》则与乔治·赫伦的名字历史性地联系在了一起。它使乔赛亚·斯特朗、乔治·布莱克、B. F. 米尔斯、约翰·科蒙斯等一些社会福音派领袖走到了一起,并于 1896 年至 1900 年间建立了"在社会基督教史上具有特殊意义"的"佐治亚基督教合作社",其意义之所以特殊就在于它"创造并传播了'社会福音'的名字"。[①] 在合作社成立之际,其领导人之一的鲁尔夫·阿尔伯顿便着手创办了《社会福音》月刊,从 19 世纪末到第一次世界大战前夕,其刊名被新教精英们一再使用,最终成为一场进步的社会改革运动的永久称谓。

三　其他社会服务与改革行动

尽管社会福音派一直致力于解决劳工问题,但他们同时也并

---

① Charles Howard Hopkins. *The Rise of the Social Gospel in American Protestantism*,1865－1915,New Haven:Yale University Press,1967,p. 196.

未忽视其他城市问题。毋庸赘言,对于一个正在走向工业化和城市化的国度而言,城市乃是它的灵魂。新教徒们要想在这样的国度里建立他们天国般的理想社会,弊病丛生的城市当然是他们最主要的改革目标。新教徒们看到,城市既是"这个新工业社会的缩影",也是"这个新社会的中心","那里既有最大的问题也有最大的机遇"。他们相信:"天堂之国就在城市之中",只要能赢得城市就能加速天国的降临;只要把城市都建成"上帝之城",就会实现人间天国之梦。1909 年 7 月 21 日,纽约市社会福音派教士弗兰克·诺斯曾经专门以"城市与天国"为题发表公众演说,满腔热忱地表达了对基督教城市使命所给予的希望。他告诫同仁们:"天国之路不在城市的废墟上,而在城市的街道里。"他鼓舞他们:"天国即将来临! 我们梦想它,期待它,我们为它而努力工作。城市就在这里,城市是天国的心脏,是这场大运动的关键一环。"①

美国工业化时期社会的快速转型曾在当时引发了严重的"工业文明综合征"。城市中的贫困、犯罪、酗酒、卖淫、市政腐败等种种社会问题的泛滥成为影响城市秩序和整个国家社会生活的主要症结,并因此受到新教界人士的格外关注。正如艾伦·艾贝尔在《城市对美国新教的影响》一书中所言,"1865 年后工业城市的迅速生长给宗教带来的重压令其到了垮掉的边缘。从 19 世纪早期威廉·赡宁时代至今,新教的社会倡导者们重复着同样的主题,那就是,尽管城市生活乃是物质与思想进步的同义词,但是它却很少在道德领域体现出相应的成功。正相反,城市乃是各

①　Donald K. Gorrell. *The Age of Social Responsibility: the Social Gospel in the Progressive Era*, 1900 − 1920, Macon, Ga.: Mercer University Press, 1988, pp. 64, 91, 124.

种毒瘤生长的温室——是工业战争和阶级仇恨的新罪恶以及贫困犯罪和纵酒堕落的旧罪恶共同生长的温室"。[①]

自社会福音运动兴起的初期阶段起,新教各派中便有人开始对城市犯罪与道德失范问题加以探讨。在 J.B. 比丁格、博斯特维克·霍利和华盛顿·格拉登等一些教刊编辑和记者的主持下,《圣经全书与普林斯顿周报》、《卫理公会季刊》和《周日下午》等成为社会福音派探讨城市改革的主要媒体,查尔斯·布雷斯、伯顿·伯恩、爱德华·贝拉米、朱莉娅·赖特、爱德华·沃斯本和亨利·珀特等一些神学院的学者及各地神职人员纷纷撰稿,就城市问题的根源与解决途径发表见解。到 19 世纪后期,《基督教联合会》又成为社会福音运动中的一个先锋,A.J.F. 伯伦兹、塞缪尔·哈里斯、乔赛亚·斯特朗、华盛顿·格拉登等陆续在该刊上发表文章,就廉价公寓、贫困、市政腐败、禁酒等问题进行讨论。社会福音运动者们注意到了城市环境及城市道德与犯罪之间的关系,并就贫富极化的危险、上中产阶层对底层需求的冷漠、公民的义务、贫民窟儿童的客观生存条件、廉价出租公寓中的隐患等各方面问题发表意见。亨利·珀特呼吁新教教会要站在公正的立场上去看待上述问题,并承担起"道德导师"的责任去证明自己对这些问题"具有很大的发言权"。他说,"作为一个永恒的道德主宰(即上帝——引者注)的见证及信使,教会有着比布道安慰人重要得多的职责要履行。教会正在经受考验,它必须通过服务社会来证明它有理由享受免税的待遇"。教士们认为恶劣的城市环境乃是滋生城市问题的温床。所以,要根治城市问题则必须从治理城市环境入手。沃斯本曾经批判"大城市里那些骇

---

① Aaron Ignatius Abell. *The Urban Impact on American Protestantism 1865—1900*, Hamden: Archon, 1962, p. 1.

人听闻的统计资料乃是文明所发出的越来越严厉的诅咒——是一个祸患中心。在那里数以千计的人生活在暗无天日、污秽简陋的邪恶斗室,似乎注定了其道德上的死亡"。他强调环境对个人的影响,认为教士们要想使其培养个人宗教性与道德性的努力真正有所收获,就有必要先从治愈外在的邪恶入手。①

从 19 世纪末到 20 世纪初的 30 多年时间里,由于工业的发展和市政管理的滞后与腐化,城市问题有增无减。不少教士开始对教会在城市问题方面所表现出的无能为力进行批判,并警告同仁除非教会能够顺应时势,主动参与社会改革,否则它将会继续受到公众的疏离。面对日趋严重的社会问题,他们再次重新思考宗教与教会的社会职能。直至 1910 年,社会福音运动已经进入盛期时,斯特朗仍然在一片苦心地强调着,"社会必须像个人一样得到拯救"。②

在具体改革方案上,他们开出的依然是那副宗教济世之方。他们强调基督教的道德性与耶稣的道德教义,将基督教的"救赎说"置于道德与社会的双重语境中予以阐释,将"人间上帝之国"的概念描绘为人类社会唯一的理想出路。他们强调基督教要拯救整个社会,而上帝之爱则是拯救社会的唯一"黄金法则",是实现社会正义的"最高定律"。③

禁酒运动也是社会福音派人士积极参与的一项重要社会改革运动。

---

① Charles Howard Hopkins. *The Rise of the Social Gospel in American Protestantism*, *1865 － 1915*, New Haven: Yale University Press, 1967, pp. 34, 35.

② Donald K. Gorrell. *The Age of Social Responsibility: the Social Gospel in the Progressive Era*, *1900 － 1920*, Macon, Ga.: Mercer University Press, 1988, p. 128.

③ Charles Howard Hopkins. *The Rise of the Social Gospel in American Protestantism*, *1865 － 1915*, New Haven: Yale University Press, 1967, p. 107.

在美国历史上,新教界人士历来就有反对纵酒的传统。他们主要从道德的层面宣传酒精对人类心灵的毒害。19 世纪早期,美国各州的禁酒运动主要就是在新教徒们的推动下进行的。20年代和30年代,康涅狄格州新教教士利曼·比彻等人曾经领导了"美国禁酒协会"等组织的活动,当时许多新教教会都活跃其中。在教会力量的推动下,十几种民间禁酒宣传刊物相继出现,将纵酒作为奴役、懒惰、堕落、虐妻、遗弃幼子等各种罪恶的源头予以批判。直到美国内战爆发,各种禁酒宣传的声音才在战争的影响下逐渐低落下去。

到美国工业化时期,随着移民的不断涌入以及城市产业工人群体的不断扩大,酒馆业也日益兴隆起来。在工业发展的刺激下,各城市产业工人的数量迅速增长。那些设在工业区和贫民窟周围的廉价酒馆成为工人们午餐及业余生活的主要场所,享有"工人俱乐部"之称。不过在一个到处充满骚乱与冲突的社会中,酒馆当然也不会是一方远离尘嚣的净土。这里有时也不免成为酗酒、斗殴甚至卖淫的场所。①

在这一背景下,越来越多的社会福音派人士开始关注酒精对于城市生活的负面影响。他们将贫困、犯罪等多种城市问题的祸首归结为大量廉价酒馆的存在,并因此将禁酒当作治理城市秩序的一种有效途径。他们配合其他民间社会改革力量,一起成立了各种专门的禁酒组织——"妇女基督教禁酒联盟"、"反沙龙联盟"以及"卫理公会禁酒协会"等乃是当时禁酒运动中的先锋力量。1880 年,"妇女基督教禁酒联盟"又专门设立了一个"科学

---

① Powers Madelon. *Faces along the Bar: Lore and Order in the Workingman Salon 1870 — 1920*, Chicago and Boston: the University of Chicago Press, 1998, pp. 13, 92.

禁酒指导部",主要面对大、中、小学学生们开展禁酒教育,力求杜绝酒精对下一代的毒害。"反沙龙联盟"则主要针对政客酗酒现象展开活动,并致力于寻求禁酒问题的立法保障。此外,社会福音运动者们还在其"教会联合会"中特别设立了一个单独的"禁酒委员会",负责统一和协调新教各派的禁酒活动。1913年12月10日,一项关于禁酒的宪法修正案被提交到国会两院。为敦促此项宪法修正案的通过,"禁酒委员会"专门于当天在华盛顿特区举行集会,该委员会主席还亲自出席了众议院的司法委员会,表明他们支持该法案的立场。为巩固已有成果并进一步推动禁酒运动向前发展,"美国教会联合会"的执行委员会又于次年12月在弗吉尼亚的里士满召开大会。会上,席勒·马休和威廉·布赖恩分别作为"教会联合会"主席和北长老会教派代表向3500位与会者发表演说,申明其"绝对禁酒"的立场。他们不仅主张打击饮用烈性酒和酗酒行为,而且还提出反对制造和销售含有酒精的饮料。① 1917年,国会通过法案宣布以谷物制造酒精类饮料为非法行为,许多州政府也纷纷通过法律禁止酒品的运输和消费;两年后,禁酒法案被正式列为美国宪法第18条修正案。至此,禁酒运动者们最终争取到了国家以宪法形式明文禁止酒类饮料在美国的制造、运输和销售,而这其中也包含着众多社会福音运动者们近半个世纪的努力。

虽然新教界"绝对禁酒"的主张未免过于偏激,但是就禁酒运动的整体目标与效果而言,这在当时的确具有一定的积极意义。它对于改善城市环境、减少因酗酒引起的各类社会治安问

---

① Donald K. Gorrell. *The Age of Social Responsibility: the Social Gospel in the Progressive Era*, *1900 – 1920*, Macon, Ga.: Mercer University Press, 1988, p. 202.

题、打击与制酒、贩酒有关的官员腐败问题等都起到了一定程度的作用。

调查和揭露市政腐败是当时美国社会福音派教士们所进行的另一项重要社会改革活动。

如前所述,19世纪末20世纪初乃是美国政治史上的一个腐败高发期。在城市政治生活中,政治机器以及市政老板制的兴盛使得政府对公共事务的决策根本不能按照正常的法律程序进行。"市政老板"与各种利益集团通过幕后交易,以金钱换取权力,形成了一种政府官员、"市政老板"和各利益集团三方利益均沾的格局。这种深度腐败严重侵害了城市政府的行政、司法和立法机关。在经济对政治的完全支配之下,本应该是城市治理者的政府官员实际上却沦为被管理者们财物利诱下的俘虏,从而使"强盗大亨们"巧取公众权益,而作为弱势群体,底层群体则无法保障自己应得的利益。当时纽约新教界的著名教士 R. H. 牛顿曾经明确指出,在造成贫困现象的原因中,"经济因素的背后乃是别的,而且是更大的因素",而这其中,"政府未能充分发挥其社会功能"则是"问题的最主要原因"。①

这一时期,以林肯·斯蒂芬斯为代表的一些"黑幕揭发记者"曾经利用各类刊物和报纸对各种市政腐败事件给予抨击。他们的揭露激起了强烈的社会反响,也引起了社会福音运动者们的深度共鸣,使这些宗教界的改革者们看到了自身事业与那些黑幕揭发行为之间的共性。1890年,牛顿曾经发起成立了"纽约人民市政同盟",他将一批中产阶级专业技术人员和新教教士们组织起来,致力于铲除纽约市的市政腐败现象。19世纪末,芝加

---

① R. Heber. Newton. *The Present Aspect of the Labor Problem*, New York: Day Star, 1886, p. 51.

哥的教士们也曾经对该市市政老板威廉·斯太德（William T. Stead）的统治进行过调查。进入20世纪后，芝加哥市圣公会教士沃尔特·萨姆纳又曾经成功地请求市长任命了一个专门委员会，由萨姆纳亲任主席，在他的带领下，该委员会对芝加哥的市政问题展开调查，为其他城市的市政改革起到了榜样的作用。

这一时期，美国最著名的宗教人士揭发社会黑幕事件当属纽约市长老会教士查尔斯·帕克哈斯特对该市坦慕尼厅及其市政机构腐败行为的揭发。1842年，帕克哈斯特出生于马萨诸塞州的一个农场。在来纽约市之前，他曾经在马萨诸塞州担任过一家中学的校长和维里斯顿神学院的教授，并从19世纪70年代开始先后在马萨诸塞州的利诺斯教堂和纽约市的麦迪逊广场教堂出任圣职。1891年，他当选为"纽约市防止犯罪协会"主席，随后便展开了揭露坦慕尼厅黑幕的行动。正如本书第一章中所述，19世纪末期的坦慕尼厅乃是当时美国市政腐败的一个典型。它不仅操纵着市政官员的选举，而且还包庇犯罪，出卖公共权益，在公众中产生了恶劣的影响。因此，帕克哈斯特在上任之后，便领导"纽约市防止犯罪协会"着手对坦慕尼厅的活动进行了调查，并掌握了其大量贪污和其他犯罪行为的证据。为了调查真相，帕克哈斯特走遍了纽约市的大街小巷，总共为284项违法案件拿到了证人宣誓书等真凭实据。到1892年2月，调查结果充分证实了坦慕尼厅的确存在着各种犯罪事实，并显示坦慕尼厅、纽约市警察局与有组织犯罪活动之间有着紧密的联系。作为执法机关的纽约市警察局本应该以防止和惩治犯罪、保护公众利益为目的，但在事实上，它却变成了滋生犯罪的最大温床。正是由于**警察通过祖护和怂恿犯罪行为而大捞好处**，才使得纽约市的卖淫、赌博等刑事犯罪活动日趋猖獗。肮脏的金钱交易已经将警察局变成了犯罪分子最安全的避难所。从这年3月起，帕克哈斯特开始通过布道将调查结果公之于众。他指责腐败的城市政府阻碍了社会正义的进程,并声明,如果说改造嗜酒者是教会的任务,那么打击培养酗酒行为的城市政府就是教会的责任。帕克哈斯特及其领导下的"防止犯罪协会"在打击纽约市的市政腐败方面的确取得了相当的成果,他们不仅引出了大陪审团对警察局的指控,而且还带动了日后莱克修委员会对市政状况的调查,并最终导致了市政官员的重新选举和市政机构的改革,从而使纽约市在1894年选出了一位改革型市长。美国历史学家查尔斯·霍普金斯赞誉帕克哈斯特的社会贡献"最终造就了整整一个改革的时代"。①

为了加强与城市底层大众的沟通并解决由于大量贫困人口的存在所引起的社会问题,社会福音派人士专门成立了各种社会改革机构,其中社会服务处和兼做公共事务教会便是最主要的两种组织。此外,他们还利用了已有的宗教组织形式如救济军、基督教青年会和基督教女青年会等来发挥作用,这些机构都成为他们改造贫民窟和开展其他社会救济活动的主要载体。据资料记载,从1877年到1900年间,美国各新教教派陆续在150多座城市里成立了新的教会慈善协会。② 特别是,到1880年时,"社会福音"运动者们还在各城市中建立了30多个打破教派界限的慈善协会。③ 这些慈善协会陆续在各城市中开办了很多的救济中心、

---

① Charles Howard Hopkins: *The Rise of the Social Gospel in American Protestantism*, *1865—1915*, New Haven: Yale University Press, 1967, p. 159.

② Aaron Ignatius Abell. *The Urban Impact on American Protestantism 1865—1900*, Hamden: Archon, 1962, p. 84.

③ Gary Scott Smith, "The Men and Religion Forward Movement of 1911—1912: New Perspecctives on Evangelical Social Concern and the Relationship between Chritianity and Progressivism", 载 Martin E. Mary. *Modern American Protestantism and Its World*: *Historical Articles on Protestantism in American Religious Life*, vol. 6. *Protestantism and Social Christianity*, Munich: Saur, 1992, p. 169.

福利机关、示范住宅、医院、学校和妇幼之家，进而在全社会掀起了一场宗教界的"慈善组织运动"。

先后于19世纪50年代和60年代由英国传入美国的基督教青年会和基督教女青年会都在社会福音运动中得到了迅速发展。到1914年时，基督教青年会已经在全美国成立了约2000个分会。它以居住在城市的单身青年为主要服务对象，为他们提供基本食物和居所；基督教女青年会也积极参与了许多具体的社会救济活动，并随着社会福音运动的发展而逐步走向了成熟。自19世纪80年代起，同样源于英国的"救济军"也开始在社会改革活动中崭露头角。它活跃于美国各大城市的贫民窟之中，以基督教的名义为无家可归者提供免费的食宿。在当时，"救济军"所孜孜以求的"人间皆兄弟"精神曾经深深地感染了众多新教组织，使更多的新教教会接受了社会福音的观点，那就是，社会服务乃是宗教使命中不可缺少的组成部分。

"社会服务处"是这一时期影响最大的美国社区改革机构，而其组织者中始终都不乏社会福音派人士的身影。1886年，美国的第一个社会服务处在纽约市贫民窟中落成，取名"邻里互助会"，其创建者乃是来自俄亥俄州的"美国道德文化运动"领袖斯坦顿·科依特教士。1892年1月，在安多弗神学院的毕业生们捐助下，安多弗神学院教授威廉·塔克在波士顿筹建了"安多弗会馆"，由罗伯特·沃兹负责主持会馆的日常工作。沃兹也是一位安多弗的毕业生，他曾经在伦敦的汤恩比会所学习考察过一年，并帮助匹兹堡的新教徒们建立了"金斯利会所"。"金斯利会所"得名于英国社会基督教思想家查尔斯·金斯利，以"我们共同服务于上帝和人类"为座右铭。1894年，格雷厄姆·泰勒教士在芝加哥市建立了"康蒙斯会所"。1895年，以盖洛特·怀特为首的联合神学院的毕业生们又在纽约市组织了"联合社会服务处协会"。此后，美国各城市的新教徒们纷纷效仿这种做法，在圣路易斯、芝加哥、费城等地陆续建立了更多的此类机构。到1902年，由新教徒开办的社会服务处在全美已有70多家。1905年时，由新教徒组织的社会服务处在芝加哥达到了11家、在波士顿有5家、在纽约市多达24家。[1] 新教教徒和信徒们居住在社会服务处里，活跃于社区事务之中，他们一方面为城市贫民提供生活所需的各种指导与服务，帮助移民家庭学习英语和适应美国的习俗与环境；另一方面也向他们灌输美国中产阶级的价值观念。"社会服务处运动"引起了广泛的反响，简·亚当斯等一批大学毕业生们也竞相加入其中。到20世纪初期，总共有400多家社会服务处出现在美国各个城市的贫民窟中[2]，其中由亚当斯于1889年创办的芝加哥"赫尔会馆"成为当时最为著名的一家。这些社会服务处分别从不同角度对城市状况予以关注，并对下层百姓的生活给予实际的帮助，极大地扩大了社会福音运动的影响，促进了运动的发展。

"社会事业性教会运动"（the Institutional Church Movement）是社会福音派针对贫民窟问题所采取的另一种改革方式，在当时也曾产生过较大的影响力。在社会福音运动中，"社会事业性教会"同"社会服务处"宛如一对姐妹，在很多方面具有相似之处。同"社会服务处"一样，"社会事业性教会"同样为社区居民提供各种物质帮助，而且同样不以单纯的济贫为目的。"社会事业性教会"以重新赢得教会在市中心的位置和劳工的信任为初衷，运动参与者们希望通过福音的、教

---

[1]　Charles Howard Hopkins. *The Rise of the Social Gospel in American Protestantism*, *1865 - 1915*, New Haven: Yale University Press, 1967, pp. 156, 158.

[2]　Alan Brinkley. *The Unfinished Nation——a Concise History of the American People*, vol. 2, New York: McGraw-Hill, 1981, p. 559.

育的和社会事业性的活动来达到拯救社会的目的。在具体做法上，"社会事业性教会"以城市中心地区的新教教会为基地，为移民提供举行宗教仪式的场所，同时向移民开展各种社会服务。他们强调，这一运动并非只为信教的移民提供帮助，而是致力于"为所有贫困者服务"。① 他们谴责一些中产阶级新教信徒对城市底层的冷漠态度，并对贫苦移民给予了极大的关怀和同情。他们认为，社会不应该仅一味谴责移民中的酗酒以及其他一些违反道德与法律的行为，这些都是贫民窟问题的副产品，并且主要是由恶劣的生活环境造成的。《基督教的城市》的创刊人及编辑弗兰克·诺顿教士曾对城市问题感触颇深，他呼吁要正视城市的危机，摒弃单纯的宗教说教，采用福音主义的和人道的解决途径。1894 年，他与斯特朗、伊利亚斯·桑福德等其他一些社会福音运动领袖一起组织了"开放的和社会事业性的教会同盟"。该组织创办了《开放的教会》刊物，借以敦促各个新教教会扩大在城市中的工作范围。② 波士顿的第一家此类机构"博克利堂"则以建立法律部和提供法律服务为特色。"社会事业性教会运动"的先驱乃是纽约圣乔治教堂的威廉·伦斯福德教士，他是一位爱尔兰血统的圣公会教士。早在 1882 年，他便废除了所在教堂出租座位的惯例。此外，他还在下东区组织了一个男童俱乐部，为贫民建设了一些娱乐设施并开办了一些工业劳动的培训项目。

总之，在众多新教人士的努力下，"社会事务性教会运动"得到了一定的发展，也取得了一定的成功。据斯特朗统计，在

---

① Susan A. Curtis. *Consuming Faith*, Baltimore: Johns Hopkins University Press, 1991, p. 4.

② Charles Howard Hopkins. *The Rise of the Social Gospel in American Protestantism*, *1865—1915*, New Haven: Yale University Press, 1967, p. 154.

1900 年,仅纽约市便已有"社会事务性教会"112 家。[①] 实际上,早在 19 世纪 90 年代时,"兼理公共事务教会运动"便已初具规模:它旗下拥有着一支由众多志愿者组成的社会工作者队伍,他们曾经深入到社会生活的各个领域,在幼儿园、图书馆、医院、大学和教堂等许多公共场所留下了足迹。他们还曾经支持过男童俱乐部、女童俱乐部、劳工教堂、女子之家等其他一些组织和机构的活动,还为公众提供过大众论坛、求职服务、保健、文化学习、体育运动、缝纫与烹调学习、贷款基金、娱乐、贫困救济等各种便利。正如科提斯在《正在消失的信仰》一书中所言,"美国人在全国范围内到处可见'兼做公共事务教会'的兴起,它们每周 7 天全都开门工作,提供三餐、工作、医药服务、衣服、幼儿护理和各种社会活动,在追求正义和生计的过程中将邻里们联系到了一起"。[②]

如前所述,北美大陆自殖民地时期便是一片个人主义的沃土,美国新教各教派虽然都有慈善救济的传统,但是它们却也一直在使人们相信上帝"奖勤罚懒",贫困就是上帝对懒惰者的一种惩戒。美国内战结束后,随着工业化时代的到来和富有的大企业主阶层的形成,所谓"财富的福音"也在社会上响亮一时。暴富者们一面慷慨地为教会捐款,一面强调着"贫困是罪恶,富有是美德"的观念。但是,面对社会底层普遍的贫困和移民劳工们每日工作十几个小时的事实,个人应该对贫困负责的解释未免过于牵强,而"财富的福音"之说也显然难以顺合情理。在新的时代形势下,社会福音派创造性地阐扬了一种"新神学"和"社会

---

① Charles Howard Hopkins. *The Rise of the Social Gospel in American Protestantism*, *1865－1915*, New Haven: Yale University Press, 1967, p. 15.

② Susan A. Curtis. *Consuming Faith*, Baltimore: Johns Hopkins University Press, 1991, p. 4.

福音"。相对于传统的将贫困完全归罪于个人的懒惰和无能的福音理论,社会福音运动者更加强调社会环境对此所应该承担的责任。他们谴责社会失于为每个人提供平等的发展机会,认为正是由于社会未能保护一些人使其免受另外一些人的剥削才导致了如此普遍而严重的贫困现象。因此,他们成立慈善协会并不以接济受助者一时一物为目的,而是旨在倡导一种自由和平等的民主精神。他们不仅想"纠正社会环境所造成的错误",而且要"匡正社会环境本身",① 而他们掀起的"慈善组织运动"则正是他们为此所做出的一种努力。总之,随着新的福音神学理论的诞生,新教教士们拯救宗教与社会的努力也从思考发展到实践。在"新神学"和"社会福音"的鼓舞下,他们深入到了社会的最基层,为劳资冲突、贫困犯罪、市政腐败等主要社会问题的解决作出了贡献。通过上述活动,社会福音运动者们的确帮助城市贫民减轻了一些困难,同时也在新教徒与公众间打开了一扇交流之门。它们使新教徒在新的城市环境里找到了自己的合适位置,其真诚的努力与全社会日益高涨的进步主义精神融合成了一体。正如美国历史学家亨利·梅所言,"社会福音运动就是这样为形成和推动进步主义运动发挥了作用"。②

尽管神职人员素以代表崇高事物、追求终极价值及来世天国而为世人所知,但是,他们的思想行为却始终都是以其所存在的世俗世界为基础的。他们的布道和宗教宣传也一直都是以世俗众

---

① William Jewett Tucker, "From Charity to Justice", 载 William Jewett Tucker. *The New Reservation of Time, and Other Articles Contributed to the Atlantic Monthly during the Occupancy of the Period Described*, Boston, New York, Houghton Mifflin Company, 1916, pp. 82—83.

② Henry F. May. *Protestant Churches and Industrial America*, New York, Evanston and London: Harper & Row Publishers, 1967, p. 265.

生为受众的。他们属于世俗社会、活动于世俗社会,也就只能在世俗事务中实现其人生价值。因此,当社会形势转变,公众不再虔诚礼神的时候,要改变的就只能是这些"神的使者们"自己。对于公众而言,他们宁愿为那些能够给他们一些实实在在的物质帮助的人叫好,却无暇去关心那些虚玄的人生哲理和彼岸天堂;在现实生活处境尚待改善的情况下,他们并不理会灵魂能否得到升华。要理解这一道理,对于接受过西方现代高等教育的美国新生代福音派教士们而言当然并非难事。于是,他们便将教会关注的重点从个人灵魂的拯救转向了大众生活困境的改善,将他们所传布的福音从传统上的"来世福音"变成了新时代的"社会福音"。他们通过在神学上的破旧立新为教会自身找到了出路,也同时推动了社会的改革与进步。"作为城市和工业社会的美国基督教改革者,社会福音派在美国历史上享有崇高的地位,当时和其后的众多美国人都从他们所树立的榜样中汲取了勇气和力量。"[①]

---

① Susan A. Curtis 语,见 Susan A. Curtis. *Consuming Faith*, Baltimore: Johns Hopkins University Press, 1991, p. 6.

第 五 章

寻求正义:知识女性解放
自我和服务社会

19、20世纪之交，在美国由农业社会向工业社会转型的过程中，一些知识女性勇敢地挑战了传统的道德观念，她们不仅为争取妇女的权益、地位而斗争，而且还关心国家大事，为革除社会弊病、保护弱势群体、实现社会民主而努力。她们崛起为一代人格独立并富于社会责任感的新女性，其解放妇女、改革社会的作为成为当时美国进步主义运动的一个重要组成部分。她们的崛起标志着美国妇女史上"一个真正新时代的来临"。①

第一节　从"真女性"到"新女性"的转变

接受了美国现代高等教育的中产阶级妇女既性格独立又不乏

---

① Page Smith. *Daughters of the Promised Land*，Boston：Little，Brown，1970，p. 281.

见地、敢于作为、关心世事,这些"新女性"① 的脱颖而出,与自19世纪初以来维多利亚价值观所提倡的典雅端庄、庸弱柔顺、纯洁自律的"真女性"形象形成了鲜明的对照。②

一　美国内战前的维多利亚式"真女性"

在美国内战前,并非没有有文化的女性,但她们无论在人数上还是在觉悟上都无法与内战后出现的"新女性"同日而语。她们中能像哈丽特·马蒂诺、弗朗西斯·赖特、玛丽·沃尔斯蒂欧等人③那样,敢于针砭时弊、对奴隶和妇女所受到的不公正待遇提出质疑的只占极少数,当时绝大多数妇女在思想和行为上都自觉接受着维多利亚道德观念的规范。就整体而言,19世纪中前期,受过教育的美国白人中产阶级妇女是一个循规蹈矩的阶层。这一时期,人们普遍对有知识的女性持有成见,在多数男性看来,"女人是感性的而非理性的,事实上,她不太聪明"。④ 当时的医学专家和心理学家们认为,女人的脑容量小于男子,让她们

---

①　"新女性"(new woman)是指19世纪末20世纪初美国城市中出现的一类特殊的女性。她们最早出现于19世纪七八十年代,大多来自白人中产阶级家庭,且有机会接受高等教育。在大学里,她们对传统陈腐观念提出挑战,用自己的智慧来证明女性的智力并不比男性低。毕业后,她们顶着社会习俗的压力,努力追求自身的事业与发展,当事业与婚姻难保两全时,她们倾向于晚婚少育甚至终身不婚不育,她们意欲走出传统贤妻良母角色去担当更多的社会使命,试图通过丰富广泛的社会活动去实现更大的人生价值。当这样的女性形成一个群体后,她们与众不同的个性便逐渐显现出来,被社会称为"新女性",这一群体正是本文选定的研究对象。

②　"真女性"(true woman)的概念提出于19世纪上半叶,主要针对白人中产阶级妇女而言,其核心内容为虔诚、纯洁、顺从、持家"四德",是当时美国社会用以评判妇女行为是否规范的标尺,代表着当时美国文化的主流思想。

③　这三人都是坚定的废奴主义者。

④　Barbara Sinclair Deckard. *The Women's Movement*, *Political*, *Socioeconomic*, *and Psychological Issues*, New York: Harper & Row, Publishers, 1983, p. 3.

接受高等教育不仅会使其丧失女性的特征,而且还会损害其身心健康。那时的美国妇女大多被剥夺了受教育的权利,中产阶级家庭虽然送女儿去上学或为其聘请家教,但主要是出于培养其女性美德的考虑。除艺术类和语言类课程外,教师重点为女学生们讲授家政知识,向她们灌输所谓优秀女性应当具有的妇德与母德,从不涉及自然科学与社会科学知识。在当时,女子教育并非为使受教育者学有所成,而不过是为家庭培养温良的主妇。教师往往会教导女孩子应表现温和、自律和纯洁,这样才能找到丈夫并取悦于他。19世纪40年代前后,美国虽出现了奥伯林学院等个别招收女生的大学,但所设课程仍未摆脱所谓"淑女课程"(Ladies Course)的范围——如绘画、音乐、文学、法语等。招收女生的目的还是为男性服务,具体地说,"是为了改进对男性的教育——提高校园生活的氛围以及防止那种常使单纯男校堕落的世俗习气的增长"。① 这样的教育环境把19世纪中前期众多中产阶级出身的美国白人妇女塑造成了一个个贤妻良母,却培养不出多少有个性和独立意识、有社会责任感和创新精神的女性知识分子。

考量一下该时期美国的几位著名女报人和女作家,便会发现她们无一不是维多利亚式"真女性"观念笃实的崇拜者和倡导者。

萨拉·黑尔是《女士杂志》(*Ladies Magazine*)的著名女编辑,而《女士杂志》则是在当时的白人中产阶级妇女中颇具影响力、颇受欢迎的妇女专刊。萨拉·黑尔之所以供职于它全系丈夫病逝后的无奈之举。为抚养幼子,她不得不以撰文为生,然而艰

---

① Nancy Woloch. *Women and the American Experience* (Second Edition), New York: McGraw-Hill, 1994, p. 276.

难的媚居生活并未丝毫动摇她对"真女性"的崇拜，她认为"一个有见识的优雅淑女只有在情况紧急、责任要求其不得不牺牲掉她的娇弱时才会走到公众面前"。她感觉自己即属于这种情况。萨拉言行一致，在她任《女士杂志》编辑的近十年里，撰写了大量文章，兢兢业业地为其中产阶级姐妹们诠释着妇女的角色，"定义着妇女领域的范围"。她告诉她们，"妇女的责任是私下的、家务上的、人际的"，她劝告她们要"为她们自己保持住一个更高尚的领域，一个更纯洁、更优秀、更非物质的境界"。她认为赚钱的事该归男人去做，而女人和孩子则应"尽可能远离之、尽量不要接触"。显然，在她的眼里，女人的领域并非是一个简单的地点或者职业，而是一套价值体系，而这些价值则能反映出妇女的特质。"在一期接一期的刊物上，萨拉·黑尔在'P'的笔名下耕耘着，不失时机地定义着、赞美着这些妇女的特质。"[①]

其他一些著名女作家也都同萨拉·黑尔一样，表达着她们对"真女性"标准的忠贞不贰。海伦·欧文曾告诫从事文学活动的妇女必须与其他任何妇女遵循同样的标准，因为"把她的家建成一个供其所爱的人休息、享乐和得到抚慰的爱巢将是每一位真女性心里的第一愿望"。安娜·施蒂芬斯夫人也告诫这些妇女不能因为写作而牺牲掉任何一项家务责任。"至于才智，就让它作一株家里的植物吧。让它的根深扎进你的房里。"格雷斯·格林伍德、萨拉·简·克拉克认为"真正的女性才智"，"从来都是羞怯的、无主见的和依赖性很重的，永远都很幼稚"，她建议从事文学活动的妇女"在企望摘到星星的时候别踩了花"。安娜·弗拉克斯曼夫人自己原本有望成为一个有前途的艺术家，但她却"奉

---

　　① Nancy Woloch. *Women and the American Experience* (Second Edition)，New York：McGraw-Hill，1994，pp. 99，102.

献了她自己去支持丈夫的才能，辅助他进行他那艰辛的事业"，她为此而被人颂扬。卡洛林·吉尔曼对新婚妻子们的劝导更加令人感喟，她提醒新娘们："当你的意愿和他的意愿发生冲突的第一时刻就一定要注意，上帝和社会把统治权给了他。哪怕你不同意他的意见也要尊重他的意愿。"吉尔曼还在其《一位南方主妇的回忆》（*Recollections of a Southern Matron*）一文中塑造了一个"完美的妻子"形象："不顺耳的回话要咽回去，有错误要承认，要温柔顺从而不能为自己辩解（不管对错）。"她视此三点为妇女侍夫之要诀，用她自己的话说就是"编织家庭幸福的三条金线"。林迪亚·西格尼想到的是妇女的另一项责任：做女红。她指出："针线活……始终是妇女合适的职业。"凯瑟琳·塞奇维克则更加直截了当地告诉她的读者姐妹们："上帝安排了婚姻。他创造你是为了婚姻。婚姻是你生活最重要的部分。"[①] 如果信笔写下去的话，这类忠实于"真女性"观念的文化女性的名单还可以列得更长。总之，通过她们的笔触，19 世纪中前期的妇女杂志和其他出版物都被打造成了一块块宣扬维多利亚女性观念的坚实阵地。

这些文化妇女时常会在刊物或书籍文章中写上一些故事来教化读者。布鲁莫服（Bloomer）刚出现时，《女士花冠》杂志（the Ladies Wreath）就立即刊出一个小故事来警示妇女们这种服装的危险性："一位年轻的淑女"非常喜爱这种使女性行动便

---

① Barbara Welter, " The Cult of True Womanhood, 1820－1860", 载 Esther Katz and Anita Rapone. *Women's Experience in America : an Historical Anthology*, New Jersey: Transantion Books, 1980, pp. 204－205; Alexander Keyssar, "Widowhood in Eighteenth-Century Massachusetts: a Problem in the History of the Family", 载 Esther Katz and Anita Rapone. *Women's Experience in America : an Historical Anthology*, New Jersey: Transantion Books, 1980, p. 57.

利的衣服，但当她被告知该服装"不过是目前正在我们的土地上疯狂蔓延的社会主义与农业激进主义野蛮幽灵的众多表现之一"时，"这位年轻的淑女"幡然醒悟，"立即打消念头：'如果这种衣服与弗洛伊德主义或社会主义或无论何种类型的狂热主义有任何关联的话，那我就一点也不想穿它……不管是多么无心的，都没有哪位真女性会牺牲掉她的优雅去支持这么一个事业'"。[①]女报有时也刊登一些不守妇德者的悲惨结局之类的反面例子。其目的都是要使妇女们明白：循规蹈矩将为人颂扬，越过雷池则万劫不复，为人所不齿。

或许可以认为这些女编辑和女作者是出于为刊物的生存和作品的市场着想，她们不得不与时代文化的主旋律保持一致。但是，她们的那些女性读者则并无这一层顾虑，事实表明，这些读者总是跟她们喜爱的女作家们亦步亦趋。她们阅读女性文章、参与女性话题讨论的热情之高，使人没有理由认为她们也是言不由衷的，这一点从《女性花冠》举办的一次有奖征文活动中便可得到证实。《女性花冠》曾就"一个美国妇女可如何最好地表达其爱国主义"开展征文，结果拔得头筹者为一位伊丽莎白·威瑟莱尔小姐。她在文章中设计了一个某位丈夫谆谆教诲爱妻的小故事。这位丈夫最终得出结论："一个美国妇女表达其爱国主义的最佳方式就是待在家里……她待在家里有《圣经》相伴，心态平和，把儿子培养成优秀的美国人。"评委们"对他的结论感到欣喜异常，于是欣然兑付了奖酬"。另外，一位哈林顿牧师在女读者中做过的一次访问，也反映出了当时这些受过教育的妇女的观念。当她们被问及是否会像哈丽特·马蒂诺、弗朗西斯·赖特、

---

① Esther Katz and Anita Rapone. *Women's Experience in America: an Historical Anthology*, New Jersey: Transantion Books, 1980, p. 198.

玛丽·沃尔斯蒂欧等激进妇女一样,"想要一个更大的权利范围"时,"她们异口同声地回答:'不!''让男人们去管政治吧,我们来管孩子'"。① 曾经有一个妇女俱乐部以"男人是上帝的树,女人是他的花"为座右铭,这足见她们对这种"丈夫作决定,女人做帮手"的两性角色模式的赞同。这些在当时文化水平较高的妇女并未感到她们自己的地位有何不妥,"找不到证据表明妻子们对此有异议"。② 可见,美国内战前,即使在受过教育的美国妇女中,对性别歧视问题大多也并不觉悟。

二 美国内战后"新女性"群体的诞生

美国内战后,社会环境的巨大改变,特别是女子高等教育的发展,为美国社会造就了一个新兴的女性知识分子阶层,也为内战后半个世纪里这一阶层的广泛崛起进行了人数上和思想上的准备。美国内战后,经济获得了空前迅猛的发展,工业化和城市化引发了社会全面而深远的变革,女子高等教育的兴起便是诸多变革之一。首先,经济的发展带来了美国白人中产阶级家庭收入的提高,从而使这些家庭有更大的经济能力去承担子女的教育费用。其次,工业化带来了日用消费品的批量生产及其市场价格的不断下降。中等收入家庭的主妇们可以方便地购买到现成的食品、服装及其他生活用品。科技的发展与应用也使这部分人的居住条件得到明显的改善,这一时期的美国中

---

① Barbara Welter, "The Cult of True Womanhood 1820—1860", 载 Esther Katz and Anita Rapone. *Women's Experience in America: an Historical Anthology*, New Jersey: Transantion Books, 1980, pp. 198, 209, 210.

② William H. Chafe. *The Paradox of Change: American Women in the 20th Century*, New York: Oxford University Press, 1992, p. 107.

产阶级住宅区普遍都使用上了自来水和污水处理系统。所有这些变化都大大降低了家务劳动的强度，减少了妇女花在家务上的时间，从而使中产阶级家庭的妻女们有了更多的闲暇时间可用于个人的发展与提高。再次，美国内战在客观上给白人中产阶级家庭妇女们的生活带来了转机。绵延四年的战火耗费了大量的人力和物力，妇女们不得不代替前线的父兄承担起了日常生产、军需供应、舆论宣传、伤员救治等大量工作。这在使她们的工作和活动能力得到锻炼的同时也使之受到了思想上的启发，催生了她们走出家门的冲动和强烈的求知欲望。19世纪中前期，轰轰烈烈的废奴运动原本就已经为妇女参与社会事务提供了最初的舞台，并在其心理造成了强烈的震撼。内战的爆发进一步冲击了传统的女性角色观念，奴隶制的被瓦解也进一步激发了妇女追求解放的热情，这期间，一些女性开始执著地寻求同男子一样接受高等教育的机会，M.C.托马斯就是其中之一。她在高等院校不向女子开放的年代里，历经周折才得以进入康奈尔大学，后又到苏黎世学院继续深造，直至取得博士学位。1894年，她成为布赖恩·莫尔女子学院的院长，为更多的像她一样向往大学生活的妇女打开了一道方便之门。伊丽莎白·布莱克威尔、萨拉·莫里森、玛丽·普特曼、阿拉贝拉·曼斯菲尔德等当时著名的妇女活动家也都曾为圆自己的大学梦进行过不懈的努力，她们在同世俗偏见作斗争的过程中表现出了非凡的勇气。

　　客观物质条件的不断成熟和舆论环境的日益宽松，最终为内战后美国女子高等教育带来了突破性的发展。在19世纪60年代到80年代间，一系列女子高校在美国各地相继建立起来，其中著名的有：瓦萨学院（1865年）、韦尔斯利学院（1870年）、史密斯学院（1871年）、布赖恩·莫尔学院

（1885 年）等。① 蒙特霍利尤科私立女子学院和洛克福德学院两所女校自 1888 年起先后取得大学资格，甚至在传统守旧的美国南部也出现了密西西比大学（1884 年）和霍瑟斐纽柯姆学院（1886 年）这两所接收女生的高校。另外，美国内战期间，美国国会曾经通过了《莫里尔法》，该法案对中西部各州高等院校的发展给予了资金和土地方面的支持，但由于中西部各州劳力紧张、战时男子被充军入伍以及人口比例方面原本就存在的女多男少等情况，致使当地大学男性生源不足。为获取更多的学费收入，各校纷纷取消以往对女子入学的严格限制规定，或为女生开设附属院校，这些措施在客观上增大了妇女进入大学的机会。从19 世纪 60 年代到 70 年代，男女合校制在美国中西部大学中得到迅速推广，1867 年实行这一方案的学院和大学共有 22 所，到1900 年这一数字几乎翻了 5 番。② 伯纳德学院和拉德克里夫学院则先后于 1889 年和 1894 年作为哥伦比亚大学和哈佛大学的分校开始招收女大学生。总之，在美国内战结束后的 20 年里，美国共有 170 余所大学开始招收女生。③ 截至 1900 年，全美 80％的学院、大学和专业技术学校都已向女生开放。这一年，有 5000多位女性从这些高等学府中获得了学士学位，而这一数字此后一直在逐年递增，④ 到 1910 年时，女大学生数已经达到全美在校

---

① Robyn Muncy. *Creating a Female Dominion in American Reform 1890 – 1935*，New York：Oxford University Press，1991，p. 4.

② Nancy Woloch. *Women and the American Experience* (Second Edition)，New York：McGraw-Hill，1994，p. 277.

③ A Paper Read on Oct. 25，1884 by Mrs Kate Morris Cone，Association of Collegiate Alumne，"The Gifts of Women to Educational Institutions"，载 Anne-Marie Ford. *American Feminism*，*Key Source Documents 1848 – 1920*，vol. Ⅱ，*Work and Education*，London and New York：Routledge，2003，p. 29.

④ Anne Firor Scott and Andrew Mackay Scott. *One Half the People*，*the Fight for Suffrage*，Chicago：University of Illinois Press，1982，p. 28.

大学生总数的 40%。尽管"一些教育家坚持认为女子学院应是培养女性气质和对家庭的挚爱的地方,但恰恰相反的是,这些学院中有不少都变成了女权主义者及有独立意识的事业女性汇聚的港湾"。① 随着这些女大学生毕业后陆续走出校园,便逐渐在社会上形成了一个新的知识女性阶层,相对于传统的"真女性",人们称之为"新女性"或"女学士"。到 1910 年,这一阶层人数达到了 8000 人以上。②

美国内战后经济环境的改变、自然科学与社会科学的发展、女子高等院校的蓬勃兴起以及对妇女教育内容的革新等都成为了催生"新女性"的催化剂。达尔文的进化论打破了曾被几代美国人笃信不疑的上帝造人的神话,夏娃出自亚当的肋骨及其诱使亚当偷食禁果而获原罪之说,在这一新理论面前都不过成了一个个宗教故事。达尔文的理论使一些有文化的妇女觉悟到,女人并非男人的附属物,也不是天生有罪。另外,医学和解剖学的发展也打破了女人脑容量小的传说,连带使"身体结构决定了她(女人)的命运"的说法显得语出无据。在这样的形势下,传统的那些所谓"淑女课程"在新兴的女子大学中都逐渐让位给了自然科学和社会科学科目。瓦萨、布赖恩·莫尔等当时的著名女校都坚持为女大学生们开设同男生一样的课程,数学、物理、化学、医学、体育、哲学、社会学、历史等都被写进了它们的课程安排计划之中。女子教育上的这些变化不仅使女大学生们学到了知识,而且开阔了眼界、增长了见识、萌发了理想、树立了新的价值观和人生观,对女性自身也有了更加科学的认识,从而产生了走向

---

① Beth Millstein Kava and Jeanne Bodin. *We, the American Women: a Documentary History* (Revised Edition), Chicago: Science Research Association, 1983, p. 147.

② Ibid., p. 147.

社会的冲动和实现自我的渴望。当他们走出校门之后便毅然告别了从其祖母辈到母辈的一成不变的生活方式，开始寻求"更高层次的生活"和生命的更大价值。至此，一种有知识、有追求、敢独立、敢作为的"新女性"在美国历史上"大转折的年代"里诞生了。"尽管她们在全国成年女性中所占的比例还很小，但是作为领袖人物，这一由大学毕业生们组成的小群体却在社会变革中起到了较之绝对人数更大的作用"。[①] 无可否认，对于女性概念的这一转变和新的女性概念的推广，"这些'学院和大学发挥了首要的……影响力'"。[②]

第二节　自我解放的历程

这一时期美国知识女性的崛起具体体现于其挑战传统的两性地位观念、追求健康开放的生活新方式等多个方面，并最终以走向职业化、组织化，积极参与社会公共生活和争取妇女权利为终极标志。不过，她们崛起的第一步是从自家的庭院内开始的。

一　起源于家庭的"地位革命"

1848 年在赛尼卡福斯妇女大会期间，罗彻斯特的一位激进妇女艾比盖尔·布什曾经激愤地向众人指出："在这里，我们是

---

① Anne Firor Scott and Andrew Mackay Scott. *One Half the People*, *the Fight for Suffrage*, Chicago: University of Illinois Press, 1982, p. 28.

② Sheila M. Rothman. *Woman's Proper Place: a History of Changing Ideals and Practices 1870 to the Present*, New York: Basic books, 1978, introduction p. 6.

作为一个被压迫的阶级站在你们面前的,我们体若筛糠,声音颤抖。"① 这番话生动地反映了当时美国妇女的地位和境况。19 世纪的美国中产阶级文化虽然强调女性的道德优势,但在现实的两性世界中却视女性为男子的附庸,毫无政治、经济、法律权力的女人们不过是其丈夫的动产,不经丈夫同意,她们无权签约、无权支配财产、无权作子女的监护人、甚至无权保留自己的姓氏。至于女性的才智也只能用于营造供家人"休息、享乐的爱巢",因为"按照上帝的指定,男人是女人的主宰"。② 为此有人认为19 世纪的大多数美国婚姻都是一个个的小灾难。③

不过在美国内战后的半个世纪里,这种"小灾难"却日渐消解,到 20 世纪初,"服从"一词已从民间的结婚誓词中消失了,新娘已不再被要求要服从于她们的丈夫,"伴侣关系"成为婚姻中的新标准。④ 这一进步现象的出现与知识女性争取男女平等、维护妇女权益的努力以及她们自身的榜样作用是分不开的。

美国内战后,女子高等教育随着整个社会经济的飞速前进而得到了进一步的发展,有机会进入大学的中产阶级白人妇女日渐增多,从 1890 年至 1918 年间,美国女大学生人数增长 2000%,绝对人数达 8000 人以上,⑤ 大学生活使得这些人增长了知识、

---

① Ellen Carol Dubois, " Women's Rights Before the Civil War",载 Jean E. Friedman, William G. Shade, Mary Jane Capozzoli. *Our American Sisters*, Lexington, Massachusetts, Toronto: D. C. Heath and Company, 1987, p. 233.

② Nancy F. Cott. *History of Women in the United States*, Munich: K. G. Saur, 1992, pp. 63, 56.

③ Page Smith. *Daughters of the Promised Land*, Boston: Little Brown, 1970, p. 131.

④ Lois W. Banner. *Women in Modern America* (Second Edition), San Diego: Harcourt Brace Jovanovich, 1984, p. 53.

⑤ William H. Chafe. *The Paradox of Change: American Women in the 20ᵗʰ Century*, New York: Oxford University Press, 1992, p. 99.

开阔了眼界、萌发了较强的主体意识和自主精神，从而影响到她们对婚姻和家庭的看法，一方面，她们已不再把婚嫁理解为女人生活的唯一中心内容；另一方面，她们开始追求女性在家庭生活中的平等与独立。

对于当时的大多数美国妇女而言，结婚仍是她们成年后的唯一归宿。在这种社会背景下，女大学毕业生们显得格外与众不同，她们中有半数以上的人选择了单身职业女性的生活方式。在获博士学位的女性中，做如此选择者更高达女博士总人数的75％。当时的著名社会工作者和改革者简·亚当斯、苏珊·安东尼、莉莲·沃德（Lillian Wald）等人均终身未嫁，她们不愿过依附于人的生活，希望通过事业去实现自身的人格独立与社会价值。然而当时的社会观念把家庭的权力和地位全都给了丈夫，却又把家庭领域的大量基本工作统统分配给了妻子，20世纪初，一位女医生曾无奈地感叹："一个女人很难既履行妻母之职又同时使她自己投入到一种身心均需努力的生活中，比如像内外科医生那样的生活。"① 当女大学生们感到家庭与事业难以兼得时，有人便选择了后者，这些"学士少女"（Bachelor Girls）② 因其才干和魄力而成为当时美国各城市中备受关注的一个群体。

女大学毕业生中那些选择婚姻生活者，也大多晚婚晚育，且生育子女数较未受教育女性要少。她们不想被动地成为丈夫的性欲工具和生育工具，而是追求平等的两性关系以及和谐幸福的家庭生活。她们重视婚姻的质量，强调婚姻中的"精神结合"，③

---

① William H. Chafe. *The Paradox of Change：American Women in the 20ᵗʰ Century*，New York：Oxford University Press，1992，pp. 111，109.

② Lois W. Banner. *Women in Modern America*（Second Edition），San Diego：Harcourt Brace Jovanovich，1984，p. 53.

③ Ibid.，p. 121.

认为夫妇间既应志趣相投,又要为各自留下自由的发展空间。

这些知识女性对婚姻的理解和要求超过了旧标准允许的范畴。布赖恩·莫尔学院的女校长凯里·托马斯认为:女大学毕业生们应"在地位平等以及分担角色的基础上而非按照传统的责任分工去建立婚姻"。她敦促女大学生们去仿效其兄长,不要因结婚和做母亲而放弃自我。① 俱乐部妇女们也不断呼吁:"男人应分担家庭责任而不是全把它们留给妻子。"② 激进的女权主义者、"自由恋爱"观念的倡导人埃玛·戈尔德曼和克里斯托·伊斯曼等人,都坚决反对视女人为单纯的性爱工具和认为女人婚后理应服侍丈夫、受丈夫控制的传统观念。前者号召妇女要"以一个自由女人的身份去爱男人",③ 后者则身体力行,经过两次婚姻后才最终如愿以偿地找到了一位"能分享其工作、观点和社会贡献"的丈夫。④ 此外,还有一些知识女性也为传播进步的婚姻家庭观念、建立新型的夫妻关系发挥了表率作用。著名女权运动领袖嘉利·卡特婚前即与未婚夫订约,要确保她婚后仍享有每年3个月的自由时间以履行全国妇女选举权协会会长之职。思想激进的妇女领袖玛格利特·桑格为使妇女摆脱做生育机器的厄运,甘冒天下之大不韪,在世人的指责声中努力推进"节制生育运动"。老一代女权主义者哈丽特·比彻在经历了一段结婚带来的"痛

---

① Mary P. Ryan. *Womanhood in America*: *from Colonical Times to the Present*, New York: New Viewpoints, 1975, p. 232.

② Karen J. Blair. *The Club Woman as Feminist*, New York: Holmes and Meier, 1980, p. 107.

③ Blanche Wiesen Cook, "Female Support Networks and Political Activism", 载 Linda K. Kerber and Jane De Hart Mathews. *Women's America*, *Refocusing the Past*, New York: Oxford University Press, 1982, p. 287.

④ Lois W. Banner. *Women in Modern America* (Second Edition), San Diego: Harcourt Brace Jovanovich, 1984, p. 277.

苦、混乱、焦虑、失望和忍受"的生活后，最终改造了她的丈夫，"如果说她作为一个受过宠爱的女儿和受过暴虐的妻子，其情况在上个世纪（19 世纪）的美国中产阶级女性中是典型的，那么她用以将其丈夫的态度改造得更明事理和更顺从的策略也同样是典型的"。[①] 正如美国历史学家凯伦·布莱尔（Karen J Blair）所描述的，这些知识女性想要的是一个这样的男人："他除了分担家庭生计责任外，还应尽可能地像母亲那样把家建成一个可爱的生活场所，应时刻关注孩子的教育……"[②] 当然不是所有的知识女性都能找到这样的男人，桑格、伊斯曼及禁酒运动的领袖弗朗西斯·吉尔曼、社会服务处运动的早期积极分子弗洛伦斯·凯利等人都曾有过不如意的婚姻，与众不同的是，她们没有逆来顺受、隐忍退让，而是敢于在离婚问题上采取主动。凯利明确表示，她决不让婚姻减慢其社会活动的步伐，她为此毅然离开了丈夫，并争取到了自己的姓名权和对子女的监护权。[③] 伊斯曼再婚时有言在先，"她不要被婚姻所禁锢和窒息，而要使之适应她的工作和情感需要"。[④] 桑格、吉尔曼等人也都敢于通过再婚来建立理想的两性关系。一些社会服务处和妇女俱乐部的知识女性还通过设立法律代理机构帮助遭遇不幸婚姻的妇女们离婚。如果说节制生育使这些新女性增强了支配自己身体的能力，那么，可以说离婚使得她们能够在更大程度上支配自己的生活，使之由

　　① Page Smith. *Daughters of the Promised Land*, Boston: Little Brown, 1970, p. 138.

　　② Karen J. Blair. *The Club Woman as Feminist*, New York: Holmes and Meier, 1980, p. 107.

　　③ Mary P. Ryan. *Womanhood in America: from Colonical Times to the Present*, New York: New Viewpoints, 1975, p. 237.

　　④ Linda K. Kerber and Jane De Hart Mathews. *Women's America*, *Refocusing the Past*, New York: Oxford University Press, 1982, p. 287.

此而获得了"一种新自由"。① 由此看来，当年的一位美国女医生说的没错：给一个现代女性当丈夫并非易事，因为她跟他的母亲完全不是一种人。②

不仅如此，不少知识女性还通过发表文章与专著来宣传其进步主张，女学者哈略特·布赖奇曾发表"自愿的母亲"一文，主张给予妇女自主选择是否愿意做母亲的权利，因为一个女人如果不能拥有和支配自己的身体，那她就不是自由的。女权主义领袖夏洛特·吉尔曼对婚姻家庭关系问题的见地则更加大胆，她以《妇女与经济》（1898 年）、《家庭》（1903 年）、《人为的世界，或我们的男性中心的文化》（1911 年）等多部著作抨击"男人是家庭的首脑"、"女人是男人的私有财产"、"女人是取悦男人的工具"、"女人应当为男人服务"等当时盛行的家庭观念，指出这种让女性完全依附于男性、靠取悦后者而获得经济收益的婚姻在实质上无异于是卖淫的一种形式。她继而提出了家务劳动及育儿职业化的变革思想，呼吁妇女要从24 小时的无偿家务劳作中解脱出来，甚至还为社会勾画了一幅女人说了算的母权制乌托邦蓝图。从 19 世纪的后 30 年到 20 世纪的最初 20 年间，美国白人中产阶级妇女的生育率不断下降，离婚率却持续上升。这种现象的出现不能不说与知识女性传播进步的家庭观念的努力有着相当的联系。可以说，从追求女性的人格独立和两性的家庭地位平等开始，19、20 世纪之交的美国知识女性迈出了其崛起的第一步。

---

① Page Smith. *Daughters of the Promised Land*, Boston：Little Brown，1970，p. 233.

② Lois W. Banner. *Women in Modern America*（Second Edition），San Diego：Harcourt Brace Jovanovich，1984，p. 57.

二　对健康、开放的新生活方式的追求

在该时期，知识女性们对传统两性地位观念的挑战并未止于追求平等、和谐的婚姻关系，她们继而勇敢地破除了维多利亚式"真女性"范型的束缚，开始追求健康、开放的生活新方式。在维多利亚式"真女性"观念的倡导下，19世纪美国白人中产阶级家庭的妻子们"过着封闭而不健康的生活"，"三D"（服装Dress、疾病Disease和居家Domestics）占据了他们全部的时间，[①] 头晕、背痛、贫血、乏力、痛经、癔病、神经质差不多成了她们的通病，弱不禁风简直就是所谓"真女性"的代名词。19世纪50年代，凯瑟琳·比彻（Catharine Beecher）曾经对全美国妇女的健康状况进行了调查，结果发现，不健康的妇女与健康妇女的人数之比为3∶1。[②] 虽然原因是多方面的，但对于那些无须为生计劳碌的中产阶级妇女们而言，不良的生活方式和封闭的生活范围当算祸首。当时的父权制社会为妇女设定了礼貌、贞节、谨慎、节制的完美范型标准，生活在此标准下的美国白人中产阶级家庭的妻子们无异于是"男人的奴隶"，[③] 表面看来，她们服饰考究、举止优雅、气质高贵，而实际上，在她们光鲜气派的外表内，通常都掩盖着遭受摧残的身心。"如果在妇女受到的不健康身体束缚——她们的起居、束腹内衣、紧身裙装、夹脚的

---

①　Lois W. Banner. *Women in Modern America* (Second Edition)，San Diego：Harcourt Brace Jovanovich，1984，p. 54.

②　Nancy Woloch. *Women and the American Experience* (Second Edition)，New York：McGraw-Hill，1994，p. 124.

③　Aileen S. Kraditior. *Up from the Pedestal*，Chicago：Quadrangle Books，1968，p. 141.

鞋子以及锻炼不足之外,我们再考虑进她们所受到的思想制约和
性压抑,便足以理解她们那几乎是经常性的糟糕的健康状况。"①

雍容华贵的维多利亚女装本身就是摧残女性身心的一种刑
具。当时的男人们认为女子只有具备了宽肩细腰的沙漏型身材才
具美感,为将腰围收小到 18 英寸以内,妇女们不得不穿起了用
鱼骨、钢和布一起缝制成的束身内衣。这种所谓的内衣可将女性
的前胸托起、腹部回收、臀部突出,如此制造出的身体曲线虽然
可以取悦男性,却会使女性衍生出许多疾病,例如食欲不振、消
化不良、手脚冰冷、呼吸困难等,更会给生育带来极大的危险。
"箍紧的束腹内衣是许多女子所过的受限制的生活的一个象
征。"② 妇女在装束上受到的限制还不止于一件束腹内衣,她们
还要挑起重达十余磅、宽达十余码的拖地长裙。此外,家庭和社
会还一直在教导她们"女人的领域在家里",足不出户的生活不
仅使女性因缺乏身体锻炼而变得弱不禁风,也使她们感到精神空
虚、心情压抑。女权主义者艾丽斯·詹姆斯和吉尔曼都曾饱尝精
神疾病的折磨,百药罔效,直到走向社会才摆脱了病疴的纠缠。

19 世纪 40 年代末期,虽然也曾经有少数有觉悟的妇女试图
为减轻自身负担,改良出一种比较轻便并且适于家务劳动的短装
"布鲁莫服",但是由于女性中敢于追随者甚寡,而男性又对此嘘
声一片,这种服装在昙花一现之后便销声匿迹了。

直到美国内战后,女装改革及妇女户外运动才在受过高等教
育的"新女性"们的推动下变为现实。美国内战后,伊丽莎白·

---

①　Page Smith. *Daughters of the Promised Land*,Boston:Little Brown,1970,
p. 133.

②　Beth Millstein Kava and Jeanne Bodin. *We,the American Women:a Docu-
mentary History*(Revised Edition),Chicago:Science Research Association,1983,
p. 72.

布莱维尔、玛丽·尼科尔斯等医学院的女毕业生开始从解剖学的角度、利用医学知识对旧式服装给妇女身体所造成的危害予以阐释,指出沉重的服饰造成了妇女胃肠的不适、生育时的痛苦甚至死亡以及婴儿的不健康。其他各界知识女性和妇女社会活动家也都纷纷声讨旧式女装及生活方式对妇女身心的残害,提倡女服改革和妇女户外健身运动。时装界的埃伦·德莫里斯特等人专门成立了"自由着装委员会"。塞罗西斯(Sorosis)妇女俱乐部则敦促医生们对妇女健康问题予以重视,并致信《女士杂志》,要求用妇女学的知识去指导女帽商、女服制造商、理发师及制鞋商们去设计无损妇女健康而又舒适、优美的产品。新英格兰妇女俱乐部也组织起"服装改革委员会",呼吁"必须打破旧习",积极联络全美各界妇女,批判旧装的弊端,倡导妇女穿着健康、漂亮、实用、简单的服饰。该委员会主席埃伯·沃尔森警告世人,妇女在体力上弱于男子原因就在于年轻时缺乏锻炼并过着足不出户的生活。[①]

与此同时,这些有觉悟的女性开始积极倡导和带头参与户外健身运动。1889年女记者伊丽莎白·西门独自用72天环游世界,引起了轰动;1896年为向广大妇女姐妹们普及骑单车运动,另一位女新闻人玛莉娅·沃德专门著述了《女性自行车运动》一书,详细讲解上、下车及骑行的动作和技巧,女摄影记者艾丽斯·奥斯汀为此书配上了分解动作的照片,妇女基督教禁酒会领袖弗朗西斯·威拉德学车时的照片在当时成了知识女性们倡导健康、开放的新生活的一个有效宣传素材。在美国内战后的半个世纪里,玩槌球游戏、蹬脚踏车、打网球、打高尔夫球、旅游、跳

[①]　Karen J. Blair. *The Club Woman as Feminist*, New York: Holmes and Meier, 1980, p. 36.

交际舞等活动逐渐被女大学生们及职业女性们所青睐。艺术家查尔斯·吉布森为《生活杂志》创作了一个运动型的女性形象：她着装简洁，富于朝气，打网球和高尔夫球，骑脚踏车甚至开汽车。"吉布森女孩"（Gibson Girl）成为"新女性"中的一个典型。

三　走出"女人的领域"的跋涉

女人的位置在家里——这是 19 世纪美国社会主流文化给予妇女的角色定位。自 19 世纪初，随着工厂制的确立和家庭生产功能的消失，在美国中产阶级家庭中形成了男主外、女主内的角色分工，男人出外"挣面包"，女人在家相夫教子，因而出现了所谓的"女人的领域"、"女人的合适位置"等概念，女人不啻为男人们"留在家里的人质"。[①] 然而，到了 19 世纪 60 年代，正当美国社会对这些概念的推崇发展到了登峰造极的程度之时，却有有见识的女性勇敢地走出了"女人的领域"，参与到了社会的公共生活之中。

男女角色分工走向极化，使妇女成了"社会的白痴"[②] 并只能过着足不出户的生活。有身份的女性外出需在父兄或已婚年长女性的陪同之下才行，敢于越过雷池者即刻便会招致中伤。1829年，改革者弗朗西斯·赖特（Frances Wright）曾当众发表演说，这一"越礼"之举为她换来了"一个无耻的、大不敬的女

---

① 　Barbara Welter，"The Cult of True Womanhood 1820－1860"，载 Esther Katz and Anita Rapone. *Women's Experience in America：an Historical Anthology*，New Jersey：Transantion Books，1980，p. 193.

② 　Mary P. Ryan. *Womanhood in America：from Colonical Times to the Present*，New York：New Viewpoints，1975，p. 239.

人"的咒骂,^① 玛丽·沃尔斯顿克拉夫特 (Mary Wollstone-craft)、哈丽特·马蒂诺 (Harriet Martineau) 等几名妇女也都曾因类似"不守妇道"的言行而被斥责为"失去了女人味"、"只是半个女人"、"是精神上的阴阳人"。正如史学家巴巴拉·维尔特 (Barbara Welter) 所认识到的:当时任何来自妇女的对更广泛的才智发展空间的要求都会遭到大众媒体和宗教界的猛烈痛击,会被指斥为"搞乱社会、破坏文明"。一位名叫斯德恩斯 (Mr. Stearns) 的牧师曾不无威胁意味地警告妇女们:"社会的美好秩序是否能够一如既往地延续下去,换句话说,社会是否将会分崩离析,变得一片混乱,不堪入目,就在于你们了。"^② 言外之意是,身为女人,就该老老实实地待在家里。如此之深的社会偏见不是轻易能被突破的,妇女们在走出家门的道路上举步维艰,家庭、教会和社会的压力筑起了一道牢固的"性别的樊篱",^③ 埋没了女性的才干。按照当时的社会观念,"一个女人所能从事的最高职业就是迷人的妻子和聪明的母亲"。^④ 直至 19 世纪末期,"受过教育的母亲"(educated mother) 的概念一直很流行,妻母之责是当时女性教育的核心内容。也就是说,"将才智埋没起来去为丈夫工作的妻子"才是"真女性的典范"。^⑤ 因

---

① Nancy Woloch. *Women and the American Experience* (Second Edition), New York: McGraw-Hill, 1994, p. 106.

② Nancy F. Cott. *History of Women in the United States*, Munich: K. G. Saur, 1992, pp. 69—70.

③ Mary P. Ryan. *Womanhood in America: from Colonical Times to the Present*, New York: New Viewpoints, 1975, p. 139.

④ William H. Chafe. *The Paradox of Change: American Women in the 20th Century*, New York: Oxford University Press, 1992, p. 100.

⑤ Barbara Welter, "The Cult of True Womanhood 1820—1860", 载 Esther Katz and Anita Rapone. *Women's Experience in America: an Historical Anthology*, New Jersey: Transantion Books, 1980, p. 200.

此，19 世纪中期以前，学校只为女生开设绘画、刺绣、法语、唱歌、弹琴等使她们能"为男人服务"的课程。萨拉·克拉克（Sara Jane Clarke）曾告诫有文化的妇女："企望摘到星星的时候可别踩了花"，意思是说，不要为了那些高不可及的迷幻之物去牺牲掉为人妻母者的美德。①

然而，到了 19 世纪晚期的时候，还是有些"企望摘到星星"的妇女禁不住开始走出所谓"女人的合适领域"，把事业排在了与家务同等重要甚至更重要的位置上。1900 年，威斯康星州妇女俱乐部同盟主席埃拉·内维尔（Ella Hoes Neville）在其卸任演说中总结道："这样的时代已经到来：此时妇女只做家庭主妇是不够的，她必须使世界本身变成一个更大的家。"② 作为在知识女性中具有相当号召力的一位领袖，她的话应当能代表其追随者们的心声。知识会使人拓宽眼界、萌发理想。美国内战前后，有机会接受高等教育的那部分美国白人中产阶级女性，其自我意识、性别意识和使命感有了极大提高，遂产生了关于持家以外的抱负，随着其自我意识和社会意识的成熟，这些知识女性们开始不甘于做丈夫的笼中鸟，而是把眼光放得更远，到社会上去寻找"更大的生活"，③ 力求将发挥妇女优势的领域延伸到家庭以外，实现从单做家庭主妇到兼做社会管家的角色升级，她们最终崛起为一代事业型、社会型的"新女性"。拉维尼亚·古德维尔（Lavinia Goodwell）的奋斗经历即是其中一例：正当她凭借自身

① Paul Boyer. *The History of American Thought and Culture*，Madison，Wisconsin：the University of Wisconsin Press，2005，p. 57.

② Genevere G. Mcbride. *On Wisconsin Women：Working for Their Rights from Settlement to Suffrage*，Madison，Wisconsin：University of Wisconsin Press，1993，p. 179.

③ Lois W. Banner. *Women in Modern America*（Second Edition），San Diego：Harcourt Brace Jovanovich，1984，p. 253.

的努力与能力好不容易才得以在美国东部新闻界中赢得一席之地时，却不得不中途放弃已见起色的记者生涯，到威斯康星去照料病榻上的丈夫，但了不起的是，她并未就此回到其母辈和祖母辈的生活轨道上，而是积极适应新的环境，从头开辟新的事业，她决心"既做'淑女'也要做律师"并经过4年不懈的努力最终如愿进入了该州法庭，成为全国监狱改革的早期领袖之一。这一事例并非绝无仅有。实际上，当时威斯康星州受过高等教育的新女性普遍对传统上妇女的单一家庭角色提出质疑，她们中"感到她们自己与'女人的领域'的概念格格不入"者不在少数。① 在追求事业的过程中，知识女性表现出了勇敢的开拓精神，除了部分人进入教师、护士等与传统女性角色反差较小、女性比较容易进入的职业外，还有人成功地打入了牧师、医生、律师、法官、政府行政人员等社会地位较高、历来被男子所垄断的职业，更有人自己创造职业，成为专职的社会工作者和社会改革家。

截至19世纪40年代，美国社会允许女性涉足的职业仅有七种，主要是仆役、工厂女工、家庭教师或中小学教师等。然而到了19世纪90年代，在当时存在的369种职业中，尚无女性介入的职业就仅剩下9种了。② 该时期女性就业中呈现出的一个显著特点是：妇女较美国内战前更多地打入了对文化水平要求比较高的神职领域、专业技术领域和政府工作部门。就绝对从业人数来讲，女性虽然仍远不及男性，但与妇女以往从业状况相比较却可谓进步惊人。有数据表明，在当时受过较好教育尤其是受过高等

---

① Genevere G. Mcbride. *On Wisconsin Women: Working for Their Rights from Settlement to Suffrage*, Madison, Wisconsin: University of Wisconsin Press, 1993, p. 60.

② Lois W. Banner. *Women in Modern America* (Second Edition), San Diego: Harcourt Brace Jovanovich, 1984, p. 7.

教育的那部分美国妇女中已经呈现出了一种职业化的趋势。从
1870 年至 1920 年间女大学毕业生的就业率始终在 70％以上，其
中女博士的就业比率达到了 75％；1910 年，全美 400 多家社会
服务处的数千名工作者中有 3/5 是女性，其中 90％以上受过高
等教育。[①] 此时美国一共出现了 150 位女律师、9000 位女医
生。[②] 更不容忽视的是，在 1890 年至 1920 年间，美国职业女性
的增长率高达 226％，是男性增长率的 3 倍，其主体为女教师。
至 1920 年，美国有 5％的医生、1.4％的律师和法官、30％的大
学校长、教师、导师都是女性。不仅如此，美国还有 3 个工资
署、5 个工业委员会和 11 个儿童署的负责人也是女性。弗洛伦
斯·哈里曼（Florence Harriman）曾任美国工业委员会主席，
艾达·塔贝尔（Ida Tarbell）、朱莉娅·莱斯罗普（Julia Lath-
rop）、玛丽·安德森（Mary Anderson）曾经分别领导过美国关
税委员会、美国儿童署和美国妇女署。"这是些美国历史上最来
之不易的工作：为了创造这些署和委员会，妇女们组织起来，进
行宣传和游说，之后她们便做起了领导人。"[③]

第三节　改革社会的活动

19 世纪末期，布赖恩·莫尔女子学院的院长 M. C. 托马斯

①　Mary P. Ryan. *Womanhood in America：from Colonical Times to the Pres-
ent*，New York：New Viewpoints，1975，p. 228.

②　Lois W. Banner. *Women in Modern America*（Second Edition），San Diego：
Harcourt Brace Jovanovich，1984，p. 36.

③　Mary P. Ryan. *Womanhood in America：from Colonical Times to the Pres-
ent*，New York：New Viewpoints，1975，pp. 232—233.

在创业之初就曾说过："大学是培养未来女性的摇篮，其毕业生将在职业上开辟新径，她们将成为社会的改革者。"① 作为一位有见地的知识女性，托马斯是一个很好的预言家。除了走向职业化以外，组织起来变革社会则是该时期美国知识女性崛起中所表现出的更显著的特点。对于这一阶层而言，事业追求并非是简单地谋到一份专业技术工作、成为一个经济上独立的女人，而是为了实现自身的社会价值，同男子一样平等地参与公共事务管理、承担社会使命；是从家庭主妇变为"社会管家"、"城市管家"直至"国家管家"。用俱乐部运动者麦勒西妮娅·皮尔斯（Melusina Peirce）的话说，占人口一半的妇女就理应承当一半的世界责任。② 在这一时期，美国知识女性积极组织和参与过各种进步主义的社会改革和服务活动，在女权运动、禁酒运动和社会服务处运动中表现得尤其出色。

一　知识女性领导下的妇女组织及其社会活动

19世纪80年代，在第一代美国女大学毕业生中就有人已经萌生了为改善妇女状况和推进人道主义事业贡献力量的抱负，她们决心向一个对其能力持怀疑态度的世界证明：受过高等教育的妇女同男人一样有力量、有创造力。

面对社会的歧视和就业机会的不平等，知识女性们创造性地扮演起专职社会工作者和改革者的角色，"她们由此而在家务领域和政治领域之间开辟并占据了一块公共空间"。她们还为此组

---

① Lois W. Banner. *Women in Modern America*（Second Edition），San Diego：Harcourt Brace Jovanovich，1984，p. 39.

② Karen J. Blair. *The Club Woman as Feminist*，New York：Holmes and Meier，1980，p. 42.

织了各种团体，将女性在家庭中充当的角色延伸到了家以外的地方。妇女基督教禁酒同盟（1873 年）、美国大学妇女协会（1881年）、全国妇女俱乐部总联盟（1890 年）、全国妇女领袖协会（1891 年）、青年女子协会（1901 年）、美国妇女商业联合会（1903 年）、基督教妇女禁酒协会（1903 年）等都是当时知识女性领导下颇具规模和影响力的妇女组织。这些组织为有志于社会事业的知识女性们"搭起了一块由家庭生活通往公共生活的踏板"。[①] 据不完全统计，1920 年时，妇女俱乐部联盟拥有会员100 万人，基督教妇女禁酒协会拥有会员 80 万人，基督教女青年协会拥有会员 50 万人，而全美各地争取妇女参政权运动者则多达 200 万人。总之，到 20 世纪 20 年代，有文化的美国中产阶级妇女们已经构成了"一只由组织有序的各种机构汇聚而成的名副其实的大军"和"一个高效的组织网"，[②] 涌现出了简·亚当斯、阿尔宾·培根、凯瑟琳·戴维斯、艾丽斯·汉密尔顿、莉莲·沃德等一批杰出的女界精英，发起领导或积极参与了社会服务处运动、争取妇女参政权运动、禁酒运动、节制生育运动、全国监狱改革运动、住房改革运动、社会正义运动、反垄断运动、俱乐部运动、服装改革运动、市政改革运动等一系列进步主义改革。

通过这些有组织的运动，知识妇女进一步扩大了她们的影响，打入了一度为男子所垄断的公共生活领域。她们为争取工人权利、保护妇女儿童、纯洁政治、改进食品卫生和环境污染、保障公民健康及教育权利、完善社会福利等进行了不懈努力，效果

---

①　Nancy Woloch. *Women and the American Experience* (Second Edition), New York: McGraw-Hill, 1994，pp. 170—171.

②　Mary P. Ryan. *Womanhood in America: from Colonical Times to the Present*, New York: New Viewpoints, 1975, p. 232.

显著，使妇女成长为推动社会进步的一支生力军。女记者塔贝尔对美孚石油公司黑暗内幕的揭露，内容翔实、言之凿凿，激起了极大民愤，引起社会舆论哗然，给美孚老板约翰·洛克菲勒着实招来不小的麻烦。禁酒运动领袖弗朗西斯·威拉德不仅身体力行地积极领导和参与了禁酒、妇女健身、女装改革、童工立法、监狱改革等多项社会运动，还不忘教育其他妇女要树立社会责任感。正是在这些女界精英们的努力之下，妇女的自我意识及社会意识被唤醒了。

总而言之，该时期美国知识女性的社会活动及其作用是有目共睹的，她们用行动向对妇女充满偏见的社会证明，"妇女同样能充当社会的领袖和改革者"，"女性是天生的改革家"。[①]

二　为妇女争取权利而斗争

19世纪末20世纪初，由美国知识女性领导和各界妇女广泛参与的女权运动和争取妇女参政权运动，有力地推进了美国社会的民主化进程。因此，在美国社会转型时期的进步主义运动中，女权运动也是一项重要内容。

19世纪的美国正处于以男性为中心的社会状态之下，父权制度几乎剥夺了女性的一切权利。虽然自美国立国之初开始，美国宪法就将天赋人权置于一种至高无上的位置之上，但它保障的人权仅仅是盎格鲁—美利坚男人的权利，至于占美国人口总数一半的妇女则长期挣扎在无权的世界里，社会拒绝给予她们与其人口比例相对应的政治、经济和法律权利，她们无权接受教育、无

---

①　Lois W. Banner. *Women in Modern America* (Second Edition)，San Diego：Harcourt Brace Jovanovich，1984，pp. 101，119.

权支配财产、无权监护子女、无权与人签约,甚至无权保留婚前姓氏,至于参政权,就根本是一种奢望。由于受到维多利亚式道德观念的长久禁锢,当时的妇女大多已习惯于社会的歧视性安排,持有"让男人们去管政治,我们管孩子"的想法的妇女不在少数。[①] 1848 年塞纳卡福斯(Seneca Falls)女权大会的召开以及那份著名的"观点声明"的发布也仅代表着伊丽莎白·斯坦顿、卢克里莎·默特等少数文化妇女的开始觉醒。[②] 直到美国内战后,随着妇女受教育群体的扩大及其权利意识和权利要求的日益增强,美国妇女争取自身权利运动的星星之火才渐趋燎原。尤其是美国内战中奴隶制的被打倒和美国内战之后"宪法第十四、十五条修正案"对黑人男子的公民权和选举权的承认,更加使得白人妇女们忍无可忍,她们不得不为自己争取那份该得的权利。由此,知识女性们带领白人中产阶级妇女们掀起了一场长达半个世纪之久的女权运动,并将运动的核心内容日趋集中于争取妇女选举权的斗争。直至 1920 年"安东尼修正案",即美国"宪法第十九条修正案"被通过时,美国妇女才得以有机会名正言顺地在国家政治生活中行使自己的一票权利。这一修正案的名称本身便说明问题:对于妇女参政权的取得,安东尼及其志同道合者们功不可没。

事实上,这场轰轰烈烈的女权运动凝聚着从苏珊·安东尼、伊丽莎白·斯坦顿、露西·斯通、安托万内特·布朗到朱莉娅·豪、安娜·肖、艾丽斯·布莱维尔、嘉利·卡特等美国内战后两代知识女性的心血。她们充当了这场运动的急先锋,

---

① Paul Boyer. *The History of American Thought and Culture*, Madison, Wisconsin: the University of Wisconsin Press, 2005, p. 57.

② Janet Beer. *American Feminism*, *Key Source Documents 1848 − 1920*, vol. 1, *Suffrage*, London and New York: Routledge, 2003, p. 9.

在长达半个世纪的斗争中，她们为争取妇女的家庭地位和社会权利奔走呼吁，成立组织、发表文章、撰写专著、游行演说并主动参与各种劳工和妇女儿童问题的解决。总之，她们通过种种途径制造社会舆论，向各级政府和司法机关施加压力，积极推进女权事业的发展。作为女权运动的早期代表人物，露西·斯通不仅是新泽西州妇女选举权协会和美国妇女选举权协会的创办人，而且还是《女士杂志》的主编。早在美国内战的战火刚刚熄灭之时，她已经开始同苏珊·安东尼一起为新时期的女权运动"勾画未来的蓝图"，[1] 她曾经"无数次地在妇女选举权会议和州立法机构发表演说。作为演说家和编辑，露西·斯通直到 1893 年辞世时始终都是这个国家争取妇女权利的最强有力的和最持之以恒的声音"。[2] 1872 年在美国总统选举期间，安东尼甘冒被控入狱的危险，率领纽约州罗彻斯特（Rochester）镇的16 位妇女在法律尚不允许的情况下勇敢地参加投票，事后，她不无自豪地说，"我们去了，我们投票了……如果现在所有争取参政权的妇女们都能够为实现宪法的至高无上地位、为争取达到使国家法律高于州法的目标而奋斗，那么，从今以后，我们将会迈出多么大的步伐啊"。[3] 在法庭上，当法律不允许其为自己辩护时，她抓住仅有的回答问题的机会凛然宣布："今晚我要努力向你们证明，我投票选举不仅无罪，而且只是在行使我的公民权利，这是国家宪法赋予我和所有公民并受其保护的权利，任何州

---

① Jean H. Baker. *Sisters: the Lives of American Suffragists*, New York: Hill and Wang, 2005, p. 33.

② Million Joelle, *Woman's Voice*, *Woman's Place*, Connecticut: Praeger Publishers, 2003, p. 275.

③ Jean H. Baker. *Sisters: the Lives of American Suffragists*, New York: Hill and Wang, 2005, pp. 80—81.

都无权加以剥夺。"①"罗彻斯特投票"事件虽然仅是这一历史时期觉悟了的美国知识女性率领广大妇女争取自身权利斗争中的一段小插曲,然而这不屈的努力毕竟扩大了社会影响,给执政者施加了压力,同时也唤起了更多人的觉醒。1888年安东尼和斯坦顿又在华盛顿组织召开世界妇女大会,"旨在唤起妇女们的新思想,增强她们对自由的热爱,并使其意识到联合起来的力量"。会上,斯坦顿回顾了以往妇女地位低下,被剥夺接受高等教育的机会,不能进入专业领域以及没有寻找发展机会的现实;她对妇女所遭遇的不公正待遇表示强烈愤慨。两位女权主义者还代表广大美国妇女"庄严宣誓:直到妇女在这个生机盎然的地球上到处都得到同男人一样的权利为止,这里将不会再有新的沉默时代了"。会后,她们又在各地妇女中进行了大量慷慨激昂的鼓动工作,甚至为威斯康星州带去了一场"选举权骚动"(suffrage commotion)。②1898年吉尔曼出版了《妇女与经济》一书,该书依据社会达尔文主义假说向世人证明,妇女受压迫的状况既是反常的,也是不利于人类进步的。母性的力量是社会的内聚力,女性的优秀品质是社会协作的基础,而妇女解放运动则是社会进化的新阶段的预兆。该书被誉为"20世纪女权主义杰出的教科书"。③

在这些先进女性的积极努力下,争取妇女参政权组织在美国内战后的半个世纪里迅速蓬勃兴起并发展壮大:由安东尼等人领导的全国妇女选举权协会以及由露西等领导的美国妇女选举权协

---

① Susan B. Anthony in Court, Kathryn Cullen—DuPond. *American Women Activists' Writing*, *an Anthology 1637 − 2002*, New York: Cooper Square Press, 2002, p. 166.

② Page Smith. *Daughters of the Promised Land*, Boston: Little, Brown, 1970, p. 259.

③ Mary P. Ryan. *Womanhood in America: from Colonical Times to the Present*, New York: New Viewpoints, 1975, p. 238.

会成为 19 世纪末期美国妇女运动的两大组织，先后创刊于 1868
年和 1870 年的《革命》和《女士杂志》报分别成为两组织的喉
舌，前者以"男人权利不可多，女人权利不可少"为座右铭；[①]
后者则号称"参政权的圣经"、"事业的擎炬手"。[②] 这两大组织
又于 1890 年进一步合并，组成了全美妇女选举权协会，其麾下
汇聚两万之众。据统计，在从 1870 年至 1910 年的 35 年间，女
权主义者们共发起了 480 场运动，[③] 与各种反对势力进行了不屈
不挠的斗争并取得了丰硕的成果。从 1890 年起，怀俄明、科罗
拉多、爱达荷、犹他西部 4 州首先给予了其州内妇女选举权。在
以后的二十余年间，东部的大多数州也不同程度地改善了本州妇
女的选举权状况。到 1900 年前后，上述各州已婚妇女已经普遍
争得了财产权和收入权。1908 年全国大学妇女平等选举权同盟
的成立标志着女权运动的接力棒已经传到了新一代知识女性的手
里，又一代女大学毕业生成长为美国妇女事业的接班人。在她们
的带领下，美国妇女继续为争取自身地位和权利而斗争。1916
年大选前夕，安娜·肖面对总统候选人威尔逊凛然提出："我们
已经为投票权等得够久了。我们现在就要它"。[④] 两代先进女性
的崛起终于赢得了 1920 年的胜利，至此，"美国宪法第十九条修

---

①　Eleanor Flexner. *Century of Struggle：the Woman's Rights Movement in the United States*，Cambridge，Massachusetts：the Belknap Press of Harvard University Press，1980，p. 153.

②　Genevere G. Mcbride. *On Wisconsin Women：Working for Their Rights from Settlement to Suffrage*，Madison，Wisconsin：University of Wisconsin Press，1993，p. 40.

③　Eleanor Flexner. *Century of Struggle：the Woman's Rights Movement in the United States*，Cambridge，Massachusetts：the Belknap Press of Harvard University Press，1980，p. 228.

④　Genevere G. Mcbride. *On Wisconsin Women：Working for Their Rights from Settlement to Suffrage*，Madison，Wisconsin：University of Wisconsin Press，1993，p. 270.

正案"最终使当年的"非法投票者"得以名正言顺地走向投票箱。① 同时，随着这一关键性进步的取得，美国妇女的其他权益也日益得到保障，"她们的影响力已被美国生活的各个领域所感知，实际上，全部的男性壁垒都已倒落于她们的进攻之下了"。② 对于这一切成果的取得，我们不能不承认其中包含着 19、20 世纪之交美国两代知识女性的一份功劳。

女权运动的展开提高了美国妇女的政治、经济和法律地位，为妇女名正言顺地参与社会生活奠定了基础，进一步完善了美国的民主制度，推动了美国社会的进步发展。

三　禁酒运动和社会服务处运动

19 世纪末 20 世纪初，美国知识女性对进步主义运动所作的贡献并不仅仅局限于一场妇女运动，他们在禁酒运动和社会服务处运动中也都表现出了卓越的领导才能和极大的社会改革热情，对于消除社会弊端、维护社会稳定起到了积极的作用，并且产生了广泛而深远的影响。

早在 19 世纪 20 年代禁酒运动便已经在美国兴起，但并未取得理想的效果。19 世纪初期，酗酒之风成为困扰美国社会的一个严重的现实问题。一些酒徒醉酒后殴打妻子和孩子，③ 甚至为

---

①　Eleanor Flexner. *Century of Struggle：the Woman's Rights Movement in the United States*，Cambridge，Massachusetts：the Belknap Press of Harvard University Press，1980，p. 168.

②　Page Smith. *Daughters of the Promised Land*，Boston：Little，Brown，1970，p. 80.

③　Barbara Leslie Epstein. *The Politics of Domesticity：Women，Evangelism，and Temperance in Nineteenth-Century America*，Middletown，Conn：Wesleyan University Press，1981，Introduction.

了喝酒而抛妻弃子,[①]男性酗酒致使一些无辜的妇女和儿童成为受害者,不仅给家庭造成了严重的危害,还引发了斗殴和偷盗等社会纠纷。酗酒不再仅仅是一种个人的坏习惯,而且成了扰乱社会治安的一大祸患。据统计,在1840年到1869年的29年时间里,美国各地方法院受理的此类案件从515起上升到了1800起。[②]鉴于此,一些有识之士开始倡导禁酒,从19世纪20年代起,美国禁酒会、纽约州禁酒会、华盛顿协会、禁酒之子、禁酒之女等宗教界、妇女界以及其他民间的禁酒组织相继成立,并开展了轰轰烈烈的反对酗酒和酒类贩运活动,掀起了美国历史上第一次禁酒运动的高潮。不过,从结果看,到美国内战结束时,仅缅因州在实行禁酒法案。到19世纪70年美国基督教妇女禁酒同盟成立时,酗酒问题仍然严重。[③]

　　19世纪末,美国社会的转型又引发了更多的与酒相关的新问题,从而使禁酒运动在这一时期里被旧话重提。在这一时期,随着城市的崛起,制酒和售酒行业也相应繁荣,酒馆数量迅速增加。由于价格低廉,酒馆成为城市移民和产业工人们休闲聊天的场所,但是,也有不少酒馆成为酗酒、斗殴、卖淫和进行政治阴谋活动的场所,致使酒馆业在人们心目中留下了极坏的印象,常被当作美国社会的藏污纳垢之所。1900年,由酗酒引发的各类案件多达3000多起。[④]与此同时,酒类消费的繁荣也使酿酒行业实力大增,逐渐形成了势力庞大的城市利益集团。为了谋求更

①　Carol Mattingly. *Well-Tempered Women:Nineteenth-Century Temperance Rhetoric*,Carbondale:Southern Illinois University Press,1998,第6章。

②　陶培根:"美国历史上的禁酒运动",《美国研究参考资料》1991年第2期。

③　Jack S. Blocker Jr. *American Temperance Movement*,Boston:Twayne Publishers,1989,pp.7—29,53—60,74—79.

④　陶培根:"美国历史上的禁酒运动",《美国研究参考资料》1991年第2期。

大的利益，他们通过贿买地方官员插手政治，招致了社会的普遍
非议。

在 19 世纪末 20 世纪初的美国禁酒运动中，知识女性站在最
坚定的禁酒运动者行列之中。由她们成立和领导的美国基督教妇
女禁酒同盟（Woman's Christian Temperance Union，WCTU)
乃是"禁酒大军中最强大的队伍"，① 为禁酒运动在全美范围内
的兴起和各州乃至联邦禁酒法案的通过作出了贡献。事实上，美
国禁酒运动的第二次高潮之所以会在这一时期到来，原因正在于
此时美国已经形成了一个有能力领导并愿意领导一场民众运动的
知识女性群体。

1874 年美国基督教妇女禁酒同盟的成立显示了知识女性领
导全国性民众运动的才能和热情，标志着妇女禁酒运动进入了有
组织运动的新阶段。该年 11 月 18 日，在第二届美以美教会上，
300 名美国妇女倡议成立了美国基督教妇女禁酒同盟，选出了终
身会员并制定了自己的宪章，规定只有女性公民才有会员资格和
投票权。在这次会议上，安妮·韦顿米尔被选为同盟的主席，弗
朗西斯·威拉德当选为执行书记。在她们的领导下，美国基督教
妇女禁酒同盟不断壮大，妇女禁酒运动也进入了一个崭新的阶
段。截至 19 世纪 70 年代末期，美国共有 23 个州已经有美国基
督教妇女禁酒同盟的附属机构;② 19 世纪末 20 世纪初，美国基
督教妇女禁酒同盟成员达到了 17.6 万人，成为当时美国最大的
妇女组织之一。她们把禁酒与保护妇幼和家庭等其他社会问题结
合起来，使禁酒运动成为该时期美国社会改革者实现社会正义的

---

① Aaron Ignatius Abell. *The Urban Impact on American Protestantism 1865 –
1900*，Hamden: Archon，1962，p. 143.
② Putnam Elizabeth Gordon. *Women Torch—Bearers*，Evanston，Illinois: Na-
tional Woman's Christian Temperance Union Publishing House，1924，pp. 17–18.

重要途径。1875 年，在同盟主席韦顿米尔主持下，同盟成立了
一个专门委员会，负责调查酒的危害性，她们还印制了大量的请
愿书，开展大规模的请愿活动，要求国会对禁酒给予相关的立法
保障。同年，威拉德提出了"保护家园选票"口号，[①] 把禁酒与
争取妇女选举权结合起来。19 世纪 80 年代，在她当选为美国基
督教妇女禁酒同盟第二任主席后，威拉德再次提出为"让禁酒立
法巩固"而要求给予妇女平等的选举权利，呼吁制定宪法修正
案，以国家法律形式保障禁酒。[②] 至此，威拉德及其同盟的姐妹
们"将基督教妇女禁酒同盟转变成了一种新型的禁酒组织"。[③]

　　19 世纪 80 年代和 90 年代，在威拉德的领导下，美国基督
教妇女禁酒同盟不仅在自身规模上得到了进一步发展，而且其社
会活动范围也大大扩宽。该组织已经不再是几位好心肠的妇女为
使其同胞姐妹们免受丈夫虐待所做的一点善举，而是成长为了当
时美国社会改革的一支重要力量。威拉德发现，"必须用正义，
而非慈善来做将来的口号"。作为一位有见地的知识女性，她赞
成经济领域里反对自由放任的新观点，也支持宗教界的社会福音
运动，并对未来充满乐观，认为在进步人士的努力下，理想的社
会终会实现。由于贫穷被其视为导致喝酒的主要原因，所以禁酒
妇女开始着手解决一切与贫困有关的社会问题。除禁酒之外，公
民权利、监狱改革、青少年事务、劳工问题、社会救济等也都成
为其关注的内容和改革的目标。威拉德为美国基督教妇女禁酒同

---

　　① 　Barbara Leslie Epstein. *The Politics of Domesticity*: *Women*, *Evangelism*, *and Temperance in Nineteenth-Century America*, Middletown, Conn: Wesleyan University Press, 1981, p. 117.

　　② 　Ibid., p. 121.

　　③ 　Jack S. Blocker Jr. *American Temperance Movement*, Boston: Twayne Publishers, 1989, p. 80.

盟所创制的座右铭就是:"做所有的事。"在威拉德看来,当时的各种社会问题无不与酒相联系,各种社会改革也无不应该建立在禁酒运动的基础之上。她曾经说:"并非所有的事务都包括在禁酒改革之中,但是禁酒改革却应该深入到所有的事务之中",①"没有什么改革对我而言是无法接受的","我们要谈论新教的前景……我们也要谈论一种新政党的萌芽……我们要谈论更好的印第安政策……要谈论更加理智的公共服务改革"。② 可见,禁酒对于威拉德而言不仅是目的,而且更是途径,她是希望通过禁酒来消灭社会弊端的一大渊薮,净化公共生活。虽然曾经有历史学家主张不能过高评价威拉德在禁酒同盟中的作用,但是在她出任同盟领导者之后,美国基督教妇女禁酒同盟的确逐渐发展成了一个"广泛的综合性机构"。③ 1889 年威拉德在回忆其数十年的奋斗历程时坚定地表示:"即使是在我最后的时间里我仍以帮助推动进步主义运动的前进为目的。"④ 威拉德的话乃是美国内战后一代禁酒妇女关怀社会、积极参与国家民主建设的反映。

美国基督教妇女禁酒同盟中活跃着许多同威拉德一样的"有能力的妇女",例如劳工组织者利奥诺拉·巴里、黑人问题演说家弗朗西斯·哈珀以及安娜·肖、玛丽·利夫莫尔、左洛尔达·华莱士、玛丽·迈克多维尔等其他妇女改革家。她们一方面开办学校、幼儿园、食堂等实际救济机构吸引贫民,借以抵御酒馆对

---

① Putnam Elizabeth Gordon. *Women Torch—Bearers*, Evanston, Illinois: National Woman's Christian Temperance Union Publishing House, 1924, p. 35.

② Joseph R. Gusfield. *Symbolic Crusade: Status Politics and the American Temperance Movement*, Urbana: University of Illinois Press, 1963, p. 77.

③ Lan Tyrrell. *Woman's World*, *Woman's Empire*, Chapel Hill and London: the University of North Carolina Press, 1991, p. 9.

④ Frances Elizabeth Willard. *Glimpses of FiftyYears: the Autobiography of an American Woman*, Chicago: H. J. Smith & Co. , 1889, p. 693.

他们的影响，另一方面还发表演讲，创办《医学禁酒季刊》、《社会纯洁丛书》等刊物宣传医学知识以及酗酒的危害性。[1] 1886年，纽约妇女伊丽莎白·B.格朗妮成立了"基督教促进社会纯洁全国同盟"，在她的领导下，一批大学毕业生为铲除社会弊端走到一起，建立起各种工业俱乐部、妇女俱乐部和青年俱乐部等组织，用以传播进步的社会文化观念，预防酗酒和其他社会犯罪活动。同年，芝加哥市首先出现了由禁酒妇女开办的"全国禁酒医院"，在随后的数年里，其他一些城市也陆续出现了一些此类机构。20世纪初，同盟在各州学校中开展的禁酒教育宣传也取得了相当大的成功，他们为亚拉巴马、田纳西、堪萨斯、新墨西哥、肯塔基、威斯康星、宾夕法尼亚、缅因、密西西比、俄勒冈、北达科他、密苏里、南达科他、南卡罗来纳、内华达、内布拉斯加、俄亥俄、北卡罗来纳、明尼苏达、佐治亚、华盛顿等20多个州的公立学校设立了"禁酒日"。[2]

从总体上看，美国基督教妇女禁酒同盟主要以妇女和儿童作为关怀对象，她们的社会工作大多与保护妇幼权益有关。从19世纪70年代时起，监狱问题就已经引起了禁酒妇女们的注意，她们成立了监狱委员会和堕落妇女工作委员会，致力于改进监狱条件和挽救失足妇女。随着妇女中偷窃和卖淫问题的加重以及监狱中忽视女犯权益现象的日益普遍，从1879年起，禁酒妇女们开始向政府呼吁在警察部门中聘用女性，在她们的压力下，各州监狱中陆续为女犯配备了女狱警，她们日夜两班，负责狱中女犯

---

① Eleanor Flexner. *Century of Struggle*：*the Woman's Rights Movement in the United States*，Cambridge，Massachusetts：the Belknap Press of Harvard University Press，1980，p. 188.

② Putnam Elizabeth Gordon. *Women Torch—Bearers*，Evanston，Illinois：National Woman's Christian Temperance Union Publishing House，1924，p. 47.

的日常管理工作。救助儿童也是美国基督教妇女禁酒同盟的一项重要工作,她们为贫苦儿童提供饮食和各种游乐活动,并为流浪儿寻找领养人。为了解决职业母亲工作时不得不把孩子锁在家里的难题,美国基督教妇女禁酒同盟在自己开办幼儿园的同时还呼吁建立公立幼儿园。1880 年,美国基督教妇女禁酒同盟的第一个免费幼儿园在旧金山市成立。19 世纪 80 年代,同盟成立了专门的公共卫生与健康部,向社会倡导健康的生活方式,宣传优生理论,并主张食用健康食品。她们还向青少年宣传吸烟的危害,并专门设立杜绝吸烟习惯部。随着劳资冲突的日趋激烈,同盟还将禁酒的意义扩展到解决劳工问题。她们认为劳工中的酗酒现象是由于恶劣的劳动和生活条件造成的,她们对劳工处境给予了极大的同情,为此,同盟在要求雇主强制工人戒酒的同时又要求他们实行八小时工作制和降低工人的失业率。[①] 可见,在美国中产阶级知识女性的领导下,美国基督教妇女禁酒同盟的活动已经从单纯的禁酒逐步发展到了参与各方面社会问题的解决,其工作的展开不仅使这些知识女性自身的能力得到了锻炼,也启发了社会底层的广大妇女并为稳定社会、推动社会进步作出了贡献。在禁酒运动的推动下,到 1900 年前后,美国共有 5 个州通过了专门的禁酒法令,到 1915 年时扩大到 11 个州,[②] 1916 年,美国南部和西部地区至少有 14 个州在实施禁酒法令。[③] 到 1917 年美国参

---

① Barbara Leslie Epstein. *The Politics of Domesticity*:*Women*,*Evangelism*,*and Temperance in Nineteenth-Century America*,Middletown,Conn:Wesleyan University Press,1981,pp. 137—145;Ruth Bordin. *Woman and Temperance*,Philadelphia:Temple University Press,1981,pp. 104—108.

② David A. Shannon. *The Progressive Era*,Chicago:Rand McNally College Publishing Company,1974,p. 113.

③ Samuel P. Hays. *The Response to Industrialism*:*1885—1914*,Chicago:the University of Chicago Press,1957,p. 114.

加第一次世界大战之前,酒馆已经在全国 3/4 的地区被宣布为非法。禁酒力量还促使国会在 1913 年通过了韦伯—坎农法案,禁止将酒精制品运入禁酒各州,[1] 并最终在 1919 年使禁酒条款被写入了美国宪法的第 18 条修正案。[2]

除禁酒运动外,社会服务处运动是主要由当时的美国知识女性发起和领导的又一项重要的社会改革运动。社会服务处的英文原名为"Social Settlement"或"Settlement House",是指英美和欧陆各国设立在城市贫民区中的一种民间社区福利机构,以改善社区居民生活环境,加强邻里合作和促进"分裂阶级间的友好关系"融合为宗旨。[3] 美国的社会服务处运动(Social Settlement Movement 或者 Settlement Movement)兴起于 19 世纪 80 年代,是当时的美国女大学毕业生们实现自我,服务社会的主要途径之一,也是进步主义运动的一项重要内容。

但是,美国并非是社会服务处现象产生的第一故乡,英国才是它的发源地。19 世纪中期,英国的工业化已经带来了严重的社会问题,贫困便是其中之一。英国的工业化造就了一个为数众多的产业工人阶层,他们中的大多数人并无多少个人财产可以赖以为生,主要靠出卖劳动力获取微薄的工资维持生计。由于当时英国社会福利制度和国家立法方面的不完善,疾病、工伤、衰老、失业等因素常常威胁着产业工人的生存,致使这一阶层构成了英国城市贫民的主要成分。众多贫困人口的存在导致了贫民窟

---

① David A. Shannon. *The Progressive Era*, Chicago: Rand McNally College Publishing Company, 1974, p. 113.

② Samuel P. Hays. *The Response to Industrialism: 1885—1914*, Chicago: the University of Chicago Press, 1957, p. 115.

③ Robert A. Woods and Albert J. Kennedy. *The Settlement Horizon*, New York: Russell Sage Foundation, 1922, p. 28.

现象的产生,在当时英国的各个城市中,贫民窟随处可见,伦敦的下东区便是当时最大、问题最严重的一个。贫民窟恶劣的生活环境使那里成为各种疫病、酗酒、青少年犯罪等城市问题的多发地,同时各种日趋尖锐的劳资冲突与社会矛盾也成为阻碍社会和谐发展的一大祸患。为了缓解严重的社会问题,一些怀有社会责任意识的知识分子们拿出了一套深入底层的改革方案,他们鼓励大学生们到贫民区中去安家落户,为改善那里的环境进行研究和实际工作。他们认为普通的慈善活动"不足以打破穷人与富人间的阶级樊篱",而社会服务处则可以使社会工作者居住于穷人之中,同底层大众"成为邻居和朋友"。[①] 阿诺德·汤恩比就是这种"社会服务处"理念的积极倡导者。

汤恩比是一位经济学讲师,主要研究工业发展史。通过潜心钻研,他清楚地认识到了当时英国贫困现象的社会根源,并因此而对劳工持同情态度。他从专业人士的角度指出:当时英国种种严重社会问题产生的根源在于未能使全社会共享工业文明成果,而缓解以致根除这些问题的方法则在于使社会中上层主动寻求到一条能与工人阶层共享文化与教育成果的有效途径。他身体力行,不仅加入了工会组织而且还住进了贫民窟,决心要在贫民窟"劣质的威士忌、劣质的烟草和劣质的排污管道"的"劣质"环境中启迪劳工。[②] 可惜天不假年,过度的操劳使他透支了健康。1883 年,32 岁的汤恩比英年早逝,留下了他未竟的事业。所幸他的好友塞缪尔·奥古斯塔斯·巴奈特秉承了他的遗志,继续为在英国城市贫民区中建立社会服务中心而奔走呼吁。1884 年 7

① Mina Carson. *Settlement Folk*, Chicago: the University of Chicago Press, 1990, p. 1.

② Allen F. Davis. *Spearheads for Reform: the Social Settlements and the Progressive Movement 1890—1914*, New York: Oxford University Press, 1967, p. 6.

月，在巴奈特夫妇的感召下，牛津大学和剑桥大学中的一些有志于社会工作的大学生们在伦敦东区的贫民窟里安家落户，开始了他们与贫民比邻而居的全新生活。为了纪念汤恩比对英国社会工作的先驱作用，在巴奈特夫人的倡议下，大学生们一致赞成将他们的会所命名为"汤恩比会舍"，这就是英国最早的一家社会服务处，也是日后欧美各地社会服务处的原型。

"汤恩比会舍"的诞生具有深远的历史意义，它的缔造者们首开资本主义世界"社会服务处运动"之先河，为当时各工业化国家的社会改革提供了一种行之有效的新型范式。他们的创举使英国成为19世纪末20世纪初期欧美社会服务处运动的发源地，而"汤恩比会舍"也因此而享有了"社会服务处之母"的称谓。① 此后不久，社会服务处的做法便"以非同寻常的速度跨越了大西洋"，在英国、美国和欧洲大陆的各个国家里"落地开花"，各地陆续出现了许多此类性质的机构。②

当时美国的社会工作者们也深受启发，他们"几乎立时就萌生了一种想法，感到社会服务处是一个真正的、极其重要的创造，非常适用于美国的情况"。他们看到，建立社会服务处既"能为更自由、更广泛地传播高等教育的效用提供一个崭新的鼓舞人心的途径"，同时又不失为"解决美国城市的巨大新问题的一个特别充满希望的方法"。③ 从19世纪80年代起，以一些美国女大学毕业生和宗教界人士为主力的众多年轻知识分子们纷纷仿效"汤恩比会舍"的做法，在美国各大中城市的贫民窟中建立

① Mina Carson. *Settlement Folk*, Chicago: the University of Chicago Press, 1990, p. 31.

② Ibid., pp. 1, 10.

③ Robert A. Woods and Albert J. Kennedy. *The Settlement Horizon*, New York: Russell Sage Foundation, 1922, p. 28.

社会服务机构，为城市贫民提供生活救济、文化教育和卫生服务。1886 年美国社会福音派牧师斯坦顿·科伊特在纽约市下东区建立了美国的第一家社会服务处，取名"邻里救济会"。1888年，刚刚走出洛克福德女子学院的女大学毕业生简·亚当斯与她的大学同学艾伦·盖茨·斯达一起对欧洲大陆的贫民状况和伦敦的"汤恩比会舍"进行了实地考察，回国后在位于芝加哥市哈尔斯戴德街的一个移民区中筹建了"赫尔会所"。此前一周，史密斯学院的一群女大学毕业生们也在纽约市贫民窟中开办了学院社会服务处。在她们的带动下，社会服务处理念在美国迅速传播，芝加哥康蒙斯会所、波士顿南端会所、纽约城市会所、学院社会服务处、亨利街社会服务处、格林威治会所等一批社会服务处迅速兴起。1891 年美国的社会服务处运动尚处在萌芽阶段，总共仅有 6 家，到 1897 年便发展到 74 家，1900 年达到 100 家，5 年后共有了 200 家，而到 1910 年时，已经有 400 多家社会服务处在全美各地相继诞生①，社会服务处运动开始在美国蓬勃兴起，纽约、波士顿、芝加哥等当时贫困人口最为稠密的大城市则逐渐发展成为运动的中心。

美国社会服务处运动者们是一个个性鲜明的改革群体，从主体成分看，其骨干分子一般具有以下四个特点：第一，年轻；第二，出生于白人中产阶级家庭；第三，有着良好的受教育背景；第四，女性居多，不少是单身女性。换言之，美国社会服务处运动的发起和领导者大多是出生于美国白人中产阶级家庭，有着良好教育背景的年轻女性。就年龄而言，美国社会服务处工作者们初次涉足社会服务处事业时，年龄大多是在 25 岁左右，即使稍

---

① 　Allen F. Davis. *Spearheads for Reform：the Social Settlements and the Progressive Movement 1890－1914*，New York：Oxford University Press，1967，p. 12.

大些,一般也很少超过 30 岁。亚当斯设立"赫尔会舍"时是 29
岁,罗伯特·伍兹进驻"安多佛会舍"时是 27 岁,而那些组织
成立大学社会服务处协会的女大学生们当时也都在 30 岁以下。
可见这是一个富于朝气的年轻群体,可以说,当时的美国社会服
务处运动乃是一个年轻人的事业。从血缘和地域上说,当时的美
国社会服务处工作者大多来自中西部和东北部,具有益格鲁—撒
克逊白人血统,是英格兰或者苏格兰—爱尔兰人的后裔,家系渊
源一直可以追溯到当年的新英格兰殖民地时期,父辈多从事医
生、教师、律师等职业,或者是拥有一定资产的中小企业主,家
道殷实,衣食无忧。若以受教育情况论,他们无疑属于当时受教
育程度最高的一个群体,90%的社会服务处工作者都有过接受高
等教育的经历,其中超过 80%的人拥有学士学位,50%的人曾
经受过研究生教育,有些还曾经留学欧洲。[1] 不容忽略的是,很
多社会服务处工作者都是女性,其中不少是单身女性。在 1886
年到 1914 年间,女大学毕业生在这一群体中所占的比例达到了
60%,[2] 简·亚当斯和她的大学同学艾伦·盖茨·斯达、挚友弗
洛伦斯·凯利、美国劳工部儿童事务处的首任处长朱利亚·拉斯
洛普及其后继者格雷斯·艾博特、格雷斯·艾博特的同胞姊妹、
社会学家伊迪斯、芝加哥社会工作学校校长索夫尼斯巴·布莱金
里奇等便是其中的典范,他们中有人如亚当斯一样终生未婚,也
有人像弗洛伦斯·凯利那样勇敢地摆脱了不幸的婚姻,正如美国
历史学家埃莉诺·弗莱克斯纳所描述的那样:"它们(美国社会
服务处)的一群创办者和领导者乃是妇女,而且还是特别有才华

---

① Allen F. Davis. *Spearheads for Reform: the Social Settlements and the Progressive Movement 1890—1914*, New York: Oxford University Press, 1967, p. 33.

② Walter I. Trattner. *From Poor Law to Welfare State*, New York: the Free Press, 1979, pp. 164—165.

的妇女。"① 正是这些知识女性"为社会服务处的生活和工作定
下了基调"。②

上述现象的出现有着深刻而复杂的历史原因，它不但体现着
19 世纪末 20 世纪初美国知识分子，特别是知识女性实现自我，
服务社会的强烈心理诉求，同时也反映出美国工业化时代对发挥
知识分子社会功能的迫切需要。作为社会运动的局内人，亚当斯
曾经现身说法，将自己及同仁们的行为解释为"主观需要"与
"客观价值"两个方面的耦合，③ 而这里不妨用以下六个关键词
来解析美国社会服务处运动者们投身社会改革的原因和动机，即
需要—诉求—冲突—榜样—条件—崛起。

所谓"需要"是指社会对改革的需要。如本书第一章所述，
19 世纪末 20 世纪初的美国正处在从农业社会向工业社会转型的
过程中，巨大的社会变迁引发了种种错综复杂的社会问题，亟待
人们去调整秩序、梳理关系和解决问题。概而言之，美国工业化
的时代乃是一个呼唤改革的时代，社会服务处运动的兴起乃是社
会需要使然。

所谓"诉求"是指当时美国白人中产阶级知识分子们投身
公共事业的主观心理欲望。如前所述，这些社会服务处运动者
主要来自盎格鲁—撒克逊白人中产阶级家庭。他们的父辈大多
都有着体面的社会背景，曾经从事着某一方面的社会工作，有

---

① Eleanor Flexner. *Century of Struggle: the Woman's Rights Movement in the United States*, Cambridge, Massachusetts: the Belknap Press of Harvard University Press, 1980, p. 214.

② Robert Harrison. *State and Society in Twentieth—Century America*, New York, Addison Wesley Longman Inc., 1997, p. 138.

③ Jane Addams, "Subjective Necessity for Social Settlement", 载 Michael P. Johnson. *Reading the American Past*, *Selected Historical Documents*, vol. 2: *From 1865*, Boston, New York: Bedford/St. Martin's, 2005, pp. 102—103.

些人本身就是专职的神职人员,另一些人即使从事其他工作
(如教师、医生、律师、中小企业主等),但他们也多为虔诚的
清教徒,笃信个人主义价值观念和"平等博爱"的基督教教
义。他们一方面勤俭自律,靠自我塑造和自我奋斗成功地拥有
了优越的物质生活条件与体面的社会地位,另一方面也遵循着
基督教"爱邻如爱己"的训诫,活跃于各种慈善和济贫活动
中。常言道:父母是孩子最好的老师。他们的子女在这样的环
境中长大成人,在日常生活中得到父辈的言传身教,耳濡目
染,自然会以父辈为其效仿的行为楷模。美国社会服务处运动
的杰出代表人物亚当斯曾经多次提到她对自己的父亲约翰·亚
当斯和父亲的挚友亚伯拉罕·林肯总统的崇拜与热爱,强调他
们在其成长过程中的榜样作用和对其事业选择的巨大影响。①
林肯总统作为解放黑人奴隶和拯救合众国于分裂的英雄早已为
美国人民所景仰,而亚当斯的父亲同样也是 19 世纪美国人中
自我塑造者的典型:1844 年,当他与新婚妻子从宾夕法尼亚
州迁入伊利诺伊州时,两间简陋的小屋就是他们全部的财产,
但是 10 年之后,他们白手起家,不仅为自家盖起了宽敞的小
楼,还积攒起了 1 万多美元的资本,建起了一个大型磨坊厂。
此后,随着经济实力的增长,老亚当斯又相继投资于铁路运输
与银行业,还兼任了一家人寿保险公司的董事。1881 年,当
他辞世时年仅 59 岁,但他身后的遗产却价值 25 万美元,在当
时算得上是一笔不小的财富。不仅如此,作为在当时文化程度
最高的一个特殊社会群体,这些大学毕业生们比其他社会阶层
知识更丰富,因此也更富于思想见地和理想抱负,他们对自我

---

① Jane Addams. *Twenty Years at Hull House*, New York: Penguin Books,
1998,第 1—2 章.

实现的精神需求也自然会更强烈。他们希望在经过数载寒窗苦读，学成之后能够"有事可做"，能像其父辈那样走出一条从奋斗到成功，从服务社会到为社会所尊敬之路。他们渴求在为社会做贡献的同时也能够得到社会的认可，得到一种心理上的满足。

　　然而，结果却事与愿违。当这些大学生们意气风发地告别了他们的大学生身份时，他们面对的却是理想与现实之间的巨大冲突。一旦走出了校园，他们便切身感受到了世事的变迁和中产阶级地位的"边缘化"。眼前的家乡早已不再是他们记忆中的那个安静、祥和的村庄，工业化犹如一双巨手正在推动着巨大的历史车轮滚滚向前，整个国家早已成为一个喧闹的城市社会，展现着工业文明的累累硕果，也负载着"工业文明综合征"的沉沉病疴。如前所述，在美国社会从农业向工业的转型时期，大企业主和劳工成为最为引人关注的两大对抗阶级。与他们相对照，中产阶级既没有劳工阶层的众多人口优势，也没有大企业主的巨额财富和社会特权。在劳资两大阶层之外，当时的社会并没有为中产阶级预留出较大的、现成的角色空间。很多大学生毕业后，没能很快找到一个与之相适应的用武之地，特别是在工业化初期，美国社会男尊女卑的传统社会遗风尚存，"女人的领域在家里"的观念根深蒂固，社会对女性读书、就业仍有偏见，给予第一代女大学毕业生们的就业和社会活动机会就更少。

　　亚当斯本人在离开大学后曾经苦苦求索了8年，她深为"一种无用感"所折磨，几番挣扎，几度彷徨。在经历了痛苦的身心疾病煎熬之后，她终于走进了芝加哥的贫民窟，在那里找到了自己合适的位置。她自述"在那段时间里她完全是一片茫然"，"只能死死抓住那个要活在一个真正活着的世界里的渴望"，她不断地问自己:"我们要做什么样的人? 我是谁,而我又该做什么样的人?"① 1892 年,亚当斯撰写了"对社会服务处的主观需求"一文,她不惜笔墨,对当时选择社会服务处事业的众多美国知识分子的心态和境遇做过大段的陈述:

> 我曾经见到过女青年在离开学校后的最初几年里感到痛苦并明显地失去了活力……她发现"生活"与她的欲想有着如此大的差别。她单纯地一心追求着小小的志向,并不懂得如果无工作可提供给她的话,那么这种精心准备显然就是在浪费她自己。年轻人继承了一种崇高的责任并渴望能够长久持之。每日早晚,那欲有所为的诉求、那匡正与救苦的心愿都在萦绕着他们。社会尽情地对着这个心愿微笑,但就是不让它变得有价值……

> 自孩提时代,这些女孩子们就被不停地灌输着利他主义的思想。人们教导她们要忘记自我和牺牲自我,要将社会整体利益置于自我利益之上给予优先考虑。但是当所有这些教导产生了效果,当女孩子们从大学学成归来,认识到她们对那"底层的 10%"的社会责任,开始显露出要履行它的意愿时,来自家庭的要求则是明确的;她被告知她是错的,她的努力受到了误导……

> 在美国,我们有一批受过良好教育的年轻人,他们的人数正在迅速增多,他们没有一个现成的渠道可以施展其活跃的才华。他们不断地听说严重的社会弊病,但是却从不曾被给予任何途径去变革它,而他们的无用便苦苦地纠缠着他

---

① Jane Addams. *Twenty Years at Hull House*, New York: Penguin Books, 1998, pp. 44, 51, 55, 59, 61.

们……这些年轻人已经拥有了很多的优势,他们接受过高等教育、游历过欧洲并从事过经济研究,可是他们一直在为无法行动而感到震惊……①

亚当斯作为"赫尔会舍"的缔造者和美国社会服务处运动最杰出的代表人物之一,她的这段描述可以被视为当时大学毕业生们的心灵独白,为人们探寻他们开辟社会服务处事业的目的和动机提供了可靠的一手资料。

那一时代,很多年轻的美国知识分子们,特别是像亚当斯一样的美国第一代女大学毕业生们都曾经"因为他们的无用而苦恼"。② 同时,他们也无法坦然地面对丛生的社会问题,他们为自己的处境和社会的现状深感不安,并在心底里迸发出强烈的变革愿望,他们欲有所作为——"我们必须对社会的混乱做些事情"。③ 带着这样的心情,他们中的不少人远赴欧洲参观考察,希望能够从那里得到启发。而此时适逢英国的社会服务处运动方兴未艾,英国大学生们的创举对于这些正在苦苦求索中的美国"有心人们"来说无疑是一个启发。来自波士顿的韦达·斯卡德出生于一个美国中产阶级知识分子家庭,自幼在家庭的熏陶下"饱读诗书"。1884 年,她从史密斯学院毕业后,选择了到牛津大学继续深造。她在成长过程中也曾经经历苦闷和彷徨,一种梦魇般的"不真实感"曾经在她心头久久挥之不去,令她感到自己

---

① Michael P. Johnson. *Reading the American Past*, *Selected Historical Documents*, vol. 2: *From 1865*, Boston, New York: Bedford/St. Martin's, 2005, pp. 102—103.

② Allen F. Davis. *Spearheads for Reform: the Social Settlements and the Progressive Movement 1890—1914*, New York: Oxford University Press, 1967, p. 27.

③ Ibid., p. 29.

根本不是"一个真人",而是一个"中空的灵魂"(phantom)。然而英国之旅却给她带来了新的生机,正如美国历史学家米纳·卡森所言,"她在牛津大学的那一年是她生活中一个至关重要的转折点"。在那里,她有幸听到了英国社会服务处理念倡导者们的演讲,"同那些深受拉斯汀、汤恩比和格林思想影响的英国大学生们一起分享新的社会意识"。在听过"汤恩比会舍"的缔造者巴奈特的一段讲话之后,她的灵魂受到了极大的震撼——"我内心有什么东西在躁动、回荡、觉醒","强烈的渴望犹如利刃戳出一种难以忍受之痛"。斯卡达显然从巴奈特的社会服务处实践中受到了启发,[①] 而像斯卡达一样,来自伊利诺伊的亚当斯和斯达也是在她们的一次欧洲之行中首次接触到了"社会服务处理念"。1887 年,为了追寻自己的人生理想,亚当斯与过去的同窗艾伦·斯达共游欧洲,旅途的见闻最终令迷惘中的亚当斯有所感悟,她将自己的人生坐标定位在了贫民窟,她"要从生活本身认识生活",而此前 8 年苦苦求索的时光,她只当是"为生活所做的准备"。[②] 她们回国后迅速筹建了"赫尔会舍"。对于有志于美国社会改革的大学毕业生们而言,亚当斯等人在英国的发现无疑具有非比寻常的价值,因为社会服务处非常适合当时的美国国情。这种组织形式既能为更自由、更广泛地传播美国中产阶级价值观念提供一个崭新的途径,同时又不失为解决美国城市问题的一个希望之路。

不过,这些美国知识分子们之所以能够将社会服务处运动做成一份事业,在很大程度上还得益于他们自身的客观条件。其

① Mina Carson. *Settlement Folk*,Chicago:the University of Chicago Press,1990,pp. 38—40.

② Jane Addams. *Twenty Years at Hull House*,New York:Penguin Books,1998,pp. 59,61.

一，他们虽然并非腰缠万贯，但是毕竟家道殷实，有一定的经济能力到大学深造，有能力到欧洲游学，在事业的起步阶段，有能力筹措到必需的资金并能够应对日常开销；其二，作为新一代大学毕业生，他们思想开化，敏学善思，具有开展社会改革运动所必要的知识积累以及观察、思考、表达和领导能力。开办社会服务处并非是普通的怜贫济弱善举，而是要观察社会问题、思考解决途径、表达底层心声、架起社会各阶层间沟通的桥梁、推动社会走上健康有序发展的轨道，而这些无不需要以知识和才能作后盾，绝非仅凭美好愿望便能够实现的。由此可见，美国社会服务处运动乃是特定社会历史条件下的产物，是多种主客观因素相互作用的结果。

美国社会服务处运动者们的初衷并非是要为美国多添几家贫民救济院，而是要开辟一份推动社会进步的事业。事实上，他们乃是希望通过与移民们的密切接触并帮助他们解决实际问题来"加速移民被美国观念和文化的同化"，[①]进而实现社会各阶层的和谐相处，恢复整个美国社会的和平与稳定。他们之所以进驻贫困街区是因为这些"关心社会的人们相信，深入密西西比河三角洲的棚屋和芝加哥的贫民窟中去，与穷人生活在一起，并尽力改善那里的环境会有效用"。[②]通过与底层大众的近距离日常接触，他们可以亲眼目睹美国城市贫民的真实处境，直接倾听到来自底层的呼声，实际调查了解到一系列社会问题产生的真正根源，为其从理论上探究解决问题的有效途径提供事实依据，并可以以社

---

①　Ruth Hutchinson Crocker. *Social Work and Social Order：the Settlement Movement in Two Industrial Cities 1889 − 1930*，Urbana and Chicago：University of Illinois Press，1992，p. 213.

②　Otis L. Graham. *The Great Campaigns：Reform and War in American*，*1900—1928*，New Jersey：Prentice-Hall，Inc.，1971，p. 22.

会服务处为基地,在实践中对其解决方法加以验证。"赫尔会舍"建立之初,亚当斯及其同仁们为那里定下了这样的章程:"要为追求更高的市民生活与社会生活提供一个中心,要创建和继续进行教育事业与慈善事业,要调查和改进芝加哥工业区的状况。"① 可见,他们心中确实怀有更加远大的理想与目标。

从某种意义上说,社会服务处运动者们投身于这项事业的过程也是他们自身锻炼成长的过程。在社会改革的实践中,他们对于当时的贫困、劳资冲突等最尖锐的社会问题有了更加深刻的认识,形成了一套"社会服务处哲学"。相对于美国传统个人主义价值观中所谓懒惰和无能导致贫困的说法,"社会服务处哲学"更加强调导致贫困产生的社会原因。他们认识到,在美国工业化、城市化的时代,随着劳工阶层构成了贫困人口的主要部分,贫困已经不再是存在于某些个人或者个别家庭中的少数现象,而是一种具有普遍性的社会现象。相应地,他们认为贫困的主要原因并不在于个人而在于社会,社会各阶层对于机会与权利占有份额的不均,社会财富分配的不公正,与大工业生产方式和无序竞争相联系的较高的工伤、疾病和失业比率,社会福利制度以及相关法律保障的缺乏等等,都是导致社会贫困人口激增和贫民窟现象普遍存在的主要原因。在他们看来,要从根本上治理工业化时代的贫困以及由此所引发的各种社会问题,绝不能只靠向贫民施舍一餐一饭、一药一医的善举,而是要靠政府与民间改革力量的共同努力。一方面,他们呼吁政府要从政策和法律上管束大企业的不法生产经营行为,承认和保障劳工的合法权益,加强市政建设,改善贫民窟的住房、卫生、娱乐场所等实际生活条件;另一

---

① Jane Addams. *Twenty Years at Hull House*, New York: Penguin Books, 1998, p. 77.

方面，他们也倡导社会有产阶层担负起阶层间的连带责任，为引导移民们接受美国中产阶级文化价值观念和生活方式，消除阶层间的矛盾与隔阂做出共同的努力。美国社会服务处运动研究者朱迪斯·特兰德曾经说过，"事实上，社会服务处的主要意义并不在于它们所触及到的穷困个体，而在于它们为社会上的其他人打开了一扇窗口，透过这里，人们能够看到贫困并且更加了解贫困"。① 当然，透过社会服务处的窗口了解社会最多的还是美国工业化时期的这些中产阶级知识女性。

事实也证明，社会服务处并不像一般的慈善机构那样，单纯针对落难的个体施以某些方面的具体救助。它们主要着眼于提高所在居住区居民的整体文化素质和生活质量，乃是一种具有综合功能的社会改革基地，更是一种民主社会学理论研究与实践的"实验室"。社会服务处一般设立在人口稠密的城市移民区里，成为当地的教育、娱乐和生活服务中心。按照简·亚当斯的说法，社会服务处的工作者们的目的是要"全面关照社区生活：既不单纯针对穷人，也不只对富裕者；既不单纯针对青年人，也不只对老年人，而是针对整个社区"。②

出于这样的宗旨，在社会服务处的工作安排中，教育和艺术欣赏始终都占有重要的位置。女大学毕业生们把她们的社会服务处视为大学校园的延伸和课堂教育的补充，社会服务处就像是一种"社会大学"，给人一种女大学生宿舍的感觉。为创建"赫尔

---

① Judith Ann Trolander. *Professionalism and Social Change: from the Settlement House Movement to Neighborhood Centers 1886 to the present*, New York: Columbia University Press, 1987, p. 241.

② Jane Addams, "The Objective Value of a Social Settlement"，载 Henry Carter Adams. *Philanthrophy and Social Progress, Seven Essays*, Montclair, New Jersey: Patterson Smith Publishing Corporation，1970, p. 32.

会所"，亚当斯和艾伦·斯达曾经专程到欧洲收集各种绘画和其他艺术作品，而一到会舍，她们便放下行李马上开始安排相关课程与讲座：朱丽亚·莱斯罗普曾经利用周日下午为邻里组织了一个"柏拉图俱乐部"，主要讨论哲学问题；韦达·斯卡德在波士顿的戴尼森会舍开办过一个"社会学俱乐部"，讨论行会道德等时代问题。

值得注意的是，与当时多数美国学校中抽象的理论教学方法不同，她们推崇实用主义哲学家约翰·杜威等人的进步主义教育思想，将教育视为社会改革的一种方式，强调理论必须联系实际，教育必须服务社会的进步主义观点。莉莲·沃德曾在她给杜威的信中写道："我一直认为我们是在努力实现你的哲学思想。"①女大学生们相信："使乏味的生活充满意义与希望的一个途径就是将美丽和设计精致的事物引入其中。"② 为此，社会服务处的教育总是与现实生活紧密结合，力避枯燥乏味或者缺少社会价值的教育内容与方式。虽然各个社会服务处各有特色，但是它们大多都开设有各类文化普及与艺术欣赏课程——如识字班、烹饪班、音乐班、美术班、读书俱乐部、健康与卫生知识学习班等等。此外，社会服务处运动者们还会根据所在社区人口的职业特点及其他实际需要来设计相应的手工培训与工业教育活动，例如：在一些坐落于纺织厂附近的社区里，妇女和儿童们一般都从工厂里领些加工活，锁扣眼和使用缝纫机的技术水平以及速度快慢直接关系着他们的家庭收入，于是那里的社会服务处通常都开设有此类培训课；出于同样的原因，纽约的"哈特利会舍"设有

---

① Allen F. Davis. *Spearheads for Reform: the Social Settlements and the Progressive Movement 1890－1914*, New York: Oxford University Press, 1967, p. 58.

② Ibid., p. 43.

一个木工活车间;"赫尔会舍"举办有陶器、木雕、金属工艺、编织、制衣、烹饪、制瓷和制帽等课程;波士顿的"南端会舍"开始时建了一个鞋带制作车间,1903 年之后又专门准备了一座房屋,内设舞台剧表演室、陶器模型室和木工制作室等。寓教于乐是社会服务处工作者们所努力追求的一个重要原则。他们宣称,娱乐乃是人类最根本的需要之一,劳工们在紧张的劳作之余需要放松身心,"当疲惫的工人自身得到娱乐之后,他就会变成更好的公民",① 而其子女们也需要有健康的游戏活动来充实生活,从而减少他们在街头打架斗殴乃至犯罪的机会。为了能让人们"从玩耍中学习",她们积极倡导幼儿园和游乐场建设运动。正如美国历史学家艾伦·戴维斯所言,这些女大学毕业生们实际上乃是一群"教育改革者"②。

事实上,她们不仅是教育改革者,更是社会改革者。作为一种自发的民间社会改革组织,不同的社会服务处在对具体事物的处理方法和日常管理方法上难免有所差异,但它们的共同之处则是:它们都向所在社区提供托儿所服务、咨询顾问、诊疗所和家访护士;都开设有卫生、烹饪和识字方面的课程;都为各年龄层的居民组织体育、歌唱、读书兴趣俱乐部;也为社区贫困者提供餐食、服装等生活必需品。这说明,社会服务处运动的领导者们并未将眼光仅仅局限于一般意义上的慈善活动,而是试图为美国创建一种理想的社区模式。她们把社会服务处的地点选择在贫民区内,希望通过自己的工作对那里进行根本的改造。她们把对穷人的日常帮助与对穷人的文化教育融

---

① Arthur C. Holden. *The Social Settlement Idea : a Vision of Social Justice*, New York : the Macmillan Company, 1922, p. 51.

② Allen F. Davis. *Spearheads for Reform : the Social Settlements and the Progressive Movement 1890 − 1914*, New York : Oxford University Press, 1967, p. 40.

合到一起，使贫困者在接受物质救济的同时，在思想上也得到潜移默化的影响，逐渐接受美国中产阶级的文化价值观念，进而使这些贫民区得到整体的提升和改造。"社会服务处为处于贫困与社会劣势的社区提供了一个非常需要的社区中心，也向被种族和宗教差异排斥在外的人口灌输了一种非常需要的社会意识。"① 从这种意义上说，社会服务处实际上乃是一种改造社会的基层组织，而社会服务处运动者则是一种社会改革者，是"美国道路的传道者"。②

社会服务处不仅是社区活动的中心，而且也是社会事物的"研究中心，这一点也是它们区别于一般慈善机构的又一个显著特点"。"改革者和研究者到那里去调查社会情况，并在各种社会改革运动中发挥领导作用，在一代人或者更多代人的时期里，它们提供了城市社会整体与其贫困社区间沟通关系的交点。"③ 社会服务处运动者们相信，"作为受过教育的人，他们应该为贫民区与大社会之间建立起纽带关系"。为此，他们不仅为贫民区建立各种生活服务与救济机构，而且还记录所发现的问题，将其反映给各级政府的政策制定者以及其他一些具有社会影响的人物，以期对当时的市政改革及其他社会改革有所帮助。④ 不少曾经致力于社会服务处工作的知识女性都曾在当

---

① Robert Harrison. *State and Society in Twentieth—Century America*, New York, Addison Wesley Longman Inc. , 1997, p. 137.

② Ruth Hutchinson Crocker. *Social Work and Social Order: the Settlement Movement in Two Industrial Cities 1889 — 1930*, Urbana and Chicago: University of Illinois Press, 1992, p. 213.

③ Robert Harrison. *State and Society in Twentieth—Century America*, New York, Addison Wesley Longman Inc. , 1997, p. 137.

④ Camilla Stivers. *Bureau Man, Settlement Women, Constructing Public Administration in the Progressive Era*, Kansas: University Press of Kansas, 2000, p. 57.

时或者事后撰写过关于社会研究与改革的专著和文章,对她们在实际工作中所发现的社会问题予以记录和分析,并借此阐释自己对社会改造的各种见地,这一点也进一步证明了她们当时创办社会服务处的社会改革目的。

简·亚当斯是芝加哥"赫尔会所"的创办者,她所发表的《民主与社会道德》、《年轻的精神与城市的街区》、《一种新良知与一种旧罪恶》及其著名的自传体回忆录《在赫尔会所的二十年》等,都是对其社会改革思想的阐释与实践活动的总结。

作为"赫尔会所"的"第一居民",亚当斯是芝加哥市社会改革的中心人物,她曾经应社会各界邀请进行过大量的演讲和著述工作。《民主与社会道德》便是其12篇高校演讲稿的汇总,其中涉及了"工业改良"、"教育方法"、"慈善工作"和"政治改革"等各种社会改革工作。

《年轻的精神与城市的街区》是亚当斯论述青少年犯罪问题的一部专著,主要涉及了工业城市对青少年犯罪的不良影响。亚当斯及其"赫尔会所"的同事们曾经成立了一个"青少年法庭委员会",围绕青少年犯罪的起因展开系统的调查研究。亚当斯认为,环境是造成青少年犯罪的最主要的原因。她对城市社会只能组织年轻人进行工业劳动,但不能为他们提供除去舞厅和酒店之外的娱乐场所而深感忧虑。她提请人们注意加强城市道德建设以及保护家庭与社区的必要性,还特别呼吁市政当局应该承担起自己的责任,对"青少年的本性冲动"予以疏导。1909年,她主持成立了芝加哥"青少年保护协会"(the Juvenile Protective Association,JPA),旨在为消除青少年犯罪的环境诱因做出努力;1911年,她又在芝加哥科利斯姆举办了一次影响广泛的"儿童福利展览会",对城市儿童恶劣的生长环境进行了一次"令人信服的展示",① "旨在激发起那种悲愤与兴趣交织的感情,既令人惊醒也令人愤怒",展览会同时向社会工作者指明了他们"正在做的事情、可能做的事情和将要做的事情"。②

亚当斯在《一种新良知与一种旧罪恶》中论述的是娼妓问题。她曾经组织社会工作者走访了数百名在办公室、工厂、商店、旅社、餐馆中工作的移民女孩,获取了大量关于妓女问题的第一手资料,并得出结论:经济上的需要乃是导致妇女卖淫的主要原因,只要社会能够给予这些妇女足够生活的工资,她们便会抛弃这一行为。亚当斯相信,作为一种"新的良知",当时的改革行为是可以根除妓女卖淫现象的。为了表明自己的观点,亚当斯根据走访的结果,写出了一系列的研究文章,发表在1911—1912年的"黑幕揭发"杂志——《麦克卢尔杂志》上。后来,她又将这些文章结集成书,这便是《一种新良知与一种旧罪恶》。

除了亚当斯之外,她在"赫尔会所"的同事以及其他社会服务处的社会工作者们也都曾经针对当时方方面面的社会问题发表过不少的著作。"赫尔会所"的伊迪斯·艾博特曾经撰写过《移民问题的历史方面》、《公共助理》、《工业中的妇女:关于美国经济历史的一个研究》。她的同事格雷斯·艾博特也出版过《儿童与政府》、《从救济到社会保障:纽约公共福利业及其管理》、《移民与社区》;亚当斯在"赫尔会所"的挚友,"赫尔会所"的另一位创办人弗洛伦斯·凯利则出版过《关于工业立法:立法的一些道德收获》。作为"儿童署"的领导人,凯利致力于儿童福利的

---

① James Marten. *Childhood and Child Welfare in the Progressive Era*, *a Brief History with Documents*, Boston, New York: Bedford/St. Martin's, 2005, p. 1.

② Susan Glaspell, "Hearing the Cry of the Children: a Glimpse at the Child Welfare Exhibit", *Morrison's Chicago Weekly*, May, 18, 1911.

改善,她用该书告诫世人,保护其所有的儿童乃是"共和国最崇高的责任",只有这样做才能使他们将来成长为"自律的公民","因此,对儿童的关怀和培养……是国家所要关心的首要问题"。① 此外,匹兹堡的社会服务处工作者伊丽莎白·博特勒曾经撰写过《妇女与贸易:匹兹堡 1907—1908 年》。美国南部城市的社会服务处工作者弗朗西斯·凯勒写过《美国移民:一项内政计划》。"格林威治会所"的玛丽·欧文顿写过《半个人:纽约黑人的地位》。波士顿"丹尼森会所"的艾米丽·巴尔奇写过《我们的斯拉夫市民》。芝加哥社会工作学校校长索夫尼斯巴·布莱金里奇写过《城市儿童》、《家庭与政府》、《美国的公共福利管理》。纽约的社会服务处工作者伊斯曼·克里斯托写过《工业事故与法律》。约瑟芬·劳维尔写过《公共救济与私人善举》。莫德·内森写过《一场划时代的运动的故事》。莉莲·布兰德写过《五百七十四名被遗弃者及其家庭》。这些都是社会服务处的美国女大学毕业生们探索社会改革途径的心血结晶,体现了美国工业化时期这些白人中产阶级知识女性改革社会的思路和热情。②

为了推动社会改革向纵深发展,各地的社会服务处领导人还时常就某些社会问题进行切磋与交流,各种社会服务处联合组织也应运而生。1894 年,芝加哥的社会服务处最早走到了一起;1899 年,波士顿的社会服务处工作者们组成了"南端社会联盟",并在 1908 年发展为规模更大的"波士顿社会同盟";1900 年"纽约社区工作者协会"也宣告成立。这些组织的形成体现了当时的美国社会服务处运动者们献身改革事业、革除社会弊端的决心和

---

① Florence Kelly. *On Industrial Legislation*, *Some Ethical Gains Through Legislation*, New York: Macmillan Company, 1905, p. 3.

② 关于上述著作的内容介绍见 Domenica M. Barbuto. *The American Settlement Movement*: *a Bibliography*, Westport, Greenwood Press, 1999, pp. 73—104.

愿望。1910 年 5 月,为使全国社会服务处运动取得新的突破,各地社会服务处运动领袖在圣路易斯集会,决定成立"全国社会服务处联合会",并选出由 10 人组成的筹备委员会。1911 年,"全国社会服务处联合会"第一次会议在波士顿开幕,为了促进未来社会服务处工作的开展,会议提出了进一步巩固各城市社会服务处之间的联合,加强社会服务处与其他社会改革组织的合作,为各社会服务处所面临的共同问题研讨统一政策等项内容。1926 年,美国社会服务处运动者还在亚当斯的领导下成立了"国际社会服务处与社区中心联合会",开始寻求国际的合作与交流。

　　美国社会服务处的建立主要起源于一些知识女性的自发行为,却"具有公共影响"。[①] 美国历史学家卡米拉·斯蒂夫斯曾将社会服务处运动的主要社会贡献归结为八点:第一,1893 年"赫尔会馆"建立了美国第一处公共游乐场,为以后此类设施的建设提供了范例;第二,1899 年,又是在"赫尔会馆"的努力下建立了美国第一个青少年法庭;第三,"赫尔会馆"不仅在芝加哥首先建立了自己的劳工部,还敦促其所在州的州政府建立了拥有专项公共基金的劳工署;第四,"赫尔会馆"首开健康与公共卫生检查的先例;第五,亨利街社会服务处在纽约开办了美国城市学校中的特殊教育班;第六,纽约"格林威治会舍"的病儿诊所乃是推动该市政府建立此类机构的"催化剂";第七,1908 年,"格林威治会舍"在美国自然历史博物馆就居屋过分拥挤的危害举办展览,最终导致了一个专门州立委员会的成立以及 1910 年全国城市规划会议的召开;第八,纽约市的大学社会服

---

① Ruth Hutchinson Crocker. *Social Work and Social Order: the Settlement Movement in Two Industrial Cities 1889 – 1930*, Urbana and Chicago: University of Illinois Press,1992, p. 221.

务处所建立的幼儿园、游乐场、图书馆、职业培训班和夏季学校等最终被该市政府所承认和接收。① 可见，虽然社会服务处未能如其创办者们所愿，为美国制造出一个全新的和谐社会，但它们的确起到了稳定社会秩序的作用。"它们的确代表其社区居民反复论证了各种改进福利的计划"，"尽管在内政、住房和福利等如此之多的改革领域中，社会服务处未能处处都走在最前列，但是它们的确参与其中，也的确扩大了对这些领域进步运动的支持"。② 在客观上，社会服务处曾使不少贫民从中受益。那里的识字班教会了移民如何使用英语，使他们至少能学会如何用英语写求职信；礼俗课让他们了解了在美国的新环境中应该如何待人接物，这对于他们找工作、挣钱、提高社会地位都有好处；游乐场、体操馆和各种运动项目使得他们的孩子可以找到健康的游戏方式，远离犯罪；诊所和家访护士使他们得到了初步的卫生知识，也在一定程度上解决了他们无钱就医的难处。不可否认，这种生活上的帮助和思想上的改造，虽然不可能从根本上消除社会制度的弊端，但是它们对于减少底层的不满情绪、化解社会矛盾却具有直接的作用。

社会服务处的建立体现着美国工业化时期妇女知识分子们拯救社会的良苦用心，"她们为了使其社会更加和谐而团结一致，共同努力"。通过领导社会服务处运动，"她们建立起了推动改革的政治与社会网络"，③ "解决了美国城市中的一些最糟

---

① Camilla Stivers. *Bureau Man*，*Settlement Women*，*Constructing Public Administration in the Progressive Era*，Kansas：University Press of Kansas，2000，pp. 57—58.

② Judith Ann Trolander. *Professionalism and Social Change：from the Settlement House Movement to Neighborhood Centers 1886 to the present*，New York：Columbia University Press，1987，p. 241.

③ Eleanor J. Stebner. *The Women of Hull House*，New York：State University of New York，1997，p. 184.

糕的问题"①,"在 19 世纪末 20 世纪初的历史时段里她们扮演了
重要的角色"。② 不仅如此,她们的社会服务处还是"超越时代
的",其社区服务的改革模式为新政时期以及此后的政府所采
纳。③ 所以美国史学家艾伦·戴维斯称之为"改革的先锋"。④ 可
见,社会服务处运动"乃是进步主义时代改革的组成部分",是
一个旨在"教导城市大众,使之现代化"的进步主义运动。⑤ 而
在这一运动中,正如在禁酒运动中一样,众多的美国知识女性担
当起了领导者的角色,她们在社会研究与改革中展现出了过人的
勇气和能力,在进步主义运动的时代大潮里开拓出了一方"由女
性主宰的改革"天地。⑥

---

①　Ruth Hutchinson Crocker. *Social Work and Social Order: the Settlement Movement in Two Industrial Cities 1889 − 1930*, Urbana and Chicago: University of Illinois Press, 1992, p. 211.

②　Eleanor J. Stebner. *The Women of Hull House*, New York: State University of New York, 1997, p. 187.

③　Ruth Hutchinson Crocker. *Social Work and Social Order: the Settlement Movement in Two Industrial Cities 1889 − 1930*, Urbana and Chicago: University of Illinois Press, 1992, p. 211.

④　Allen F. Davis. *Spearheads for Reform: the Social Settlements and the Progressive Movement 1890 − 1914*, New York: Oxford University Press, 1967.

⑤　Ruth Hutchinson Crocker, *Social Work and Social Order: The Settlement Movement in Two Industrial Cities, 1889 − 1930*, p. 221.

⑥　Robert Harrison. *State and Society in Twentieth-Century America*, New York, Addison Wesley Longman Inc., 1997, p. 136.

第六章

改进民主:知识型政治家
推动全国性改革

  19、20世纪的世纪之交,当各界的先进知识分子们都在为拯救美国社会各抒己见、献计献策或是躬身实践、亲力亲为之时,他们中也不乏有人侧身政界,在上至联邦下到各州、各市的行政机构中活跃一时,为推进各项社会改革、实现新型政治体制、打击政党核心集团、铲除"市政老板"势力、建立高效廉洁的各级政府作出了贡献。特别是在联邦一级政府中先后出现了西奥多·罗斯福和伍德罗·威尔逊两位学者出身的知识型总统——他们曾经就读于著名的哈佛大学或普林斯顿高等学府,也曾经在历史、法律或者政治经济学等领域里小有建树,但是时代却选择了他们来担当领导社会的使命,为国家的进步改革贡献力量。作为知识阶层在政治领域的最高领袖,他们理应得到特别关注——正如美国历史学家约翰·赛福德所言:"美国进步主义时代有幸出现了两位学者总统。此事意义重大,因为当他们被推举到这一最具政治权威的位置上时,他们实际上代表了进步主义者们的思想与行动。这两位总统的上任,使进步主义运动在实践领域的最高级别上得到了检验"。① 此外，罗伯特·拉福莱特的州政改革功绩也同样值得一书。作为威斯康星的一州之长，他用进步主义理念将那里改造成了美国"民主的实验室"，为全国的州政改革树立了成功的榜样。美国历史学家罗伯特·马克斯韦尔曾经说过，"尽管在第一次世界大战之前的时代里，进步主义运动包括了很多杰出的政治和思想领袖，但是对于研究进步主义的学者们而言，却有三个名字跃然而出——西奥多·罗斯福、伍德罗·威尔逊和罗伯特·拉福莱特"。② 下面将要重点论述的正是这三位人物的改革思想与实践。

第一节　罗伯特·拉福莱特与州政改革运动

19 世纪末 20 世纪初，一些美国政治家曾将进步主义观念引入了政治领域，开展了轰轰烈烈的市政和州政改革运动，使进步主义运动具有了政治运动的特性，出身美国中西部的罗伯特·拉福莱特乃是他们当中最出色的一个。作为威斯康星的一州之长，拉福莱特为了肃清党魁政治势力和建立其理想中的"保证绝大多数人之最大利益"的州政府，同保守势力和"政治老板"们进行了不屈不挠的斗争。他坚持"政府为全体利益——而绝不是仅仅为少数几个人而设立"，其富于战斗精神的领导，为威斯康星赢

---

① John Lugton Safford. *Pragmatism and the Progressive Movement in the United States*，Lanham：University Press of America，1987，p. 124.

② Robert S. Maxwell. *La Follette*，Englewood Cliff，New Jersey：Prentice-Hall，Inc.，1969，引言 p. 1.

得了"真正进步主义州"的声誉,[1] 而他本人也获得了"好战的鲍勃"的绰号。[2]

一　罗伯特·拉福莱特其人

罗伯特·拉福莱特（Robert M. La Follete, 1855—1925 年）出生于威斯康星州戴恩县的一个普通劳动者家庭,在西部轰轰烈烈的格兰奇运动的氛围里逐渐长大,他自幼聪颖好学,对政治表现出了浓厚的兴趣,十几岁时便已开始阅读亨利·乔治的书籍。

1875 年,他考入威斯康星大学,学习法律及其他一些科目,并开始活跃于各种学生活动之中。正如传记作家格林波姆·福雷德所言,"拉福莱特的大学岁月对于其私人及其政治发展都至关重要"。在这里,他建立了那些日后为其政治生涯帮了大忙的人际关系;还是在这里,他确立了自己作为演说家的声誉;同样是在这里,他初次认识到了自己巨大的工作能力;也就是在这里,他遇到了他未来志同道合的妻子。[3] 在威斯康星大学就读期间,拉福莱特曾经担任校报编辑的工作,还曾经领导具有叛逆精神的学生通过竞选挫败了牢牢控制大学生活的各个学生团体,显示出了出色的领导天赋和政治智慧。[4] 拉福莱特在演讲和辩论方面也

①　Edward N. Doan. *The La Follettes and the Wisconsin Idea*, New York, Toronto: Rinehart & Company, Inc., 1947, p. 4.

②　Frank Freidel & Alan Brinkley. *America in the Twentieth Century*, New York: McGraw-Hill, Inc., 1982, p. 47.

③　Fred Greenbaum. *Robert Marion La Follette*, Boston: Twayne Publishers, 1975, p. 20.

④　Russel B. Nye. *Midwestern Progressive Politics: a Historical Study of Its Origions and Development 1870 – 1958*, Michigan: Michigan State University Press, 1959, p. 192.

很有才华:1879年,他先后在威斯康星大学、威斯康星州以及举行于艾奥瓦市的州际辩论赛中拔得头筹。[①] 他的演讲天赋在他日后从政中发挥了极其重要的作用,他曾多次为自己的政治主张发表公众演说并"用雄辩术确立了其道德与政治领袖的地位"。[②] 求学期间,拉福莱特深受威斯康星州最高法院首席法官爱德华·莱恩的激进思想影响。1873年,莱恩曾向威斯康星大学学生发表演说,对大企业垄断经济和操纵政治的不法行为予以抨击,这次慷慨激昂的演说使年轻的拉福莱特在思想上受到了很大的触动。[③]"从国会到威斯康星州长再到美国参议员,那些话语始终都是拉福莱特事业中的座右铭。"[④]

1879年大学毕业后,拉福莱特与其大学同学白丽·凯斯结婚,后者同样富于演讲才能,是威斯康星大学法学院的第一位女毕业生。两人志同道合,不仅成为生活上的伴侣,在事业上也有所合作。

同年,拉福莱特开始从事律师职业。"尽管他是一位好律师,但是他对政治比对法律更感兴趣。"[⑤] 因此他决定参加戴恩县地

---

① Ernest N Warner, "Robert Marion La Follette", *Madison, Past and Present*, Madison: State Journal Printing Co., 1902. 50. Held by the State Historical Society of Wisconsin: F589 M1 M32. http://www. library. wisc. edu/etext/WIReader/WER0661. html

② Carl R. Burgchardt. *Robert M. La Follette, SR., the Voice of Conscience*, New York, Westport, Connecticut, London: Greenwood Press, 1992, p. xv.

③ Fred Greenbaum. *Robert Marion La Follette*, Boston: Twayne Publishers, 1975, p. 19.

④ John Nichols, "About Robert 'Fighting Bob' La Follette", http://www. fightingbob. com/aboutbob. cfm.

⑤ Russel B. Nye. *Midwestern Progressive Politics: a Historical Study of Its Origions and Development 1870 — 1958*, Michigan: Michigan State University Press, 1959, p. 192.

区检察官的竞选活动。虽然当时统治威斯康星州的政治老板凯斯百般阻挠，但是拉福莱特却毫不退却，他充分利用自己出色的口才，在全县作巡回演说，通过廉洁检察机关、削减开支、亲自关注全县所有案件等各种承诺打动了选民，击败了竞选对手，又一次显示了出色的政治才能。他"在凯斯家门口的地盘上挑战了他，并战胜了他"。① 1880—1884 年间拉福莱特在地区检察官的职位上连任两届，积累了丰富的政治经验。

1885 年，年仅 30 岁的拉福莱特作为共和党人竞选国会参议员成功，成为那一届国会中最年轻的参议员。从 1885 年到 1891 年间，他连续 3 届出任共和党国会众议院议员。其间，他以反对腐败和企业对政治的控制而著称。他猛烈地批评党阀行为，提出了改革税务、扩大政治民主等主张，逐渐树立了自己在改革派中的领袖地位。

1900 年，拉福莱特被选为威斯康星州的州长，后又在 1902 年和 1904 年两次竞选中成功连任，推行了一系列的州政改革举措，为进步主义运动作出了巨大贡献。

1906 年拉福莱特当选为美国国会参议员。在华盛顿，他一如既往地同保守势力进行斗争，力主加强对铁路及其他大企业的管理。他强调其改革的主要目标就是保护人民不受私利的欺负。他强调："作为消费者，全体人民的利益乃是政府首要考虑的问题。"拉福莱特声称，美国的经济已经被少数有实力的大工业家所掌握，而这些人则用他们的权力控制了政治程序。因此，他视大企业为政治腐败的根源，极力反对垄

---

① Russel B. Nye. *Midwestern Progressive Politics: a Historical Study of Its Origions and Development 1870 — 1958*, Michigan: Michigan State University Press, 1959，p. 193.

断的增长。①

1909 年，拉福莱特和他的妻子、女权主义者白丽·拉福莱特（Belle La Follette）一起创办了《拉福莱特周刊》。这一周刊为妇女的参政权、种族平等和其他一些进步主义事业做出了重大贡献。②

1911 年拉福莱特组建了全国进步主义共和党同盟。1912 年，拉福莱特曾在总统大选中支持伍德罗·威尔逊的社会正义立法，但他却在 1914—1920 年与总统唱对台戏，坚决反对美国参加第一次世界大战和在威尔逊主持下制定的战后和约条款。③

在拉福莱特 20 多年的从政生涯里，他对美国的进步主义事业起到了巨大的推动作用，无论是在美国的联邦政治改革还是在威斯康星州的政治改革中，他都称得起是一位先锋，是"该时代最重要的政治家之一"，是美国"进步主义时代的一位杰出领袖"。④

二　"好战的鲍勃"与美国"民主的实验室"

"好战的鲍勃"是美国进步主义时期改革派们送给威斯康星州州长拉福莱特的一个绰号，⑤ 体现了进步主义者们对这位州长

①　David P. Thelen. *Robert M. Lafollette and the Insurgent Spirit*, Boston, Toronto: Little, Brown and Company, 1976, p. 56.

②　Nancy C. Unger. *Fighting Bob La Follette, the Righteous Reformer*, Chapel Hill: the University of North Carolina Press, 2000, p. 55.

③　Edward N. Doan. *The La Follettes and the Wisconsin Idea*, New York, Toronto: Rinehart & Company, Inc., 1947, pp. 63—97.

④　Carl R. Burgchardt. *Robert M. La Follette, SR, the Voice of Conscience*, New York, Westport, Connecticut, London: Greenwood Press, 1992, p. 3.

⑤　Frank Freidel & Alan Brinkley. *America in the Twentieth Century*, New York: McGraw-Hill, Inc., 1982, p. 47.

的爱戴[①]，也形象地反映了拉福莱特的改革魄力与斗争精神。为实现政治民主，拉福莱特与把持州政大权的共和党党魁以及与这些党魁串通一气的木材和铁路大亨们进行了不懈的斗争，并赢得了一次又一次的胜利。在其任期之内，拉福莱特的州政改革取得了显著的成果。逐步形成了"威斯康星理念"，[②] 成为美国州政史上最重要的改革之一。在他的领导下，威斯康星州开始保护自然资源，抑制院外集团的游说活动，制定银行法规，征收公司税，打破政党机器。他还设立了专门委员会负责管理工厂的安全和卫生、改进教育和工人的补偿，并降低了铁路运费。不仅如此，他还使威斯康星成为第一个征收收入所得税的州。拉福莱特善于听取专家的建议，他与威斯康星大学的教授们"建立了紧密的联系"，[③] 并采纳他们的合理建议。据格林波姆·福雷德描述，拉福莱特当选威斯康星州州长之后，便将威斯康星州政府与威斯康星大学"这两个领域结合到了一起"，他经常在家中设便宴招待大学里的专家学者，与他们在餐桌上"非正式地交换观点"，"其许多计划都是依靠大学中的才智和资源而制定"。[④] 据记载，他曾经依靠州立大学的理查德·伊利、约翰·康蒙斯、爱德华·罗斯等学界人物所提供的情况和数据来制定相关的经济政策，甚至还聘请经济学家 B. H. 迈耶尔、政治学家托马斯·亚当斯等人出任公职，威斯康星大学俨然成了"威斯康星州政府的第四个部

---

① Robert Kelley. *The Shaping of the American Past 1865 to Present*, New Jersey: Prentice Hall, 1990, p. 493.

② Fred Greenbaum. *Robert Marion La Follette*, Boston: Twayne Publishers, 1975, p. 51.

③ Robert Kelley. *The Shaping of the American Past 1865 to Present*, New Jersey: Prentice Hall, 1990, p. 493.

④ Fred Greenbaum. *Robert Marion La Follette*, Boston: Twayne Publishers, 1975, p. 51.

门"和"该州的神经中枢"。① 拉福莱特也对母校的贡献给予了
充分的肯定,他自述:"我在威斯康星的所有战斗中,这座大学
及其学生们始终都坚定地站在我的背后,给我以支持。在相当大
的程度上说,这座大学已经成了进步主义的思想宝库。"② 拉福
莱特将威斯康星建设成了美国中西部进步主义运动的"实践基
地",③ 为当时的美国州政改革提供了"最成功的典范"。④ 他所
倡导的政治哲学和所推行的许多改革措施都被其他各州以及联邦
政府所接受和采纳。西奥多·罗斯福总统将拉福莱特领导下的威
斯康星誉为"民主的实验室"。⑤ "威斯康星理念"迅速传到了许
多其他州,⑥ 并最终"引起了全国的注意"。⑦

　　"威斯康星理念"中包含着拉福莱特本人的政治哲学及其对
民主的理解。他认为,民主制度的保障完全取决于人民自己,
"人民的意志将是国家的法律"。⑧ 其政治信仰中的一个基本信

　　① Nancy C. Unger. *Fighting Bob La Follette*, *the Righteous Reformer*, Chapel Hill: the University of North Carolina Press, 2000, p. 122.

　　② Robert. M. La Follette. *La Follette's Autobiography*, Madison: Robert. M. La Follette Co., 1918, pp. 28—29.

　　③ Russel B. Nye. *Midwestern Progressive Politics: a Historical Study of Its Origions and Development 1870—1958*, Michigan: Michigan State University Press, 1959, p. 201.

　　④ Robert Kelley. *The Shaping of the American Past 1865 to Present*, New Jersey: Prentice Hall, 1990, p. 493.

　　⑤ Franklin D. Mitchell and Richard O. Davies. *America's Recent Past*, New York, London, Sydney, Toronto: John Wiley & Sons, Inc., 1969, p. 14.

　　⑥ Robert A. Divine, T. H. Breen, George M. Fredrickson. *America*, *Past and Present*, vol. 2, Glenview, Illinois: Scott, Foresman and Company, 1986, p. 361.

　　⑦ Robert Kelley. *The Shaping of the American Past 1865 to Present*, New Jersey: Prentice Hall, 1990, p. 493.

　　⑧ David P. Thelen. *Robert M. Lafollette and the Insurgent Spirit*, Boston, Toronto: Little, Brown and Company, 1976, p. viii.

条就是,一旦人民被妥当地告知、得到激励,人民将做出正确
的选择。他曾说过,"倘若你能使一个社会中的十几个或者更
多的领导者对公共问题感兴趣,并能使之随时了解公共问题,
那么你就已经为民主政府打下了坚实的基础"。拉福莱特的民
主主张曾招致了共和党党魁们的强烈反对,他们向企业主发出
警告,声言拉福莱特的改革计划将会把资本家赶出该州。面对
上述指责,拉福莱特辩称自己乃是资本主义的保护者,他指
出,倘若不加阻止的话,几乎可以肯定资本主义将会走向自杀
的结局,而民主制度也将被一起拖垮。[①]"威斯康星理念"不仅
是一种理论,也是一种实践。为了保证和扩大代议制政府的职
能,拉福莱特为威斯康星州引入了直接预选制、创制权和复决
权,并促成了《反腐败法》、《民法》和《反援外活动法》等法
律的通过。为了保护公民免受特殊利益集团的剥削和压迫,他
又建立了交通、工业和公用事业等委员会,负责制定价格和保
障服务;他还设立了税收委员会负责管理税收工作,1908 年
他又开始在州内征收累进所得税和累进继承税;同时,《人寿
保险及银行法》、《不公平交易法》、《新度量衡法》等其他一些
法律也相继在拉福莱特的州长任内被通过。为了保障公共安全
与福利,拉福莱特又促使州议会通过立法,在州内禁用童工,
限制使用女工,同时还颁布了《工业安全法》、《公共健康与纯
净食品法》、《工人补偿法》和《资源保护法》等一系列的法律
法规。[②] 可见,"威斯康星理念"乃是一个"行之有效的进步主

　　[①]　Russel B. Nye. *Midwestern Progressive Politics: a Historical Study of Its Origions and Development 1870 − 1958*, Michigan: Michigan State University Press, 1959, p. 205.

　　[②]　Franklin D. Mitchell and Richard O. Davies. *America's Recent Past*, New York, London, Sydney, Toronto: John Wiley & Sons, Inc. , 1969, p. 14.

义实验"。①

如前所述，实行直接预选制、创制权和复决权是"威斯康星理念"的一个重要方面，也是拉福莱特对美国民主政治建设所做出的最大贡献。在1900年拉福莱特竞选州长成功之前，他曾于1896年和1898年两次在威斯康星州共和党代表大会上谋求州长提名，但均因党魁的阻挠而失败。当政后，拉福莱特决心铲除"党魁统治"，还政于民。他指出："进步主义运动的实质就在于它以维护代议制政府的根本原则为目的。"② 上任伊始，他在给州议会的第一份咨文中，便把实行直接预选制排在立法计划的首要位置。他指出，只有采取直接预选制度，打破党魁对州政的控制，将提名候选人的权力交还给人民才是实现真正民主制度的唯一希望。在拉福莱特的多方努力下，1903年威斯康星州议会终于通过了一个强制性的全面直接预选法。该法的通过开启了美国乃至世界直接预选制度的先河，为美国进步主义时期全国性的州政改革树立了榜样。"自从拉福莱特将直接提名候选人的初选方法引入到威斯康星之后，这一方法得到了迅速的传播。"③ 1904年，俄勒冈州开始效法。1905年，又有另外5个州通过了此项立法。到1917年，美国的48个州中，有44个州已经制定了直接初选法，其中32个州同威斯康星州的立法一样，乃是全面的和强制性的。美国政党问题专家奥斯汀·兰尼将这一立法的通过

① Russel B. Nye. *Midwestern Progressive Politics: a Historical Study of Its Origions and Development 1870－1958*, Michigan: Michigan State University Press, 1959, p. 202.

② Robert. M. La Follette. *La Follette's Autobiography*, Madison: Robert. M. La Follette Co., 1918, p. x.

③ David A. Shannon. *The Progressive Era*, Chicago: Rand McNally College Publishing Company, 1974, p. 106.

称为"美国历史上最激进的政党改革"。①

建立廉洁、高效的政府也是拉福莱特州政改革的一个重要内容。1900 年,当拉福莱特就职初期,威斯康星州的政府机构混乱一片,腐败成风,院外活动集团在立法机关里出出进进,指手画脚;所有的法律文件都靠 70 名女职员手写后分发出去;各种政府机构设置重叠,职能分工不明,甚至连其中的工作人员本身都不清楚他们该做什么;议会中的规定也很少得到遵守和执行。拉福莱特主政后,立即着手对政府部门加以治理,具体措施包括:出台了《反院外活动集团法》,借以消除院外活动集团对立法机关的不良影响;在办公程序中使用速记员和打印设备,用以提高办公效率;应用民法对政府职员加以管理;制定法规,规范立法程序;采用委员会制,在州政府创立了一些专门的委员会,负责处理诸如铁路、税务、资源等各方面的问题;建立了一个州公共事务署,负责监管和开发州内自然资源;州长和州秘书长、州议长和州财政委员会分别代表行政部门和立法机关,两部门各自从农业、制造业和劳工中吸收一名成员。此外,拉福莱特还责令政治学专家查尔斯·麦卡锡在 1901 年建立了一个立法参考图书馆,为立法者提供相关的文献资料和专家咨询,使他们在草拟法案的时候能够及时得到必要的事实、统计数据和相关方面的先例。这一创举避免了州立法案与联邦宪法发生抵触的情况,有效地提高了立法机关的工作效率,是进步主义运动对于建设"好政府"所做出的最大贡献之一。②

---

①　Austin Ranney. *Curing the Mischiefs of Faction—Party Reform in America*, Berkeley: University of California Press, 1975, p. 25.

②　Russel B. Nye. *Midwestern Progressive Politics: a Historical Study of Its Origions and Development 1870—1958*, Michigan: Michigan State University Press, 1959, p. 204.

拉福莱特冲击了威斯康星州的政党机器,对与党魁相互勾结的垄断企业进行了大力治理。同美国中西部地区的其他各州的情况一样,自19世纪70年代以来,威斯康星州的铁路业和经营公用事业的公司一直受到"政治老板"及其操纵的政党机器的庇护,其肆意妄为的做法曾经引起了西部农场主的普遍不满,并引发了一场以农场主为主要角色的"格兰奇运动"。虽然格兰奇运动者们试图迫使政府加强对铁路和其他垄断行业的治理,但在客观上却并未达到理想的效果。作为一个出身美国中西部地区的政治家,拉福莱特深刻了解西部农场主的不幸和新兴工业城市中劳工的苦难,他清楚地认识到,"政治老板"、政党机器、铁路巨头、托拉斯和金融大亨们"正在腐蚀着美国的生活",并着手打破垄断公司与政治老板之间的联合。他提出了自己的政治理念,认为政治应该被当作提高公众利益的工具,而不可成为特殊利益集团争夺好处的竞技场。[①] 为此,他专门聘请了一些威斯康星大学的专家草拟法案、实施了一系列进步主义的改革,包括:加强对铁路、保险公司和其他企业的管理,重新调整州税收系统,提高公司税,颁布健康、教育和农业立法,创办保护自然项目,制定《童工法》、《工人补偿法》和其他保护工人的立法。[②] 拉福莱特希望依靠人民的智慧来打击政党机器和"政治老板",他为此大力推进新闻自由、义务教育和公共宣传运动,因为他感到,"'政治老板'的统治是建立在伪代表和无知的基础之上的。民主则是以知情为前提的。对我来说很明显,打击'政治老板'及帮派统治的唯一出路就是始终使人民完全了解情况"。1897年2

---

① Frank Freidel & Alan Brinkley. *America in the Twentieth Century*, New York: McGraw-Hill, Inc., 1982, p. 47.

② Franklin D. Mitchell and Richard O. Davies. *America's Recent Past*, New York, London, Sydney, Toronto: John Wiley & Sons, Inc., 1969, p. 14.

月，他在芝加哥就"政党机器的威胁"一题发表专题演说，揭示政党机器操纵政治的种种不正当手段及其对美国民主政治建设的危害，警告人民"除非尽快加以阻止，否则，通过控制各大城市和大州，通过操纵立法机构和美国参议院的席位，政党机器显然终将凌驾于政府之上，全面掌控政府"。① 拉福莱特承认，现代企业的运作需要资本的高度集中，但是，他在其1904年的咨文中指出，这种集中无论如何都不能用以破坏竞争，控制价格，牟取公众利益或者腐化政府。过于强大的有组织私有经济力量对于公众福利和民主都是一种威胁，而只有政府才有能力对其加以控制。因此，政府必须为了大众利益去管理企业，如有必要则打破它，否则，"工业上的奴役，最终便意味着政治上的奴役"。本着这样的原则，拉福莱特在其州长任期内对州内的企业着手实施了"具体、实际而客观"的治理。② 1905年，他不顾党魁和特殊利益集团的反对，聘用各方面专家组成了各种专门委员会，对铁路、高速公路、银行、保险、股票证券、奶制品和食物、税收等公共事业进行监督管理。威斯康星制造商协会对这一"委员会政府"的举措反应强烈，指责其对私人和公司事务的干涉"令人恼火"，拉福莱特则始终立场坚决，声明"只要委员会经由立法机关产生……我们就无须惊慌"。③ 事实证明，在与政党机器和利益集团的冲突和斗争中，最终的胜利属于拉福莱特。他凭借州长

① Robert M. La Follette，"The Menace of the Political Machine"，a Speech in Chicago，February 22，1897，载 Carl R. Burgchardt. *Robert M. La Follette，S. R.，the Voice of Conscience*，New York，Westport，Connecticut，London：Greenwood Press，1992，p. 173.

② Russel B. Nye. *Midwestern Progressive Politics：a Historical Study of Its Origions and Development 1870－1958*，Michigan：Michigan State University Press，1959，pp. 206－207.

③ Ibid. ，p. 203.

的优势，"实现了他的很多目标"。① 其州政改革在管理企业与铁路、实行直接预选、反对政治腐败、控制公用事业、改进教育、保护自然资源等方面都取得了重大进展。虽然他的政治观点在当时是比较激进的，并曾引起州内各派政治势力的激烈斗争，但拉福莱特依靠人民的选举，却总能获得胜利。在他的领导下，威斯康星州成为了"民主的实验室"，广大民众的权利得到了伸张和保证。其他各州的纷纷效仿，带来了美国州政改革的风起云涌。1913 年，罗伯特·拉福莱特在回顾自己作为州长的经历时，写下了下面这段话：

> 我在威斯康星州任职的叙述到此为止。这是一段充满斗争的岁月，但也是我乐于回顾的时代。这曾是一场极其值得进行的战斗……如果能够证明威斯康星州是一个较幸福、较美好的居留之邦，其制度较民主，其所有人民都享有较平等的机会，其社会正义较近于普遍，其人民生活较安全和愉快，那么，我就会怀着进步运动取得胜利的心情而心满意足。②

拉福莱特的事迹并非孤例，19、20 世纪的世纪之交，美国知识分子中跻身政要之列、锐意改革者在各级政府中都大有人在，即便在当时的历任总统中也并非绝无仅有，1901 年登上美国总统宝座的共和党人西奥多·罗斯福就是一位"大

---

① "*Robert M. Lafollette*"，http：//www.socialstudieshelp.com /Lesson-66-Handout-Robert-Lafollette. htm.

② William A. Link and Arthur Link. *American Epoch：a History of the United States Since 1900*，vol. I：1900—1945，New York，Knopf，1987，p. 80.

知识分子",① 其后上任的民主党总统伍德罗·威尔逊也是学者出身，他们将成为本章下面的研究内容。

三 "有才智的公民团体"与进步主义政府改革运动

在美国从农业社会到工业社会的转型过程中，正是因为有一批像拉福莱特这样的知识分子活跃在各级政府中，才使得当时的美国城市政府、州政府乃至联邦政府的机构设置和施政方针得到了适时调整，使得进步主义理念能够被贯彻到美国的政治生活当中。正如美国历史学家乔治·莫里所看到的，当时美国的"城市拥有一个富于凝聚力的、具有才智和兴趣的公民群体"，拥有一批"具有批判性的公民"，② 而拉福莱特则是他们中的楷模。李剑鸣教授也曾对美国进步主义时期知识分子在政治改革中所起的作用予以肯定，他在《大转折的年代》一书中写道："从1890年代开始，一股新的政治势力悄然登临美国政治舞台。他们来无声息，却忽然间异军突起，各领风骚，改变了两个主要政党间的力量对比，造成了变革美国生活的浩然声势。"同时他还根据"政治型改革派"的出身、经历与改革主张，将其分为"企业界改革派"、"伦理型改革派"和"知识型改革派"三大类。除了跻身政坛的企业主之外，他将简·亚当斯等接受过良好教育，以人道主义和道德主义为改革出发点和归宿，"关心贫困阶层命运，致力于贫民区改善与劳工立法的社会改革者"归结为伦理改革派；将

---

① 李剑鸣：《伟大的历险——西奥多·罗斯福传》，世界知识出版社1994年版，第14页。

② George E. Mowry, "the Urban Reform Tradition", 载 Lyle W. Dorsett. *Problems in American Civilization: the Challenge of the City*, Lexington: D. C. Heath and Company, 1968, p. 95.

学者出身的美国"自然资源保护运动的官方领导人"、美国林业局局长吉福德·平肖等"为进步主义运动提出思想与理论或运用专门知识来从事改革的"称为"知识型改革派"。从这一划分中可以看出，美国进步主义运动在政治领域的展开在很大程度上得益于当时众多知识分子们的全力推动。尽管李剑鸣教授在书中指出，美国当时"以政治领导人身份从事改革的人，队伍十分庞大"，但同时他也看到，"在这批人中，起着关键作用的"还是"罗伯特·拉福莱特、西奥多·罗斯福、伍德罗·威尔逊、艾伯特·卡明斯、艾伯特·贝弗里奇等人"。① 这些"起着关键作用的"人显然主要来自他所说的"知识型改革派"，他们出身名校，思想开明，不乏专业知识与政治见解，在各级政府的工作中成功地运用自己的才识，逐渐成为治理当时美国市政、州政和联邦政治的行家里手。拉福莱特的现代直接初选制度、罗斯福的"新国家主义"改革理论和威尔逊的"新自由"政治经济学等，都成为进步主义政治改革中的成功创举。可见，在当时的美国政治改革领导者中，知识分子占据了相当大的比例并发挥了相当重要的作用。

19世纪末20世纪初，在美国市政和州政改革运动中始终活跃着知识分子们的身影，他们在市长、州长以及市、州议会的重要职务中发挥着领导的作用，成为市政或者州政改革运动中的先锋人物。在这一时期，美国城市政治生活的普遍腐败与经济秩序的混乱引起了广大民众的强烈不满，也促使一些具有政治头脑和领导才能的改革者跻身政治领域，掀起了全国性的市政与州政改革运动，涌现出了一批著名的城市改革者，而在这一群体中则不

乏知识分子出身的政治家。美国历史学家米歇尔·P. 麦卡锡曾经对美国进步主义时期领导市政改革运动的城市市长进行过专门的身份考察，结果发现，这些城市改革者大都是白人中产阶级出身，而且有着良好的学历背景，属于"令人尊敬的阶层":[①] 圣路易市市长约瑟夫·W. 福克曾经是位检察官;[②] 芝加哥市市长卡特·哈里森是一位富有的民主党人，毕业于芝加哥市圣伊格那迪丝学院（St. Ignatius College），后又取得了耶鲁大学法学学士学位;纽约市市长塞司·罗尔出生于富裕的商人家庭，原本是哥伦比亚大学的一位院长，其继任者乔治·麦柯里兰则是一位毕业于普林斯顿大学的民主党人;波士顿市市长帕提科·柯林斯曾经于 1901 年和 1905 年两次当选市长，他是"通过哈佛大学法学院和芝加哥大学法学院的培养而赢得了他的资格"。"这些中产阶级改革者在非凡的社会和经济变动中为城市社会提供了至关重要的领导作用。"[③]

　　以芝加哥市为例，其市政改革运动之所以能够开展得如火如荼，在很大程度上应该归功于知识型政治家们的共同努力。1895年，当该市的市议会准备"将公众最宝贵的权力出卖给查尔斯·T. 耶克斯，一个经营公用事业的巨头"之时，232 名知识型政治

---

①　Michael P. McCarthy, "Three Cheers for Middle Class Reformers: the Municipal Voters' League of Chicago Revisited", 载 Bruce M. Stave & Sondra A. Stave. *Urban Bosses, Machines, and Progressive Reformers*, Malabar, Florida: Robert E. Krieger, 1984, p. 175.

②　George E. Mowry, "the Urban Reform Tradition", 载 Lyle W. Dorsett. *Problems in American Civilization: the Challenge of the City*, Lexington: D. C. Heath and Company, 1968, p. 98.

③　Michael P. McCarthy, "Three Cheers for Middle Class Reformers: the Municipal Voters' League of Chicago Revisited", 载 Bruce M. Stave & Sondra A. Stave. *Urban Bosses, Machines, and Progressive Reformers*, Malabar, Florida: Robert E. Krieger, 1984, pp. 174-176.

家便首先掀起了反对腐败、反对出卖特许权的运动。他们超越党派的界限,成立了城市选民同盟,在政治家乔治·柯尔的领导下,"一群有才华的年轻人"组成了同盟的核心集体,其中包括耶鲁大学毕业的威廉·肯特、建筑设计师艾兰·B.庞德以及沃尔特·L.菲舍尔、约翰·哈兰和弗朗西斯·沃克等三位律师。他们将城市议会"当作了改革的工具",[①] 在 1896 年和 1897 年的高级市政官员选举中,同盟通过无情揭露市议员的腐败行为而取得了对议会的控制权,并在 1897 年促成了怀有进步主义思想的知识分子卡特·哈里森当选为市长,使"芝加哥从行贿受贿者的手中得到了拯救"。芝加哥的市政改革运动为其他城市做出了榜样,纽约和明尼阿波利斯等城市纷纷加以效仿,各种"好政府同盟"在美国大大小小的城市中相继成立,"其他地方的城市改革运动也遵循了一条类似的途径"。[②] 在从 19 世纪 80 年代末期到 20 世纪的前十几年的时间里,包括众多知识分子在内的美国城市改革者们展开了全国性的市政改革运动,在铲除市政腐败、驱逐"城市老板"、打碎政党机器、恢复代议制政府、建立新型市政体制、实行公平税收、加强对公用事业的管理以及扩大公益服务事业等各个方面都取得一定的效果。

不仅如此,就在市政改革运动如火如荼地展开的同时,进步主义者们还在州一级开辟了政府改革的"第二个战场",因为他们在市政改革的实践过程中逐渐认识到,城市的各种问题无法在

①　Michael P. McCarthy, "Three Cheers for Middle Class Reformers: the Municipal Voters' League of Chicago Revisited",载 Bruce M. Stave & Sondra A. Stave, *Urban Bosses, Machines, and Progressive Reformers*, Malabar, Florida: Robert E. Krieger, 1984, pp. 170—171.

②　William A. Link and Arthur Link. *American Epoch: a History of the United States Since 1900*, vol. I: 1900—1945, New York, Knopf, 1987, p. 73.

基层得到彻底解决。他们与之斗争的地方政党机器通常都从属于一个州的"集团"，而且由于缺乏地方自治权利，就使得州立法机关和保守的法庭有办法挫败城市的许多改革。而且，经营公用事业的垄断公司又常常过大、过强，城市对其难以进行有效管理。"由于经常在其反对城市老板统治的斗争中遭到挫败，许多进步主义者转而把州政用作改革的机构。"① 结果是，很多城市改革者便打入了州级政府之中，在各州掀起了"还政于民"的民主改革运动②，"像约瑟夫·W. 福克这样的改革者成为密苏里州杰出的进步主义州长，而最初他是在参加地方改革运动中成长为进步主义者的"。③ 此外，学者出身的民主党人伍德罗·威尔逊也在 1910 年当选为新泽西州州长，他在任期内将兴起于 1906 年的新泽西州的"新思想运动"推向了顶峰；④ 而地方检察官出身的罗伯特·拉福莱特和海拉姆·约翰逊则分别成为威斯康星州和加利福尼亚州的州长。总之，"从包括加利福尼亚在内的一些州的情况来看，州一级的进步主义运动乃是由于城市改革的驱动所造成"，⑤ 而州一级的进步主义运动者中也不乏知识分子出身的城市改革者。

① Frank Freidel & Alan Brinkley. *America in the Twentieth Century*, New York：McGraw-Hill, Inc. , 1982, p. 45.

② William A. Link and Arthur Link. *American Epoch：a History of the United States Since 1900*, vol. I：1900—1945, New York, Knopf, 1987, p. 78.

③ Franklin D. Mitchell and Richard O. Davies. *America's Recent Past*, New York, London, Sydney, Toronto：John Wiley & Sons, Inc. , 1969, p. 13.

④ William A. Link and Arthur Link. *American Epoch：a History of the United States Since 1900*, vol. I：1900—1945, New York, Knopf, 1987, p. 78.

⑤ Franklin D. Mitchell and Richard O. Davies. *America's Recent Past*, New York, London, Sydney, Toronto：John Wiley & Sons, Inc. , 1969, p. 13.

第二节　西奥多·罗斯福与联邦政府改革

从 1901 年到 1909 年，西奥多·罗斯福主政白宫的年代正值美国进步主义运动的高潮时期，他以自己独到的政治理念和个性鲜明的施政方针独领政坛风骚，堪称知识型政治家的典范。他以自身的作为否定了"学者应该是隐士"的"错误观点",[1] 并且生动、形象地诠释了"知识分子"的概念。他的事例说明，学者未必是隐士，真正的知识分子却注定会肩负起社会责任。在罗斯福身上，学问与权利得到了有机的结合，总统的身份赋予了他普通人难以企及的权力与便利，自身的知识素养造就了他超凡的魄力与自信。作为学者，他洞察秋毫，明悉问题所在以及出路为何，有能力为社会弊病把脉开方;身为总统，他重权在握，有权力将自身诉求付诸实践。纵贯罗斯福的政治生涯，其学者本色始终清晰可见，他是政治家中的"大知识分子"，也是知识分子中的"大政治家"。鉴于此，在本书的研究中，他理应享有一席重要位置。

一　西奥多·罗斯福其人

在详细考察罗斯福的事迹之前，有必要先在这里概略梳理一下他的生平履历，因为其中记载着罗斯福从学者到总统的简要

---

[1]　David H. Burton. *The Learned Presidency*: *Theodore Roosevelt*, *William Howard Taft*, *Woodrow Wilson*, Rutherford, N. J. : Fairleigh Dickinson University Press, 1988, 前言。

历程:

姓　　名:西奥多·罗斯福　美国第二十六任总统

出生年月:1858 年 10 月

出　生　地:纽约州

文化程度:哈佛大学毕业

宗教信仰:荷兰归正会

政党派别:共和党

祖　　籍:荷兰人

家庭状况:父亲:西奥多·罗斯福(1831—1878 年),母亲:玛莎·布劳克·罗斯福(1834—1884 年)。兄弟姐妹共四人,罗斯福排行第二。

生平事迹:1876—1880 年　就读于哈佛大学,并为优秀毕业生

1880—1881 年　入哥伦比亚大学法学院研究法律

1882—1884 年　任纽约州议会议员

1886 年　竞选纽约市市长失败

1889—1895 年　任联邦文官委员会委员

1895 年 5 月　出任纽约市警察局局长

1897 年 4 月　出任海军部次长

1898 年　当选为纽约州州长

1900 年 6 月　被共和党提名为该党副总统候选人

1901 年 3 月—1901 年 9 月　任副总统

1901 年 9 月　因麦金莱总统遇刺身亡而宣誓继任总统

1905 年 3 月—1909 年 3 月　连任总统

1912 年 6 月—1912 年 11 月　再度争取共和党总统候选人提名,败于在任总统威廉·塔夫脱;被进步党提名为该党

总统候选人,在大选中败于民主党候选人伍德罗·威尔逊

1919 年 1 月 在纽约病逝,享年 60 岁

　　这张履历表显示出来的不仅是罗斯福的执著,还有他的才干。罗斯福从 24 岁当选纽约州议会议员,到 54 岁再度复出政坛,代表进步党参加总统竞选,其从政时间长达 30 年,为自己的政治理想倾注了毕生的心血。罗斯福还是一位政坛上的"多面手",他曾经历任纽约州议会议员、联邦文官委员会委员、纽约市警察局局长、海军部次长、纽约州州长、美国副总统,并最终问鼎白宫,成为当时美国历史上最年轻的一位总统。更加令人关注的是,这一个个的头衔逐一记录下了罗斯福改革的足迹。在任纽约州议会议员时,罗斯福曾经致力于纽约州政府改革,努力肃除大企业对政府的操纵。他从铁路大王杰伊·古尔德贿买纽约州高级法院法官 T. R. 维斯特布鲁克一案入手,借助媒体的威力对州内此类丑闻给予了揭露和打击。在任联邦文官委员会委员期间,他又在这个不起眼的职位上看到了可为之处,他打破联邦管理任免中的"分赃制",推行考试制,查处不合格官员,就连哈里森总统的好友约翰·瓦纳马科也未能幸免——瓦纳马科因当年支持哈里森竞选有功,被哈里森任命为联邦邮政局长。在担任纽约市警察局局长时,罗斯福打击了一批玩忽职守,贪赃枉法的警察。在海军部次长的任期内,罗斯福依据他对国际国内形势和美国海军状况的研究,提出了加强美国海军建设的观点和措施。竞选纽约州州长的成功使罗斯福得到了一片更加宽广的改革平台。他有效行使一州之长的权力,全力推进纽约州在移民、劳工、税收、自然资源保护、公用设施经营等多方面的立法改革,为此不惜触怒托马斯·普拉特等共和党内树大根深的党魁和政治老板,以致被他们视为不除不快的心腹之患,最终被他们排挤出纽约

州，成为位尊权轻的副总统。从立法机关到司法部门再到行政领域，罗斯福一路走来，留下了许多改革的事迹，其中有困难也有机遇、有成功也有失败、有经验也有教训。罗斯福每走一步，对于美国社会而言都是一件幸事，因为这多少都能为美国政治注入一些进步的气息；而对于罗斯福本人而言则是一种收获，他能够从政治实践中得到历练，变得更加睿智与成熟。罗斯福多方面的从政经历无疑为他入主白宫积累下了雄厚的政治资本和宝贵的政治经验。

常言道，时势造英雄。罗斯福活跃于美国政坛的 30 年，正是美国历史上一个特殊的社会转型时期。时代背景既深刻地影响了他对未来事业的选择，也给予了他施展才华的大好时机。在相当大的程度上，正是时代的呼唤引领着罗斯福走出了一条进步主义政治家的人生轨迹。1858 年，美国共和党人亚伯拉罕·林肯与民主党参议员施蒂芬·道格拉斯为竞选美国参议员席位在伊利诺伊州展开了 7 场激烈的辩论，双方就当时最令人关注的蓄奴制和各州权利问题激烈交锋，道格拉斯支持奴隶制，而林肯则持反奴隶制立场。林肯认为奴隶制应该废除，但必须通过和平的方式。1858 年 6 月 16 日，林肯发表了著名的演说《分裂的房子》。他借助《圣经·新约》"马太福音"中"分裂之家不能持久"的教导，告诫民众国家分裂的危险。同年 10 月 15 日，在举国瞩目之下，这场唇枪舌剑之战终于落下了帷幕。不到两周之后，西奥多·罗斯福出生于纽约市东 20 大街 28 号。林肯在这次参议院选举中虽然没有成功，但这些辩论却使他闻名全国，其民主与正义的立场赢得了众多美国民众的支持，为他在 1860 年当选美国总统铺平了道路。罗斯福 2 岁时，林肯以 200 万票当选为美国第 16 任总统，但是在南部 10 个州中，他却没有得到 1 张选票。此时，美国北方要求废除奴隶制的呼声更加响亮，协助南方黑人奴隶秘密逃往自由州的"地下铁路"更加活跃,一些像约翰·布朗一样的民间人士仍在为黑人解放事业浴血奋战。罗斯福3岁时,美国爆发了那场对美国具有划时代意义的南北战争。虽然林肯总统起初曾经一度态度犹疑,但是为了扭转北方军队在战场上的败局,他相继颁布了《宅地法》和《解放黑人奴隶宣言》等重要文件。随着战争形势的发展,林肯的声望越来越高,并于1864年再度当选连任,那一年罗斯福6岁。罗斯福7岁时,长达4年之久的美国内战终于以南方战败而告终结。从表面上看,这些国家大事同一个幼童的生活似乎毫无关联,可是事实上它们却深刻地影响了罗斯福的成长历程,使罗斯福的幼小的心灵开始对"政治"产生了最初的意识。1865年4月14日晚,林肯在华盛顿的福特剧院遇刺身亡。25日下午,林肯总统的灵柩在卫队的护送下离开纽约。看着长长的送葬队列,罗斯福无限哀伤,那一夜他思虑万千,彻夜未眠。刺杀、葬礼,这一切对幼小的罗斯福来说,都来得太过突然,他百思不得其解。他的脑海中不断地闪现出街头那一幕幕欢庆的场景:鲜花、笑语、缤纷的焰火、盛装的人群、到处飘舞的彩旗、走过百老汇街头的乐队。战争结束了,从4月10日到14日总统遇刺前,人们一直都沉浸在兴高采烈的氛围之中。可是就在顷刻之间,噩耗传来,万众齐哀。祖父告诉罗斯福,美国的黑人们失去了捍卫他们的勇士,而他则对祖父说,他也失去了心目中的英雄。①

　　罗斯福之所以对政治如此早熟,甚至在如此小小的年纪就对国家大事有了自己的立场,这与他的家庭有着密切的关系。罗斯福的母亲生长于美国南部,她的父亲是一个大种植园主。在佐治

---

① Joyce Blackburn. *Theodore Roosevelt*: *Naturalist and Statesman*, Michigan: Zondervan Publishing House, 1967, p. 10.

亚州，巴洛克斯家族家系久远，属于当地的名门望族，威望非比
一般。美国内战中，罗斯福的两个舅舅都在南部同盟的海军中服
役，一个曾经参与南部著名战舰"阿拉巴马号"的建造，另一个
则在战舰上浴血奋战，同遭受重创的战舰一起葬身大海。在罗斯
福的母亲看来，她的兄长死得其所，正义是在南部一边。然而，
罗斯福的父亲却对此持不同的观点。他出生于美国北部的一个富
商家庭，站在北方资产阶级的立场上，他认为奴隶制度是一种罪
恶。他是一个忠实的共和党人，对林肯总统充满崇敬。美国内战
爆发后，他一直在为北方政府效劳。他曾经多次接受林肯总统的
委派，深入前线将士中开展工作。《西奥多·罗斯福：一个典型
的美国人》的两位作者甚至称之为"内战时期一个最爱国的
人"。[①] 在罗斯福的记忆里，他的家一直是亲友们聚论时事的场
所。由于罗斯福出生时便患有严重的哮喘，不能与同龄的孩子们
一起到户外玩耍，所以，当大人们谈论国事时，他便在一边聆
听。虽然父母和亲友们从不因政见相左而发生争吵，但是却时有
长久的热烈讨论。对于罗斯福而言，生长在这样的环境中，国家
大事近在咫尺，并且早已经融入了他的生活之中。罗斯福虽然年
幼，但却是个"有心"的小孩，对事情不乏自己的主见。他觉
得，无论是对儿童、对动物还是对黑人，父亲反对残忍的行为都
无可指责，他选择站在父亲一边，他认为林肯总统是正确的，美
国就应该属于全体美国人民。在罗斯福幼小的心灵里，他认定他
和父亲一样，都是"林肯派"。[②]

　　随着年龄的增长，罗斯福少年时期脑海里朦胧的政治意识逐

---

　　①　Charles Eugene Banks & Leroy Armstrong. *Theodore Roosevelt：a Typical
American*，Hartford，Conn. S. S. Scranton Co. 1901，p. 49.

　　②　Joyce Blackburn. *Theodore Roosevelt：Naturalist and Statesman*，Michigan：
Zondervan Publishing House，1967，p. 12.

渐变得清晰起来，并在不知不觉中转化成一种越来越强烈的人生追求。罗斯福自幼对大自然有着浓厚的兴趣，他在少年时的志向曾经是进入自然科学领域，潜心探索大自然的奥妙。进入哈佛大学后，他曾经对历史课情有独钟，尤其酷爱钻研自然史和战争史。他在读大学二三年级时，先后发表了两篇关于鸟类的论文，深得动物学家们的好评。不过，也正是从这一时期开始，罗斯福兴趣的天平开始向政治倾斜，并最终在他的心目中占据了压倒一切的位置。他曾经自述自己"几乎就在 1880 年离开哈佛的同时便开始对政治产生了兴趣"。① 而事实上，他对政治的兴趣早在他求学哈佛的时代就已经表现得相当浓厚。校园虽然不是政治家理想的试验场，但也同样弥漫着政治风云。罗斯福进入哈佛大学时，总统候选人海斯与蒂尔顿文间竞争正酣。罗斯福在繁忙的学业中也不忘抽时间为共和党和海斯呐喊助威。大学时期，罗斯福阅读了很多政治经济学家的著作，1878 年 10 月，他写信告诉母亲，他发现政治经济学与思辨哲学"甚至比自然史课程更有意思"。② 不仅如此，罗斯福还在课余担负了许多社会工作。"他感到校园里的社交生活异常吸引人，而他则是最高级别课外事件参与者中的一分子"。③ 他不仅在自然史协会、艺术俱乐部、步枪俱乐部、金融俱乐部等不少学生社团中任职，还兼任校报《宣传者》的编辑。这些活动使罗斯福成了校园里的一个"大

①　Theodore Roosevelt. *The Autobiography of Theodore Roosevelt*, New York：Charles Scribners Sons，1958，p. 37.

②　David H. Burton. *The Learned Presidency：Theodore Roosevelt，William Howard Taft，Woodrow Wilson*, Rutherford，N. J.：Fairleigh Dickinson University Press，1988，p. 47.

③　David H. Burton，*The Learned Presidency：Theodore Roosevelt，William Howard Taft，Woodrow Wilson*, p. 47.

忙人",① 也为他日后进入公共生活积累了宝贵的实践经验。毕业前夕,罗斯福曾经与同窗畅谈人生理想,他严肃地说道:"我打算尽力为改进纽约市政府作出贡献。"②

毕业之后,罗斯福果然舍历史就政治,毅然将自己的人生坐标定位在了政坛之上。在他看来,服务于政治才是"美国公民的第一责任"。③ 1893 年,罗斯福曾经在巴法罗自由俱乐部的一次讲话中说道:"每个人必须适当奉献出一部分时间去履行其对社会政治生活的义务,在这个国家里,此乃天经地义。无人有权以任何意愿或事务为借口逃避其对政治的义务。"④

正像罗斯福自己所言,他的"运气真是好极了",⑤ 就在毕业一年之后,他便积极竞选纽约州议会议员,并一举成功。在随后的 20 年里,他始终励精图治,锐意进取,历任纽约州议会议员、联邦文官委员会委员、海军部次长、纽约州州长、美国副总统,直至最后入主白宫,使得自身的才学与最高行政首脑的政治权力相结合,成就了一番为后世敬仰的改革大业。身为总统,罗斯福见识超群又重权在握,他将学识最大限度地服务于社会的需要,不仅"使一个老党(共和党)走向了进步主义",⑥ 更重要

① 李剑鸣:《伟大的历险——西奥多·罗斯福传》,世界知识出版社 1994 年版,第 24 页。

② I. E. CadenHead, Jr. *Theodore Roosevelt: the Paradox of Progressivism*, New York: Barron's Educational Series, Inc. 1974, p. 11.

③ "The Duties of American Citizenship", 载 William H. Harbaugh. *The Writings of Theodore Roosevelt*, Indianapolis and New York: the Bobbs-Merrill Company, Inc., 1967, p. 5.

④ Ibid., p. 4.

⑤ Elting Morrison. *The Letters of Theodore Roosevelt*, vol. 2, Cambridge, Massachusetts: Harvard University Press, 1951-1954, p. 888.

⑥ Theodore Roosevelt. *The Autobiography of Theodore Roosevelt*, New York: Charles Scribners Sons, 1958, p. 192.

的是"使进步主义运动在白宫有了一个发言人"。① 下面就来领略一下罗斯福的学者本色和政治家的气度。

二 政界中的"大知识分子"

"罗斯福可算得上是一个'大知识分子'",这是李剑鸣教授在其《伟大的历险——西奥多·罗斯福传》中对罗斯福总统的评价,他写道:

> 就当时美国思想文化的状况和他本人所取得的学术成就来看,罗斯福可算得上是一个"大知识分子"、一个知名学者。他一生酷爱读书和写作,对各个门类的知识怀有强烈的兴趣,为美国的文化积累作出了一份贡献。在美国总统中,罗斯福是继杰斐逊之后的又一个具备高深学术素养和思想观点的人。②

这样评价罗斯福并不算夸张,他的确是位名至实归的"大知识分子"。他一生博览群书,是一位具有相当建树的博物学家和历史学家,也是一位出色的演说家和散文作家,他被认为是美国最多才多艺的总统之一,其生前著述、译作甚多,也是美国历史上著述最多的总统之一——据说,从1877年到他去世为止,总共有2000到3000千件作品。他一生所写书信不下15万封,在

---

① George E. Mowry. *The Era of Theodore Roosevelt and the Birth of Modern America 1901—1912*, New York and Evanston: Harper and Row Publishers, 1958, p. 106.

② 李剑鸣:《伟大的历险——西奥多·罗斯福传》,世界知识出版社1994年版,第14页。

尺牍文学中有很高地位，他写的《给孩子们的信》早已成名著。[①] 他还著有《西部的赢得》、《1812 年海战史》等书。他的著作大部分收入《罗斯福文集》，文集长达 24 卷。丰富的学养赋予了罗斯福一种仿若"天然的魅力"，这种魅力曾使他"在其总统任内令全国倾倒"。[②] 曾拜访过罗斯福的英国大作家 H. G. 威尔斯在谈到罗斯福的知识素养时曾说："他阅读的范围令人吃惊。他看来对这个时代的一切思想都能做出反应，他达到了才智的顶峰。"[③]

罗斯福通往"才智的顶峰"的道路是从他的家中开始起步的。由于健康的原因，罗斯福在进入哈佛大学之前不曾接受过正规的学校教育，他在学校学习的时间累加起来也不过几个月，但是他却并未因此而荒废学业（这一则是因其家学渊源，家中藏书甚为丰富，二则也托惠于父母的精心培养教育，而更主要的还在于罗斯福本身具有着一种强烈的求知欲，自幼勤学慎思，从不懈怠），正如《西奥多·罗斯福：一个典型的美国人》对他评价的那样，"在学习方面，他几乎从一开始就是一个典范学者"。良好的家庭教育确保了罗斯福所受到的教育能够形成一个"持续的过程"：源自家中，续以学校，直至入主白宫。[④]

罗斯福的家庭是有钱的荷兰人的后裔，是当时纽约市数得着的富户。他的父亲极其重视子女的教育与健康，为孩子们创造了良好的生长环境和受教育环境。罗斯福对其父既畏且敬，赞之为

---

① Lewis L. Gould. *Reform and Regulation，American Politics from Roosevelt to Wilson*，New York：Alfred A. Knopf，1986，p. 37.

② Ibid.，p. 37.

③ Edmund Morris. *The Rise of Theodore Roosevelt*，New York：Coward，McCann & Geoghegan，Inc.，1979，p. 22.

④ Charles Eugene Banks & Leroy Armstrong. *Theodore Roosevelt：a Typical American*，Hartford，Conn. S. S. Scranton Co. 1901，p. 52.

"我所见到的最好的人",同时又说是"我唯一真正惧怕的人"。①
他对罗斯福的教导是:先重道德,健康次之,两者兼备之后便要
学习知识。② 罗斯福就是铭记着父亲的教诲一步步地走进了哈佛
大学、纽约市议会、纽约州政府,最后又步入了白宫。"他的父
亲热切地希望他的儿子既得到基础知识的教导又接受科技革命新
观念的灌输"③,于是帮助儿子在家中完成了基础教育和进入哈
佛大学深造前的准备。他为罗斯福制定了严格的学习与体能锻炼
计划,并且还专门为他聘请了一位优秀的法裔家庭女教师阿瑟·
卡特勒。她就是日后纽约男童学校的缔造者,当年她曾经为少年
罗斯福传道授业、启发心智。从她那里,罗斯福不仅学会了报考
哈佛大学所必要的各科知识,还获得了对美国历史与社会的初步
了解。而卡特勒对自己这位弟子的回忆则是:"这个年轻人似乎
从不知道何谓无所事事,哪怕只有片刻时间,你也会发现他手里
拿着新近出版的小说、某部英语经典著作或者某本深奥的自然
史书。"④

　　还需要提到的是,罗斯福虽然出身商贾之家,但并不缺乏文
化熏陶,家学渊源对罗斯福的成长也起到了至关重要的影响。由
于家系久远,家中藏书不少,罗斯福足不出户便能博览群书,这
使他养成了嗜读不倦的习惯,成了一个名副其实的"书虫"。每

---

　　① Theodore Roosevelt. *The Autobiography of Theodore Roosevelt*, New York: Charles Scribners Sons, 1958, pp. 3—7.

　　② G. Wallace Chessman. *Theodore Roosevelt and the Politics of Power*, Boston, Massachusettes: G. K. Hall & Co., 1969, p. 29.

　　③ David H. Burton. *The Learned Presidency*: *Theodore Roosevelt*, *William Howard Taft*, *Woodrow Wilson*, Rutherford, N. J.: Fairleigh Dickinson University Press, 1988, p. 44.

　　④ I. E. CadenHead, Jr. *Theodore Roosevelt*: *the Paradox of Progressivism*, New York: Barron's Educational Series, Inc. 1974, p. 6.

有心得,罗斯福还会将其写入日记。罗斯福的父亲在注意到了他对自然史的兴趣后,有意识地将英国生物学家 J.G. 伍德的著作、英国探险家戴维·利文斯顿的《在南部非洲的传教旅行及研究》以及梅恩·里德上尉所著的冒险小说《男孩猎手》、《野生生命》等书目推荐给他,除此之外,奎达的小说《在两面旗帜下》、马里亚特的《海军候补生的散文》等也在罗斯福涉猎的范围之内。"很少有人读书如此广泛和睿智,涉及到动物学与鸟类学、历史与传记、诗歌与小说,以及当时的评论与刊物。"①泡在藏书室里的日子使罗斯福获益良多,既增长了知识又开阔了眼界,这也为其日后在思想和学业上的发展打下了最初的基础。

罗斯福十几岁时,他的父亲还曾为他和家人安排过两次出国游历的机会,这两次经历对于罗斯福来说也是弥足珍贵的,它们构成了罗斯福早期教育中的一个重要部分,这两次经历使罗斯福得以有机会亲近大自然,并感受异国文化的熏陶。

罗斯福天生对动植物怀有浓厚的兴趣,他喜欢观察动物习性、收集动植物标本。幼年时,百老汇大街上出售的一只死海豚曾经强烈地激发了他对生物的兴趣,他对动植物的研究也从此一发不可收。1867 年,年仅 9 岁的罗斯福就在几位堂兄弟们的帮助下建立了一个"罗斯福自然史博物馆",专门收集各种动物标本,一年之内他的馆藏便达到了 250 件之多。不仅如此,他还写出了一本《昆虫史》(*Natursl History On Insects*),其中涉及蚂蚁、蜘蛛、蜻蜓、瓢虫、萤火虫以及鹰、鱼等多种动物。就其学术价值而言,若将罗斯福的这一"潜心研究"成果称为书可谓勉强,但它却体现了一个九龄童惊人的观察能力和出色的分类方

---

① Nicholas Roosevelt. *Theodore Roosevelt*, *the Man as I Knew Him*, New York: Dodd, Mead & Company, 1967, p. 53.

法。更为重要的是,这次试笔成了罗斯福写作动物史专著的开端。

次年,罗斯福与家人的一次欧洲之游又为他日后写出更多的动植物著作提供了更加丰富的素材与广泛的视野。这一年,10岁的罗斯福在父母的引导下用 377 天的时间游历了欧洲的 9 个国家。虽然罗斯福本人认为此行毫无所获,但他所到之处皆为名城,那里的建筑、绘画、民风、博物馆藏品以及自然风光无一不令他感到兴趣盎然,给他带来了课堂学习所难以企及的全面感受。① "源远流长的欧洲文化使他大开眼界,饱受陶冶,这是学校教育中无法得到的一种文化体验",这次旅行对罗斯福的成长"无疑起到了连他本人也不清楚的潜移默化的作用"。②

如果说罗斯福对那次欧洲之行的收获尚不自觉,那么,他对 14 岁时的地中海之游则评价甚高,他自称这次旅行"构成了我的教育中有益的一部分"。③ 尼罗河上的探险、撒哈拉沙漠里的跋涉、金字塔端的眺望给了罗斯福一次追溯人类文明渊源、见证大自然鬼斧神工的绝好机会,这次旅行不仅丰富了他的知识和感受,也锻炼了他的观察与理解能力。

总之,两次出国对于罗斯福而言实则是两次科学考察,非洲的动物、地中海地区的鸟类以及文明古国的人工奇迹都被他这位有心人一一收入日记之中,为其日后成长为一位博物学家、历史学家和自然资源保护主义者奠定了基础。

---

① Theodore Roosevelt. *The Autobiography of Theodore Roosevelt*, New York: Charles Scribners Sons, 1958, pp. 58－99.

② 李剑鸣:《伟大的历险——西奥多·罗斯福传》,世界知识出版社 1994 年版,第 17 页。

③ Theodore Roosevelt. *An Autobiography*, New York: Charles Scribners Sons, 1920, p. 23.

人们习惯认为家长是儿童的第一任教师,称家庭为儿童的第一所学校。从罗斯福的成长过程看,正是良好的家庭教育为他日后叩开哈佛大学的校门铺就了坦途。

哈佛大学是当时美国创办最早、名气最响的高等学府之一,也是众多富家子弟心向往之的地方,罗斯福的父母自然也属意于它。为了让罗斯福能够顺利通过哈佛大学的入学考试,罗斯福的父亲在1873年就专门为他聘请了一位知识丰富、才华出众的家庭教师。罗斯福本人也发奋用功,他是一个"既自觉又有才干的学生"。由于勤学不息,罗斯福的学业日见长进,他用两年的时间学完了三年的课程,终于如愿以偿,于1876年秋季顺利考入了这所位列全美名校榜首的大学。① 而此时,哈佛大学正在查尔斯·埃里奥特校长的主持下经历着新型的教育体制改革,特别是实行了选修课制度,"像其他人一样,罗斯福直接受益于选修课制度,还间接受益于被提高了的思想氛围"。罗斯福家境优裕又生性好强,再加上哈佛大学治学条件的得天独厚,使他获得了全力发展自己的物质条件与思想动力。进入哈佛的罗斯福干劲十足,每日发奋读书,广泛涉猎,在完成了学校规定的主修课程之外,还陆续选修了哲学、修辞、地质学、动物学、植物学、解剖学、自然史、宪政史以及数门外语,而且成绩日渐提高,"同学中像他这么用功的人并不多"。这些课程对于罗斯福的影响"或许已经太过模糊而难以评判了,但是,就如同体育锻炼的养生之法强健了他的体魄一样,他对历史和科学的学习也无疑磨砺了他的头脑"。对他来说,此时"读书已不再像在多病的童年时期那样意味着隐遁出世,而是象征着对世界和世人的理解的日益加

---

① Theodore Roosevelt. *The Autobiography of Theodore Roosevelt*, New York: Charles Scribners Sons, 1958, p. 19.

深"。在大学的几年里,罗斯福所读过的书有数百本,这是他日后撰写历史著作《荒野猎人》、《1812年海战史》、《非洲动物史》和《西部的赢得》以及《托马斯·哈特·本顿传》、《克伦威尔传》一些人物传记的基础。"哈佛滋养了罗斯福的头脑,从而使其在随后的年月里收获了一连串令人折服的著作和文章。"[①]

1880年,罗斯福作为优秀毕业生参加了哈佛大学的毕业典礼,为其四年的大学生涯画上了一个圆满的句号。忆及这段经历,罗斯福本人也以"成功"论之,他感言,"我在大学的生涯比我所知的任何人都要幸福和成功"。[②]其实,重要的倒还不是这四年的短暂成功,而是它为日后罗斯福在学术上和政治上的更大成功打下了基础,至少是培养了他学者的特质。

虽然罗斯福一离开哈佛大学便马上开始了职业政治家的生涯,但他却自此从未放下手中的书和笔。罗斯福曾经说过,"读书于我乃如疾癖"。这是他对自己的读书嗜好的一个形象的比喻,而他给英国作家 H. G. 威尔斯留下的印象则是,"他阅读的范围令人吃惊"。[③] 美国历史学家戴维·伯顿对罗斯福的阅读习惯也有自己的看法,他说"每在工作之余有所闲暇,总统便会转去读书,诸如古典著作和当代作品等等,这些书仅次于他的妻子和家庭,是他最亲密的伙伴"。[④] 威尔斯和伯顿的话正好印证了罗斯福

---

① David H. Burton. *The Learned Presidency*:*Theodore Roosevelt*,*William Howard Taft*,*Woodrow Wilson*, Rutherford, N. J. : Fairleigh Dickinson University Press, 1988, pp. 44—47.

② Edmund Morris. *The Rise of Theodore Roosevelt*, New York: Coward, McCann & Geoghegan, Inc. , 1979, p. 129.

③ Ibid. , pp. 28, 22.

④ David H. Burton. *The Learned Presidency*:*Theodore Roosevelt*,*William Howard Taft*,*Woodrow Wilson*, Rutherford, N. J. : Fairleigh Dickinson University Press, 1988, p. 77.

的自我评价，说明他的确是个嗜读不倦、博览群书的人。惟其如此，他才具有了渊博的知识和过人的见识。罗斯福自幼便养成了读书的嗜好，这一嗜好使他受益终身。他一生与书为伴，公务繁忙的政治生涯或者晚年体力与视力的衰弱都不曾令其有所懈怠，他总是手不释卷，且无书不读，远古史诗、古典作品、历史著作、海军战略、生物、政治乃至流行读物无不有所涉猎，阅读之后又多有心得，并非走马观花、蜻蜓点水。据《西奥多·罗斯福的崛起》一书记述，罗斯福的好友欧文·威斯特曾在某晚借给他一本书，第二天一早他便对该书进行了全面评论，系统地阐述了他对该书的看法，令威斯特惊奇不已，因为"从晚上6点到第二天早上8点半这段时间，除了穿衣、吃饭、接待客人和睡觉，他竟读了1册300多页的书，并且没有落下其中任何重要的东西"。①

　　大量的阅读使罗斯福在知识方面广采博收、获益良多。一方面，他通过以文会友结交了不少文人墨客，另一方面，书中丰富的知识"在政治上也帮了他的大忙"。② 罗斯福当政的时期正是美国思想文化领域硕果累累的黄金年代。他常常邀请知名学者和文化名流到白宫做客，特别是那些曾经写出过令他钦佩的佳作的人，更被他视为谈书论道的密友知交。曾经写出了著名的《美国生活的希望》的赫伯特·克罗利当年就是通过文字结识罗斯福的。约翰·海、亨利·奥斯本、亨利·卡伯特·洛奇等各界专家学者也都曾是白宫的座上宾。曾经有人将一个落魄诗人艾德温·鲁宾逊的作品介绍给罗斯福，他读后大为感动，并伸出了援助之手。他为鲁宾逊找到了一份收入不薄、又有时间从事创作的工

---

① Edmund Morris. *The Rise of Theodore Roosevelt*, New York: Coward, Mc-Cann & Geoghegan, Inc., 1979, p. 28.

② 李剑鸣：《伟大的历险——西奥多·罗斯福传》，世界知识出版社1994年版，第313页。

作，还专门在《瞭望》杂志上为其诗集《夜之子》撰文，以求引起人们对诗人的关注。在罗斯福的帮助下，鲁宾逊最终走出了贫困，成为名噪一时的诗坛领军人物。

伯顿在《有学识的总统》中写道：

> 在西奥多·罗斯福主管白宫的日子里，那里的门总是敞开的，经由它们到来了许多有成就的杰出学者和思想家。总统对这样的来访感到高兴，他乐于倾听，也热切地想就法律、诗歌、历史、科学或是他的客人们可能喜欢讨论的任何其他话题发表自己的观点。最重要的是，他喜欢爱书的人。他与詹姆斯·布赖斯、亨利·奥斯本、欧文·威斯特、塞西尔·赖斯、詹姆斯兄弟、约翰·海、亨利·卡伯特·洛奇和G.O.特里维廉建立了持久的个人友谊。他们中有人曾与他互致严肃的长信。他以书信形式写给特里维廉的一个关于他在1909—1910年间的非洲—欧洲之游的描述就是他善讲轶事的超群天赋的例证。①

伯顿认为，若用"文化沙龙"一词来描绘罗斯福当政时期的白宫未免过于苍白无力了。② 欧文·威斯特称之为"第一美利坚沙龙"（the First American Salon），这后一种称呼也许会让伯顿感到满意。③ 杰出的领袖需要非凡的才智与知识素养。罗斯福广

---

① David H. Burton. *The Learned Presidency*：*Theodore Roosevelt*，*William Howard Taft*，*Woodrow Wilson*，Rutherford，N. J.：Fairleigh Dickinson University Press，1988，p. 77.

② Ibid.

③ William Henry Harbaugh. *The Life and Times of Theodore Roosevelt*，New York：Collier Books，1967，p. 45.

博的知识在他的政治生涯中也派上了不小的用场：由于博览群书、见闻广博，罗斯福不仅具有敏锐的观察力和缜密的分析力，而且具有极强的组织交往能力。在接见匈牙利外交官时他能背诵匈牙利的历史文献，在劝说国会同意在政府公文中推行简化拼写规则时他能随口引用英国克伦威尔时代的相关论文，在各种政治演说中他还能引经据典、将各种典故信手拈来并且运用得恰到好处，使人们从中领略到了一种学者的风度与智慧。

罗斯福不仅爱读书，而且爱写书。自从他 9 岁时写下那本《昆虫史》起，罗斯福始终笔耕不辍，他不仅爱写时事评论、散文随笔，更专于史学著述。他曾写下不少历史著作，在史学领域取得了"经得起检验的成就"，用罗斯福自己的话说则是："总的说来我在这方面做得还不错"。① 罗斯福的主要史学著作包括《1812 年海战史》（1882 年）、《西部的赢得》，他的自然史三部曲：《一个牧场主的狩猎之旅》（1885 年）、《牧场生活与狩猎足迹》（1888 年）、《荒野猎人》（1893 年），以及三部历史人物传记：《奥立弗·克伦威尔的生平》、《托马斯·哈特·本顿传》、《古维诺尔·莫里斯》等。

这些史学著作除了具有学术价值外，还有一个非常引人关注的特点，那便是：它们大多与政治紧密相连，对时势也具有一定的参考和指导意义，体现着罗斯福对时代的关注。罗斯福生活的时代正是美国社会逐步实现工业化和城市化的时期，美国内战后，以电力生产、汽车制造和石油生产为标志的新科技时代逐步取代了以蒸汽机为主的旧时代。科技的巨大进步大大推进了美国西部开发的进程。1869 年横贯北美大陆的太平洋铁路干线建成

---

① Edmund Morris. *The Rise of Theodore Roosevelt*, New York: Coward, Mc-Cann & Geoghegan, Inc., 1979, p. 386.

通车,成为一条贯穿东西的铁路大动脉。到20世纪初,星罗棋布的铁路网覆盖了美国各主要区域,极大地便利了东西部的人口往来与物资流通。铁路的延展使以往沉寂落后的西部荒原变成了一座座崭新的工业城市,吸引了数以百万计的移民跟随而至。就这样,美国西部的陆地边疆日趋终结,国土从大西洋沿岸的狭长地带迅速向西推进,扩展为一个贯通大西洋和太平洋的泱泱大国。从某种意义上说,19世纪的美国发展史就是一部向西部扩张的历史。生逢其时的罗斯福审时度势、敏锐地看出了西部发展对于美国经济发展将能起到的重要作用,他通过对西部历史的研究唤起了人们对西部的关注,《西部的赢得》便是一个时代的产物。同时,该时期美国经济实力的不断增强导致了国内竞争激烈和各种矛盾日趋激化,美国急需向海外输出剩余资本,以便缓和矛盾、化解危机。罗斯福撰写的《1812年海战史》赞扬了美国海军的历史战绩,就是旨在唤醒人们关注海军对未来美国海外扩张的作用,以求加强海军建设,为美国的海外扩张服务。可见,罗斯福的学术研究具有很强的现实功利性,这一点也不难从罗斯福的职业选择上得到证明。

他在哈佛大学时期,自然史和政治经济学是罗斯福成绩最出色的科目。尽管罗斯福对动植物史怀有浓厚的兴趣,也曾一度打算潜心治学,但是他最终还是被自己的政治抱负所征服,舍历史而就政治,成为一名职业政治家,学术研究则只能成为他在工作之余的爱好。

罗斯福终身从政,他的学术著作都是在其繁忙的政治活动之余抽空完成的。查看一下罗斯福的履历便会发现,在1880年到1882年他写作《1812年海战史》的时候,他同时也在为竞选纽约州议会议员和纽约市市长而竭尽全力;而1888年当他与出版社订立合同,开始实施其撰写西部史专著的计划时,他则一直在为共和党参与当年的大选而奔走。即使是他在西部生活的两年里，他也是"在东部政治和西部牧场之间分配他的时间"。① "说到底，他研究历史也是服务于其政治事业的。"②

虽然罗斯福在其政治生涯的低潮时也曾说过"我可能再也不会从政了。我的文字工作占据了我的大量时间……我想写点真正具有第一流水平的书"，但同时他心里却又很清楚那不过是他在仕途上不得志时的两句牢骚，恐怕"仅只是个梦想而已"。③ 罗斯福日后的行动证明，与写出"第一流水平的书"这一理想相比，他更希望成为具有第一流水平的政治家，正如英国学者詹姆斯·布赖斯在《美利坚共和国》中评价的那样：他要成为"美国年轻政治家中最能干、最富生气的人之一"。惟其如此，官场失意的罗斯福才会被布赖斯的这番评价深深刺痛，并从中体会出一种讽刺的味道来。

伯顿曾说过："罗斯福是位学者"，④ 不过他却与普通学者不同，他是位政界的学者。正如美国历史学者爱德华·塞韦斯博士所看到的那样，罗斯福的许多史学著作都是"在城市政治的动荡中"写成的。⑤而当他在1901年当上总统的时候，则又"已经是

① David H. Burton. *The Learned Presidency*：*Theodore Roosevelt*，*William Howard Taft*，*Woodrow Wilson*，Rutherford，N. J.：Fairleigh Dickinson University Press，1988，p. 50.

② 李剑鸣："西奥多·罗斯福的史学成就"，《历史教学》1992年第8期，第51页。

③ Edmund Morris. *The Rise of Theodore Roosevelt*，New York：Coward，Mc-Cann & Geoghegan，Inc.，1979，p. 386.

④ David H. Burton. *The Learned Presidency*：*Theodore Roosevelt*，*William Howard Taft*，*Woodrow Wilson*，Rutherford，N. J.：Fairleigh Dickinson University Press，1988，p. 50.

⑤ Edward N. Saveth. *American Historians and European Immigrants 1875 — 1925*，Russell & Russell Inc.，1965，p. 114.

一位制造政治传奇的高手了"。① 通观他入主白宫后的政治作为,可以发现他的不少学术思想都被他融入自己的治国方略之中,他当政期间所大力倡导的保护自然资源运动就是一个明显的例子。

三　保护自然资源的举措

罗斯福对美国乃至世界最大的贡献就是他曾经大力倡导和推动了一场自然资源保护运动。他在执政期间,曾经大力起用科学专家,积极实行国家干预政策,通过制定资源保护政策保护了许多国有森林、电力、水源、石油和矿产等资源,深为国人所爱戴。在美国西部的北达科塔州,人们为了纪念并表彰罗斯福在自然资源保护方面所作的空前贡献,以他的名字命名了一座"西奥多·罗斯福国家公园",罗斯福在继任总统前后曾经两次到那里打猎并观察和研究动植物。据统计,罗斯福政府曾先后将 2.35 亿英亩各类土地收归国有,其中林地近 1.5 亿英亩,使国有森林数量由 41 个增至 149 个,他还创立了 51 个野生动物保护区,建立了包括自然和历史等方面的 18 个国家纪念地,建设水利工程 30 项,② 新增国家公园 5 个,组织召开各类自然资源保护会议 7 次。③ 在任期内,西奥多·罗斯福在保护自然环境方面进行了卓有成效的开拓性工作。他在世界历史上

---

① Richard H. Collin. *Theodore Roosevelt*, *Culture*, *Diplomacy*, *and Expansion*, *a New View of American Imperialism*, Louisiana: Baton Rouge, Louisana State University Press, 1985, introduction p. 1.

② Susan Logue, "National Park Commemorates Conservation President", Medora, North Dakota, October, 20, 2005, http: //www. foreigntutors. com/showatc. asp? id=899.

③ Betsy Harvey Krafft. *Theodore Roosevelt*, *Champion of the American Spirit*, New York: clarion Books, 2003, p. 121.

第一次将人类零星的保护自然资源活动，上升为在现代科学理念支撑下的全面而系统的政府性行为，为美国环境保护奠定了基本政策框架。这样一场意义深远的自然资源保护运动之所以能在罗斯福任内掀起，既是时代的呼唤也是罗斯福的学者本色使然。

总体说来，美国幅员广阔，资源优势得天独厚，土地肥沃，气候变化多样，各类矿产储蕴丰富，境内河湖众多，加之太平洋和大西洋两大水系，水力资源丰富，在发现新大陆之初，原始森林一度覆盖了大半个国土，为大量野生动植物提供了繁衍生息之所。美国内战前，东部沿海各州主要经营商业和农耕，西部则是一望无际的大草原，印第安人游牧式的生活使那里保持了良好的原始生态，成为各种野生动植物的天堂。简言之，当时的北美大陆基本上处于一种"天人和谐"的状态。富饶的先天条件导致了人们的盲目乐观心理，他们在为自己国家的沃草良田、地矿宝藏和茂密的森林所倾倒的同时，也养成了大手大脚、浪费资源的习惯。然而，如果人类对大自然的厚赠不知珍惜，自然资源丰厚的佳境就迟早会被打破，历史证明，这惨状在19世纪末期降临了美国。

19世纪的美国文化以个人主义为核心，反对任何政府干预，在经济上放任自由，自然资源仅仅被人类当作征服和索取的对象。在极端个人主义价值取向的引导下，政府对社会生产以及自然资源的开发利用始终采取放任自流的态度。从总的政策趋势看，在整个19世纪，美国历届政府都是迅速地把公有土地转让给个人和公司来奖励移民，从而造成了土地的投机和自然资源的集中。19世纪中前期，美国正处于一个大开发的时代，边疆不断向西推移，美国政府对陆续取得的西部未开垦土地实行拍卖、宅地分配、军人土地津贴和赠地等政策，极少考虑到保护环境的问题。只是到了19世纪末才有人开始关注自然资源保护问题，但多是民间性的、零散的、自发的行为,收效甚微,也并无多大的影响力。[1] 到了 19 世纪末 20 世纪初,受工业化的影响,美国的资源开采与资源供给之间、物质生产与城市污染之间形成了越来越尖锐的矛盾。美国内战后,由于大量移民的涌入,美国人口剧增一倍以上,铁路业、轮船业以及其他以自然资源的消耗为基础的工业生产迅速发展,在自由放任的市场经济制度下,激烈的市场竞争促使资本家为追求高额利润不择手段、不顾一切地开垦土地、开发资源,造成了越来越严重的资源破坏与浪费。到1901 年罗斯福继任总统时,美国的原始森林已经被砍去了大半,过度的森林砍伐还带来了水土流失、牧场被毁、旱涝频发等一系列的严重后果。野牛、野狼等一些动物被捕杀殆尽,石油、煤炭和天然气等矿产资源也均遭到掠夺性的开采。[2] 大量的城市生活垃圾、工业废料、废气造成的环境污染,直接威胁着人类的健康与生存。

这一局面引起了国内民众的广泛不满,受害最深的农民纷纷要求国家予以干预,这就迫使有社会责任感的人们不得不开始重视自然资源与环境的保护问题。虽然美国国会也曾因此两度立法,但均收效甚微。1872 年国会曾经立法限制矿产投机,但是在土地投机商和资本家的破坏下,这一法律形同虚设,并未能起到它的预期效力。土地投机活动依然十分猖獗,垄断资本家为牟暴利不惜损害农民利益,政府官员中饱私囊,在重金贿赂之下,对投机者的活动予以纵容,大量的优质土地、森林、矿产资源被迅速集中到私人资本家手中,铁路公司也廉价占据了铁路沿线的

---

[1] Ralph H. Lutts. *The Nature Fakers*, *Wildlife*, *Science & Sentiment*, Charlottesville and London: University Press of Virginia, 1990, pp. 1—37.

[2] Paul Russell Cutright. *Theodore Roosevelt*, *the Making of a Conservationist*, Chicago: University of Illinois Press, 1985, p. 212.

不少土地。1891 年美国国会再度立法保护森林，但是从哈里森、克利弗兰到麦金莱三位总统却总共只收回了林地 4500 万亩。总之，19 世纪后期美国的相关法令"并未能建立起一项能保护自然资源和环境的政策，甚至不存在一项有效地利用国家森林的政策"。①罗斯福就职后，利用总统的职权，在一些专业人士的协助下，制定并实施了一系列的自然资源保护措施，收到了显著的效果，不仅在一定程度上平息了人民的不满，也保护了美国资本主义的长远利益。

罗斯福之所以能成为一个自然资源与环境的保护主义者，在客观上应该归因于工业化进程中资源与环境问题的出现，在主观上则与其自身的知识素养及思想认识有关。

如前所述，罗斯福自幼便对大自然怀有浓厚的兴趣，他阅读过不少有关书籍，收集过各种动植物标本，建立过自己的博物馆，进行过多次探险考察，写下了一些观察日记，还出版过几部自然史著作。学生时代，他就曾立志做一名科学家，将动植物发展史研究作为毕生事业。他为此选修过多门自然科学课程，后来虽然改变初衷，但他对自然史的兴趣却有增无减。19 世纪 80 年代中期，他还曾在达科塔州购置牧场，一边关注东部政治形势，一边近距离观察和研究动植物，并同时考察西部历史。"西奥多·罗斯福在保护自然资源方面的兴趣当然可以追溯到他对西部及其问题所掌握的第一手知识。"②历时两年的西部生活不仅使罗斯福在情感上更加亲近那里，而且也令他有机会亲眼目睹了西部自然资源遭受破坏的现状，他对西部土地的干旱缺水、投机盛

---

①　顾学稼:"自然资源保护与西奥多·罗斯福"，第 5 页（http：//ias. cass. cn/show/show_mgyj. asp? id＝920 & table＝mgyj）。

②　Nicholas Roosevelt. *Theodore Roosevelt，the Man as I Knew Him*，New York：Dodd，Mead & Company，1967，p. 128.

行、荒置滥用等现象以及对农、牧场主的艰苦处境都有了切实的
了解。这段经历使罗斯福深刻地认识到了掠夺性开发给大自然所
带来的巨大危害和环境资源保护的必要性。在森林学家吉福德·
平肖等人的影响下,他接受了保护资源的基本观点。对西部的了
解和对大自然的热爱,使得罗斯福对自然界不断探索、孜孜以
求,并打下了坚实的自然科学思想基础。如果抛开他儿时撰写的
那部《昆虫史》不算的话,他在哈佛大学读书时期出版的《阿迪
朗达克山区的夏季鸟类》则是他的第一部自然史著作。此后繁忙
的职业政治家生涯也不曾使他对自然界和自然史的关注稍有削
减,他在西部牧牛打猎的经历都被他一一记录下来,写成了散文
随笔。从 1884 年到 1893 年,他的自然三部曲:《一个牧场主的
狩猎之旅》(1884 年)、《牧场生活与狩猎行踪》(1888 年)、《荒
野猎人》(1893 年) 相继与读者见面。1910 年,他从非洲狩猎归
来,便又写出了一部《非洲动物史》。不难理解,一个对大自然
怀有如此浓厚兴趣的执政者在自然与环境遭受破坏时会自觉站到
保护主义者的立场上,使保护自然的思想在他的施政方针中有所
体现。

　　罗斯福保护自然的政策倒也不是他一个人思想的结晶,而
是包括森林学家吉福德·平肖、水利工程师弗雷德里克·纽厄
尔、人类学家和地质学家 W. J. 麦克吉等人在内的一些专家学
者们的集体智慧。罗斯福是个知识分子,他的大门也总是对着
知识分子敞开。罗斯福信任知识分子,相应地,这些知识分子
也帮了罗斯福的大忙。罗斯福懂得依靠技术专家来制定资源政
策,他经常与许多自然科学家交往,听取他们的科学见解,他
强调资源保护与自然保留二者不可偏废的自然资源保护指导原
则以及他对自然资源保护实行全面的国家干预的思想就是在这
些专家的指导下形成的,这些专家学者的帮助"正是罗斯福之

幸和国家之幸"。① 早在 19 世纪 80 年代后期，罗斯福就与自然
科学家乔治·格林内尔交好，二人共同创办了布恩—克罗克特俱
乐部以及《森林与河流》杂志，一起倡导保护森林和野生动物。
在任纽约州州长期间，他又盛情邀请平肖到阿尔巴尼访问，听取
他对保护自然资源的看法；当他继任总统，开始有机会在全国推
行他的主张时，他便大力启用平肖和纽厄尔等人，依靠他们的才
干，制定科学合理的资源政策。② "罗斯福并非单枪匹马地制定
和实施其保护自然资源的计划，他的许多观点源于平肖和其他人
的思想，但是，有位历史学家说得好："政治家的创举并不在于
发现新观点，而在于有权力保证使它得到应用。"③ 他视纽厄尔
和平肖为他在资源保护工作上的主要顾问与助手，充分采纳纽厄
尔关于西部农垦灌溉举措的建议，高度赞扬平肖是在他领导下的
公职人员中为美国人民做出贡献最大之人，他评价说，"在把我
们的一切社会力量和政府力量协调起来，致力于采取一项合理和
有远见的政策，以实现我国自然资源的保护的伟大斗争中，他是
最主要的领导人"。④ 这一态度，不仅使一些确有才能的知识分
子得以施展抱负，也令身为执政者的罗斯福本身获益良多。

　　其实早在 19 世纪中期，美国国内便已经有人开始关注自然
资源的浪费和破坏问题，他们是以森林学家吉福德·平肖、水利
工程师弗雷德里克·纽厄尔、生态学家乔治·马什、地质学家约

---

① Nicholas Roosevelt. *Theodore Roosevelt, the Man as I Knew Him*, New York: Dodd, Mead & Company, 1967, p. 129.

② Ralph H. Lutts. *The Nature Fakers, Wildlife, Science & Sentiment*, Charlottesville and London: University Press of Virginia, 1990, pp. 101—138.

③ Paul Russell Cutright. *Theodore Roosevelt, the Making of a Conservationist*, Chicago: University of Illinois Press, 1985, p. 213.

④ Theodore Roosevelt. *An Autobiography*, New York: Charles Scribners Sons, 1920, p. 394.

翰·鲍威尔、林业学家富兰克林·霍夫、水法专家乔治·马克斯韦尔、博物学家约翰·米尔等人为代表的一些科学家们。作为专业人士，他们在美国公民中较早地认识到了美国内战后的全国工业化和西部大开发正在给资源与环境带来的负面影响，并对大自然遭到掠夺性开发所可能产生的后果深表忧虑。1864年，乔治·马什出版了《人与自然》一书，提出了保持生态平衡的观点。他指出自然界具有其自身的内在稳定性，其中一种自然资源的缺失必然会相应地影响到其他自然资源的状况，过度开采和使用某一种资源，必然会打破自然界原有的秩序，最终使人类自食苦果。约翰·鲍威尔曾在1867年带队对格兰特河、科罗拉多河、落基山脉、大峡谷等地的土地和水力资源情况予以实地勘察。1879年，他又提出了《关于美国干旱地区土地情况的报告》，对西部荒地的成因加以阐释。他在报告中指出，农民破坏土壤表层所造成的侵蚀以及大企业与木材商对林木的砍伐都是造成西部大片土地被荒弃的原因，并据此提出了在西部建立灌溉系统和进行资源保护的解决方案。此外，富兰克林·霍夫和约翰·米尔等人也分别曾经对私有土地上的资源破坏和保护加利福尼亚等处的自然景观等问题提出过建设性意见。在这些科学家们的影响下，一些有识之士自19世纪60年代和70年代起开始自发建立起一些民间自然资源保护组织，向公众宣传环境保护思想，并呼吁政府采取强制手段保护自然资源，当时仕途远景尚未明朗的西奥多·罗斯福也是他们中的一员。如前所述，他在1887年曾经同自然科学家乔治·格林内尔一起建立了布恩—克罗克特俱乐部，并创办了《森林与河流》刊物以倡导保护森林和野生动物。罗斯福还亲自担任了俱乐部主席，成功地说服了亨利·洛奇、弗朗西斯·纽兰兹、吉福德·平肖、弗朗西斯·帕克曼等军政要员或学界名流加入该俱乐部。1899年，罗斯福当选纽约州州长。上任后，他便立即着手实施各项资源保护政策。他在给州议会的第一篇年度咨文中便提出了保护自然资源的问题。他要求议会严格执行森林、动物和鱼类保护法,主张对纽约州森林资源做出详细调查,并禁止州内工厂以鸟类羽毛生产装饰品等。但是由于职权所限,他和这些志同道合者们的力量尚不足以影响到联邦政府。当时的在任总统麦金莱出于对各利益集团的关系考虑,在自然资源保护方面动作不大。[1] 1901 年 9 月,麦金莱总统的遇刺为罗斯福在全国范围内实现他的主张打开了一道方便之门,他的接任使得这些既有远见又有社会责任感的学者们在白宫有了一位实力型的代言人。罗斯福开始利用他作为总统的权力与威信着手组织实施他们的资源保护规划,从而使保护自然资源在美国历史上第一次上升为一种政府性行为,将一直局限于民间的零星活动推向了全国,最终衍化为一场全社会规模的、系统的运动。在罗斯福和众多专家的努力下,有关农垦、水电、森林等各方面的立法相继出台,自然资源保护工作大有起色,其中西部土地的开垦灌溉和森林资源的保护特别受到了罗斯福政府的重点关注。

1901 年 9 月,罗斯福宣誓就职后便即刻从农垦问题入手,迈出了他保护国家自然资源工作的第一步。罗斯福曾经有过两年的西部生活经历,又一直从事西部历史的研究,所以对西部土地的投机、干旱缺水和土地废弃等现象有所了解,再加上,他一到华盛顿便受到平肖和纽厄尔等人的拜访,向他进言他们关于西部水利灌溉和自然资源保护的意见,于是罗斯福上任后的第一件事就是着手制定开发西部土地的政策。及至 1901 年年底,罗斯福

---

① 详见 Paul Russell Cutright. *Theodore Roosevelt*, *the Making of a Conservationist*, Chicago: University of Illinois Press, 1985, 第 12 章 (第 156—184 页) 及第 14 章 (第 199—208 页)。

利用向国会递交国情咨文的机会,用了将近1/4的篇幅阐述了他对自然资源保护问题的看法,提出了对自然资源的保护实行全面的国家干预的思想,为他在第一任期里的自然资源保护工作定下了基调。在罗斯福的敦促之下,参议院首先对在麦金莱任内遭到搁置的《纽兰兹法案》进行表决并获通过。① 1902年6月,《纽兰兹法案》经罗斯福总统签署后正式生效。谈及此事时罗斯福颇感欣慰,他说,"灌溉事务乃是本政府的最大特色之一,我在促成其成功实现时起了作用,并为此颇感自豪"②这部农垦法的通过使联邦政府对西部和西南部土地的开发与灌溉工程的管理拥有了法律依据。为了促进西部土地的开发,联邦政府在西部建立了开垦区,并且组建了一个由四百多名各类工程师和专业人员组成的土地开发署,具体负责西部灌溉工程的修建和管理。该法规定:移居开垦区的人在定居5年并耕种一定面积的土地后,只要愿意每年向政府支付20—30美元的灌溉费用即可获得80英亩的土地,政府则利用这笔收入再去兴建新的水利设施,由此形成良性循环。为避免该法在执行中产生被人利用的漏洞,罗斯福还于1903年底向西部派出一个公共土地委员会去实地调查土地出售、移民定居和法律实施的真实情况。《纽兰兹法案》颁布后西部的可耕地面积逐步扩大,同时也使政府的投资得以被逐步收回,资金得以周转,进而使新的灌溉系统得以逐步建立。至此,罗斯福领导他的政府成功地迈出了保护资源的第一步。

---

① 麦金莱执政时期,西部一些州兴建灌溉工程的尝试均因财政原因搁浅,为此,来自内华达州的国会参议员弗朗西斯·纽兰兹曾经提议联邦政府设立开垦局、通过出售西部公共土地建立专项基金用以支持灌溉工程的修建。该法案曾一度遭到众议院资深议员约瑟夫·坎农的坚决抵制,只是在罗斯福的努力下才得以提交众议院讨论并获通过。

② Elting Morrison. *The Letters of Theodore Roosevelt*, Cambridge, Massachusetts: Harvard University Press, 1951—1954, vol. 3, p. 277.

　　虽然在农垦方面成绩斐然,但是罗斯福最为关注的却是森林资源的保护问题。1903年3月和6月间,罗斯福先后在美国森林学家协会以及美国农业部森林署发表了两次演讲,集中反映了其森林政策的主导思想,它主要是:重视森林问题,科学保护,合理使用,使森林资源为国家建设服务。1903年3月26日他在美国森林学家协会中高度赞誉森林学家对于国家建设的重要性。他说:"我相信,与那些致力于美国森林保护方法的科学研究以及实际应用学者们相比,目前没有哪个群体之人能够对国家作出更大的贡献。"① 3个月后,他又亲自主持召开美国农业部森林学家会议,并发表题为"森林与森林学家"的讲话,再次向美国的森林学家们重申其森林政策的目标。他说:"第一,也是最重要的一点就是,你们时刻不能忘记我国森林政策的目标是什么。那个目标并非因为森林美丽……或者是野生动物的栖息地……而保护它们;我国森林政策的首要目标,如同美国土地政策的首要目标一样,乃是制造繁荣的家园……其他任何事物都是第二位的。政府在处理森林问题上的全部努力都必须遵循这一目标。"罗斯福在此次会议上明确指出:"任何国家的森林政策都必须是其土地政策中一个最根本的部分",而美国的森林问题则"在很大程度上乃是其内政中最关键的问题。"② 在两次讲话中,罗斯福都具体谈到了要在落基山脉建立森林保护地事宜以及保护森林与国家其他重要产业之间的关系。他不仅谈到了保护森林对于西部贫

---

① Theodore Roosevelt, "Object of Our Forest Policy Is Making of Prosperous Homes", an address to the Society of American Foresters, Washington D. C., March 26, 1903.

② Theodore Roosevelt, "Forestry and Foresters", an address to United States Department of Agriculture, Bureau of Forestry, Circular No. 25, Washington D. C., June 6, 1903.

瘠地区防洪抗旱和农业灌溉的重要性,还阐述了森林对于矿业资源的生成以及畜牧业发展之间的直接内在关联。他正告人们美国的森林资源已经受到了严重的损害,他希望美国人民能够明白,"从长远来看,家园建设者的成功正是取决于国家保护其森林的智慧。这种说法似乎很过分,但是却一点也不过分"。不过,罗斯福也同时指出,保护森林并非是护而不用,而是要"明智地使用"。他谆谆告诫美国的林业学家们:"你们正在响应着一种召唤而从事着史无先例的工作,期间有着服务公众的巨大机会。要严肃对待这一召唤,切记它对整个国家的意义。你们所选择的职业几乎触及到了公共事业的每一个方面——政治、社会、工业、商业。"①

如前所述,罗斯福上任时,美国的林业资源正由于工业生产的需要而遭到无度的采伐:轮船以木材为主要燃料,铁路修建、车辆制造、车站建筑等又耗费了大量的木材;除此之外,采矿坑道、市镇建设和商业采伐等也都是使用木材的大户,造成了当时美国的林木砍伐量逐年迅速增长;采伐过程中和生产使用过程中的浪费现象也十分严重;不良的放牧行为等也使生长中的林木遭到急剧破坏。西部的森林竟然恶化到了不足以涵养水土的地步。罗斯福深知森林在水土保持、环境美化、野生动物生存等方面的重要作用,他视森林为整个自然资源良性循环的关键,因此而格外重视对森林资源的保护工作。他不仅在原有基础上不断建立新的保留地,而且着力清除森林资源管理中的弊端。按照当时的政府职能部门的设置,国有林地的管理权分属于农业部的森林处和

---

① Theodore Roosevelt, "Forestry and Foresters", an address to United States Department of Agriculture, Bureau of Forestry, Circular No. 25, Washington D. C., June 6, 1903.

土地总部的土地总署，掌握着决定权的内政署却是林业管理的外行，无法对森林资源实行集中而有效的管理，而时任森林处负责人的平肖则是一位林业专家①。罗斯福对平肖信任有加并予以大力支持，在他的坚持下，国会最终批准了林地管理权的转移，继而又将森林处升格为林业局，委任平肖为局长。平肖也确实不负总统厚望。在他的领导下，森林局成长为一个以林业专家为主力的出色管理机构，卓有成效地对国有森林实施了管理并广泛地宣传了科学管理林业资源的思想，罗斯福对他们的工作深感满意并在资金上给予了大力支持。

罗斯福在森林保护方面的另一个举措就是建立新的森林保留地。他在执政的第一年就下令建立了15个森林保留地，此举遭到了国会内反对派的顽固阻挠，致使此项工作长期难有进展。然而，罗斯福是个智者，他在与反对派的较量中取得了最终胜利。1907年2月，反对派在农业部的某项提案中附加条款，规定非经国会同意，不得在俄勒冈、华盛顿、爱达荷、蒙大拿、科罗拉多和怀俄明等西部6州开辟新的森林保留地。为得到农业部所急需的经费，罗斯福别无选择，但是他却利用法令签署前的4天时间差，出其不意地下令将7500万亩的林地划归了国有。这一数字相当于此前所建立的所有的森林保留地面积的总和。罗斯福的智慧成为了其政策实施的保障。

此后，他在平肖等人的帮助下将自然资源保护的范围逐步从土地、水利、森林、扩大到了矿藏、电力、野生动植物、风景名胜、城乡环境等方方面面，使得他所领导的自然资源保护

---

① 他是美国第一代接受过专业训练的林业管理人员，曾在耶鲁大学主修林业学知识，后又曾赴欧洲深造。既具有专业素质，又不乏工作热情和领导才干。他很早就曾提出过要将管理权完全转移到农业部的动议，但因共和党议员的反对而失败。

工作成为了一个全面系统化的政府行为。1908年他还倡导召开了全国资源保护大会,与会者中包括各州州长、国会议员、法院法官、教育与科学等各界名流,会议旨在制定一个全国性的自然资源保护计划,动员全社会的力量来共同关注自然资源保护问题。会议明确了国家发展与资源保护之间的必然联系,强调丰富的自然资源乃是社会繁荣的重要物质基础。这次会议将自然资源保护运动推向了全国,经过一段时间的筹备,全国保护自然资源委员会宣告成立。此后不久,美国大多数州都相继成立了自然资源保护委员会。1909年罗斯福又积极促成了北美资源保护大会的召开,进一步扩大了自然资源保护运动的影响力。这次会议开创了各国联手应对环境问题的先例,对于日后国际社会通过合作途径解决全球环境污染问题提供了一种可资借鉴的范式。

作为一个具有丰富的自然与自然史知识的人,罗斯福比其同时代的大多数人站得更高、看得更远。他提醒世人要"为尚未出生的人们"和国家的长远利益着想,批评那些只顾眼前利益而破坏性开采资源的短视行为,也谴责那些只顾个人私利、无视国家大局与未来命运的资本家。他将是否重视自然资源保护视为鉴别爱国主义和公民道德的重要标准。他的资源政策从一个侧面体现了他作为知识分子的社会使命感和作为政治家的博大胸襟。当有产阶层中的许多人还都陶醉于工业化带来的高度物质繁荣之时,他却先人一步预见到了这种不惜一切代价的繁荣可能带来的毁灭性后果。更了不起的是,罗斯福还深谙"留"与"用"之间的辩证关系,懂得如何兼顾现在与未来。罗斯福并非一个极端环保主义者,他倡导保护自然资源是为了平息社会上日益积累的不满情绪,并更加科学合理地利用资源,使自然资源更有效地服务于美国社会与经济的发展。按照罗斯福的观点,保护不等于不用,而是要合理使用,避免浪费和无谓地毁坏。1901年12月,他在向国会发表的第一篇总统年度咨文中,用了近1/4的篇幅阐述了他在保护自然资源方面的主张,他视森林和水为"美国最根本的内政问题"。他讲道:"聪明的森林保护不是把森林资源……收回,不让它们充分地为人类的福利服务,而是相反,那就是保证更可靠的资源供给。林业的基本观念是森林的永久使用。森林保护本身不是目的,而是要增强我们国家及其工业赖以存在的持久性。"① 1907年12月,罗斯福在他给国会的第七次年度咨文中,再次大篇幅地论述了他对保护国家自然资源问题的见解,指出对自然资源要"保护和适当利用"。他谆谆教导两院议员,要未雨绸缪,切忌盲目乐观。他指出:"乐观是一种好品质,但过分乐观便为愚蠢。我们喜欢说我国的资源取之不尽、用之不竭,但情况却并非如此","我们必须未雨绸缪,必须认识到这个事实,浪费与毁坏我们的资源,滥用和耗尽地力而不对其善加利用以增效益,其结果终将损害我们子孙本应享有的繁荣。"② 罗斯福告诫同胞,大自然经历了数亿年的演化才造出了如此壮丽的景观,人类无权任意践踏它,因为"森林资源并不只为这一代人所用,'为人民'一词必须永远既包括生活在现时代的人们也包括尚未出生的人们,否则就不叫实现了民主的理想"。③

---

① Theodore Roosevelt, *1st Annual Message*, December 3rd, 1901, to the Senate and House of Representatives, the American Presidency Project, americanpresidency. org, http://www. presidency. ucsb. edu /ws/print. php? pid=29542.

② "THE CONSERVATION OF NATURAL RESOURCES", from Theodore Roosevelt's Seventh Annual Message to Congress, Dec. 3, 1907, http://www. pbs. org/weta/thewest/resources/archives/eight/trconserv. htm.

③ Paul Russell Cutright. *Theodore Roosevelt, the Making of a Conservationist*, Chicago: University of Illinois Press, 1985, p. 218.

罗斯福对资源分配不公和资源浪费所引起的社会问题有着清醒的认识,为此,他将整个国家的共同利益和全体人民的福祉规定为自然资源保护的最高目标与准则。他致力于解决自然资源的不公平与不合理使用问题,不惜触犯某些垄断集团的即时利益。他声明,"本届政府从一开始应该毫无怀疑地阐明它追求这一政策的目的就是为了最广泛的公共利益"。1901 年 12 月,罗斯福在他给国会的第一次年度咨文中反复重申,要尽可能地使真正的宅地农民、牧场主和小矿业主获得公平使用自然资源的机会,反对工业生产中的资源垄断行为。他宣称,"划建保留林地应该永远都是为了我们全体人民的使用和利益,而不是少数人贪婪的牺牲品"。[①] 1903 年 4 月 24 日,罗斯福应邀参加黄石国家公园大门的奠基仪式。他又利用这次机会发表演说,强调其保护自然资源政策的民主性。他向公众明确表示:"当初建造和如今管理这座公园都是为了人民的利益和欢乐","我无论怎样重申都不过分,目前对黄石公园的管理正如对其他所有此类场所的管理一样,其最重要的特征就是它在本质上的民主性——对其景观、森林、野生生物与猎物的保护都是为了全体人民,而不是仅仅要将欢乐留给那些能够控制私有保留地的富人"。[②] 这样的态度与做法无疑会触犯某些人的利益,招致那些靠掠夺自然资源发财致富的西部利益集团的强烈反对。那些经营私有灌溉工程的人把矛头对准了1902 年颁布的《纽兰兹法案》;牧场主、矿业主、林木业主抗议政府实行森林和矿产的国有化;电力公司则不满于罗斯福多次否

---

① Theodore Roosevelt, *1st Annual Message*, December 3rd, 1901, to the Senate and House of Representatives, the American Presidency Project, americanpresidency. org, http: //www. presidency. ucsb. edu /ws/print. php? pid=29542.

② John Gabriel Hunt. *The Essential Theodore Roosevelt*, New York: Gramercy Books, 1994, pp. 120—121.

决将水利基址赠予私人企业的法案。他们在国会内的代言人对罗斯福的改革举措设置了重重阻力，致使国会在 1909 年拒绝向全国自然资源保护委员会拨发其急需的 25000 美元活动经费，拒不理睬罗斯福任命的内河航道委员会关于控制河流和河水的建议，反对给予森林局独立的资产。但是，罗斯福在重压之下毫不妥协，反而以一种强势总统的作风毅然推行了他的保护自然资源的政策。

不可否认，罗斯福的资源保护政策是其总统任内"最具长远意义的政绩"。① 这一政策的实施在一定程度上扭转了资本主义发展中自然资源的破坏性开发和浪费性使用的无政府状态，使得大企业主和土地投机商挥霍国家资源、触犯公共利益所引发的大众不满情绪有所缓和，对于从资源上保障资本主义经济的持续发展，消除由资源分配不公所引起的公众愤懑，保证当时社会的稳定起到了重要作用，也为保障国家的未来发展打下了坚实的物质基础。罗斯福在自然资源保护方面所作的贡献使他成为美国环保史上的一位里程碑式的人物，尼克尔斯·罗斯福曾经在他为罗斯福总统所作的传记中说："对于自然资源的重要性，其前任总统中没有哪一位曾有过像他一样敏锐的认识。"②

四　知识分子中的"大政治家"

自然资源保护运动的开展体现了罗斯福总统的学识、魄力和政治眼光，是他任内最重要的成就，也是他的"新国家主义"政

---

① 李剑鸣：《伟大的历险——西奥多·罗斯福传》，世界知识出版社 1994 年版，第 185 页。

② Nicholas Roosevelt. *Theodore Roosevelt, the Man as I Knew Him*, New York: Dodd, Mead & Company, 1967, p.128.

治哲学在其治国方略中的具体应用。罗斯福政府的资源保护政策强调由联邦政府对森林、矿山、沼泽和水利区域等自然资源保持所有权,并因此有权对私人企业的资源开发利用行为加以制约。它强调国家资源属于全体公民,而政府则受民众之托进行管理,是这些资源当然的管家。这一政策的着眼点主要不在于防止浪费而在于公平分配,充分体现了"新国家主义"中的"国家干预"以及"公平之政"的政治思想。不过,关于自然资源保护的理论与主张仅仅是罗斯福的整套政治哲学中的一个组成部分,他的政治哲学是一个全面、系统的政治思想体系。它涉及了美国社会的各个主要方面,除了保护自然资源的思想之外,它还包括罗斯福关于大企业问题、劳工问题、关税问题、货币制度问题等多方面的政治见解和主张。

19、20世纪的新旧世纪之交,堆积如山的社会问题困扰着整个美国社会,各种思潮和学说应运而出,莫衷一是。人们试图找到社会问题的病灶从而对症下药,拿出一套医治的良方。作为一个受过良好教育的美国公民,罗斯福对当时美国的社会现状有着较强的分析能力和较为清醒的认识,这种认识不断成熟的结果便是其改革主张的日益形成和"新国家主义"政治学说的最终诞生。

在罗斯福的政治家生涯中,"新国家主义"一词首次出现于1910年夏季他在西部的一场演说,之后又随着1912年罗斯福在进步党竞选纲领中对它的频繁使用而更加为人熟悉。自1901年出任总统后,罗斯福实施了不少改革举措,受到国人的拥戴。然而到1908年,正当他在联邦政府的各项改革取得日益明显的成效时,其第二任总统任期却将期满。按照传统,他已很难再次谋求连任。因为早在开国元首乔治·华盛顿时期就留下先例,每位美国总统最多连任两届。华盛顿曾经执政8

年，随后便功成身退。到罗斯福执政时期，这种做法沿袭已久。1904年，罗斯福在其第二任期竞选成功之际也曾声明，他不会在1908年谋求竞选连任。临近卸职之际，罗斯福还亲自为共和党选好了接班人并对朋友们表示一俟任期结束，他绝不再参加任何政治活动。在罗斯福的鼎力推荐与支持之下，当时的国防部长威廉·塔夫脱获得共和党候选人资格并且成功当选。离任之后，罗斯福践履前言，带着对接班人的信任和希望离开了白宫。他花掉近一年的时间远赴非洲与南美洲进行探险和科学考察，继而又游历欧洲，远远地离开了昔日的政治舞台。塔夫脱受罗斯福栽培，在感激之余也曾表示将不负厚望，继续贯彻罗斯福的既定改革纲领。但是事实证明，他既不具备罗斯福那样出色的政治才干，也缺乏他那样高昂的改革热情。上任不久，他便撤换了罗斯福留下的内阁成员，基本上背离了罗斯福制定的内政方针，致使保守派势力在共和党内占据了上风，党内进步派的反叛情绪日益强烈。1910年6月，当罗斯福回到美国时，发现共和党早已一片混乱，党内进步派对总统塔夫脱颇有非议，中西部各州共和党大会拒绝支持塔夫脱政府，除南部外各地共和党人都对塔夫脱表示不满。

任人唯才的罗斯福对自己亲手选定的接班人深感失望，塔夫脱的"保守"和"无能"促使罗斯福决心重返白宫。为此，他再次抖擞精神，开始了巡回西部的演说活动。1910年9月2日，罗斯福以他在堪萨斯小城奥萨瓦托米的一场精彩演说为标志，重新进入全国的政治视野。在这次演说中，他首次使用了"新国家主义"一词来阐述他的政治主张。

"新国家主义"体现了罗斯福对当时美国社会形势的基本认识。他认为工业化与大企业给美国经济带来的繁荣是无可否认的，但同时，大企业经营所引发的政治经济腐败、社会财富分配不均等一系列社会问题却也严重损害了美国社会的健康发展。为了平息当时美国社会混乱、动荡的局面,谋求社会的进步,政府就必须为美国建立一种基于真正的社会正义之上的新社会秩序,而这种新社会秩序则要借助于一种"新国家主义"才能实现。他将"民有政府"、"机会均等"、"国家效率"、"国家立法"、"人民福祉"等思想归结到"新国家主义"的概念之下,将"新国家主义"解释为一种国家利益至上而不是私有财产至上的政治思想。他指出,所谓"新国家主义"就是要使政府摆脱特殊利益集团的影响与控制,"将国家需要置于派系或个别人利益之前。它不允许地方议会企图将国家问题作为地方问题处理所引起的天下大乱的局面,更不允许政府权力分工过细造成的瘫痪状态,因为这种状态将使财力雄厚的利益集团得以借助地方私利或法律花招令国家活动无法开展"。概而言之,"新国家主义"意味着一个能与不法利益集团作战,"打击特权",使"人人都有公平机会",谋求"人民的福利"更加强大和更加有力的"大政府"。罗斯福号召美国人民拥护"新国家主义",因为在新的社会形势下,"没有它即不可能应付新问题"。①

在其后的一年时间里,罗斯福又多次为"新国家主义"撰文,题目分别为"是进步主义的国家主义还是什么?"、"国家主义与公共规则"、"国家主义与劳动者"、"国家主义与司法制度"、"国家主义与民主"和"国家主义与国际关系"。② 从这些题目就可以看出,它们是罗斯福对其"新国家主义"理论各个方面的具体阐释。在这些文章中,罗斯福反复使用"摧毁特权,机会均

---

① Theodore Roosevelt, "THE NEW NATIONALISM", Osawatomie, Kansas, August 31, 1910. http://www. theodore-roosevelt. com/trnationalismspeech. html.

② Theodore Roosevelt. *Social Justice and Popular Rule*, New York: Charles Scribners's Sons, 1925, pp. 81—163.

等","反对特权,拥护廉洁高效的政治与工业民主"等语句,借以表明"新国家主义"的宗旨。他写道:"我们信仰高效政府","我们希望这种效率能够体现于行政、立法和司法等政府部门"。他同时声明:"我并不要求过度的中央集权,但是我的确要求当我们在为全体人民工作之时,我们要以一种广泛而深远的国家主义精神来工作。"① 1912 年,当罗斯福作为进步党的候选人参加总统大选之时,他高擎"新国家主义"的旗帜,提出了诸如实行总统预选、给予妇女选举权、建立创制权和复决权制、普选参议员、保护自然资源、限制女工的最低工资、限制使用童工、实行工人补偿法、建立社会保险制度、设立由专家组成的联邦委员会负责调整关税和管理州际工商业、推进社会正义、由人民治理国家、讲究国家效率等各项主张,② 从而将进步党的竞选纲领阐发成了一个具有进步主义思想的改革宪章。虽然罗斯福最终未能在大选中取胜,但是他代表共和党改革派提出的"新国家主义"政治思想却构成了这次大选中的最有价值的政治遗产,为以后历届政府的内政改革提供了可借鉴的方案。

"新国家主义"的名称虽然是在罗斯福卸任之后才提出的,但其实质内容则早已存在。早在他任纽约州州长时,罗斯福就曾不顾共和党党魁、该州参议员托马斯·普拉特的反对,提出过限制童工和女工的工时、禁止虐待工人、政府干预经济活动、保护纽约州的自然资源、由州政府严格控制公用事业等与"新国家主义"思想相类似的政策主张。不过,他当时的影响

---

① Theodore Roosevelt, "Progressive Republicanism", "Progressive; or What?", 载 Theodore Roosevelt. *Social Justice and Popular Rule*, New York: Charles Scribners's Sons, 1925, pp. 69, 81, 83.

② Nicholas Roosevelt. *Theodore Roosevelt, the Man as I Knew Him*, New York: Dodd, Mead & Company, 1967, pp. 102—103.

力还只能局限于一个纽约州的范围,而且在其改革政策的实际
推行过程中还常被普拉特等代表大企业利益的共和党党魁所掣
肘。为排除异己,普拉特设计将罗斯福架空,出任了那个位尊
权轻、无多少事情可做的美国副总统之职。但是普拉特这次却
是智者千虑,棋错一招。1901 年 9 月,麦金莱总统遇刺身亡。
按照美国联邦宪法的规定,罗斯福由原来的副总统身份"依法
转正",入主白宫。到这时,以往的从政经验与教训最终使罗
斯福懂得了变通与逢源的重要。为避免因立即改变前总统的人
事安排和治国策略而导致政府内出现混乱局面,罗斯福以退为
进。他在就职仪式上承诺将会"继续绝无改变地贯彻执行麦金
莱总统的政策"[1],并留用了麦金莱总统内阁的原班人马。他向
他们保证,他将"缓步前进"。[2]

　　初当大任的罗斯福以这样的方式换来了联邦政府在新旧行政
首脑交替时期的平稳过渡,为他日后全面施展政治抱负走好了第
一步。不过,罗斯福内心深处念念不忘的还是改革。麦金莱执政
时期在经济上所走的仍然是传统的"自由放任主义"路线,对进
口货物也沿袭以往的高关税政策。继任之后,罗斯福开始逐步改
变前任在关税问题、大企业与劳工问题上的这些保守做法,将他
所倡导的政府干预思想大而化之,推广全国。1901 年 12 月 4
日,罗斯福向国会发表了他的第一篇年度咨文,他从全国施政和
国家前途的角度全面阐述了自己的政治哲学和改革的主张,其核
心内容就是从加强联邦政府的权力入手,实现政府对经济的积极
干预,提高政府的工作效率,管理大公司,调整劳工政策,保护

---

　　① Charles Eugene Banks & Leroy Armstrong. *Theodore Roosevelt : a Typical American*, Hartford, Conn. S. S. Scranton Co. 1901, p. 378.

　　② Joyce Blackburn. *Theodore Roosevelt : Naturalist and Statesman*, Michigan: Zondervan Publishing House, 1967, p. 91.

自然资源，缓和社会矛盾，追求国家的长治久安和持久繁荣。鉴于初入白宫，罗斯福措辞谨慎。但他还是用委婉的语气提醒了议员们：工业的发展已经引发了严重的社会问题，旧有的法规、惯例已不能适用于新的时代，变革已成当务之急，而政府则应该在变革中起到全面的管理与监督职能。对于大公司，政府既要保障其合法权益又要制止其短视行为和危害社会的做法。这次咨文虽然尚未述及全国性的劳工问题，但他已经要求政府部门及其下属企业率先垂范，保护女工和童工的利益，成为一个"好雇主"。早在纽约州州长任上，罗斯福就曾认为，一旦有合适的行政领导人出现，联邦政府肯定是要"改弦易辙"的。① 麦金莱总统的遇害把这样的机会留给了他本人，而他也的确把握住了这个机会，为美国政治创造了一套新的施政哲学。

"新国家主义"以"国家干预"思想为指导原则，以政治、经济、社会改革的具体设想和方案为核心内容，是罗斯福的政策学说与施政纲领的总称，包含着罗斯福对转型时期的美国社会的基本认识，用罗斯福自己的话说，它代表了他"最深刻的信念"。②

罗斯福是一位有头脑的政治家，他既有丰富的知识又有丰富的政治阅历，这使他在身处种种社会矛盾冲突之中时仍能保持清醒的头脑，对局势做出较为正确的分析和判断。当许多人面对转型时期成堆的社会问题而进退失据、不知所向的时候，他却看出

---

① 李剑鸣：《伟大的历险——西奥多·罗斯福传》，世界知识出版社1994年版，第276、131页。

② Nicholas Roosevelt. *Theodore Roosevelt, the Man as I Knew Him*, New York：Dodd, Mead & Company, 1967, p. 104；Elting Morrison. *The Letters of Theodore Roosevelt*, Cambridge, Massachusetts：Harvard University Press, 1951 — 1954, vol. 2, p. 797.

了问题所在和出路所在。"由于他具有十分丰富的知识,因而能准确地把握美国社会的特点和世界局势,做出相应的决策。"①罗斯福指出财富集团和贫困阶层是社会问题的症结所在:美国社会所面临的两大威胁,一个是富人的垄断,另一个便是穷人的骚乱,而这两方面又是相互关联的。"他感到危险在于这一事实:富人无视正义,而穷人则试图靠无知的空想家或者蛊惑民心的可耻政客的领导来医治其周遭的罪恶。"②大财富集团垄断经济、贿买权力、压榨劳工、欺骗公众,势必会激起下层百姓的不满和反抗,甚至导致无政府主义的生长。为此,罗斯福将劳资问题列为其任期内"最大的"、"最迫切需要得到解决"的问题。③作为有产阶级中的一员,罗斯福认同资本主义、敌视社会主义,害怕工人组织起来对抗资本主义制度,然而,他的可贵之处在于他能够清楚地看到,现代社会的发展已经将全体社会成员联系成了一个相互依存的整体,各阶级之间利益相关,"要么全体上升,要么就一起沉沦"。④所以他认为,现代政府不能只考虑部分社会成员的意愿,而置另一部分人的利益于不顾。当务之急,只有通过改革,加强政府权力、完善国家立法,使政府摆脱特殊利益集团的控制和影响,推动社会进步,自行克服资本主义发展过程中所出现的社会弊病,才能避免工人因不堪忍受剥削而走向暴力革命,从而缓和社会矛盾,保障美国资本主义经济的稳定发展和资

---

① 李剑鸣:《伟大的历险——西奥多·罗斯福传》,世界知识出版社 1994 年版,第 334 页。

② Edward N. Saveth. *American Historians and European Immigrants 1875 - 1925*, Russell & Russell Inc., 1965, p. 116.

③ Elting Morrison. *The Letters of Theodore Roosevelt*, Cambridge, Massachusetts: Harvard University Press, 1951—1954, vol. 3, p. 679.

④ Theodore Roosevelt, *Progressive Principles*, New York: Progressive National Service, 1913, p. 310.

本主义社会的长治久安。罗斯福不仅深刻分析了美国社会转型时期的复杂形势，还对该时期学术领域的先进思想了然于心，其国家干预思想的提出，即是出于他本人对时局的认识与思考，也是建立在吸收、融汇各种进步主义理论的基础之上的，在这一事例中，可以说是知识辅助了政治。在"新国家主义"学说的形成过程中，罗斯福借鉴了西蒙·帕顿、理查德·伊利、亨利·劳埃德等当时美国思想界、学术界一些知名人士的见解，听取了吉福德·平肖等一些朋友的建议，特别是深受了克罗利的影响。1909年，克罗利出版了他的《美国生活的希望》一书，对罗斯福总统的国内政策进行了仔细的研究，指出了改革的必然性，并且强调改革的关键在于扩大政府职能，加强政府干预经济和社会生活的权利。克罗利称其主张为"新国家主义"，罗斯福不仅直接采纳了这一称谓，还请克罗利为他起草了奥萨瓦托米演说的初稿。可见，罗斯福的"新国家主义"在思想渊源上乃是进步主义思想的集大成。

罗斯福的经济改革是其"新国家主义"学说中最有价值的部分之一。在经济方面，罗斯福认为联邦经济政策的核心是对大公司的政策，他主张加强联邦政府对企业的监督和管理，防止恶意竞争，实现国家经济的有序发展。罗斯福在其1902年发表的一系列讲话中明确地阐明了他对大公司的态度，他强调"政府不仅有权管制托拉斯，而且只要有必要，政府还责无旁贷地必须对其施以管制"。[①] 罗斯福在原则上并不反对大公司，相反，他还十分欣赏大公司的高效能，认为在现代科技条件下工业合并乃是势所必然，但是他也发现某些大公司的行为不端已经造成了许多经

---

① Lewis L. Gould. *Reform and Regulation*, *American Politics from Roosevelt to Wilson*, New York: Alfred A. Knopf, 1986, p. 41.

济和社会问题，招致了广泛的社会不满，因此他认为必须由政府对其加以监督和管理，相应地，也就应该加强国家行政机构的管理职能、完善反托拉斯法，从而使联邦政府能够有足够的权力对企业的行为依法实施有效干预。在1902年的一次演说中，他曾信心十足地表示，对于控制大公司问题，政府既"有权力"，也"会找到途径"。[①]

罗斯福的社会改革思想是其政治学说中的另一个重要组成部分，涉及了他在劳工立法和社会福利等各个方面的改革方案。他肯定了劳工组织工会、集体与雇主议价的权利，主张限制工人的最低工资和最高工时，制定工业事故的赔偿标准并对工人工作环境的安全性进行政府监督。针对童工和女工的问题，罗斯福主张制定法律禁止雇用童工、改善女工工作条件，保证其每周的工作时数不得超过48小时。在社会福利方面，罗斯福从提高国民身心健康水平的宗旨出发，提出了推行养老保险、检查城市住房卫生、为住宅区建设公共娱乐场所、实施强制教育和职业教育以及建立卫生部等多项综合措施。罗斯福的"新国家主义"充分考虑到了社会下层的呼声以及进步主义的改革设想，"是一个进步主义改革主张的大杂烩"和"一张医治社会弊病的大处方"。[②]

虽然迟至1910年以后罗斯福才系统地提出了他的"新国家主义"政治学说，但是国家干预经济的思想乃是他在总统任内一贯坚持的指导原则。在这一原则指导下，罗斯福对美国社会进行了较为全面的进步主义改革，尤其是进行了反对托拉斯的斗争并

[①]　Joseph Bucklin Bishop. *Theodore Roosevelt and His Time*, *Shown in His Own Letters*, vol. 1, New York: Charles Scribner's Sons, 1920, p. 232.

[②]　李剑鸣：《伟大的历险——西奥多·罗斯福传》，世界知识出版社1994年版，第285页。

在劳工问题上推行了"公平之政"的方略。

如前所述，19世纪末20世纪初，美国大工业的发展加速了生产与资本的集中，在石油、钢铁、铜、铁路等基础工业部门以及烟草、糖、酒等消费品生产行业形成了一股兼并狂潮。少数大企业垄断了原材料和价格，恶意竞争，严重扰乱了国家的经济秩序，引起公众的强烈不满。1890年，联邦政府曾在公众的强烈要求下通过了一项反托拉斯的《谢尔曼法》，宣布那些意在垄断某一特定行业的任何企图或合谋行为，以及以限制州际贸易、对外贸易为目的的任何合约、联合、共谋行为均属违法。但是在垄断资本家的抵制下，司法部门始终无法对这一法令加以认真执行，致使《谢尔曼法》在被通过之后长达十几年的时间里都形同虚设，联邦政府依然无力对大公司加以有效控制。

罗斯福执政后，立即着手利用现成的《谢尔曼法》开始大规模地起诉大垄断公司。他首先以治理托拉斯问题为其政府工作的突破口，其中的含义非比寻常：一来是托拉斯民愤极大，扮演"托拉斯的克星"自会受人拥戴，从而使本届政府从一开始便获得良好的群众基础；二来则可借此加强总统和政府的权力，扭转大垄断者恃财弄权、主宰国家政治和经济命脉的局面。这一做法一举两得，不失为一个聪明的选择。

其实，早在1899年罗斯福就任纽约州州长之后，他就开始跟大公司"过不去"。他迫使州议会批准对各公司所享受的特权实行征税，从而背离了共和党头目们的意愿。促成罗斯福当选副总统原本是纽约州共和党党魁排除异己的阴谋，结果却事与愿违，反而帮着罗斯福登上了总统的宝座。罗斯福继任之初，华尔街那些操纵股票市场和组织托拉斯的大亨们便已忧心忡忡，而罗斯福也果然如其所料，在他第一次向国会递交的咨文中便表明了自己对垄断公司所持的立场，虽然他出言谨慎，但却意志坚决。

他说,"美国人民现在有一种普遍的定论,就是:那些号称托拉斯的大公司,它们活动的某些方面和它们某些发展趋势对于公众利益是有害的……如果发现有从事州际贸易而且持有执照的公司竟然从事违反公益的活动,政府就应该对它们加以管制。凡是有志于整饬我们社会的人,就应该像倾全力去消灭社会上的暴力犯罪那样,去消灭商业界的欺诈罪行"。①

罗斯福言出即行,开始不动声色地着手治理托拉斯问题,他所选择的第一个目标就是当时美国最庞大的铁路联合体——北方证券公司。1901年冬季,他责成司法部长诺克斯对北方证券公司的经营行为展开调查,掌握了该公司大量确凿的犯罪证据:该公司不仅控制了美国西部的铁路运输大动脉,而且还采用股票掺水的方法严重扰乱国家的经济秩序。1902年2月,联邦政府宣布依据《谢尔曼法》对北方证券公司提出控诉。两年之后,最高法院最终判决解散北方证券公司。尽管这一判决并未伤及该公司的经济利益,但是作为政府与托拉斯的第一个回合的较量,政府的获胜却意义非凡。北方证券公司是1901年秋季由摩根财团发起组织的,是它与希尔、哈里曼等大财团的合股公司。它的成立整合了摩根、希尔和哈里曼三大铁路巨头的实力,形成了一个铁路行业的超级托拉斯。这三家都是那个时代势力最大、声名最显赫的工业巨头,罗斯福从他们开刀,大企业界无不为之惶然。1902年,引起公众普遍不满的牛肉托拉斯也在政府的起诉下遭到解散。1903年,在罗斯福的支持下,司法部成立了反托拉斯局,专门负责执行反托拉斯法,实现了反托拉斯的制度化。在总

---

① The American Presidency Project, americanpresidency. org, Theodore Roosevelt, 1st Annual Message, *December 3rd*, *1901*, To the Senate and House of Representatives, http: //www. presidency. ucsb. edu /ws/print. php? pid=29542.

统的第二任上，罗斯福政府又陆续起诉了美国烟草公司、杜邦公司、纽黑文铁路公司和美孚石油公司等，从而使更多不法企业得到了程度不同的制裁，其中以政府起诉美孚石油公司案最具有代表性。1906 年，女记者塔贝尔对该公司黑幕给予了揭露，引起全国瞩目。同年，罗斯福政府正式对它进行了起诉。1911 年美国最高法院判决新泽西州美孚石油公司解散，其下属各家子公司分别独立运营。加强对铁路的管理也是罗斯福政府在第二任内的一个工作重点。1906 年，罗斯福运用巧妙的策略使国会通过了《赫伯恩运价法》，扩大了州际商务委员会对铁路运输的控制权，成功地把铁路系统也置于了联邦政府的掌控之下。罗斯福在解决托拉斯问题上的一系列举动震惊了全国，也为他自己带来了"托拉斯克星"的称号。事实上，面对大公司给国家带来的弊端，罗斯福并不打算不加区分地将这些庞然大物统统摧毁。他承认企业联合乃是经济发展的必然趋势，认为正确的做法就是树立联邦政府的权威性，建立政府对大公司的有效管理机制，限制和打击其不法行为。追溯罗斯福与托拉斯斗争的历史，无处不体现着一种"新国家主义"的"大政府"情结。

罗斯福在经济领域着力加强政府权力的同时，也没有忽略国家在社会领域内的干预功能，特别是在对待劳工问题上，他采取了与往届政府截然不同的态度。

罗斯福继任总统的第二年曾经做过两件意义重大的事情：一件就是起诉北方证券公司，另一件则是仲裁煤矿工人的大罢工。往届政府在劳资冲突中大多偏袒资方，对劳工采取镇压手段。1894 年，联邦政府对普尔曼工人大罢工的处理方法就是一例。1894 年 5 月，普尔曼车厢制造公司工人为抗议公司解雇工人举行罢工，并很快在全国铁路工人中得到响应，从芝加哥到太平洋沿岸的火车全部停运。在此次事件中，政府不仅派军队武力镇压工人，还将工会领袖尤金·德布斯定罪入狱。暴力镇压引起了更加广泛和更加激烈的劳资冲突，导致了 19 世纪末期全美罢工运动此起彼伏，衍为大潮。罗斯福继任总统后的做法不禁令人对他刮目相看。1902 年春季，宾夕法尼亚西部无烟煤矿区 15 万矿工为要求增加工资和承认工会的合法地位举行罢工，直到秋天，劳资双方一直僵持不下，由于严冬将至，煤荒在即，全国空前关注，罗斯福不得已插手此事。他曾不顾一些舆论谴责他僭越宪法赋予总统的权力以及要求弹劾总统的声浪，邀请矿主和矿工代表到白宫共同协商解决办法，同时他又成立了一个仲裁委员会，进行仲裁，结果令罢工双方皆大欢喜。矿主同意部分地增加工人的工资，但并未承认工会的合法地位。这次冲突的和平解决，不仅开始了"一个强大政府对一个新行动领域的介入"，也使罗斯福的"个人威望得到了巨大的增强"，① 罗斯福首次以总统身份、以仲裁手段调解了一次矛盾尖锐的大罢工，避免了一场流血冲突，也在公众中树立了公平、公正的总统和政府形象。1904 年大选之时，罗斯福重提旧事，以此证明他的政府对所有公民一视同仁，既不偏袒富人也不护卫穷人，而是奉行"公平之政"（Square Deal）的原则。作为一个受过良好教育的人，罗斯福颇富政治眼光，深谙劳资关系与社会整体利益间的休戚相关。他曾告诫人们，在现代社会条件下社会各阶层间是相互依存的，要么全体上升，要么便会一起沉沦。罗斯福从社会整体利益着眼，对劳工问题采取了较为和缓的解决方式，1902 年对工人罢工仲裁的成功开创了政府干预劳资关系的先例，为工业企业处理劳资关系树立了榜样，将工人争取自身利益的要求导入了资本主义制度

---

① Joseph Bucklin Bishop. *Theodore Roosevelt and His Time*, *Shown in His Own Letters*, vol. 1, New York: Charles Scribner's Sons, 1920, p. 216.

所允许的框架之内，同时也扩大了总统和政府的权限范围。在其后数年的政治实践中，罗斯福政府以"公平之政"为指导原则，逐渐建立了调整劳资关系的长久机制。他通过改善下层人民的处境、调整劳工政策、加强保护劳工的立法等手段，尽量采用仲裁方式解决罢工问题，从而避免了单纯压制所激起的更大反抗，达到了缓和阶级矛盾、维护社会稳定的最终目的。

单就罗斯福的学识素养而论，在当时的美国学术领域中倒未尝没有能够出其右者，但罗斯福的特殊之处在于，他不单是"大知识分子"，更是国家最高行政首脑，"与托马斯·杰斐逊一样，罗斯福也是一位出名的政界学者。他以强悍粗犷闻名，但又是自约翰·昆西·亚当斯以来的第一位知识型白宫主人。他那广泛而博杂的阅读兴趣、敏锐的思想和出色的学术成就，在美国政界并不多见"。对于一位职业政治家来说，知识素养非常重要，因为在实施领导行为的过程中，知识素养决定着他的思想观念和思维方式，而思想观念和思维方式又决定着行为方式。只有拥有了广博的知识，他才能具备观察、分析、决策、组织、交往等诸多方面的能力。而罗斯福恰恰拥有着非凡的才智与学术素养，哈佛四年，使罗斯福"接受了一个美国青年当时所能受到的最好的教育……为他以后远大的政治前程打下了扎实的文化基础"。① 当罗斯福率领他的政府各部门和各路专家为美国资本主义大业规划改革蓝图、谨慎而又果敢地推行他的施政方针时，他那博学多才而又不拘成见的特点与作风中分明洋溢着典型的哈佛气质，颇像当年那位才学过人而又敢为人先的年轻的哈佛大学校长查尔斯·埃里奥特。前者以他在美国高等教育史上的创举而为人敬仰，后

---

① 李剑鸣：《伟大的历险——西奥多·罗斯福传》，世界知识出版社1994年版，第312、25页。

者则因其对整个美国国家事业的贡献而彪炳史册。

罗斯福体现了一个时代。在美国西部的南达科他州，耸立着著名的拉什莫尔山雕像。1924年，当美国人决定将拉什莫尔山雕塑成一个以总统为题材的国家纪念碑时，他们在数十位美国总统之中将这份殊荣给予了华盛顿、杰斐逊、林肯和罗斯福，这四位总统代表了美国所经历的四个重要的时代。美国人没有忘记罗斯福总统，并不仅仅因为他曾经与西部有些瓜葛，而是因为他对美国的贡献堪与开国元勋华盛顿和捍卫了联邦完整的林肯相提并论。19世纪末20世纪初，在美国从农业社会向工业文明转型的过程中，罗斯福总统以其出众的胆识和高明的手腕处理了工业化和城市化所带来的种种社会难题，充当了进步主义改革的旗手。与其他三位总统相比，他虽然既无开国之功亦无挽救民族分裂之绩，但是他同样体现了一个时代，因此，他能与华盛顿和林肯并驾齐驱，在国家纪念碑上赢得一席之地。罗斯福总统虽然不是唯一的学者型政治家，但无疑是其中的最杰出者之一。他崛起于美国进步主义的高潮时期，位及国家最高行政首脑，颇具远见与魄力，改革硕果累累，令其继任者大为逊色。他的改革在某些方面甚至超越了进步主义本身的局限，尤其是在保护自然资源方面成就斐然。

然而，罗斯福也有失误的时候。1908年，在即将卸任之时，他把全部的希望寄托在了威廉·塔夫脱身上。律师出身的塔夫脱总统在任4年，所做不少，却收效不大，他建立了包裹邮寄和邮政储蓄业务，设立了劳工部，发展了政府的文职机关，但在铲除社会弊端方面却始终难与其前人比肩。尽管他在任时也曾提出反对托拉斯，但却丝毫未能使工业垄断势力有所收敛，至于他的自然资源保护措施也大体是继承前人衣钵。塔夫脱未能担负起领导进步主义改革的大任，他显然辜负了罗斯福的一片苦心。

第三节　伍德罗·威尔逊的"新自由"

　　虽然塔夫脱的表现令进步派大失所望，但是在当时的美国知识分子中，堪当重任者并非后继乏人。就在联邦改革经历了塔夫脱时期的短暂退步后，美国进步主义运动又迎来了一位新的领袖。1912年，随着民主党人伍德罗·威尔逊在大选中取得胜利，进步主义知识分子在白宫中又有了他们新的代言人。

一　学历最高的美国总统

　　与23岁即当选为纽约州议会议员，42岁便入主白宫的西奥多·罗斯福总统相比，威尔逊总统可谓是大器晚成，他比罗斯福还要大2岁，但却是在罗斯福就职整整12年之后才得以主政白宫。不过，威尔逊能够成为美国历史上影响力最大的行政首脑之一，自然是有其独到之处——他是美国总统史上"学而优则仕"的典型：至其当政之时为止，他是唯一获得博士学位的美国总统，也是美国总统中著述最多、在学术界影响最大的一个。迄今为止，他依然被公认为美国学术地位最高的一位国家最高行政首领。威尔逊的学术背景乃是他最宝贵的政治资本之一，也是他能够成为一位出色的进步主义政治家的重要保障。事实上，威尔逊自幼便有着强烈的政治抱负，考察一下他的求学经历便会发现，其初衷就是为从政而治学，并始终把学业当作政治上的晋身之阶。而足令其欣慰的是，正是他作为知识分子的成功，才成就了其长达半生的政治家之梦。

　　威尔逊的家庭背景对他的学术兴趣和政治抱负的形成都产生了重要的影响。1856年，威尔逊出生于美国南部的弗吉尼亚州。

那时距离美国南北战争的爆发还有 5 年时间。其父约瑟夫·威尔逊乃是一名长老会教徒,在当地一所学院当过 4 年的化学和自然科学教授,后来又做了长老会教堂的牧师;他母亲毕业于一所教会大学,也是一名虔诚的长老会教徒。有一对知识分子双亲无疑是威尔逊的福气,他们不仅对威尔逊言传身教,而且还为他接受正规教育提供了良好的条件。19 世纪 60 年代,美国内战的爆发严重地影响了美国南部的学校教育,使不少学校都处于关闭状态,但这并未太大地影响到威尔逊的启蒙教育。当战争的硝烟乍起时,5 岁的威尔逊正在家里接受严格的科学和宗教思想教育。从天赋条件上说,威尔逊并不占有优势,不仅算不上天资聪颖,甚至可以说反应迟钝,他患有严重的"阅读障碍症",连他本人都怀疑自己"是世界上阅读最慢的人"。婚后威尔逊曾对妻子说过,他"在智力发展方面总是很慢"。然而,后来的美国历史让人们看到,就是这样一个缺少天分的孩子,却在未来的几十年中平步青云,先后成为普林斯顿的改革派校长、新泽西州的进步主义当家人,直至最后问鼎白宫里的总统宝座。他曾在全国各种场合成功地发表过各类演说,并最终成就了那些名垂史册的"新自由"总统竞选演说。促成他这种戏剧性转变的最直接的根源在于家庭背景,而其中父亲约瑟夫·威尔逊则功不可没。他是"这位未来总统名副其实的领导者和塑造者"。[①] 当威尔逊家族的亲友们都觉得"这孩子不大聪明",并"对他不抱希望"的时候,他父亲却并不灰心。[②] 在家中,约瑟夫悉心指导儿子读书,并时常

---

　　① 　William E. Dodd. *Woodrow Wilson and His Work*, New York: Peter Smith, 1932, p. 10.

　　② 　John Milton Cooper, JR. *The Warrior and the Priest—Woodrow Wilson and Theodore Roosevelt*, Cambridge, Massachusetts: the Belknap Press of Harvard University Press, 1983, p. 20.

与他探讨各种问题。帮助他提高写作与口头表达能力，牧师出身
的约瑟夫对自己的儿子要求非常严格，除了要求威尔逊每天早晚
诵读《圣经》，和家人一起进行祈祷之外，他还专门为威尔逊讲
解《圣经》和教义，并教导幼子要认真、独立、坚定和目标明
确，要"使自己的思想像一根针、一只眼、一个点"，语言上则
要"语出中的，切忌含混其词"。① 这些格言式的教育塑造了威
尔逊果断的作风并锻炼了他的演讲才能。据威尔逊在普林斯顿大
学的弟子回忆，威尔逊在演讲之前从来不用背稿，也不做任何笔
记；在发表演说时则很少依靠手势，"那些话似乎是在不间断的
抑扬顿挫中自然地，合乎逻辑地流淌而出"，"以无与伦比的力量
打动其听众之心"。② 这样的风格与才能显然同父亲当年对他的
要求与教诲高度统一。可见，威尔逊日后的成功，首先得益于其
身为知识分子和宗教信徒的父母，"他的父亲在培养其兴趣方面
起到了主要的作用"，威尔逊本人一直将父亲列为其"三位最伟
大的导师"之一。③

不过，威尔逊并未完全沿袭父母的生活道路，尽管约瑟夫希
望自己的儿子能够子承父业，成为一名出色的长老会牧师，但是
威尔逊本人的最大志向却是当一名卓尔不群的政治家。同罗斯福
一样，威尔逊幼年时期也一直体弱多病。可这个身体孱弱的男孩
子心里却偏偏有着一种与生俱来的统治欲望，同时，父母的宗教

---

① Arthur Walworth. *Woodrow Wilson*, vol. 1, New York: Norton, 1978, pp. 9—10.

② Raymond B. Fosdick, "Personal Recollections of Woodrow Wilson", 载 Earl Latham, ed. *The Philosophy and Policies of Woodrow Wilson*, Chicago: The University of Chicago Press, 1958, p. 31.

③ John Milton Cooper, Jr. *The Warrior and the Priest—Woodrow Wilson and Theodore Roosevelt*, Cambridge, Massachusetts: the Belknap Press of Harvard University Press, 1983, p. 16.

信仰影响了其政治思想的方向性,是其所持的正义、自由、契约、秩序等概念的源泉。

在中、小学时期威尔逊接受了严格的教育,并初步显露了他对政治的浓厚兴趣。16岁时他进入北卡罗来纳州的戴维森学院,虽然仅仅学习了半年便因为健康原因不得不中途退学,但正是这段时间内,威尔逊开始对演说发生了兴趣,并对英国政治家威廉·格莱斯顿崇拜得五体投地[①]。威尔逊曾经把格莱斯顿的照片高悬在其书桌上方的墙壁上,并满怀崇拜地告诉自己的堂弟:"这就是格莱斯顿——世界上最伟大的政治家","我也要成为像他一样的政治家"。自此之后,威尔逊始终将这位对内主张自由贸易、对外大力推行殖民政策的英国自由党人奉为供自己效仿的楷模。[②]

经过一年多的疗养后,威尔逊于1875年进入普林斯顿大学。虽然在校期间成绩平平,但是他对政治的兴趣以及对格莱斯顿的崇敬之情却都有增无减。他在宿舍中贴上了自己亲手制作的名片,自封为"弗吉尼亚参议员";平日里说话、行事也总爱表现出一种格莱斯顿式的政治家风度。他在学校的各种学生活动中表现活跃,不仅积极推动了"自由辩论俱乐部"的成立,还在四年级时当上了校刊的主编,凭借此刊倡导体育运动,讨论学校课程设置。那时,在学校的各种辩论会中人们也总是能够发现他的身影,他将辩论赞扬为"医治国家政治弊端的一副良方",而自己

---

① 格莱斯顿乃是其所处时代最出色的英国议会辩论家之一,从1868年到1894年,他曾三度担任英国首相。

② Sigmund Freud and William C. Bullitt. *Thomas Woodrow Wilson*, *Twenty-Eighth President of the United States*: *a Psychological Study*, Boston: Houghton Mifflin, 1967, p. 13.

则俨然成了"一位校园领袖"。① 他加入了"辉格讲堂"，并逐渐成为该辩论协会中的一名重量级的辩手。不过，在一次有奖辩论赛中，当抽签结果决定他为保护性关税政策做辩护时，他却毅然弃权而去，显示出了一个政治家所应有的立场性和原则性，也体现了威尔逊未来成为成功政治家的潜能。② 1876 年 6 月，当代表南部势力的美国民主党总统候选人蒂尔登和代表美国北部势力的美国共和党总统候选人海斯之间展开竞争的时候，威尔逊正处在普林斯顿大学的期末大考周里。按道理，威尔逊作为学生本该全力备考，但是他却对国家大事投入了极大的热情，密切地关注总统竞选的情势，思考有关的问题。从威尔逊当时的日记中可以发现，从 1876 年 6 月 16 日起，他一直在通过新闻报道关注着两位总统候选人的较量和舆论动向。即使是 6 月 19 日的几何考试也没能使他忘记阅读《美利坚共和国》上的文章，阅毕之后他又不禁感叹："普选乃是这个国家一切罪恶的根基。"③ 1878 年 1 月，还在上大学三年级的威尔逊又撰写论文主张在国会中采用辩论的方法选拔贤人，减少党派影响，恢复政治的昔日威信。一年后（1879 年），他将此文加以修改和扩展，定名为"美国的内阁政府"，发表在由亨利·洛奇担任主编的《国际评论》8 月号上。他继续对美国国会中的委员会制度进行批判，认为这些机构所持权力过大，主张改进国会的议事程序。文章指出，当时美国政府中行政官员治国能力的衰退"显著而令人震惊"，而立法行为则

---

① John Milton Cooper, Jr. *The Warrior and the Priest—Woodrow Wilson and Theodore Roosevelt*, Cambridge, Massachusetts: the Belknap Press of Harvard University Press, 1983, pp. 22—23.

② William E. Dodd. *Woodrow Wilson and His Work*, New York: Peter Smith, 1932, p. 15.

③ Arthur S. Link. *The Papers of Woodrow Wilson*, vol. 1, Princeton: Princeton University Press, 1966, p. 143.

"轻率愚蠢",缺乏"智慧与冷静的深谋远虑"。这些问题不仅造成了公众对治国者个人的不信任,而且还极大地动摇了人们对国家根本原则的信任,致使政府公信度整体下降,"行政与立法机关都处于人们忐忑不安的怀疑目光之下"。威尔逊认为,造成这一局面的真正原因乃是"立法机关大权独揽,而实际上又对其行为不负责任"。具体而言,就是国会的各种委员会掌控了国家的政务大权,暗箱操作,草率为政。在这种情况下,美国的所谓代议制政府实际上就变成了一种"委员会政府"。① 这篇文章显露出了威尔逊独立的政治见解,他没有像当时政论者们流行的做法那样,动辄从成年男子普选权问题入手来批判所有的政治弊端,而是在将美、英的普选权问题加以对比后指出:不能总把普选一事当作国家所有不幸的"替罪羊",问题可能出在其他方面。此外,他还在文中提出了诸如美国应该仿效英国的做法,通过国会遴选和委任内阁成员等政治主张。② 上述事例表明,威尔逊在普林斯顿求学期间最痴迷的就是政治,并充分显示了他对政治所持的高涨热情和浓厚兴趣。

从普林斯顿大学毕业后,威尔逊念念不忘的还是政治,为了能够跻身政界,他两次重返校园。1879 年他进入弗吉尼亚大学学习法律,并在毕业后与友人合伙开办了一家律师事务所,因为他希望法律能够带他走入政界。1881 年他曾在致同学罗伯特·布里奇斯的信中表露心迹:"我的目标是成为国家立法会议的关

---

① A. J. Wann, "The Development of Woodrow Wilson's Theory of the Presidency: Continuity and Change", 载 Earl Latham, ed. *The Philosophy and Policies of Woodrow Wilson*, Chicago: the University of Chicago Press, 1958, pp. 47−48.

② John Milton Cooper, Jr. *The Warrior and the Priest——Woodrow Wilson and Theodore Roosevelt*, Cambridge, Massachusetts: the Belknap Press of Harvard University Press, 1983, pp. 23−24.

键人物。"①1885 年他又告诉自己的未婚妻艾伦·阿克森:"我向往的职业是政治,而我为此选择法律。我之所以从业于法律,是因为我觉得它能带我走入政界。这在以往乃是通途,国会中至今还充斥着律师。"② 在当时,弗吉尼亚大学拥有南方最好的法学院,在那里,威尔逊又一次成为了一个积极的辩手和学生刊物的撰稿人。然而,不到 3 年,威尔逊却再次因病辍学。在回家养病期间他通过自学获得了该校的法学学士学位,不久又取得了律师事务所开业资格,并经营起自己的律师事务所。可惜事与愿违,他的事务所开业后少有人问津,根本无法为他提供一个通往仕途的晋身之阶。经过这次创业的失败威尔逊已逐渐认识到"在律师界无法实现我的雄心,政界的道路要从教育界进入"。③ 为此,1883 年他又进入约翰·霍普金斯大学攻读研究生,主修政治、哲学和历史。入学当年,他就写出了《委员会还是内阁政府?》一文,继续阐述他对美国政府问题的看法与主张。他呼吁通过实施内阁政府制来取消国会委员会的绝对实权地位,使政府真正对国家负起责任,发挥出有效的领导作用。1885 年毕业后,他便开始了长达 25 年的教学生涯。

约翰·霍普金斯大学是威尔逊在 8 年中所进的第三所大学。就是在这里,他撰写了那篇著名的论文《国会政体:美国政治研究》,并靠它拿到了哲学博士的学位;同时,也就是在这所大学里,他由于撰写出包括学位论文在内的一些有分量的文章而开始引起学术与政治两个领域的人士对他的注意。他的导师巴克斯

---

① "Letter to Robert Bridges", Jan., 1, 1881, 载 Arthur S. Link. *The Papers of Woodrow Wilson*, vol. 2, Princeton: Princeton University Press, 1967, p. 10.

② Ray Stannard Baker. *Woodrow Wilson: Life and Letters*, vol. 1, New York: Doubleday, Page & Co., 1927, p. 109.

③ Ibid., p. 170.

特·亚当斯尤其对他另眼相看，赞称"威尔逊在国家政府方面的研究处于领先水平"。[①] 从威尔逊 16 岁那年进入戴维森学院算起，到他 29 岁上从约翰·霍普金斯大学获得博士学位为止，威尔逊一共接受了 13 年的高等教育。这不仅为他打下了坚实的学术研究功底，也使他从对政治的研究中掌握了治理国家的本领，为日后从政奠定了知识与理论基础，最终成为美国历史上一位学术地位最高且又政绩卓著的总统。

二　从理论研究到政治实践

如果单以时间来算，威尔逊无疑是美国历史上政治资历最浅的总统。他在离开学界后不久就进入了白宫，是出任总统前在政界活动时间最短的美国总统。从他 1910 年当选新泽西州州长到 1912 年竞选美国总统成功，仅仅相隔大约 2 年的时间。不过资历跟资格却完全是两个概念：首先，威尔逊执教 25 年，始终以钻研政治为乐趣，从政前早已形成了自己独到的政治见解和政治思想体系；再者，他曾担任普林斯顿大学校长 8 年，其间大举推行教育改革举措，积累了不少领导经验，最后，他又成为新泽西州的改革派州长，使其多年苦心钻研的理论得以受到政治实践的检验。从开明校长到进步主义州长，威尔逊为最终叩开白宫之门两度热身。及至问鼎白宫之时，他已经是一位成熟而干练的政治家了，不仅有思想而且有魄力。

在威尔逊的思想里，教育与政治关系紧密，而他本人也的确正是从投身教育才迈出了通往仕途的第一步。1886 年，获得了

[①] "From the Minutes of the Seminary of Historical and Political Science"，May 8，载 Arthur S. Link. *The Papers of Woodrow Wilson*，vol. 3，Princeton：Princeton University Press，1967，p. 172.

博士学位的威尔逊到宾夕法尼亚州布林·马尔学院担任历史学和政治学教授,此前他曾试图重回母校普林斯顿大学任教或者希望能到国务院供职,但均未能如愿。1887 年他又谋求助理国务卿的职务,却再次碰壁。1888 年,万般无奈的威尔逊接受了康涅狄格州韦斯利安大学的聘书,到那里继续教授政治学和历史学。直到 1890 年时,威尔逊才时来运转。是年他被聘为普林斯顿大学教授,主讲政治经济学和法理学。这不仅使他得到了一个良好的理论研究环境,从而能够继续致力于他对美国国家领导权以及英国政治体制的研究,更重要的是,这次应聘给了他一个出人头地和驾驭权力的良机:1902 年 6 月,威尔逊在普林斯顿大学董事会的一致推举下当上了这所著名学府的一校之长。

　　大学校长虽然不是政治头衔,但是对于志存高远的威尔逊而言,这一职位却无异于是一个造就政治家的摇篮,他认为教育就是“具体而微的政治”。当选后,他在给妻子艾伦的信中写道:“我发现我被选为大学校长对我非常有利。它安排了我的前途,赋予了我一种职位感,给予了我一个确实的、有实质意义的工作,扫除了我精神上的那种思绪不宁与不知所终的感觉。”① 威尔逊告诉爱妻,他在起草新校长就职演说时的感觉“就仿佛是一位新首相正在准备他向选民们发表的演说”。威尔逊将其就职演说的题目定为“普林斯顿为国效劳”。他在演说中大谈学校对国家的义务以及对民族的责任,字里行间流露出其内心远大的政治理想和抱负。② 威尔逊醉心于政治,渴望拥有一位政治家的管理

---

　　① Sigmund Freud and William C. Bullitt. *Thomas Woodrow Wilson*, *Twenty-Eighth President of the United States: a Psychological Study*, Boston: Houghton Mifflin, 1967, p. 96.

　　② "Letter to Ellen Axson Wilson, July 19, 1902", 载 Arthur S. Link. *The Papers of Woodrow Wilson*, vol. 14, Princeton: Princeton University Press, 1972, p. 27.

权力,尽管他当时得到的仅仅是一个校长的职位,但是在经历了多年的政治失意之后,这一成功当然足以引发他对美好前途的无限向往,无怪乎他会以首相来自比。此时此刻,威尔逊内心阴霾顿消、欣喜异常,他感到生活中"充满了甜蜜和幸运","充满了爱戴和巨大的满足与欢乐",他为此"由衷感谢上帝"。[①] 威尔逊的就职典礼盛况空前,参加者中除了前美国总统格利弗·克里夫兰之外,还有华尔街巨富约翰·摩根以及为他此次升迁帮了大忙的摩根财团的乔治·哈维(他是摩根财团控制的"哈泼斯兄弟出版公司"的董事长、《哈泼斯周报》的主编)。他们从此成为威尔逊政治生涯中的支持者,借助他们的帮助,威尔逊此后一直官运亨通。"从一定意义上说,这次就职典礼,是威尔逊十年后进入白宫道路上的一个起点。"[②]

上任伊始,踌躇满志的威尔逊便开始对普林斯顿大学进行大张旗鼓的教育改革,其中尤其以推行导师制度、生活区计划和反对研究院计划的三大改革最具影响。为密切师生关系、增加师生间的接触,加强对学生的管理和教育,从 1905 年开始,威尔逊在普林斯顿大学实行导师制。威尔逊认为美国高校中健康的思想风气遭到破坏的一个重要原因就在"教师接触不到学生这一事实"。[③] 他为学校聘请了一些思维敏锐的年轻教师,分住到各学生宿舍,以便加强与学生的沟通和了解。普林斯顿大学在传统上是一所保守的学校,师生间的接触原本仅限于课堂上的授受关系,学校对学生课堂之外的行为和思想了解甚少。导师制旨在打

---

① "Letter to Ellen Axson Wilson, July 20, 1902",载 Arthur S. Link. *The Papers of Woodrow Wilson*, vol. 14, Princeton: Princeton University Press, 1972, p. 29.

② 邓蜀生:《伍德罗·威尔逊》,上海人民出版社 1982 年版。

③ William E. Dodd. *Woodrow Wilson and His Work*, New York: Peter Smith, 1932, p. 46.

破"以往教授与学生分离的状况",使学生得以有机会与教员在课余时间里进行"非正式的""直接交流"。① 导师制的成功为威尔逊赢得了开明教育家的盛名,也使普林斯顿大学成为全美高校中的楷模。为配合导师制的有效实行,威尔逊又仿照英国牛津大学和剑桥大学的做法,把全校学生划分成了若干个生活区——这就是所谓的"生活区计划"。这一计划使四个年级的学生混合居住,年轻教员也入住其中,这样既有利于师生交流,又可以培养学生的民主平等意识。威尔逊此举的本意在于消除豪门后裔与平民子弟之间在思想和生活上的隔膜,创造民主平等的校园环境,因为"教育不仅获取知识,也是一个生活的过程,它只能靠四年大学的生活得到"。② 虽然普林斯顿大学自立校时起便明文禁止学生搞联合会等组织,但是在 1880 年前后,随着许多富家子弟的入学,校园里逐渐出现了一些由他们组成的"爱维俱乐部",这种组织以吃喝玩乐为目的,带有特权阶级和宗派团体的性质,严重毒害了校园的风气。威尔逊对此深感忧虑,他认为应该用民主的思想去影响那些富家子弟,以消除其思想意识中的拜金倾向,只有这样,在他们继承了父辈的财富之时,才能够自觉服务于国家,使国家免于陷入财阀统治之中的危险。威尔逊曾经半开玩笑地说,倘若要使普林斯顿大学成为一个学术机构,那就必须废除那些俱乐部。③但是,"生活区计划"一经提出便立即招来了

---

① Woodrow Wilson, "Statement of the Tutorial System", Feb. 18, 1905, 载 Arthur S. Link. *The Papers of Woodrow Wilson*, vol. 16, Princeton: Princeton University Press, 1973, pp. 6—7.

② "News Report of Two Addresses in Alabama, April, 21, 1905", 载 Arthur S. Link. *The Papers of Woodrow Wilson*, vol. 16, Princeton: Princeton University Press, 1973, p. 72.

③ William E. Dodd. *Woodrow Wilson and His Work*, New York: Peter Smith, 1932, p. 46.

一片反对之声,也引起了公众的广泛关注。普林斯顿大学的元老级教授极力反对这一计划,并提出了创办研究院的主张。1910年5月,大资本家伊萨克·万安去世,指定将其巨额遗产用于为普林斯顿建立研究院,威尔逊就此辞职,离开了他工作了20年的这座美国高校。他临行乐观预言,摆在他面前的是政治上的大好时机。①

威尔逊言出有据,因为他在普林斯顿大学所进行的教育改革早已使他闻名遐迩,赢得了全国人民的民心,再加上他本人学识渊博,颇富辩才,于是他很快便成为了著名的民主党代表人物,并被党内的实力派人物选中,成为新泽西州民主党的州长候选人。1910年11月,威尔逊战胜了共和党的州长候选人乔治·雷科德,成为新泽西州的新一任"当家人",同时也在通往白宫的路上又迈进了一步。

就任之后,威尔逊再次拿出了他的改革者精神,给新泽西州带来了新的政治气象。他在任两年,与州内的党魁势力进行了坚决的斗争,对选举制度、教育制度、公用事业经营和城市管理等问题进行了全面改革,为自己塑造了一个进步的、自由主义的政治家形象。威尔逊的当选不仅是凭借自身的努力,而且在相当大的程度上还得益于民主党组织的大力支持,其中,前面提到过的哈维上校、在美国南部具有重大政治影响力的报纸发行人亨利·沃特以及新泽西州民主党党魁小詹姆斯·史密斯等人,乃是保证威尔逊当选州长的三个最重要的幕后人物。作为功臣,史密斯要求威尔逊支持其竞选参议员,然而,颇令

---

① Sigmund Freud and William C. Bullitt. *Thomas Woodrow Wilson*, *Twenty-Eighth President of the United States*: *a Psychological Study*, Boston: Houghton Mifflin, 1967, p. 120.

其感到意外的是，威尔逊一朝当选便划清界限，不仅断然拒绝，而且还对其进行了公开的谴责，于是双方展开了激烈的斗争。威尔逊在敦促企业界服从政府管理的演说中表示，要"不惜代价"地打破"腐败的政治机器与腐败的企业之间"存在的联盟关系。[①] 由于得不到州长的支持，史密斯最终未能如愿以偿，其控制下的民主党机器受到了沉重的打击。威尔逊乘势提出了他对初选法的改革方案，内容包括将候选人提名权从政党机器手中转到人民手中，初选程序要按照严格的法律规定进行等方面。1911 年 2 月 15 日，威尔逊就其初选法案发表声明，阐述自己的改革宗旨和主导精神："我曾经承诺要尽全力推动还政于民的立法……我们政治的弊端在很大程度上在于那些被人民无法理解的私人间的默契控制了公共事务……《杰林法案》的目的就是要扫除一切障碍，将对党和选举的全部管理交到选民手里……使政府完全成为人民的政府"。[②] 这一声明的发表标志着威尔逊向州内党魁发出的严正挑战。它从根本上剥夺了党魁们一直享有的特权，自然招致了后者的群起反对。民主党州众议院领袖鲁·简特召集会议，企图扼杀《杰林法案》，却反而使会议被威尔逊所利用，威尔逊占据了大部分的时间，向与会者宣传自己的主张，并援引宪法条文，向立法当局提出立法建议乃是行政当局理应享有的权利。威尔逊精通宪法，他对政治知识的长期积累和研究在政治实践中真的给他帮上了大

---

① "A News Report of a Public Lecture in Chicago: Wilson's Apostle of Law's Reign, Nov. 19, 1910", 载 Arthur S. Link. *The Papers of Woodrow Wilson*, vol. 22, Princeton: Princeton University Press, 1976, p. 74.

② "A Statement on the Geran election Reform Bill, Feb. 15, 1911" 载 Arthur S. Link. *The Papers of Woodrow Wilson*, vol. 22, Princeton: Princeton University Press, 1976, p. 430.

忙,最终《杰林法案》在议会中顺利通过,经威尔逊签署后正式产生法律效力。此外,威尔逊还出台了一个制止选举舞弊的法案。该法规定,竞选费用必须公开;禁止接受大公司捐款;由法律规定公职候选人竞选费用最高额;禁止候选人请客送礼;禁止利用选举打赌。这一法案同样受到了舆论的拥护。上述法案的通过标志着党魁统治在新泽西州的终结,新泽西州由此成为美国各州政府中最早进行选举改革的一个。

《职工工伤补偿法》是威尔逊在州长任内推动通过的第三项重要立法。根据这一法案,职工因公负伤时,雇主应该立即做出工伤补偿,同时它还规定职工享有对不履行责任的雇主提出控诉的权利。该法引发了雇主方面的坚决反对,在大公司的影响下,法案在州议会中一度受到拖延,威尔逊充分发挥自身的强项,将事件诉诸公开辩论,并与两党议员共同协商,最终不仅使法案得以顺利通过,还为自己树立起了一个民主、开明和超党派的进步主义州长形象。除了上述法案外,威尔逊在两年的任期时间里,还通过城市公用事业委员会加强了政府对公用事业公司的监督和制约;通过对州内教育体制改革改进了教学方法并使学生获得了更多的民主权利。威尔逊的一系列州政改革举措不仅给新泽西州带来了进步的政治空气,也使得总共只有两年政治实践经历的威尔逊声名鹊起,以一位进步主义州长的美好形象而享誉全国,成为当时美国政治领域中最前途无量的后起之秀。

客观来说,威尔逊的成功并非只凭红运当头,更主要的还是靠其自身的政治素养和知识积累。在其长达20余年的教学岗位上,威尔逊始终孜孜以求地钻研政治问题,撰写了许多文章和著作,逐渐形成了自己成熟而且独到的政治思想。威尔逊的政治研究是他日后大展宏图的理论保障。从19世纪70年代进入普林斯顿大学读书到 1910 年离开教育界，威尔逊先后写出了《内阁政府》（文章，1879 年）、《委员会还是内阁政府》（文章，1883年）、《国会政体：美国政治研究》（专著，1885 年）、《现代民主国家》（文章，1885 年）、《社会主义与民主》（文章，1887 年）、《行政之研究》（文章，1887 年）、《政府》（专著，1889 年）、《分裂与重新统一》（专著，1893 年）、《华盛顿传》（专著，1896年）、《美国人民史》（专著，1902 年）、《美国的立宪政体》（专著，1908 年）等知名度较高的作品，分别对现代民主、政府职责、国家地位、个人权利、国家与个人的关系以及美国政治体制中存在的弊端等问题进行阐述。这些作品都是威尔逊思想和才智的结晶，充分反映了他的政治视野和见解。它们虽然耗费了威尔逊的大量心血，但是却帮助他实现了从一位"政治思想家"到一位"政治家"的转变历程，[①] 并在其日后的政治生涯中发挥了重要的理论指导作用，特别是威尔逊对总统权力问题的思考和研究，为他主政白宫奠定了坚实的思想基础。作为一个上任前仅有两年从政经验的政界新人，威尔逊之所以能够顶住各方压力，头脑清楚而又坚定果断地推行其行政路线和改革方案，这与其多年对政治问题的探索及其对总统与政府角色的理解不无关系。

正如本书第二章中所述，在历史上美国一直是一个崇尚个人主义的国度。个人的自由与权利一直受到法律的保障和社会主流文化观念的提倡。在人们心目中，管得最少的政府一直被颂扬为管得最好的政府。然而，工业时代的来临和达尔文主义的传播却带来了个人主义思潮的过度膨胀，造成了严重的社会秩序混乱以及其他诸多不良社会后果。为了社会的稳定和整体进步，政府就

---

① Niels Aage Thorsen. *The Political Thought of Woodrow Wilson 1875 – 1910*, New Jersey: Princeton University Press, 1988, p. x.

必须限制个人主义的无限滋长，政府乃是国家的代表，总统则是政府中的行政首脑，为了实现对国家的有效领导，总统及其领导下的行政部门就必须具有足够的权力。

作为政治学家，威尔逊早就敏锐地发现了美国政府体制中的一些问题，并在长期的潜心研究中逐渐形成了自己独到的"总统职权理论"。威尔逊认为，政府的领导行为应该以公众意见为基础，而总统则是公共舆论的真正代表，因此，在现代宪政体制中，以总统为中心的行政机构理应成为一个"至关重要的行动之所"[①]，如果缺少了充满活力的行政领导机构，美国的政治体制便根本无法有效地发挥作用。美国所走过的政治历程使威尔逊更加坚信加强总统权力的必要性，他从往届总统（乔治·华盛顿、托马斯·杰弗逊、安德鲁·杰克逊、亚伯拉罕·林肯及其同时代的西奥多·罗斯福等人）的施政行为中清楚地看到了强有力的总统领导对于国家政治生活的重大贡献。在韦斯利安大学任教期间，威尔逊就觉察到了自由放任主义的弊端和加强国家行政权力的必要性。1889年，他专门撰写了专著《政府》，旨在强调政府行政部门对工业社会的管理权，他指出：劳工工作时间、童工、食品卫生与质量以及工业生活中其他那些企业不肯做而个人又无力加以改变的领域都应该由政府来实施管理。[②] 特别是在《美国政体》一书中，威尔逊对美国政体中存在的强势国会和弱势总统的现象进行了系统的描述，

[①]　Richard P. Longaker, "Woodrow Wilson and Presidency"，载 Earl Latham, ed. *The Philosophy and Policies of Woodrow Wilson*，Chicago：the University of Chicago Press，1958，p. 69.

[②]　Woodrow Wilson, "*State*"，Boston，1889，载 John B. Judis. *The Folly of Empire：What George W. Bush Could Learn from Theodore Roosevelt and Woodrow Wilson*，New York：Scribner，2004，p. 84.

并对由此所造成的政府无能与低效混乱的弊端进行了透彻的分析。他写道："当今我国政府的实际机构只不过是国会至高无上的一种体制"，"在这个体制中，支配和控制的力量，一切主动和正常权力的中心和源泉都是国会"。① 威尔逊分析了美国国会与行政部门的关系，阐述了美国立法与行政分离格局所导致的总统权力受限问题。他将美国的国会政府与英国的议会政府进行了系统的比较，指出英美政体的不同就在于：在英国政府中，内阁向议会负责，而内阁又是下议院多数党的代表，自然有多数党的党魁出任首相。因此，立法与行政是结合在一起的；而在美国政府中，行政部门虽然服从立法机关支配却并不对其负责，内阁成员由总统提名，而总统则由政党的全国代表大会提名，由选举人选出，对国会通过的法案拥有否决权，这样的政府体制就造成了立法与行政的分离。威尔逊认为，美国联邦制的根本缺陷就在于，美国宪法所规定的权力分散原则，在实际政治生活中造成了政府部门间的职责不清与行政改革的停滞不前。他指出，虽然国会与行政部门的实际力量会在不同时期相互消长，而长久以来国会已经成为了美国政治权力的中心。由于美国国会是一个由许多常设委员会组成的机构，其实际立法权力分别被掌握在这些大小不一的委员会手里，致使立法权力分散，没有哪个委员会可以在其中享有决定权，其结果是，虽然能够限制特权的滋生，却也分散了国会的整体立法作用，而且，作为立法机关，国会也无法成为一个快速反应的权力部门。因此，威尔逊认为，应该使总统及其领导的行政机关成为一个统一的权力中心，通过加强总统的权力来提高整个政

---

① 伍德罗·威尔逊：《国会政体：美国政治研究》，商务印书馆1986年版，第8、11页。

府的工作效率。①《国会政体》一书乃是威尔逊对其总统权力理论的集中阐述,而总统权力理论则是威尔逊政治学说中的一个核心内容。通过这一理论,威尔逊赋予了总统一种强势国家领袖的角色,也为自己日后当政准备了指导原则。

威尔逊当政后,从不被动地等待国会法案的通过,而是常常亲临国会两院,宣传自己的主张,主动与本党的两院议员进行沟通,争取他们的支持,积极推动立法工作的开展,确立起了一种新型的总统政治。

三　"新自由"纲领下的进步主义改革

威尔逊的新型总统政治不仅包括他的新工作风格和领袖意识,更主要的是包括他的新政府观念和治国纲领。1912年,当哈维等人全力帮助威尔逊竞选总统的时候,威尔逊本人也不失时机地推出了一套高明的竞选纲领,正是这套名为"新自由"的纲领,为他赢得了众多选民的大力支持,并为其主政后的改革确立了基本方向。竞选期间,威尔逊不辞劳苦,周游全国,发表了一系列的演说,"新自由"就是对这些演说的一个总称,也是这些演说中所包含的核心思想内容。为了赢得中小资产阶级的支持,威尔逊极力表明自己是"特权阶级"的反对者和中小企业的保护人。他向选民们保证,当选后他将取缔托拉斯,恢复自由竞争,亲手把政府还给人民,实现机会平等。在一个大企业垄断一切国家权力的时代,这些许愿的确非常能够打动人心。不过,"新自由"并非仅仅是威尔逊为竞选而推出的权宜之计,一朝当选,他

---

①　参见 Woodrow Wilson. *Congressional Governmen: a Study in American politics*, Boston; New York: Houghton, Mifflin Co., 1885.

便在这面旗帜下进行了大刀阔斧的改革,在美国历史上留下了"壮丽的,可能是无与伦比的立法与政党领导纪录"。[①]

自美国内战以来,低关税一直是美国民主党所追求的目标。因此,在1912年的竞选中,威尔逊也把关税改革列为"新自由"政纲中的一项重要内容。威尔逊将保护性关税视为滋生垄断的祸首和"特殊利益的防护壕",[②] 将自1909年以来所实行的《潘恩——阿尔德里奇关税法》视为是特殊利益集团凌驾于联邦法律之上的一个标志。他认为大公司躲在高关税壁垒的背后,攫取了种种特权,剥夺了他人平等竞争的机会。因此,威尔逊上任之后,便兑现前言,将大幅度降低进口税率置于其立法日程的首位,实现了竞选时关于关税改革的承诺。

关税问题由来已久,自从美国内战结束时起,分别代表美国不同利益集团的共和党与民主党就始终围绕着关税政策争论不休。共和党坚持高额保护税率,以保护美国制造商和一些原料生产者的利益;而民主党则代表南部农业集团的利益,为了能够从国外输入廉价的工业品,他们一直坚决主张自由税率,谴责保护关税为"托拉斯之母"。[③] 由于自从美国南北战争结束后,执政者长期都是共和党人,所以各届联邦政府基本上都在奉行高关税的贸易保护原则。特别是在1890年共和党人本杰明·哈里森执政时期,美国国会在共和党的控制下通过了由共和党众议员威廉·麦金莱起草的《麦金莱关税法》,把进口商品的平均税率提

---

① Kendrick A. Clements. *Woodrow Wilson*, *World Statesman*, Chicago: Ivan R. Dee. 1999, p. 104.

② Arthur S. Link. *Wilson: the Road to the White House*, New Jersey: Princeton University Press, 1947, p. 129.

③ Woodrow Wilson: *The New Freedom*, Englewood Cliffs, N. J.: Prentice-Hall, 1961, p. 177.

高到了49%左右的历史最高纪录,其中棉纺织品、棉线和亚麻等商品的税率还超过了平均值,有些商品的税率甚至高达60%左右。民主党人格里弗·克利夫兰对保护性关税一直持反对态度,他在第一次执政时,就在1887年12月给国会递交的第三次年度咨文中提出过修改《麦金莱关税法》,降低关税以应对经济危机的立法建议,但是其关税改革计划最终却由于国会保守势力的反对而胎死腹中。1893年,他第二次当选总统之后再次重提关税改革的旧话,希望国会能够通过众议院民主党议员威廉·威尔逊起草的降低关税方案,但在参议院却再次遭遇了贸易保护主义势力的强大压力,1894年威廉·威尔逊的草案被民主党参议员阿瑟·戈尔曼修改,最终形成的《威尔逊—戈尔曼关税法》(Wilson-Gorman Tariff Act)仅对关税率作了小幅调整。共和党人麦金莱上台后又重新调高了关税,此后10年美国的进口关税率一直居高不下,高额关税壁垒成为了该时期美国财政税收政策上的一个标志性特征。塔夫脱总统当政时也曾应舆论要求敦促国会立法降低关税,但是同样有心无力。1909年3月,他甚至专门为此召开国会特别会议,但结果却事与愿违,国会最终通过的《潘恩—阿尔德里奇关税法》较之从前的高额税率有过之而无不及。

及至威尔逊上台时,美国的企业迅速成长、成熟,许多工业领域已经拥有了强大的国际市场竞争能力。在美国工业化的起步阶段,高额保护关税政策对于刺激美国大工业经济的发展不无裨益。它在保护美国国内工业的发展,对抗欧洲进口货物的冲击、建立本国独立的工业体系方面确实起到过积极的作用。但是随着大企业的迅速崛起,它也日益为其所利用,成为他们垄断商品市场的工具,这不仅加重了消费者的负担,而且逐渐成为美国工业发展的桎梏,极大地影响了美国工业品在国际市场上的竞争力。

出于增加对外贸易和扩大海外投资的需要，在共和党和大工业集团内部也开始响起降低关税的呼声。虽然在代表食糖、钢铁等行业利益的院外活动集团影响下，国会中特别是参议院中的贸易保护主义势力依然强大，但是降低关税显然已经成为人心所向、大势所趋。在这种背景下，威尔逊新官上任后的"第一把火"自然也就从关税问题烧起了。

当选的当天，这位等待上任的"准总统"便立即着手与其"准内阁成员"约瑟夫斯·丹尼尔斯等人探讨关于降低关税的立法问题。威尔逊是一个"有心人"，非常善于吸取他人的经验教训，此前克利夫兰等几任总统在修改税法上所遭遇的挫折早已是前车之鉴。他很清楚，如果他这一届行政机构不想在同一问题上搁浅，那就要下大力气攻克国会参议院这一保守派的堡垒。他问丹尼尔斯："你听说过总统在国会中占用一个房间而称之为总统室吗？如果我想同参议员们商谈事务，但却不是让他们来白宫，而是我去用那个房间召开会议，你觉得如何？"[1] 丹尼尔斯不以为然，觉得这样的举动肯定不为议员们所欢迎，而参议员西蒙斯听罢之后的反应也确如丹尼尔斯所料。他高声叫道："天哪……跟他说可别这么做，这会触怒参议员们。"[2] 但是，正如丹尼尔斯所言，威尔逊不仅"在关税之战中竭尽了全力"，而且还"在

---

① 原载 Josephus Daniels. *The Wilson Era*, Chapel Hill: University of North Carolina Press, 1944, p.100, 转引自 Arthur W. Macmahon, "Woodrow Wilson: Political Leader and Administrator", 载 Earl Latham, ed. *The Philosophy and Policies of Woodrow Wilson*, Chicago: The University of Chicago Press, 1958, p.108.

② Arthur W. Macmahon, "Woodrow Wilson: Political Leader and Administrator", 载 Earl Latham, ed. *The Philosophy and Policies of Woodrow Wilson*, Chicago: The University of Chicago Press, 1958, p.108.

实行其行政机关的第一个重大政策方面显示出了杰出的领导才能"。① 1913 年 4 月 8 日，在他就职总统一个月后，威尔逊打破了美国历史上百余年来总统只向国会提出书面咨文的惯例，召开国会特别会议并亲临国会致词，阐述自己的税改思路，敦促国会立即就降低关税的立法问题采取行动。威尔逊开门见山地告诉两院议员，他不希望他们将总统视为"一个仅仅从某个孤岛上谨慎地呼唤国会的政府部门"，而是"一个正在努力以常理来与其他人合作的人"。他说"在此次愉快的经历之后"，他日后再与国会打交道时，"都会感觉很正常"。② 这次国会之行收到了良好的沟通效果。此后，威尔逊保持了与国会之间的"常来常往"。他经常在白宫会见参议员代表，也不时地到国会的"总统室"走动走动，并且还要求在白宫装设专线电话以保证能够直接快捷地与参议员们取得联系。经过威尔逊的不断努力，由众议员奥斯卡·安德伍德所起草的大幅削减关税议案在众议院中以 281 票对 139 票获得通过。但是这一议案在参议院中却受到了来自食糖、羊毛、钢铁等产区参议员的反对。面对这一形势，威尔逊拿出了强势作风，不做让步。他先是在 1913 年 5 月 26 日发表公开讲话，谴责代表大企业利益的院外活动集团千方百计阻挠关税改革，继而又推动有关政府部门对参议员的收入来源以及减税是否可能对其经济利益有所影响展开调查。在威尔逊凌厉的攻势之下，参议院于 1913 年 9 月 9 日以 44 票对 37 票批准了关税改革议案。至此，降低关税问题最终还是通过了立法程序。1913 年 10 月 3 日，一

---

①　Josephus Daniels. *The Life of Woodrow Wilson*，Chicago：the John C. Winston Company，1924，pp. 157—158.

②　Arthur W. Macmahon，"Woodrow Wilson：Political Leader and Administrator"，载 Earl Latham，ed. *The Philosophy and Policies of Woodrow Wilson*，Chicago：the University of Chicago Press，1958，pp. 107—108.

项被称为"安德伍德—西蒙斯关税法"的改革法由威尔逊正式签署生效。该法虽然并非自由贸易措施,但毕竟使数百种货物的关税得到了下调,其中羊毛和棉花制成品的税率都被减少了一半,而对蔗糖、铁矿、生铁、木材以及许多种工业品甚至实行了免税。新关税设定的平均税率为 29％,较之原税率降低了大约 10％,创下了自美国内战爆发时起美国关税税率的历史最低标准。① 为抵补因关税减免而带来的国库收入损失,国会又应威尔逊的要求制定了一项所得税法案,规定对年收入在 4000 美元以上者征收 1％ 的所得税,对收入超过 20000 美元以上者征收最高不超过 6％ 的累进附加税。这一税法虽然并不能从根本上限制垄断集团的财富积累,但是毕竟比听任大资本家们一毛不拔要强得多。

从总体上看,新税法无疑使联邦税收结构得到了一定的调整。它在一定程度上照顾到了中低收入阶层的实际利益,将部分负担转嫁给了那些有能力承担它的人。对外大大提高了美国商品在国际市场上的竞争力,对内则为美国确立了累进所得税制原则,保障了联邦政府的财政收入,并在美国历史上首次将参议员们的经济利益赤裸裸地暴露在了全国人民面前。同过去的关税政策相比,该税法的颁布的确是美国税收制度上的一个进步,而关税改革的胜利也充分体现了威尔逊这位学者总统卓越的领导才能和过人的胆识与魄力。

关税问题的解决实现了威尔逊"新自由"目标的第一步,使他从一位"有前途的人"跃升为一位"有成就的人"。② 接下

---

① Arthur S. Link. *Woodrow Wilson and the Progressive Era 1910 — 1917*, New York: Harper & Row Publishers, 1954, p. 38.

② Ibid. , pp. 42—43.

来威尔逊又着手处理了困扰美国政治经济生活的第二大难题,即货币与银行问题,而银行体制改革的成功又使这位"有成就的人"取得了更大的成就。同关税问题一样,货币与银行问题也一直是美国政治中的焦点性问题,但是重建国家银行与货币体系的改革要比解决关税问题更加复杂、棘手和紧迫。到威尔逊当政时,美国仍在沿用着内战时期所建立的货币金融体制。在这种体制下,国家的货币供应在很大程度上同黄金储量和有价债券的发行捆绑在一起,缺乏统一而稳固的中央银行体系。政府无法随着经济的繁荣或萧条来及时紧缩或放松银根,各银行间也缺乏必要时互相调配资金储备的灵活性。这种局面给华尔街私人垄断资本的发展提供了广阔的空间,同时也造成了金融业长期的混乱局面。数千家独立银行各自为政,不仅银行间相互倾轧,各银行还在私人的掌控下操纵着国计民生。随着19世纪末期一次次经济危机的爆发,美国金融体系的弊端也日益明显。由于金融大权完全集中在东部少数私人银行家手中,致使经济危机时期国家难以对金融业采取必要的调整手段,造成了通货无法变通,信贷缺乏适应性的危险局面。一个最为明显的事例发生在1895年的经济危机时期,面对联邦储备金持续下跌的局面,克利夫兰总统不得不向纽约各大私人银行求助,最后由华尔街的金融巨头 J. P. 摩根出资6500万美元购买公债方才解了燃眉之急。僵化的金融体制显然已经远远不能满足美国工业化时期经济发展的旺盛需求,自19世纪下半叶起,金本位者与银本位者之间就一直在争论不休。深受其害的南部和西部农场主们要求建立统一的白银自由兑换制,金融恐慌的经历使得银行家也开始考虑需要一个能够储备资金以备不时之需的中央银行。罗斯福总统执政时也曾经涉及此事,但是终因来自参议院方面的阻挠而收效寥寥。1907年经济危机爆发后,国会曾应罗斯福总统的要求责成参议员纳尔森·阿尔德里克筹建了一个国家货币委员会来研究货币与银行问题。4 年之后，阿尔德里克向国会提交研究报告，建议成立一个在全国拥有 15 个分支的"国家储备协会"，负责管理各会员银行的部分储备，从而使银行间能够形成一定的协调与呼应关系。但是"阿尔德里克计划"所存在的问题在于"国家储备协会"仍属私人控制性质。罗斯福总统期满后，继任的塔夫脱总统对此并不重视，直到威尔逊总统就职后才终于解决了这一悬置多年的棘手问题。

威尔逊对于美国金融体制的弊端非常清楚，竞选时期就已经对此深思熟虑。早在 1912 年 11 月之前，一套金融体制改革方案便已经在他的头脑中大致成型，他决心使国家的银行体系摆脱私人控制。1913 年 6 月 23 日，威尔逊亲自出席国会两院联合会议。他的现场发言既体现了他此行的诚意，同时又透出几分对与会者的无形压力，他说道："我作为政府首脑和执政党的负责人来见你们，来敦促你们现在立即行动。"①1913 年 12 月，在威尔逊总统的大力敦促下，国会两院先后接受了威尔逊总统提出的银行改革方案。1913 年 12 月 19 日《联邦储备法》在参议院以 54 票对 34 票被通过。12 月 23 日，该法经威尔逊总统签署后正式生效。根据此法，全国被划分为 12 个区，各区均设一个联邦储备银行，以纽约联邦储备银行为中心，形成一个联邦储备银行体系。联邦储备银行掌握货币发行、贷款和金融管理权力。联邦储备银行只与加入储备体系的银行以及联邦政府发生关系，并不经营一般性业务。《联邦储备法》通过重新组织全美的银行与金融

---

① Henry F. Graff, ed. *The Presidents: a Reference Book*, New York: Charles Scribner's Sons, 2002, p. 370.

体系,纠正了美国银行业和通货中暴露出来的某些弊端,创立了一种灵活可靠的货币制度,加强了美国金融资本的活动能力。这一法案的通过成为联邦经济政策转变的一个风向标,法案的内容体现出自19世纪80年代后期以来美国经济形势中悄然发生着的改变。其中尤为重要的是,它说明美国国内正在出现了一定的剩余资本与产品,需要寻找海外的投资与产品销售市场,这标志着美国正在从一个欧洲商品与资本的输入国转变为一个国际资本与贸易的主要输出国。法案一方面赋予了联邦政府足够的融资便利,另一方面也为原本分散的银行家们建立起了一个统一机构。联邦储备银行体系通过利率的调整和对系统内部银行的监督可以有效地避免信贷危机和金融恐慌的发生,从而减少了私人银行、垄断公司对美国商业与财政政策的影响,对于稳定和发展美国的经济起到了积极的作用。《联邦储备法》的颁布堪称是威尔逊总统在内政改革方面所取得的最辉煌的政绩,算得上"是一项了不起的立法成就",[1] 该立法所首创的美国联邦储备银行体系作为美国最重要的经济管理手段一直被沿用至今。

银行与货币改革成功后,威尔逊便开始将目光转向托拉斯问题,通过立法解决托拉斯问题乃是其"新自由"纲领中的第三大改革目标。从19世纪末到20世纪初,庞大的垄断势力掌控了全美的政治经济生活,深令国人感到不安,成为中下层人民的众矢之的。为在竞选中赢得民心,威尔逊利用民众的反垄断情绪,承诺通过立法手段解决托拉斯不守规矩的问题,[2] 以便"使大量有能力创办企业却一直被迫处于奴役状态的人崭露头角",并"极

---

① John A. Thompson. *Woodrow Wilson*, London: Pearson Education Limited, 2002, p. 75.

② Arthur S. Link. *Wilson: the Road to the White House*, New Jersey: Princeton University Press, 1947, p. 490.

大地促进整个国家的企业活动"。① 这样的承诺显然具有鼓舞人心的效力，因为它使深受垄断之苦的民众看到了光明的前途。

1914 年 10 月，威尔逊签署了国会通过的《克莱顿反托拉斯法》。该法案于 1914 年 4 月由民主党众议员亨利·克莱顿起草，于同年 6 月通过了众议院表决，后又经参议院修改通过。《克莱顿反托拉斯法》对不公正的商业行为作了概念上的界定，并明确宣布其为非法行为，其中包括禁止商业行为中的价格歧视；禁止资金超过 100 万美元并从事州际商业活动的公司互兼董事；禁止拥有 500 万美元以上存款的银行董事兼任其他银行的董事或者高级职员。该法不仅对托拉斯的行为有所限制，还对劳工利益有所考虑，享有"劳工宪章"之称。它规定不对工会及农民组织适用上述条款，禁止在劳资纠纷中滥施禁令压制罢工，并且承认工人罢工的合法性。为保证该法的有效实施，威尔逊此前还特别成立了联邦贸易委员会，希望借此来限制垄断，保证公平的竞争。1914 年 9 月，威尔逊政府颁布《联邦贸易委员会法》，规定由 5 人组成联邦贸易委员会，用以在州际贸易中监督和调节托拉斯的行为。联邦贸易委员会主要负责对商业组织和商业活动进行调查，对不正当的商业活动发布终止令或解散令，制止不公平竞争行为。②

联邦贸易委员会的成立和《克莱顿反托拉斯法》的通过既是大势所趋也是威尔逊顺应民意的结果。尽管《克莱顿反托拉斯法》并非尽善尽美，但是它与罗斯福总统时期的《谢尔曼法》相

---

① An Address on Antitrust Legislation to a Joint Session of Congress，Jan. 20，1914，Wilson's Apostle of Law's Reign，Nov. 19，载 Arthur S. Link. *The Papers of Woodrow Wilson*，vol. 29，Princeton：Princeton University Press，1979，p. 155.

② John A. Thompson. *Woodrow Wilson*，London：Pearson Education Limited，2002，pp. 75－77.

比，则确实又向前迈进了不小的一步。它曾经为美国政府在1918年到1919年间先后解散国际联合收割公司和玉蜀黍产品精致公司、限制斯威夫特等五家肉类加工公司的经营范围提供了法律依据。不过，由于《克莱顿反托拉斯法》只对公司间的股份兼并加以限制，却并未明文禁止财产兼并，因此它不可能达到全面阻止大公司兼并的目的。但是，它在联邦贸易委员会工作的保障下毕竟能使垄断得到一定范围的限制，也使大企业滥用权势的行为受到了相当大的约束，在一定程度上保护了中小企业主的利益，缓和了劳资之间的紧张关系，对于推动美国现代工业企业的健康发展和社会的进步无疑产生了积极的意义。

随着反托拉斯立法的完成，威尔逊又用4年的时间实现了他在1912年竞选时的所有承诺，其时间之短、改革力度之大、触及问题之深，世人皆有目共睹。此间，他曾以超凡的个人魅力与行政手段使国会会期持续了长达19个月的时间，实为美国历史上之罕见。在与国会"打交道"的过程中，威尔逊虽然不无挫折，但却始终牢牢地掌握着主动权。在推进关税、金融以及反托拉斯等各项立法过程中，无论两院议员主观意愿如何，威尔逊最终总是能够做到令其无法忽视总统的立法建议，并使最终通过的立法在大方向上始终不偏离总统所希望推行的治国方略。同前一任总统塔夫脱相比，在处理总统与国会的行政、立法机关关系方面，威尔逊显然争取到了更多的话语权。威尔逊总是明确阐明自己的方案，并逐步取得他人的拥护，特别是他有能力使国会持续召开会议，一次又一次地与立法者们进行磋商，给予他们强大的压力迫使他们不得不对总统的立法建议加以重视，并按照他的时间安排使议案能够真正进入立法程序而不是流于纸上空谈。必要时，他则亲临国会，对议员们晓之以理动之以情，协调和利用各方关系直到最终达到预想的目的。正如有些专家所看到的那样,"威尔逊在 1913—1914 年的成功已经成为总统先设定方案,再引领人们给予拥护的一个经典事例",① "作为一个战略与战术上的双重大师,他以最令人信服的方式表明,美国制度能够发挥效力,而作为该制度中的一个领袖,他则无人堪与匹敌"。②

1911 年 2 月,尚为新泽西州长的威尔逊就曾经说过:美国需要边疆精神,"在公共生活方面我们需要大胆……政治也有边疆,我们必须将它推向前进"。③ 事实证明,无论是在新泽西州政府还是在联邦政府,威尔逊的确以一位杰出政治家的魄力开拓了美国政治经济的新边疆。其坚定不移的各项改革举措冲击了转型时期的种种时弊,将近半个世纪来美国各界知识分子们发起和领导的进步主义运动推向了正义的最高峰。"作为一位政治人物,威尔逊最终与进步主义运动联系在了一起。"④

---

① James MacGregor Burns. *Presidential Government : the Crucible of Leadership*, Boston: Houghton Mifflin Co. , 1966, p. 198.

② Kendrick A Clements. *Woodrow Wilson*, *World Statesman*, Chicago: Ivan R. Dee. 1999, p. 121.

③ "A News Report of an Address to the Kentuckians of New York", 载 Arthur S. Link: *The Papers of Woodrow Wilson*, vol. 22, Princeton: Princeton University Press, 1976, p. 422.

④ Niels Aage Thorsen. *The Political Thought of Woodrow Wilson 1875 − 1910*, New Jersey: Princeton University Press, 1988, p. ix.

结　　语

　　本书通过对美国工业化时期社会各阶层的反应以及当时的各项社会改革运动的考察和梳理发现，当时的美国知识分子作为一个接受过良好教育的特殊群体，的确为美国历史的发展和社会的进步做出了卓著的贡献。在美国进步主义时期的各项社会改革运动中他们几乎无处不在。前述各章所做的研究表明，在"黑幕揭发"、批判个人主义、"社会服务处"、禁酒、"社会福音"、争取妇女权利以及市、州、联邦的各级政府改革等美国进步主义时期最具影响力的各种社会运动中，发挥先锋、领导和骨干作用的基本都是知识分子。他们为革除美国的社会弊端、实现社会的民主与正义所作的贡献，使得该时期遍及全美上下的进步主义运动几乎成了"知识分子运动"。据此，这里不难得出结论，19世纪末20世纪初，发生在美国的那场轰轰烈烈的进步主义运动，在一定意义上，乃是一场由知识分子领导并为各阶层群众广泛参加的社会改革运动。

　　进步主义运动既是时代的产物，也是知识分子和多种改革团体对时代的回应。在人类历史的长河中，工业社会取代农业社会无疑是一场前所未有的、影响最深远的变革。19世纪末20世纪初，发生在美国的一场这样的变革不仅带来了美国社会的分化与重组，同时也在全社会进行了一次人性的大展示，它不仅是一场外在的变革，同时也是一场内在的精神变革。现代大机器的隆隆嘶鸣声打碎了田园诗般的旧梦，宗教日渐淡出了人们的思想，科学之光则开始给人以新的启迪。转型社会不同于静态的定性社会，它存在着极为尖锐和复杂的矛盾，特别是它使社会各阶层的经济与社会地位进行了"重新排队"。大垄断者位尊权重；中产阶级相形见绌；劳工阶层地位则更加卑微；得益者有之，失落者有之，抗争者有之。本书所研究的这些美国知识分子们正是在这样的历史背景下顺应时代的感召而崛起的。

　　进步主义运动的兴起无疑是知识分子社会关怀意识与社会参与精神在工业化环境下的具体体现。美国内战之前，没有哪一个时代的知识分子曾像19世纪末20世纪初的这一群体一样，对社会的重大问题产生群体性的普遍关注。这些知识分子的改革行为是他们对其时代的社会困境所做出的回应。19世纪末20世纪初美国社会转型过程中所出现的种种弊端激活了知识分子身上的社会关怀"基因"。上述知识分子们来自不同的领域，从事着不同的职业，但却不约而同地认同了知识分子的责任。没有人要求他们这样做，而是他们自觉地这样做。他们心怀社会责任感又具有鲜明的思想性；他们追求生活的意义与人生的价值。工业化、城市化的特殊时代需要人们对国家的前途、公众的命运做出思考。然而，有条件和能力利用专业知识并超越专业范围之外去思考社会的普遍问题、对社会现实给予特别关注和变革的则主要是知识群体。美国历史上的这个特殊时代为其知识分子们提供了一种更丰富、更有色彩的社会生活。在紧迫的社会使命的感召下，知识分子们始终站在时代的潮头浪尖，他们中会有一小部分人成为像西奥多·罗斯福那样的掌权者，而更多的人则通过言论或行动对民意民生、社会稳定以及官方决策起到举足轻重的作用，比如前面提到过的那些进步主义思想家、"黑幕揭发"记者、妇女界的知识精英们便是如此。美国历史学家利昂·芬克曾在其《进步主义知识分子与民主事业的困境》一书中写道："可能美国知识分子们自己此前和此后都从未感到过他们作为一个群体曾经如此满怀信心地走到一起，不仅仅是为了真理的缘故而是为了公众的利益，特别是为了劳工阶级和贫困者而联合起来"。[①]

爱德华·萨义德在《知识分子论》中写道，"知识分子一直是运动的父母"。[②] 纵观世界历史，知识分子确实总是走在社会进步运动的最前列，法国历史上著名的"德雷福斯事件"以及作为中国近代历史开端的"五四运动"都是绝好的例证。之所以如此，都是因为他们较之其他社会群体有着更强的社会责任感，总有一种"天将降大任于斯人也"的使命意识。除了传递文化之外，知识分子还是以公共利益为基础来"指点江山"，为社会提供他认为是最合理的历史选择的人。仅仅局限于自己专业的人并不是真正意义上的知识分子。虽然知识分子一定是拥有自己的专业和技能的人——诸如专家、学者、教士、新闻工作者等，但无论如何，他还必须同时深切关注国家、民族、社会的命运。这种关注有时会兼顾私利但也一定会超越于私利之上。因此，知识分子总是批判现实，总是对现实"横挑鼻子竖挑眼"，可是人们必须明白，他们的做法不是在给社会添乱，而是在给人类帮忙，人类的进步永远都需要有这样挑毛病、管闲事的人。

他国的历史对我们同样具有启示意义，因为人类面对的问题往往具有类似性或者同构性。19世纪末20世纪初，美国知识分子的社会批判行为是他们对其时代的社会困境所做出的回应，知

---

①　Leon Fink. *Progressive Intellectuals and the Dilemmas of Democratic Commitment*, Cambridge, Massachusetts: Harvard University Press, 1997, p. 14.

②　爱德华·萨义德:《知识分子论》，三联书店2002年版，第16页。

识分子属于他们的时代,然而不同时代的困境却具有某种微妙的类似之处,当我们在追溯美国的这段历史时,时而也会勾起某种似曾相识的内心回味与体验。作为信息和知识的创造者和阐释者,知识分子是社会生产力中的积极成分,在社会生活中有着重要的作用。从美国的这段知识分子史中得出的一个结论当是具有普适性的,那就是:知识分子的知识性、思想性、社会敏感性和社会参与精神,乃是一个民族的宝贵财富和社会健康发展的重要保障。一个民族拥有这样的知识分子越多,它的希望就越大,前途就越光明。

中英文参考文献

一 英文文献

Abell, Aaron Ignatius. *The Urban Impact on American Protestantism 1865－1900*, Hamden: Archon, 1962.

Adams, Henry Carter. *Philanthropy and Social Progress, Seven Essays*. Montclair, New Jersey: Patterson Smith Publishing Corporation, 1970.

Addams, Jane. *Twenty Years at Hull House*, New York: Penguin Books, 1998.

Ahlstrom, Sydney E. *A Religious History of the American People*, New Haven: Yale University Press, 1972.

Adler, M. J. *The Annals of America*, Chicago: Encyclopedia Britannica, Inc., 1976

Arthur, Anthony. *Radical Innocent: Upton Sinclair*, New York: Random House, 2005.

Ashby, LeRoy. *Saving the Waifs: Reformers and Dependent Children*, Philadelphia: Temple University Press, 1984.

Auchincloss, Louis. *Woodrow Wilson*, New York: Penguin Putnam Inc. 2000.

Baker, James T. *Andrew Carnegie: Robber Baron as A-merican Hero*, Belmont: Wadsworth Group, 2003.

Baker, Jean H. *Sisters: the Lives of American Suffragists*, New York: Hill and Wang, 2005.

Baker, Ray Stannard. *Woodrow Wilson: Life and Letters*, New York: Doubleday, Page & Co. , 1927.

Banks, Charles Eugene & Leroy Armstrong. *Theodore Roosevelt: a Typical American*, Hartford, Conn. S. S. Scranton Co. 1901.

Banner, Lois W. *Women in Modern America* (Second Edition), San Diego: Harcourt Brace Jovanovich, 1984.

Barbuto, Domenica M. *The American Settlement Movement: a Bibliography*, Westport, Greenwood Press, 1999.

Barrett, James R. *Work and Community in the Jungle: Chicago's Packinghouse Workers 1894 — 1922*, Illinois: University of Illinois Press, 1987.

Bates, James Leonard. *The United States 1898 — 1928: Progressivism and a Society in Transition.* New York: McGraw-Hill, Inc. , 1976.

Beer, Janet. *American Feminism, Key Source Documents 1848—1920*, vol. 1, Suffrage, London and New York: Routledge, 2003.

Bellamy, Edward. *Looking Backward*, New York: Dover publications, Inc. , 1996.

Bishop, Joseph Bucklin. *Theodore Roosevelt and His Time, Shown in His Own Letters*, vol. 1, New York: Charles Scribner's Sons, 1920.

Blackburn, Joyce. *Theodore Roosevelt*: *Naturalist and Statesman*, Michigan: Zondervan Publishing House, 1967.

Blair, Karen J.. *The Club Woman as Feminist*, New York: Holmes and Meier, 1980.

Bledstein, Burton J.. *The Culture of Professionalism*: *the Middle Class and the Development of Higher Education in America*, New York: W. W. Norton & Company, 1978.

Blocker Jr., Jack S.. *American Temperance Movement*, Boston: Twayne Publishers, 1989.

Bloodworth, William A. Jr. *Upton Sinclair*, Boston: Twayne Publishers, 1977.

Boller, Paul F. Jr.. *American Thought in Transition*: *the Impact of Evolutionary Naturalism 1865 — 1900*, Washington, D. C.: University Press of America, 1981.

Bordin, Ruth. *Woman and Temperance*: *the Quest for Power and Liberty 1873 — 1900*, Philadelphia: Temple University Press, 1981.

Bowes, John S.. *Avenues to America's Past*, Morristown, New Jersey: Silver Burdett Company, 1969.

Boyer, Paul. *The History of American Thought and Culture*, Madison, Wisconsin: the University of Wisconsin Press, 2005.

Brands, H. W.. *Woodrow Wilson*, New York: Henry Holt and Company, 2003.

Brasch, Walter M.. *Forerunners of Revolution*, Lanham, Maryland: University press of America, 1990.

Breisach, Ernst A.. *American Progressive History*: *an Ex-*

periment in Modernization, Chicago: the University of Chicago Press, 1993.

Bremner, Robert H.. *From the Depths: the Discovery of Poverty in the United States*, New York: New York University Press, 1956.

Brecher, Jeremy. *Strike!*, San Francisco, Straight Arrow Books, 1972.

Barrett, James R.. *Work and Community in the Jungle: Chicago's Packinghouse Workers 1894—1922*, Urbana and Chicago: University of Illinois Press, 1987.

Brinkley, Alan. *The Unfinished Nation—a Concise History of the American People*, vol. 2, New York: McGraw-Hill, 1981.

Buckham, John Wright. *Progressive Religious Thought in America: a Survey of the Enlarging Pilgrim Faith*, Boston: Houghton Mifflin Co., 1919.

Buhle, Mari Jo and Paul Buhle. *The Concise History of Woman Suffrage*, *Selections from History of Woman Suffrage edited by Elizabeth Cady Stanton*, *Susan B. Anthony*, *Matilda Joslyn Gage and the National American Woman Suffrage Association*, Urbana and Chicago: University of Illinois Press, 2005.

Burgchardt, Carl R. *Robert M. La Follette*, *S. R.*, *the Voice of Conscience*, New York: Greenwood Press, 1992.

Burns, James MacGregor. *Presidential Government: the Crucible of Leadership*, Boston: Houghton Mifflin Co., 1966.

Burton, David H.. *The Learned Presidency: Theodore*

Roosevelt, *William Howard Taft*, *Woodrow Wilson*, Rutherford, N. J. : Fairleigh Dickinson University Press, 1988.

Carnegie, Andrew. *The Gospel of Wealth*, Cambridge, Massachusetts: Harvard University Press, 1962.

Carson, Mina. *Settlement Folk*, Chicago: the University of Chicago Press, 1990.

Chafe, William H. . *The Paradox of Change: American Women in the 20th Century*, New York: Oxford University Press, 1992.

Chalmers, David mark. *The Social and Political Ideas of the Muckrakers*, New York: Citadel Press, 1964.

Chamberlain, John. *Farewell to Reform*, *the Rise*, *Life and Decay of the Progressive Mind in America*, Chicago: Quadrangle Paperback edition, 1965.

Chessman, G. Wallace. *Theodore Roosevelt and the Politics of Power*, Boston, Massachusettes: G. K. Hall & Co. , 1969.

Chudcoff, Howard P. and Judith E. Smith. *The Evolution of American Urban Society*, Englewood Cliffs, New Jersey: PrenticeHall, 2004.

Clark, John Bates. *The Philosophy of Wealth*, New York: Robert Schalkenbach Foundation, 1886.

Clements, Kendrick A. *Woodrow Wilson*, *World Statesman*, Chicago: Ivan R. Dee. 1999.

Clopper, Edward N. *Child Labor in City Streets*, New York: the Macmillan Company, 1912.

Cochran, Thomas C. and William Miller. *The Age of Enterprise*, *a Social History of Industrial America*, New York:

Harper & Row, Publishers, 1961.

Colburn, David R. , George E. Pozetta. *Reform and Reformers in the Progressive Era*, Connecticut: Greenwood Press, 1983.

Collin, Richard H. *Theodore Roosevelt, Culture, Diplomacy, and Expansion, a New View of American Imperialism*, Louisiana: Baton Rouge, Louisana State University Press, 1985.

Commager, Henry Steele. *The American Mind: an Interpretation of American Thought and Character Since the 1880's*, New Haven: Yale University Press, 1950.

Conn, Harvie M. *The American City and the Evangelical Church*, Grand Rapids, MI: Baker Books, 1994.

Cook, Fred J. *The Muckrakers*, Garden City, New York: Doubleday& Company, Inc. , 1972.

Cooper, John Milton Jr.. *The Warrior and the Priest—Woodrow Wilson and Theodore Roosevelt*, Cambridge, Massachusetts: the Belknap Press of Harvard University Press, 1983.

Cott, Nancy F. *History of Women in the United States*, Munich: K.G. Saur, 1992.

Crocker, Ruth Hutchinson. *Social Work and Social Order: the Settlement Movement in Two Industrial Cities 1889 — 1930*, Urbana and Chicago: University of Illinois Press, 1992.

Croly, Herbert. *The Promise of American Life*, New York: Macmillan, 1914.

Croly, Herbert. *Progressive Democracy*, Brunswick, New Jersey: Transaction Publishers, 1998.

Crunden, Robert M. *Ministers of Reform: the Progressives' Achievement in American Civilization 1889—1920*, Chicargo: University of Illinos Press, 1982.

Cullen—DuPond, Kathryn. *American Women Activists' Writing, an Anthology 1637—2002*, New York: Cooper Square Press, 2002.

Curtis, Susan. *A Consuming Faith*, Baltimore: Johns Hopkins University Press, 1991.

Cutright, Paul Russell. *Theodore Roosevelt, the Making of a Conservationist*, Chicago: University of Illinois Press, 1985.

Daniels, Josephus. *The Life of Woodrow Wilson*, Chicago: the John C. Winston Company, 1924.

Darwin, Charles. *The Origin of Species: by Means of Natural Selection or the Preservation of Favored Races in the Struggle for Life*, Chicago: Rand, McNally & Company, 1900.

Davidson, James West, William F. Gienapp, Christine Leigh Heyllirman, Mark Lytle, Michael B. Stoff. *Nation of Nations*, Boston: the McGraw-Hill Companies, Inc. , 1999.

Davis, Allen F. *American Heroine*, London: Oxford University Press, 1973.

Davis, Allen F. *Spearheads for Reform: the Social Settlements and the Progressive Movement 1890—1914*, New York: Oxford University Press, 1967.

Deckard, Barbara Sinclair. *The Women's Movement, Political, Socioeconomic, and Psychological Issues*, New York: Harper & Row Publishers, 1983.

De Conde, Alexander. *Patterns in American History*, Belmont, California: Wadsworth Publishing Company, Inc. , 1965.

Degler, Carl N. , *Out of Our Past : the Forces that Shaped Modern America*, New York: Harper & Row Publishers, Inc. , 1984.

Dell, Floyd. *Upton Sinclair, a Study in Social Protest*, New York: George H. Doran Company, 1927.

Dell, Floyd. *Upton Sinclair: a Study in Social Protest*, New York: Albert and Charles Boni, 1930.

Dewey, John. *Individualism: Old and New*, New York: Minton, Balch & Company, 1930.

Dewey, John. *Reconstruction in Philosophy*, New York: H. Holt and Company, 1920.

Dewey, John. *The School and Society*, New York: McClure, Phillips; Chicago: University of Chicago Press, 1899.

Dewey, John. *Democracy and Education: an Introduction to the Philosophy of Education*, New York: The Free Press, 1966.

De Witt, Benjamin Parke. *The Progressive Movement*, Seattle: University of Washington Press, 1968.

Dinner, Steven J.. *A Very Different Age: Americans of the Progressive Era*, New York: Hill and Wang, 1998.

Divine, Robert A. , T. H. Breen, and George M. Fredickson. *America, Past and Present*, vol. 2, Glenview, Illinois: Scott, Foresman and Company, 1986.

Doan, Edward N. *The La Follettes and the Wisconsin Idea*,

New York, Toronto: Rinehart & Company, Inc. , 1947.

Dobson, John M. . *A History of American Enterprise*, Englewood Cliffs, N. J. : Prentice Hall, 1988.

Dodd, William E. *Woodrow Wilson and His Work*, New York: Peter Smith, 1932.

Dorn, Jacob Henry. *Washington Gladden*, *Prophet of the Social Gospel*, Columbus: Ohio State University Press, 1967.

Dorsett, Lyle W. *Problems in American Civilization: the Challenge of the City 1860 — 1910*, Lexington: D. C. Heath and Company, 1968.

Douglas, Paul H. *Real Wages in the United States 1890 — 1926*, Boston and New York: Houghton Mifflin Company, 1930.

Drehle, David Von. *Triangle: the Fire that Changed America*, New York: Grove Press, 2003.

Eisenach, Eldon J. . *The Lost Promise of Progressivism*, Kansas: University Press of Kansas, 1994.

Ekirch, Arthur A. , Jr. , *The progressivism in America: a Study of the Era from Theodore Roosevelt to Woodrow Wilson*, New York: Viewpoints, 1974.

Ely, Richard T. *Ground under Our Feet: an Autobiography*, New York: Macmillan, 1938.

Epstein, Barbara Leslie. *The Politics of Domesticity: Women, Evangelism, and Temperance in Nineteenth-Century America*, Middletown, Conn: Wesleyan University Press, 1981.

Faulkner, Harold. *Politics, Reform, and Expansion*

1890 — 1968, New York: Harper, 1959.

Faulkner, Harold U.. *The Decline of Laissez Faire: 1897 — 1917*, New York: M. E. Sharpe, Inc. , 1951.

Faulkner, Harold Underwood. *The Quest for Social Justice: 1898 — 1914*, New York: the Macmillan Company, 1931.

Feffer, Andrew. *The Chicago Pragmatists and American Progressivism*, Ithaca and London: Cornell University Press, 1993.

Filler, Louis. *The Muckrakers, Crusaders for American Liberalism*, University Park: Pennsylvania State University Press, 1976.

Fink, Leon. *Progressive Intellectuals and the Dilemmas of Democratic Commitment*, Cambridge, Massachusetts: Harvard University Press, 1997.

Fleming, Alice. *Ida Tarbell: First of the Muckrakers*, New York: Thomas Y. Crowell Company, 1971.

Flexner, Eleanor. *Century of Struggle: the Woman's Rights Movement in the United States*, Cambridge, Massachusetts: the Belknap Press of Harvard University Press, 1980.

Forcey, Charles. *The Crossroads of Liberalism*, New York: Oxford University Press, 1961.

Ford, Anne-Marie. *American Feminism, Key Source Documents 1848 — 1920*, vol. ⅱ, Work and Education, London: Routledge, 2003.

Foner, Philip S. . *Jack London, American Rebel*, New York: Citadel Press, 1947.

Freidel, Frank & Alan Brinkley. *America in the Twentieth*

Century, New York: McGraw-Hill, Inc. , 1982.

Freud, Sigmund and William C. Bullitt. *Thomas Woodrow Wilson, Twenty-Eighth President of the United States: a Psychological Study*, Boston: Houghton Mifflin, 1967.

Friedman, Jean E. , William G. Shade, Mary Jane Capozzoli. *Our American Sisters*, Lexington: D. C. Heath and Company, 1987.

Gabriel, Ralph Henry. *The Course of American Democratic Thought*, New York: Greenwood Press, 1986.

Gilmore, Glenda Elizabeth. *Who Were the Progressives?*, Boston: Bedford, 2002.

Gladden, Washington. *Christianity and Socialism*, New York: Eaton & Mains, 1905.

Gladden, Washington. *Tools and the Man, Property and Industry under the Christian Law*, Boston and New York: Houghton, Mifflin and Company, 1893.

Gladden, Washington. *Working People and Their Employers*, Boston: Lockwood, Brooks, and Company, 1876.

Gladden, Washington. *Applied Christianity: Moral Aspects of Social Questions*, Boston: Houghton Mifflin, 1887.

Gladden, Washington. *Recollections*, Boston: Houghton Mifflin, 1909.

Glaspell, Susan. "Hearing the Cry of the Children: a Glimpse at the Child Welfare Exhibit", *Morrison's Chicago Weekly*, May 18, 1911.

Gordon, Putnam Elizabeth. *Women Torch—Bearers*, Evanston, Illinois: National Woman's Christian Temperance Union

Publishing House，1924.

Gorrell，Donald K. *The Age of Social Responsibility: the Social Gospel in the Progressive Era*，*1900 — 1920*，Macon，Ga. : Mercer University Press，1988.

Gould，Lewis L. *Reform and Regulation*，*American Politics from Roosevelt to Wilson*，New York: Alfred A. Knopf，1986.

Gould，Lewis L. *America in the Progressive Era 1890 — 1914*，London: Person Education Limited，2001.

Graff，Henry F. , ed. *The Presidents: a Reference Book*，New York: Charles Scribner's Sons，2002.

Graham，Otis L. *The Great Campaigns: Reform and War in American 1900 — 1928*，New Jersey: Prentice-Hall，Inc. , 1971.

Graham，William C. *Half Finished Heaven: the Social Gospel in American Literature*，Lanham: University Press of America，Inc. , 1995.

Greenbaum，Fred. *Robert Marion La Follette*，Boston: Twayne Publishers，1975.

Gusfield，Joseph R. . *Symbolic Crusade: Status Politics and the American Temperance Movement*，Urbana: University of Illinois Press，1963.

Handy，Robert T. *The Social Gospel in America 1870 — 1920*，New York: Oxford University Press，1966.

Harbaugh，William H. *The Writings of Theodore Roosevelt*，Indianapolis and New York: The Bobbs-Merrill Company，Inc. , 1967.

Harbaugh，William Henry. *The Life and Times of Theo-*

dore Roosevelt，New York：Collier Books，1967.

Harber，Samuel. *The Quest for Authority and Honor in the American Professions 1750 — 1900*，Chicago：the University Of Chicago Press，1991.

Harris，Leon. *Upton Sinclair：American Rebel*，New York：Thomas Y. Crowell Company，1975.

Harrison，Robert. *State and Society in Twentieth —Century American*，New York，Addison Wesley Longman Inc.，1997.

Hays，Samuel P.. *The Response to Industrialism：1885 — 1914*，Chicago：the university of Chicago Press，1957.

Head，I. E. Caden，Jr.. *Theodore Roosevelt：the Paradox of Progressivism*，New York：Barron's Educational Series，Inc. 1974.

Herms，Dieter ed. *Upton Sinclair：Literature and Social Reform*，Frankfurtam Main；Bern；New York；Paris：Peter Lang，1990.

Hofstadter，Richard. *Social Darwinism in American Thought*，Boston：Beacon Press，1992.

Hofstadter，Richard. *The Age of Reform：from Bryan to F. D. R.*，New York：Knopf，1989.

Hofstadter，Richard. *The Progressive Historians*-Turner，Beard，Parrington，New York：Knopf，1968.

Holden，Arthur C. *The Social Settlement Idea：a Vision of Social Justice*，New York：The Macmillan Company，1922.

Hoogenboom，Ari and Olive Hoogenboom，ed. *The Gilded Age*，Englewood Cliffs，New Jersey：Prentice-Hall，Inc. 1967.

Hook，Sidney. *John Dewey，an Intellectual Portrait*，

Connecticut: Greenwood Press, Publishers, 1971.

Hopkins, Charles Howard. *The Rise of the Social Gospel in American Protestantism 1865 — 1915*, New Haven: Yale University Press, 1967.

Hudson, Winthrop S. *The Religion in America, an Historical Account of the Development of American Religious Life*, third edition, New York: Scribners, 1981.

Hudson, Winthrop S.. *Walter Rauschenbush*, New York: Paulist Press, 1984.

Hunt, John Gabriel. *The Essential Theodore Roosevelt*, New York: Gramercy Books, 1994.

Hunter, Robert. *Poverty, Social Conscience in the Progressive Era*, New York: Harper Torchbooks, 1965.

Hunter, Robert. *Poverty: Social Conscience in the Progressive Era*, New York, Evanston and London: Harper & Row Poblishers, 1965.

Jaher, Frederic Cople. *Doubters and Dissenters*, Glencoe: the Free Press, 1964.

Johnson, Michael P. *Reading the American Past, Selected Historical Documents*, vol. 2: from 1865, Boston, New York: Bedford/St. Martin's, 2005.

Joslin, Katherine. *American Feminism, Key Source Documents 1848 — 1920*, vol. IV, Women's Clubs and Settlements, London and New York: Routledge, 2003.

Judis, John B.. *The Folly of Empire: What George W. Bush Could Learn from Theodore Roosevelt and Woodrow Wilson*, New York: Scribner, 2004.

Kaplan, Justin. *Lincoln Steffens, a Biography*, New York: Simon and Schuster, 1974.

Katz, Estherand Anita Rapone. *Women's Experience in America: a Historical Anthology*, New Brunswick, New Jersey: Transaction Books, 1980.

Kava, Beth Millstein and Jeanne Bodin. *We, the American Women: a Documentary History* (Revised Edition), Chicago: Science Research Association, 1983.

Kelly, Florence. *On Industrial Legislation, Some Ethical Gains Through Legislation*, New York: Macmillan Company, 1905.

Keller, Albert Galloway and Maurice Ree Davie. *Selected Essays of William Graham Sumner*, New Haven: Yale University Press, 1924.

Keller, Morton. *Regulating a New Society, Public Policy and Social Change in America 1900 — 1933*, Cambridge, Massachusetts: Harvard University Press, 1994.

Kelley, Robert. *The Shaping of the American Past 1865 to Present*, New Jersey: Prentice Hall, 1990.

Kerber, Linda K. and Jane De Hart Mathews. *Women's America, Refocusing the Past*, NewYork: Oxford University Press, 1982.

Knudten, Richard D. *The Systematic Thought of Washington Gladden*, New York: Humanities Press, 1968.

Koch, Adrienne and William Peden. *The Life and Selected Writings of Thomas Jefferson*, New York: the Modern Library, 1944.

Kolko, Gabriel. *The Triumph of Conservatism : a Reinterpretation of American History 1900 — 1916*, London: Free Press of Glencoe, 1963.

Kraditior, Aileen S.. *Up from the Pedestal*, Chicago: Quadrangle Books, 1968.

Krafft, Betsy Harvey. *Theodore Roosevelt, Champion of the American Spirit*, New York: clarion Books, 2003.

La Follette, Robert, M.. *La Follette's Autobiography*, Madison: Robert. M. La Follette Co. , 1918.

Latham, Earl, ed. *The Philosophy and Policies of Woodrow Wilson*, Chicago: the University of Chicago Press, 1958.

Lebergott, Stanley. *The Americans: an Economic Record*, New York: W. W. Norton and Company, 1984.

Link, Arthur S. *The Papers of Woodrow Wilson*, Princeton: Princeton University Press, 1966—1979.

Link, Arthur S.. *Wilson: the Road to the White House*, New Jersey: Princeton University Press, 1947.

Link, Arthur S.. *Woodrow Wilson and the Progressive Era 1910—1917*, New York: Harper & Row Publishers, 1954.

Link, William A. and Arthur Link. *American Epoch: a History of the United States since 1900*, vol. I: 1900—1945, New York, Knopf, 1987.

Litwack, Leon ed. , *The American Labor Movement*, Englewood Cliffs, New Jersey: Prentice-Hall, Inc. , 1962.

Logue, Susan "National Park Commemorates Conservation President", http: //www. foreigntutors. com /showatc. asp? id＝899

London, Jack. *Letter to Appeal to Reason*, Fred Warren: *Appeal to Reason*, Kansas: A. Wayland, November 18, 1905.

Lutts, Ralph H. *The Nature Fakers*, *Wildlife*, *Science & Sentiment*, Charlottesville and London: University Press of Virginia, 1990.

Macleod, David I. *The Age of the Child*: *Children in American*, *1890 — 1920*, New York: Twayne, 1998.

Mann, Arthur. *The Progressive Era*: *Major Issues of Interpretation*, Hinsdale, Illinois: Dryden Press, 1975.

Markham, Edwin. *Children in Bondage*, New York: Hearst's International Library Co. , 1914.

Marten, James. *Childhood and Child Welfare in the Progressive Era*, *a Brief History with Documents*, Boston, New York: Bedford/St. Martin's, 2005.

Mary, Martin E. *Modern American Protestantism and Its World*: *Historical Articles on Protestantism in American Religious Life*, vol. 6. *Protestantism and Social Christianity*, Munich: Saur, 1992.

Mattingly, Carol. *Well-tempered Women*: *Nineteenth-Century Temperance Rhetoric*, Carbondale: Southern Illinois University Press, 1998.

Maxwell, Robert S. . *La Follette*, Englewood Cliff, New Jersey: Prentice-Hall, Inc. , 1969.

May, Henry F. *Protestant Churches and Industrial America*, New York, Evanston and London: Harper & Row Publishers, 1967.

Mcbride, Guenevere G. . *On Wisconsin Women*: *Working*

for Their Rights from Settlement to Suffrage, Madison, Wisconsin: University of Wisconsin Press, 1993.

McClure's Magazine, vol. V, June—November, 1895, New York and London: S. S. McClure, Limited, 1895.

McClure, S. S. *My Autobiography*, New York: Frederick A. Stokes, 1913.

McGerr, Michael. *A Fierce Discontent, the Rise and Fall of the Progressive Movement in America 1870 — 1920*, New York: The Free Press, 2003.

McQuade, Donald. *Selected Writings of Emerson*, New York: the Modern Library, 1981.

Million, Joelle. *Woman's Voice, Woman's Place*, Connecticut: Praeger Publishers, 2003.

Miraldi, Robert. *Muckraking and Objectivity*, New York: Greenwood Press, 1990.

Mitchell, Franklin D. and Richard O. Davies. *America's Recent Past*, New York, London, Sydney, Toronto: John Wiley & Sons, Inc. , 1969.

Mohl, Raymond A. *The New City: Urban America in the Industrial Age 1860 — 1920*, Arlington Heights, Illinois: Harlan Davidson, 1985.

Morris, Edmund. *The Rise of Theodore Roosevelt*, New York: Coward, McCann & Geoghegan, Inc. , 1979.

Morrison, Elting. *The Letters of Theodore Roosevelt*, Cambridge, Massachusetts: Harvard University Press, 1951—1954.

Mott, Frank Luther. *History of American Magazines*

1885－1905, Massachusetts: the Belknap Press of Harvard University, 1957.

Mowry, George E. *The Era of Theodore Roosevelt and the Birth of Modern America 1901－1912*, New York and Evanston: Harper and Row Publishers 1958.

Muncy, Robyn. *Creating a Female Dominion in American Reform 1890－1935*, New York: Oxford University Press, 1991.

Nelson, Daniel. *Managers and Workers, Origins of the Factory System in the United States 1880－1920*, Madison, Wisconsin: The University of Wisconsin, 1975.

Newton, R. Heber. *The Present Aspect of the Labor Problem*, New York: Day Star, 1886.

Nichols, Roy F. and Jeannette P. Nichols. *A Short History of American Democracy*, New York: D. Appoleton-Century, 1943.

Nichols, John. "About Robert 'Fighting Bob' La Follette", http: //www. fightingbob. com/ aboutbob. Cfm.

Noble, David W. *The Paradox of Progressive Thought*, Minneapolis: University of Minneapolis Press, 1958.

North, Douglass C. , Terry L. Anderson, and Peter J. Hill. *Growth and Welfare in the American Past, a New Economic History*, Englewood, New Jersey: Prentice-Hall, 1983.

Nugent, Walter. *Structures of American Social History*, Bloomington: Indiana University Press, 1981.

Nye, Russel B. *Midwestern Progressive Politics: a Historical Study of its Origions and Development 1870－1958*, Michigan: Michigan State University Press, 1959.

Oates, Stephen B. *Portrait of America: from Reconstruction to the Past* (fourth edition), vol. 2, Boston, Massachusetts: Houghton Mifflin Company, 1987.

Oleson, Alexandra and John Voss. *The Organization of Knowledge in Modern America 1860 — 1920*, Baltimore and London: the Johns Hopkins University Press, 1979.

O'Neill, William L. *The Progressive Years*, New York: Dodd, Mead & Company, 1975.

Parrington, Vernon Louis. *Main Currents in American Thought*, vol. 3, New York: Harcourt, Brace & Co., 1930.

Patterson, James, T.. *America's Struggle against Poverty 1900 — 1985*, Cambridge, Massachusetts: Harvard University Press, 1981.

Perry, Ralph Barton. *The Thought and Character of William James*, vol. 2, Boston: Little, Brown, 1935.

Powers, Madelon. *Faces along the Bar: Lore and Order in the Workingman Salon 1870 — 1920*, Chicago and Boston: the University of Chicago Press, 1998.

Quint, Howard H., Dean Albertson, and Milton Cantor, ed. *Main Problems in American History*, vol. 2, Homewood, Illinois: The Dorsey Press, 1968.

Rader, Benjamin G.. *The Academic Mind and Reform, the Influence of Richard T. Ely in American Life*, Lexington: University of Kentucky Press, 1966.

Randolp, Sallie G. *Woodrow Wilson President*, New York: Walker and Company, 1992.

Ranney, Austin. *Curing the Mischiefs of Faction—Party Re-*

form in America, Berkeley: University of California Press, 1975.

Rauschenbush, Walter. *Christianizing the Social Order*, New York: The Macmillan Company, 1919.

Rauschenbush, Walter. *A Theology for the Social Gospel*, Kentucky: Westminster John Knox Press, 1997.

Rauschenbush, Walter. *Christianity and the Social Crisis*, New York, Evanston, London: Harper & Row Publishers, 1964.

Rauschenbush, Walter. *The Righteousness of the Kingdom*, Nasliville & New York: Abingdon Press, 1968.

Regier, C. C.. *The Era of the Muckrakers*, Chapel Hill: the University of North Carolina Press, 1932.

Risjord, Norman K. *Populists and Progressives*, Lanham, Maryland: Rowman & Littlefield Publishers, Inc. , 2005.

Riss, Jacob. *How the Other Half Lives*, New York: C. Scribner's, 1897.

Riss, Jacob. *How the Other Half Lives*, Boston, New York: Bedford/St. Martin's, 1996.

Roosevelt, Nicholas. *Theodore Roosevelt, the Man as I Knew Him*, New York: Dodd, Mead & Company, 1967.

Roosevelt, Theodore. "The New Nationalism", http: // www. theodore-roosevelt. com /trnationalism speech. html.

Roosevelt, Theodore. *1st Annual Message*, December 3rd, 1901, To the Senate and House of Representatives, The American Presidency Project, americanpresidency. org, http: // www. presidency. ucsb. edu /ws/print. php? pid＝29542.

Roosevelt, Theodore. *"Object of Our Forest Policy Is Making of Prosperous Homes"*, an address to the Society of American Foresters, Washington D. C. , March 26, 1903.

Roosevelt, Theodore. "*Forestry and Foresters*", an address to United States Department of Agriculture, Bureau of Forestry, Circular No. 25, Washington D. C. , June 6, 1903.

Roosevelt, Theodore. *Social Justice and Popular Rule*, New York: Charles Scribners's Sons, 1925.

Roosevelt, Theodore. *An Autobiography*, New York: Charles Scribners Sons, 1920.

Roosevelt, Theodore. *The Autobiography of Theodore Roosevelt*, New York: Charles Scribners Sons, 1958.

Roosevelt, Theodore. *Progressive Principles*, New York: Progressive National Service, 1913.

Roosevelt, Theodore. "The Conservation of Natural Resources", from Theodore Roosevelt's 7th Annual Message to Congress, Dec. 3, 1907, http://www. pbs. org/weta/thewest/resources/archives/eight/trconserv. htm.

Rothman, Sheila M. *Woman's Proper Place: a History of Changing Ideals and Practices 1870 to the Present*, New York: Basic books, 1978.

Russell, Bertrand. *A History of Western Philosophy*, New York: Simon and Schuster, 1945.

Russell, Charles Edward. *Bare Hands and Stone Walls: Some Recollections of a Side-line Reformer*, New York: Charles Scribner's Sons, 1933.

Ryan, Alan *John Dewey and the High Tide of American Liberalism*, New York: W. W. Norton & Company, Inc. , 1995.

Ryan, Mary P. . *Womanhood in America: from Colonial*

Times to the Present, New York: New Viewpoints, 1975.

Safford, John Lugton. *Progmatism and the Progressive Movement in the United States*, Lanham: University Press of America, 1987.

Sanford, Charles B.. *The Religious Life of Thomas Jefferson*, Charlottesville: University Press of Virginia, 1984.

Savage, Daniel M.. *John Dewey's Liberalism*, Carbondale and Edwardsville: Southern Illinois University Press, 2002.

Saveth, Edward N. *American Historians and European Immigrants 1875 — 1925*, New York: Russell & Russell. Inc. , 1965.

Schlesinger, Arthur Meier. *The Rise of the City 1878 — 1898*, New York: The Macmillan Company, 1933.

Scott, Anne Firor and Andrew Mackay Scott. *One Half the People, the Fight for Suffrage*, Chicago: University of Illinois Press, 1982.

Shannon, William V.. "The Age of the bosses", John A. Garraty: *Historical Viewpoints: Notable Articles from American Heritage*, New York: Harper & Row, publishers, 1975.

Shapiro, Herbert. *The Muckrakers and American Society*, Boston: D. C. Heath and Company, 1968.

Shannon, David A.. *The Progressive Era*, Chicago: Rand McNally College Publishing Company, 1974.

Sinclair, Upton. *American Outpost*, New York: Farrar and Rinehart, 1932.

Sinclair, Upton. *The Autobiography of Upton Sinclair*, New York: Harcourt, Brace & World, 1962.

Sinclair, Upton. *My Lifetime in Letters*, Missouri: University of Missouri Press, 1960.

Sinclair, Upton. *The Jungle*, Urbana and Chicago: University of Illinois Press, 1988.

Sinclair, Upton. *The Brass Check: a Study of American Journalism*, Long Beach, California: published by the author, 1928.

Singer, Gregg C.. *A Theological Interpretation of American History*, Greenville: A press, 1964.

Smith, Page. *Daughters of the Promised Land*, Boston: Little, Brown, 1970.

Snyder, Thomas, D. ed. *120 Years of American Education: A Statistical Portrait*, U. S. Department of Education, Office of Educational Research and Improvement, National Center for Education Statistics, January 1993, http: //nces. ed. gov/pubs93/93442. pdf.

Spencer, Herbert. *Social Statics*, New York: D. Appleton, 1896.

Stave, Bruce M. & Sondra A. Stave. *Urban Bosses, Machines, and Progressive Reformers*, Malabar, Florida: Robert E. Krieger, 1984.

Stebner, Eleanor J.. *The Women of Hull House*, New York: State University of New York, 1997.

Steffens, Lincoln. *The Autobiography of Lincoln Steffens*, New York: Harcourt, Brace and Company, 1931.

Steffens, Lincoln. *The Shame of the Cities*, New York: Hill and Wang, 1957.

Stivers, Camilla. *Bureau Man, Settlement Women, Constructing Public Administration in the Progressive Era*, Kansas: University Press of Kansas, 2000.

Strong, Josiah. *Our Country: its Possible Future and its Present Crisis*, New York: the American Home Missionary Society, 1885.

Subacius, Giedrius. *Upton Sinclair: the Lithuanian Jungle*, New York: Rodopi B. V., 2006.

Sullivan, Mark. *The Education of an American*, New York: Doubleday, Doran & Co., Inc., 1938.

Sullivan, Mark. *Our Times: the United States, 1900 — 1925*, vol. 2, *America Finding Herself*, New York: Charles Scribner's Sons, 1927.

Tarbell, Ida. *The History of the Standard Oil Company*, New York: McClure Phillips & Co., 1904.

Tarbell, Ida. *All in the Day's Work, an Autobiography*, New York: The Macmillan Company, 1939.

Taylor, Bob Pepperman. *Citizenship and Democratic Doubt, the Legacy of Progressive Thought*, Kansas: University of Kansas, 2004.

The Kheel Center, Cornell University ILR School. "The Triangle Fire", http://www.ilr.cornell.edu/trianglefire.

Thelen, David P.. *Robert M. Lafollette and the Insurgent Spirit*, Boston, Toronto: Little, Brown and Company, 1976.

Thelen, David P.. *The New Citizenship: Origins of Progressivism in Wisconsin 1885 — 1900*, Columbia, Missouri: University of Missouri Press, 1972.

Thompson, John A.. *Woodrow Wilson*, London: Pearson Education Limited, 2002.

Thorsen, Niels Aage. *The Political Thought of Woodrow Wilson 1875 — 1910*, New Jersey: Princeton University Press, 1988.

Tilman, Rick. *Thorstein Veblen and His Critics 1891 — 1963*, New Jersey: Princeton University Press, 1992.

Tomkins, Mary E.. *Ida M. Tarbell*, New York: Twayne Publishers, Inc. , 1974.

Trattner, Walter I.. *From Poor Law to Welfare State, a History of Social Welfare in America*, New York: The Free Press, 1979.

Trolander, Judith Ann. *Professionalism and Social Change: from the Settlement House Movement to Neighborhood Centers 1886 to the Present*, New York: Columbia University Press, 1987.

Tucker, Cynthia Grant. *A Woman's Ministry*, Philadelphia: Temple University Press, 1984.

Tucker, William Jewett. *The New Reservation of Time, and Other Articles Contributed to the Atlantic Monthly During the Occupancy of the Period Described*, Boston, New York, Houghton Mifflin Company, 1916.

Tyrrell, Lan. *Woman's World, Woman's Empire*, Chapel Hill and London: The University of North Carolina Press, 1991.

Unger, Nancy C.. *Fighting Bob La Follette, the Righteous Reformer*, Chapel Hill: the University of North Carolina Press, 2000.

Veblen, Thorstein. *The Theory of the Leisure Class, an Economic Study of Institution*, New York: The Macmillan

Company, 1917.

Walworth, Arthur. *Woodrow Wilson*, vol. 1, New York: Norton, 1978.

Ward, Lester F.. *Dynamic Sociology or Applied Social Science*, New York: D. Appleton & Company, 1897.

Warner, Ernest N.. "Robert Marion La Follette", *Madison, Past and Present*, Madison: State Journal Printing Co., 1902, 50. Held by the State Historical Society of Wisconsin: F589 M1 M32. http://www. library. wisc. edu/etext/ WIReader/WER0661. html.

Warren, Landon H.. *Reforming American Life in the Progressive Era*, London: Pitman Publishing Co., 1971.

Weinberg, Arthur and Lila. *The Muckrakers, the Era in Journalism That Moved America to Reform—the Most Significant Magazine Articles of 1902—1912*, New York: Capricorn Books, 1964.

Westbrook, Robert B.. *John Dewey and American Democracy*, Ithaca and London: Cornell University Press, 1991.

Weyl, Walter E.. *The New Democracy*, New York: Harper & Row, Publishers, 1912.

Willard, Frances Elizabeth. *Glimpses of Fifty years: the Autobiography of an American Woman*, Chicago: H. J. Smith & Co., 1889.

White, Mortom. *Social Thought in America: the Revolt against Formalism*, New York: Oxford University Press, 1976.

White, Jr., Ranold C. and C. Howard Hopkins. *The Social Gospel, Religion and Reform in Changing America*,

Philadelphia: Temple University Press, 1976.

Wiebe, Robert. *Businessmen and Reform*, *a Study of the Progressive Movement*, Cambridge, Massachusetts: Harvard University Press, 1962.

Wiebe, Robert. *The Search for Order 1877－1920*, New York: Hill and Wang, 1967.

Wilson, Woodrow. *Congressional Government: a Study in American Politics*, Boston; New York: Houghton, Mifflin Co., 1885.

Wilson, Woodrow. *The New Freedom*, Englewood Cliffs, N. J.: Prentice-Hall, 1961.

Woloch, Nancy. *Women and the American Experience* (Second Edition) New York: McGraw-Hill, 1994.

Woods, Robert A. and Albert J. Kennedy. *The Settlement Horizon*, New York: Russell Sage Foundation, 1922.

Yoder, Jon A. *Upton Sinclair*, New York: Fredrick Ungar Publishing Co., 1975.

二　中文文献

[1] 爱德华·O. 威尔逊:《人类的本性》,福建人民出版社 1988 年版。

[2] 查尔斯·爱德华·梅里亚姆:《美国政治思想,1865—1917》,商务印书馆 1984 年版。

[3] 邓蜀生:《伍德罗·威尔逊》,上海人民出版社 1982 年版。

[4] 笛卡尔:《笛卡尔思辨哲学》,九州出版社 2004 年版。

［5］董衡：“德莱塞：‘一位文笔拙劣的大作家’”，《美国研究》1992年第2期。

［6］弗雷德·赫钦格、格雷斯·赫钦格：《美国教育的演进》，美国驻华大使馆文化处1984年版。

［7］顾学稼："自然资源保护与西奥多·罗斯福"。（http：// ias. cass. cn/show/show _ mgyj. asp? id ＝920 ＆table＝mgyj）

［8］H. S. 康马杰：《美国精神》，光明日报出版社1988年版。

［9］赫伯特·斯宾塞著：《社会静力学》，张雄武译（英国威廉斯—诺盖特公司1902年版），商务印书馆1996年版。

［10］J. M. 索里、C. W. 特尔福德：《教育心理学》，人民教育出版社1982年版。

［11］卡尔·博格斯：《现代性的危机》，江苏人民出版社1993年版。

［12］兰·乌斯比：《美国小说五十讲》，四川人民出版社1985年版。

［13］李剑鸣：《大转折的年代——美国进步主义运动研究》，天津教育出版社1992年版。

［14］李剑鸣：《伟大的历险——西奥多·罗斯福传》，世界知识出版社1994年版。

［15］李剑鸣："西奥多·罗斯福的史学成就"，《历史教学》1992年第8期。

［16］李剑鸣："西奥多·罗斯福的新国家主义"，《美国研究》1992年第1期。

［17］李颜伟：《美国改革的故事》，北京大学出版社2009年版。

［18］梁从诫主编《现代社会与知识分子》，辽宁人民出版社

1989 年版。

［19］林广、张鸿雁：《成功与代价》，东南大学出版社 2000
年版。

［20］林肯·斯蒂芬斯著：《林肯·斯蒂芬斯自传》，展江、
万胜等译，海南出版社 2000 年版。

［21］刘易斯·科塞：《理念人——一项社会学的考察》，中
央编译出版社 2001 年版。

［22］罗伯特·贝拉：《心灵的习性：美国人生活中的个人主
义和公共责任》，三联书店 1991 年版。

［23］《马克思恩格斯全集》第 35 卷，人民出版社 1971
年版。

［24］梅尔文·德弗勒、桑德拉·鲍尔—洛基奇：《大众传播
学诸论》，新华出版社 1990 年版。

［25］纳尔逊·曼弗雷德·布莱克：《美国社会生活与思想
史》，商务印书馆 1997 年版。

［26］漆以凯：《杰克·伦敦和他的小说》，北京出版社 1981
年版。

［27］爱德华·萨义德著：《知识分子论》，单德兴译，三联
书店 2002 年版。

［28］孙有中：《美国精神的象征：杜威社会思想研究》，上
海人民出版社 2002 年版。

［29］陶培根："美国历史上的禁酒运动"，《美国研究参考资
料》1991 年第 2 期。

［30］王恩铭：《20 世纪美国妇女研究》，上海外语教育出版
社 2002 年版。

［31］王小波：《知识分子应该干什么》，时事出版社 1999
年版。

[32] 王增进著：《后现代与知识分子社会位置》，中国社会科学出版社 2003 年版。

[33] 王政：《女性的崛起——当代美国的女权运动》，当代中国出版社 1995 年版。

[34] 威勒德·索普：《二十世纪美国文学》，北京师范大学出版社 1984 年版。

[35] 威廉·詹姆斯：《心理学原理》（*William James, The principles of Psychology*），中国社会科学出版社 1999 年版。

[36] 伍德罗·威尔逊：《国会政体：美国政治研究》，商务印书馆 1986 年版。

[37] 萧功秦：《知识分子与观念人》，天津人民出版社 2002 年版。

[38] 肖华锋：《美国黑幕揭发运动研究》，复旦大学博士学位论文，2003 年。

[39] 亚伯拉罕："人物风流：新闻巨人普利策"，节选自亚伯拉罕著，黎鸣译《犹太十杰》一书，云南人民出版社出版发行。（http://www.blogjh.com/wenxue/art/20504/wenxue－115.html）

[40] 杨生茂、刘绪贻：《美国内战与镀金时代》，人民出版社 1990 年版。

[41] 余志森主编《崛起和扩张的年代，1898—1929》，人民出版社 2001 年版。

[42] 袁刚、孙家祥、任丙强编《民治主义与现代社会：杜威在华讲演集》，北京大学出版社 2004 年版。

[43] 约瑟夫·多诺万：《女权主义的知识分子传统》，江苏人民出版社 2002 年版。

[44] 詹姆士·O. 罗伯逊：《美国神话美国现实》，中国社会

科学出版社 1990 年版。

　　[45] 张澜:《伍德罗·威尔逊社会思想研究》,复旦大学博士论文,2004 年。

　　[46] 朱世达:"关于美国中产阶级的演变与思考",《美国研究》1994 年第 4 期,第 43 页。

后　记

　　本书系我在南开大学美国历史与文化研究中心攻读博士学位时的毕业论文。由于求学时期的主客观条件所限，论文匆匆草成。尽管当时已是尽力而为，但是事后却发现，其中还是存在着一些明显的疏漏和失误之处。几年来，论文中的这些"污点"令我须臾难忘，耿耿于怀，内心深处总有一种不安和自责隐隐作痛，挥之不去，恨不得能把上交的论文再索取回来，重新改过。此次能有机会将其付梓成书，正好成全了我的心愿。我对原文做了一次认真的修订和补充。此外，在毕业后的几年里，我通过互联网数据库和在国外的访学活动，又得到了一些重要的资料。所以此次修订，我除了对原文中的讹误和误置、误排的文字加以改正之外，还在内容上做了必要的调整和增补。此书的出版，总算帮我了却了一桩心事。

　　当然，论文中虽有失误，但也并非全无是处，否则此次出版也就毫无意义了。论文是对美国进步主义运动与知识分子关系的研究，在立论和资料引用方面都有所创新，文中所述内容也具有一定的理论和现实意义。毕业时，这篇论文在答辩委员会决议中被评定为一篇比较优秀的论文，并在 2007 年申报国家社科基金项目时通过了初评。正是因为这些原因，这篇文章才得到了一个被出版成书的机会。我所工作的天津大学对我在研究中所取得的点滴成绩给予了及时的鼓励。天津大学人文社会科学处和天津大学文法学院将该文列为重点研究项目，不仅给予经费支持，同时还帮助联系出版事宜。中国社会科学出版社的领导对本书的出版给予了大力支持，张林编辑花费了大量的心血。在此，我谨对中国社会科学出版社、天津大学文法学院和天津大学社科处各位领导、前辈、师友所给予我的厚爱表示最衷心的感谢。

历史是一门启迪智慧之学。处在日益全球化的当今时代，世界各民族不仅要从自己的过去吸取经验教训，更要以广阔的视野，博大的胸怀，积极借鉴人类的一切文明成果，博采众长、择善而从，从整个世界历史的发展中汲取营养。如果一个民族善于从历史中挖掘经验和力量，她必定会日益走向强大。美国在南北战争之后跨入了资本主义经济发展的一个"大跃进"年代，创造了空前巨大的生产力。但是与此同时，也滋生了种种社会问题，国家资源与财富分配格局不合理，贫富阶层分化赫然。恰在此时，斯宾塞的社会达尔文主义理论从欧洲传入美国，为美国财富阶层所利用，泛化为一种自由放任主义学说。这种学说宣扬经济领域的自由竞争思想，反对政府干预，强调机会均等，却罔顾个人的社会责任。这一学说无疑会将美国引向种种社会矛盾汇聚的旋涡。一旦社会矛盾激化到不可收拾的地步，革命便在所难免。然而，当时美国却并未发生革命，而是逐步实现了从农业社会向工业社会的转化。这是因为，除了自由放任主义之外，当时美国社会上还有另一种声音，一种变革之声，它主张实施政府对经济的调节作用，管制托拉斯，关心弱势群体。正是这一呼声带来了那场轰轰烈烈的"进步主义运动"。运动的兴起使美国社会方方面面的不公与黑幕在很大程度上得到了揭露和改良，从而使公众的不满得到疏解，社会矛盾得到缓和。需要指出的是，美国当时能够走上这条明智的改革之路，在很大程度上应该归功于知识群体的先锋领导作用。本书讨论的是一段美国历史，不知它是否能引起人们去思考，这段历史所留给整个人类的借鉴意义，究竟在哪里？

文章千古事，甘苦寸心知。在求学的道路上蹒跚走过之后，我深深体会到了个中的艰辛与快乐，我在探索中的点滴收获和老师们的及时鼓励总是带给我深深的感动和喜悦。最初起意写这样一个题目是因为，我在导师的指导下阅读了一些相关的史料和书籍，于是自己也对这一课题产生了些许看法，心中鼓荡起一种有话要说、跃跃欲试的激情。但是常言道，看事容易做事难，设想是一回事，下笔则是另一回事。原本觉得头脑中有许多想法，似乎呼之欲出。但是及至动手敲击电脑的键盘时，却发现这个题目覆盖面很宽，头绪纷繁，而我自身学力绵薄，精力有限，要想做成好文章殊非易事。进步主义运动是个很大的课题，可以从许多不同的视角切入，也有很多学者曾经或者正在对它给予关注，并在一些方面存在着争议。我知道，以我的学养，根本无法对这样一个重大历史课题给出一个完美的、一劳永逸的结论，但是这丝毫没有动摇我要把文章做下去的决心。因为我懂得，中国美国史研究的进步和发展正是要靠一代又一代的业界学人薪火传承，靠我们以持之以恒、锲而不舍的精神去努力发现并澄清一个又一个的问题。本书只不过是我作为一个晚生后辈的一家之言，我期待着它能够为推动中国美国历史研究向纵深发展，充当起一粒小小的铺路石子。果能如此的话，我的付出便是有价值的。也算不枉我寒来暑往，数载寒窗苦读。

不过，如果说本书尚有些许可取之处的话，那绝不仅仅源于我自己所"吃过的这些苦"，更应该归功于我的导师李剑鸣教授和南开大学美国历史与文化研究中心各位老师对我的辛勤培养。是这些可亲可敬的师长引领我一步步地走入了美国历史研究的学术殿堂。他们的学识令我钦佩；他们的治学精神值得我永远学习；他们对我的谆谆教诲更使我获益匪浅，终生难忘。我并非学史出身，对于研究美国历史，我既无功底又缺天赋。当初的选择系出于个人的兴趣、工作的需要和对导师的敬仰。原本以为勤能补拙，立志做一只"先飞"的"笨鸟"。入门之后，却深深体味到学史之不易。不敢想象，若非得到了老师们的悉心指导与鼓励，我在这条治学之路上是否能够走得下去。如今，我自己也身为人师，我将永远以老师们为榜样。

其实，我应该感谢的人还有许多。在论文的写作过程中，我的工作和生活曾经遭遇了各种变故，如果没有亲友的支持和鼓励，可能同样不会有今天本书的出版。我忘不了母亲在最后的日子里还一再鼓励我坚持下去；忘不了诸多同事、好友曾经给予过我莫大的安慰和实际帮助。

往事如烟，挥之不去。脑际间，往昔的记忆历久弥新；艰难的求学历程中，所幸有众多的师友与我甘苦与共。师恩似海，我会永远铭记在心；友情如山，我将终生带着一颗感恩之心生活、学习和工作下去。书稿写完了，而我也因此而有了一份沉甸甸的收获，其中有关于学问的，也有关于人生的。

最后还想对读者朋友们说，由于本书研究对象的繁难和我自身才学的疏浅，虽然对书稿再三斟酌，但是恐怕书中错谬之处依然在所难免，尚祈大家批评指正。

李颜伟